Immobilienbewertung: Marktwertermittlung
und Grenzpreisbestimmung bei Immobilien
unter besonderer Berücksichtigung
des deutschen Steuersystems

Europäische Hochschulschriften
Publications Universitaires Européennes
European University Studies

Reihe V
Volks- und Betriebswirtschaft

Série V Series V
Sciences économiques, gestion d'entreprise
Economics and Management

Bd./Vol. 2632

PETER LANG
Frankfurt am Main · Berlin · Bern · Bruxelles · New York · Oxford · Wien

Michael Freitag

Immobilienbewertung: Marktwertermittlung und Grenzpreisbestimmung bei Immobilien unter besonderer Berücksichtigung des deutschen Steuersystems

PETER LANG
Europäischer Verlag der Wissenschaften

Die Deutsche Bibliothek - CIP-Einheitsaufnahme

Freitag, Michael:

Immobilienbewertung: Marktwertermittlung und Grenzpreisbestimmung bei Immobilien unter besonderer Berücksichtigung des deutschen Steuersystems / Michael Freitag. - Frankfurt am Main ; Berlin ; Bern ; Bruxelles ; New York ; Oxford ; Wien : Lang, 2000
(Europäische Hochschulschriften : Reihe 5, Volks- und Betriebswirtschaft ; Bd. 2632)
Zugl: Regensburg, Univ., Diss., 2000
ISBN 3-631-36583-7

D 355
ISSN 0531-7339
ISBN 3-631-36583-7

für

Susi

Vorwort

Die vorliegende Arbeit entstand während meiner vierjährigen Tätigkeit als Assistent am Lehrstuhl für Produktionsmanagement und industrielles Controlling. Dessen Inhaber Prof. Dr. Kurt Bohr, meinem hochgeschätztem Lehrer und akademischen Ziehvater, der gleichzeitig Erstgutachter meiner Arbeit war, danke ich vor allem für die wertvollen sowie lehrreichen Jahre, die ich mit ihm am Lehrstuhl zusammenarbeiten durfte. Er unterstützte mich genauso bei der Entstehung meiner Arbeit, wie meine Kollegen Frau Dipl. Kffr. Martina Hartl und Herr Dr. Jürgen Ferstl. Gerade letzterem, meinem Freund Jürgen, der mich in allen Lebenslagen unterstützte und mir jederzeit für oft nächtelange Diskussionen zur Verfügung stand, gilt mein besonderer Dank. Nicht in Vergessenheit geraten soll in diesem Zusammenhang unsere hochgeschätzte Frau Schwirtz, die Mutter des Lehrstuhls, die wohl nicht nur für mich immer eine moralische Stütze darstellte.

Herrn Prof. Dr. Meyer-Scharenberg, meinem verehrten Zweitgutachter, danke ich insbesondere dafür, daß er mir als Doktorvater zur Verfügung gestanden hat und natürlich für seine akkurate und prompte Korrektur der Arbeit.

Besondere Dankbarkeit empfinde ich gegenüber meinem Eltern, die mein wissenschaftliches Streben ohne wenn und aber unterstützt haben. Sie waren es letztendlich, die mir das Verfassen meiner Dissertationsschrift ermöglicht haben und mir den nötigen familiären Rückhalt boten.

Nun zur wichtigsten Person, meiner lieben Frau Susanne. Sie, die nie den Glauben an mich und mein wissenschaftliches Projekt verlor, hatte während der Entstehung meiner Arbeit wohl die größte Last zu tragen. Schließlich verbrachte sie als fachfremde mehrere Tage damit, das Skript mehrmals auf Rechtschreibung und Interpunktion hin zu korrigieren, was mir den höchsten Respekt abzollt.

Nicht zuletzt sei meine liebe Landsmannschaft Franconia-Teutonia auf der Schanz erwähnt. So standen auch meine Bundesbrüder allzeit für fachliche Diskussionen zur Verfügung. Insbesondere zeichneten sie jedoch an diversen Abenden für meinen emotionalen Ausgleich verantwortlich, wofür ich insbesondere meinen vier Leibfüxen danke.

INHALTSVERZEICHNIS

ABKÜRZUNGSVERZEICHNIS

ZEITSCHRIFTEN

AER	American Economic Review
AREUEA	Journal of the American Real Estate and Urban Economics Association
BB	Betriebs-Berater
BFuP	Betriebswirtschaftliche Forschung und Praxis
BStBl.	Bundessteuerblatt
BuW	Betrieb und Wirtschaft
BVI	Bundesverband deutscher Investmentgesellschaften
DB	Der Betrieb
DBW	Die Betriebswirtschaft
DIW	Deutsches Institut für Wirtschaftsforschung
DLK	Der langfristige Kredit
DStR	Deutsches Steuerrecht
DStZ	Deutsche Steuerzeitung
FM	Financial Management
GuG	Grundstücksmarkt und Grundstückswert
i.d.R.	in der Regel
ifo	Institut für Wirtschaftsforschung
INF	Die Information über Steuer und Wirtschaft
JoF	Journal of Finance
JoFE	Journal of Financial Economics
NBER	National Bureau of Economic Research
MDR	Monatliche Deutsche Rechtszeitschrift
WiSt	Wirtschaftswissenschaftliches Studium
WISU	Das Wirtschaftsstudium
WPg	Die Wirtschaftsprüfung
ZfB	Zeitschrift für Betriebswirtschaft
ZfbF	Zeitschrift für betriebswirtschaftliche Forschung
ZMR	Zeitschrift für Miet- und Raumrecht

Sonstige Abkürzungen

Abb.	Abbildung
Abs.	Absatz
AfA	Absetzung für Abnutzung
AG	Aktiengesellschaft
AO	Abgabenordnung
APV	Adjusted Present Value
BauGB	Baugesetzbuch
BFH	Bundesfinanzhof
BGB	Bürgerliches Gesetzbuch
BVI	Bundesverband Deutscher Investment-Gesellschaften e.V.
bzw.	beziehungsweise
ca.	circa
CAPM	Capital Asset Pricing Model
DAFOX	Deutscher-Aktien-Forschungs-Index
Diss.	Dissertation
DM	Deutsche Mark
EFG	Entscheidungen der Finanzgerichte
ESt	Einkommensteuer
EStDV	Einkommensteuer-Durchführungsverordnung
EStG	Einkommensteuergesetz
ESTR	Einkommensteuer-Richtlinien
etc.	et cetera
evtl.	eventuell
f.	folgende (Seite)
GbR	Gesellschaft bürgerlichen Rechts
gem.	gemäß
GewSt	Gewerbesteuer
GewStG	Gewerbesteuergesetz
GmbH	Gesellschaft mit beschränkter Haftung
GrEStG	Grunderwerbsteuergesetz
HGB	Handelsgesetzbuch

H	Hinweis
HWB	Handwörterbuch der Betriebswirtschaft
HFA	Hauptfachausschuß des Instituts für Wirtschaftsprüfer
Hrsg.	Herausgeber
i.d.R.	in der Regel
IdW	Institut der Wirtschaftsprüfer
i.H.v.	in Höhe von
i.V.m.	in Verbindung mit
KAG	Kapitalanlagegesellschaft
KAGG	Gesetz über Kapitalanlagegesellschaften
KG	Kommanditgesellschaft
KoStO	Kostenordnung
KStG	Körperschaftsteuergesetz
KW	Kapitalwert
MiethöheG	Gesetz zur Regelung der Miethöhe
MM	Modigliani Miller
RDM	Ring Deutscher Makler
Rdn., Rn.	Randnummer
R	Richtlinie
Rz.	Randziffer
S.	Seite
Sp.	Spalte
TDM	Tausend Deutsche Mark
u.a.	unter anderem
USt	Umsatzsteuer
VAG	Versicherungsaufsichtsgesetz
VDM	Verband Deutscher Makler
VSt	Vermögensteuer
WertR 91	Wertermittlungs-Richtlinien 1991
WertV 88	Wertermittlungsverordnung 1988
z.B.	zum Beispiel
z.v.E.	zu versteuerndes Einkommen

SYMBOLVERZEICHNIS

α_j:	vom Markt unabhängige Rendite des Wertpapiers j
Ab_{t+n}:	Abschreibungen am Ende der Periode t+n
b_j:	systematisches Risiko des Wertpapiers j
c_{t+n}:	Auszahlungen je vermietete Flächeneinheit am Ende der Periode t+n
BW:	Bodenwert
$cov(\tilde{r}_j,\tilde{r}_m)$:	Kovarianz der Rendite des Vermögenstitels j zur Rendite des Marktportefeuilles M
$\tilde{\varepsilon}$:	Stör- bzw. Residualterm
E:	Marktwert des Eigenkapitals
E^f:	Marktwert des Eigenkapitals eines (teilweise) fremdfinanzierten Unternehmens / Immobilieninvestments
$E(\tilde{r}_m)$:	Erwartungswert der Rendite des Marktportefeuilles
$E(\tilde{r}_z)$:	Erwartete Rendite der Vermögenstitelmischung z
$E(\tilde{r}_j)$:	Erwartungswert der Rendite des voll diversifizierten Portefeuilles j
$E(\tilde{r}_{j,f}^s)$:	geforderte Nachsteuer-Eigenkapitalrendite eines teilweise fremdfinanzierten Unternehmens
$E(\tilde{r}_m^s)$:	Erwartungswert der Rendite des Marktportefeuilles nach Steuern
EW:	Ertragswert der Liegenschaft
$E(\tilde{X})$:	Erwartungswert der Wahrscheinlichkeitsverteilung über die unsicheren Überschüsse $\tilde{X}$
F:	Marktwert des Fremdkapitals
i:	sicherer Zinssatz
i_L:	Liegenschaftszinssatz
k_f^s:	geforderte Nachsteuer-Eigenkapitalrendite eines

	teilweise fremdfinanzierten Unternehmens
k_s:	geforderte Nachsteuer-Eigenkapitalrendite eines eigenfinanzierten Unternehmens
k_{t+j}:	relevanter Diskontierungsfaktor
KP:	Kaufpreis
M:	Mindesteinzahlung
n:	Restnutzungsdauer in Jahren
p_{t+n}:	Mietpreis je Flächeneinheit
q_{t+n}:	Vermietete Flächeneinheiten
$\tilde{r}_j$:	Rendite des Wertpapiers j
$\tilde{r}_m$:	Markt bzw. Indexrendite
RE:	Reinertrag
$s_{ESt}^{45\%}$	relevanter Einkommensteuersatz bei Einkünften aus Gewerbetrieb
S_{ESt}	Einkommensteuer
$s_{ESt}^{53\%}$	relevanter Einkommensteuersatz bei nicht gewerblichen Einkunftsarten
s_{GE}	Gewerbeertragsteuersatz
s_l:	persönlicher Ertragsteuersatz
S_{SolZ}:	Solidaritätszuschlag
s_{SolZ}:	(Solidaritäts)zuschlagssatz
s_u:	Unternehmensteuersatz
$SÄ(\tilde{X}_n)$:	Das Sicherheitsäquivalent der Wahrscheinlichkeitsverteilung über die unsicheren Nettoeinzahlungsüberschüsse $\tilde{X}_n$ am Ende der Periode *n*
$X_{Bas,j,n}$:	Zahlungen aus dem Basisprogramm bei eintreten des Zustands j im Zeitpunkt n
$X_{Bew,j,n}$:	Zahlungen aus dem Bewertungsprogramm bei eintreten des Zustands j im Zeitpunkt n
X_{t+n}:	Einzahlungen am Ende der Periode t+n

$X_{t+n,s}$	Einzahlungen nach Steuern am Ende der Periode t+n
V_t^e:	Wert eines eigenfinanzierten Unternehmens am Ende der Periode t
V_t^f:	Wert eines teilweise fremdfinanzierten Unternehmens am Ende der Periode t
$\delta_{j,m}$:	Korrelationskoeffizient
$\sigma(\tilde{r}_m)$:	Standardabweichung der Rendite des Marktportefeuilles
$\sigma(\tilde{r}_j)$:	Standardabweichung der Rendite eines voll diversifizierten Portefeuilles j
§	Paragraph

ABBILDUNGSVERZEICHNIS

Tabellenverzeichnis

Anhangsverzeichnis

1 Rechtfertigung der Themenstellung und Gang der Arbeit

Nach Berechnungen des Deutschen Instituts für Wirtschaftsforschung (DIW) verfügen 49 % aller deutschen Haushalte über Immobilienvermögen. 1995 belief sich sein Wert, je nach Bewertungsmethode, auf 6170 bis 7300 Mrd. DM.[1] Das Immobilienvermögen übersteigt somit das Geldvermögen[2] privater Haushalte bei weitem. Dieses betrug 1995 4652,3 Mrd. DM.[3] Selbiges gilt für das private Aktienvermögen, das, obwohl es kontinuierlich an Bedeutung gewinnt, im Vergleich zum privaten Immobilienvermögen mit nur 283,3 Mrd. DM[4] eine untergeordnete Rolle in der privaten Vermögensbildung spielt. Eine ähnliche Relation ergibt sich, wenn man den Kurswert aller Aktien des amtlichen Handels und des geregelten Marktes mit dem Gesamtwert der in Deutschland vorhandenen Bauten vergleicht. Während ersterer im Juli 1995 rund 780 Mrd. DM betrug,[5] belief sich letzterer auf 8425 Mrd. DM[6].

Um so erstaunlicher erscheint es, daß die Bewertung von Immobilien hierzulande eine eher stiefmütterliche Behandlung erfährt. Während an zahlreichen amerikanischen Hochschulen der weite Themenkomplex „real estate"[7] bereits seit Jahren fester Bestandteil des Lehr- und Forschungsprogramms ist, sind an deutschen Universitäten nur vereinzelt Lehrstühle zu finden, die sich mit immobilienwirtschaftlichen Fragestellungen befassen[8]. Entsprechend wurde die Immobilienbewertung bisher aus der theoretischen Diskussion fast komplett ausgeklammert und liegt somit nahezu vollständig in den Händen von Praktikern, die von sogenannten Gutachterausschüssen angeführt wer-

---

[1] Vgl. Bach, S. / Bartholmai, B., Immobilienvermögen, 1998, S. 630.

[2] Das DIW subsumiert unter Geldvermögen Spareinlagen, Geldanlagen bei Bausparkassen und Versicherungen, festverzinsliche Wertpapiere, Aktien, Geldmarktpapiere, Termingelder und Sparbriefe, Bargeld und Sichteinlagen sowie sonstige Forderungen, vgl. o.V., Geldvermögen, 1998, S. 545.

[3] Ende 1998 betrug das Geldvermögen privater Haushalte 5682,8 Mrd. DM. Vgl. Deutsche Bundesbank, Finanzierungsströme, 1999, S. 21. Eine Vergleichszahl, die das Immobilienvermögen für diesen Zeitpunkt quantifiziert, fehlt noch.

[4] Die Zahl gilt für 1995, vgl. o.V., Geldvermögen, 1998, S. 545. Ende 1998 hat das private Aktienvermögen bereits 491,7 Mrd. DM betragen, vgl. Deutsche Bundesbank, Finanzierungsströme, 1999, S. 36.

[5] Vgl. Deutsche Bundesbank, Kapitalmarktstatistik, 1998, S. 45.

[6] Vgl. Bach, S. / Bartholmai, B., Immobilienvermögen, 1998, S. 630.

[7] Grundbesitz, Immobilien.

[8] So z.B. der Stiftungslehrstuhl für Grundstücks- und Wohnungswirtschaft an der Universität Leipzig oder der Stiftungslehrstuhl für Immobilienökonomie an der European Business School in Oestrich-Winkel.

den. Diese wiederum stützen sich bei der Bewertung von Immobilien vornehmlich auf die Wertermittlungsverordnung von 1988 (WertV 88). Die hier zusammengefaßten Bewertungsmethoden sind jedoch weitgehend nicht mit der neueren betriebswirtschaftlichen Bewertungstheorie zu vereinbaren. Zwar können zwischen den Ansätzen der Unternehmensbewertung und denen zur Immobilienbewertung nach der WertV 88 Parallelen gezogen werden, jedoch weisen die Bewertungsmethoden der WertV 88 aus betriebswirtschaftlicher Sicht sowohl zahlreiche inhaltliche als auch methodische Mängel auf. So ist in der WertV 88 das Sach-, Ertrags-, und Vergleichswertverfahren kodifiziert. Während letzteres in der Praxis meist aus Mangel an Vergleichsobjekten scheitert, ist von den ersten beiden Verfahren aus ökonomischer Sicht, wenn überhaupt, nur das Ertragswertverfahren haltbar.[9] Selbst dieses ist jedoch, folgt man der Vorgehensweise der WertV 88, mit schwerwiegenden Mängeln behaftet. Diese liegen vor allem in der ungenügenden theoretischen Begründung des Diskontierungsfaktors, der zur Bestimmung des Kapitalwerts einer Immobilie benötigt wird. Deshalb stellt sich die Frage, inwiefern der so gewonnene Wert aus betriebswirtschaftlicher Sicht von Bedeutung ist und damit die in der WertV 88 zusammengefaßten Bewertungsverfahren zur Ermittlung theoretisch und praktisch verwertbarer Werte beitragen können.

Dies wäre dann der Fall, wenn anhand der Bewertungsverfahren der WertV 88 ein entscheidungsorientierter Wert berechnet werden könnte und somit ein Wert bestimmbar wäre, der als Gradmesser für das Ausmaß des Beitrags des Bewertungsobjekts zur Erfüllung der exogen vorgegebenen Ziele des Bewertungssubjekts dienen kann.[10] Nur ein so definierter Wert würde dem Bewertungszweck, der letztendlich im Alternativenvergleich liegt,[11] gerecht. Ein solch entscheidungsorientierter Wert läßt sich jedoch nicht mit Hilfe der in der WertV 88 kodifizierten Bewertungsmethoden ermitteln. Sie sind daher dem Bewertungszweck nicht angemessen. Aus diesem Grund stellt sich die Frage, anhand welcher Verfahren der Entscheidungs-

[9] Zur Kritik am Substanzwertverfahren vgl. z.B. Ballwieser, W., Unternehmensbewertung, 1993, S. 169f.

[10] Vgl. Engels, W., Bewertungslehre, 1962, S. 11f.

[11] Vgl. Moxter, A., Grundsätze, 1983, S. 123.

wert einer Immobilie bestimmt werden kann.

Die Lösung des Problems findet sich in keinem Fall in den beliebten Daumenregeln von Praktikern.[12] Sie berechnen den überschlägigen Wert einer Immobilie häufig mit Hilfe eines Multiplikators,[13] indem sie die Mieterträge aus einer Immobilie mit demselben multiplizieren. Der Multiplikator entspricht dabei dem Quotienten aus den Kaufpreisen einer bestimmten Immobiliengruppe und deren Mieterträgen. Solche Multiplikatoren werden z.B. regelmäßig vom Ring Deutscher Makler (RDM) veröffentlicht, der u.a. für Renditeobjekte die in Tabelle 1.1[14] beispielhaft zusammengestellten Multiplikatoren ermittelt.[15]

Stadt	Multiplikator für Wohnimmobilien	
	Fertigstellung bis 1948	Fertigstellung ab 1949
Regensburg	13,90	15,50
München	17,00	17,50
Nürnberg	13,38	15,38
Bamberg	13,00	15,00

Tab. 1.1: Multiplikatoren zur Immobilienbewertung

Der Verwendung von Multiplikatoren liegt nur dann eine gewisse Logik zugrunde, wenn sie als reziproker Wert eines risikoäquivalenten Diskontierungsfaktors angesehen werden können.[16] Es wird sich jedoch herausstellen, daß diese Sichtweise problembehaftet ist, und deshalb die Verwendung von Multiplikatoren zur Immobilienbewertung aus theoretischer Sicht nicht unbedingt geeignet scheint.

Da nun einerseits wissenschaftliche Methoden zur Immobilienbewertung weitgehend fehlen, andererseits das Bewertungsproblem bisher fast ausschließlich Praktikern vorbehalten ist, gilt es, diese Lücke zu schließen. Aus diesem Grund wird versucht, betriebswirtschaftliche Bewertungsverfahren unter Berücksichtigung der Besonderheiten des Immobilienmarktes auf die Bewertung von Immobilien zu übertragen.

---

12 Obgleich dies teilweise sogar von Theoretikern gefordert wird, vgl. z.B. Barthel, C.W., Bewertungsverfahren, 1996.
13 Vgl. Kleiber, W., u.a., WertV'88, 1990, Rn. 218.
14 Vgl. Internetseite des RDM, http://www.rdm.de.
15 Weitere Beispiele für Multiplikatoren, die vom VDM veröffentlicht werden, finden sich in Anhang I.
16 Vgl. Bretzke, W.-R., Unternehmungsbewertung, 1988, S. 818.

Hierbei ist die konzeptionelle Vorgehensweise der Unternehmensbewertung relativ problemlos auf die Immobilienbewertung anwendbar. So stellt eine Immobilie aus investitionstheoretischer Sicht genauso wie ein Unternehmen ein Investitionsobjekt dar, welches auf Grund seiner zukünftig zu erwartenden Nettozahlungen, die an den Eigner erfolgen, zu beurteilen ist. Da sich die betriebswirtschaftliche Literatur bereits seit längerer Zeit intensiv mit der Bewertung von Unternehmen beschäftigt, können hier gewonnene Ergebnisse, wie beispielsweise die Wertrelevanz unterschiedlicher Finanzierungsstrukturen, auf die Bewertung von Immobilien übertragen werden. In diesem Zusammenhang kann bereits jetzt darauf hingewiesen werden, daß sich die Finanzierungsstruktur für Immobilien im Betriebsvermögen praktisch immer auf den Wert derselben auswirkt, während dies bei Immobilien im Privatvermögen nur ausnahmsweise zutrifft.

Wertrelevant ist hingegen nahezu immer die Einbeziehung des deutschen Steuersystems.[17] Es wird jedoch in der bisherigen Bewertungspraxis nicht oder nur unzureichend berücksichtigt. Auffallend ist insbesondere die häufig inkorrekte Erfassung der Einkommensteuer. So werden bei Renditeberechnungen oftmals konstante Steuersätze herangezogen, wobei der Grenzsteuersatz von 53 % sehr beliebt ist. Bei einer solchen Vorgehensweise wird die Steuerprogression vollkommen ausgeklammert, obwohl dieser Aspekt für gering Verdienende hochgradig bewertungsrelevant ist. Bedenkt man dabei, daß über 87 % aller deutschen Haushalte mit Immobilienvermögen nicht mit dem Spitzensteuersatz belastet werden,[18] erscheint das Außerachtlassen dieses Aspekts insbesondere bei der Grenzpreisfindung für Immobilien nicht akzeptabel. So sind pauschale Annahmen über die Höhe des persönlichen Steuersatzes lediglich bei der Marktwertermittlung von Immobilien vertretbar. Aber auch bei Vernachlässigung von Progressionseffekten muß eine Nicht-Berücksichtigung des Steuersystems gerade bei der Bewertung von Immobilien zu falschen oder nur zufällig richtigen Ergebnissen führen. Dies begrün-

[17] Obwohl dies häufig durch mehr oder minder unqualifizierte Verlautbarungen, wie „Steuervorteile tragen nicht zum eigentlichen Wert der Immobilie bei", bezweifelt wird. Vgl. Licher, T. / Stein G., Mehrwert, 1998, S. 128.

[18] Vgl. Bach, S. / Bartholmai, B., Immobilienvermögen, 1998, S. 635, wonach 86,9 % aller deutschen Haushalte mit Immobilienvermögen über Haushaltseinkommen von bis 90.000 DM verfügen.

det sich insbesondere durch die Tatsache, daß mit Hilfe von Immobilieninvestitionen Abschreibungspotentiale genutzt werden können, die nicht dem ökonomischen Gewinn einer Immobilie entsprechen. Kapitalwertneutralität der Besteuerung liegt also nicht vor. In der Regel gleichen die Abschreibungen auch nicht der tatsächlichen Abnutzung, sondern übersteigen diese,[19] was indirekt zu einer Steuerstundung und damit zu einer Werterhöhung der Immobilie führt.

So bedeutend diese und weitere steuerliche Regelungen für die Grenzpreisfindung für Immobilien sind, so wenig wurden sie bisher in der Literatur zur Bewertung herangezogen. Dies mag als eine Variante der Komplexitätsreduktion[20] des Bewertungskalküls aufgefaßt werden,[21] ist jedoch auf Grund der Wichtigkeit dieses Aspekts nicht problemadäquat. Zur Ermittlung des Grenzpreises muß daher die Relevanz des deutschen Steuersystems für den Wert einer Immobilie analysiert werden. Dies geschieht in der vorliegenden Arbeit, indem der Einfluß verschiedener steuerlicher Regelungen auf den Wert einer Immobilie explizit dargestellt wird. Besondere Aufmerksamkeit wird hier der Einkommensteuer gewidmet, wobei sowohl allgemeine Beweise als auch zahlreiche Beispielrechnungen zur Verdeutlichung der Wertrelevanz der Einkommensteuer beitragen sollen.

In höchstem Grad wertrelevant ist natürlich auch der zu ermittelnde Diskontierungsfaktor, der die Opportunitätskosten verkörpert. Die Bestimmung derselben stellt jedoch, zumindest in Partialmodellen, das eigentliche Problem der Wertermittlung dar,[22] weshalb eine theoretisch saubere Herleitung der Opportunitätskosten gewährleistet sein muß.

Denkbar sind zwei unterschiedliche Vorgehensweisen. Zum einen könnte der Diskontierungsfaktor über den Umweg eines Sicherheitsäquivalents, zum anderen unter zur Hilfenahme kapitalmarkttheoretischer Modelle bestimmt werden. Wählt man die erste Möglichkeit, wird ein entscheidungstheoretisch

---

[19] Vgl. WertR 91, Anlage 5, wonach die durchschnittliche technische Nutzungsdauer von Gebäuden zwischen 80 und 100 Jahren liegt, während § 7 Abs. 4 EStG einen Mindestabschreibungssatz von 2 % zugrundelegt.

[20] Vgl. zur Diskussion um die optimale Komplexitätsreduktion bei der Unternehmensbewertung, Ballwieser, W., Komplexitätsreduktion, 1990.

[21] Vgl. Wagner, F.W., Rümmele, P., Ertragsteuern, 1995, S. 433.

[22] Vgl. Bohr, K., Wertbegriff, 1985, S. 69; Totalmodelle sind auf Grund ihrer Komplexität zur Bewertung i.d.R. nicht geeignet, Bohr, K., Wertbegriff, 1985, S. 68.

fundierter individueller Entscheidungswert ermittelt, der dem Grenzpreis der jeweiligen Immobilie entspricht. In diesem Fall sind insbesondere die individuellen steuerlichen Gegebenheiten zu berücksichtigen.

Wählt man Option zwei, resultiert ein durch den Markt objektivierter Wert, der unter entsprechenden Annahmen dem Entscheidungswert eines typisierten Investors entspricht.[23] In diesem Zusammenhang fanden in den letzten Jahrzehnten zwei Modelle, die der neoklassischen Kapitalmarkttheorie zuzurechnen sind, besondere Aufmerksamkeit. Es handelt sich hierbei um das CAPM (Capital Asset Pricing Model) und die APT (Arbitrage Pricing Theory). Beide sind ursprünglich Erklärungsmodelle, mit denen versucht wird, die Preisbildung auf Kapitalmärkten zu erklären und die Entscheidung von Kapitalanlegern und Kapitalnachfragern nachzuvollziehen.[24] Auf der Grundlage dieser erklärenden Modelle wird allerdings auch versucht, risikoäquivalente, durch den Markt objektivierte Diskontierungszinsfüße abzuleiten[25]. Somit kann hier ebenso von einer gestaltenden bzw. normativen Theorie gesprochen werden,[26] die es dem Investor erlaubt, ein Investitionsobjekt auf Grundlage seines Kapitalwerts zu beurteilen.[27] Da den genannten Kapitalmarktmodellen jedoch ein recht enger Prämissenkranz zugrunde liegt, stellt sich die Frage nach der praktischen Anwendbarkeit derselben. Deshalb wird die Brauchbarkeit der Modelle in Hinblick auf die tatsächlichen Gegebenheiten auf dem Immobilienmarkt untersucht. Dabei stellt sich zumindest für das CAPM heraus, daß dieses bei einer pragmatischen Vorgehensweise, die näher erläutert wird, durchaus eine praktische Basis zur Marktwertermittlung von Immobilien liefern kann. Allerdings darf nicht verkannt werden, daß man sich bei einer pragmatischen Vorgehensweise teilweise außerhalb der gegebenen Modellprämissen bewegt und somit der ermittelte Wert nur einem vermuteten Wert entspricht.

Dies bedeutet aber, daß unter Berücksichtigung realer Gegebenheiten auch die Bewertungsmodelle der neoklassischen Kapitalmarkttheorie nur bedingt zur Marktwertermittlung von Immobilien geeignet sind. Dennoch können sie

[23] Vgl. Böcking, H.-J. / Nowak, K., Typisierungsproblematik, 1998, S. 687.
[24] Vgl. Schneider, D., Investition, 1992, S. 504.
[25] Vgl. z.B. Drukarczyk, J., Unternehmensbewertung, 1998, S. 123 -125.
[26] Vgl. Perridon, L. / Steiner, M., Finanzwirtschaft, 1997, S. 257.

zum Erkenntnisfortschritt beitragen. Zum einen stellen sie „eine wertvolle Hilfe sowohl bei der Plausibilisierung von pauschal getroffenen Eigenkapitalrenditen als auch bei der Problematisierung häufig anzutreffender Vorstellungen, daß das Eigenkapital gänzlich kostenfrei zur Verfügung stehe"[28], dar, zum anderen verdeutlichen sie dem Bewerter, daß das gesamte Risiko einer Anlage hauptsächlich durch den Risikobeitrag, den das Anlageobjekt zum Gesamtportefeuille des Investors leistet, also durch das Kovarianzrisiko und nicht alleine durch seine Varianz,[29] bestimmt wird.
Kommt man zu dem Schluß, daß das CAPM bzw. die APT evtl. zur Marktwertermittlung bzw. zur Grenzpreisermittlung für einen typisierten Anleger geeignet ist, aber den Anforderungen einer realitätsnahen Grenzpreisbestimmung für individuell verschiedene Investoren nicht genügt, stellt sich die Frage nach einer alternativen Vorgehensweise. Ich schlage hierzu einen auf den individuellen Investor zugeschnittenen Ansatz vor. In Anlehnung an Ballwieser wird versucht, die zu erwartenden Cashflows in Sicherheitsäquivalente zu transformieren. Das Investitionsobjekt „Immobilie" wird dabei jedoch nicht, wie von Ballwieser, isoliert betrachtet, sondern ist Teil eines investorspezifischen Portefeuilles. Die Immobilie stellt sozusagen eine Grenzinvestition dar. Ihr Wert ergibt sich dann aus einem wertmäßigen Vergleich des gesamten Investitionsportefeuilles des Investors vor und nach der Investition. Dieses Vorgehen hat aus meiner Sicht drei große Vorteile. Es ist entscheidungstheoretisch fundiert, berücksichtigt portefeuilletheoretische Erkenntnisse und bezieht die persönliche Steuersituation explizit mit ein. Natürlich müssen bei dieser Vorgehensweise entsprechende Annahmen getroffen werden, die den Komplexitätsgrad der Bewertung in geeignetem Maß reduzieren.
Soll nun eines der vorgestellten Bewertungskonzepte tatsächlich zu präziseren Bewertungsergebnissen führen als die Bewertungsverfahren der WertV 88 oder die Multiplikatormethoden, stellt sich die Frage, wie Cashflows und Diskontierungsfaktoren prognostiziert werden können. Wäh-

[27] Vgl. Schneider, D., Investition, 1992, S. 504.
[28] Richter, R. / Simon-Keuenhof, K., Kapitalkostensätze, 1996, S. 706.
[29] Sofern die Streuung der zustandsabhängigen Einzahlungsüberschüsse um deren Erwartungswert als Risiko definiert wird.

rend nämlich das Ertragswertverfahren der WertV 88 und die Multiplikatorenmethode nur Kenntnisse über die aktuellen Mieterträge voraussetzen, müssen bei sämtlichen vorgestellten Alternativansätzen explizite Prognosen über diese Größen erstellt werden. Schließlich drohen Bewertungsprobleme „zu Scheinproblemen zu werden, da jede noch so anspruchsvolle Bewertungsregel verfehlt ist, wenn die Datenbasis ungesichert erscheint"[30].

Um eine solche Datenbasis zu generieren, werden insbesondere die wesentlichen Einflußfaktoren, die die zukünftigen Cashflows einer Immobilie determinieren, dargestellt und auf ihre Prognosefähigkeit hin untersucht. Hierbei finden die Besonderheiten des Immobilienmarktes, wie die Ortsgebundenheit oder die Preiselastizität, Berücksichtigung.

In der Arbeit soll also zunächst die Mangelhaftigkeit der „traditionellen" Verfahren zur Immobilienbewertung aufgezeigt werden, um anschließend die Übertragbarkeit von Methoden zur Unternehmens- auf die Immobilienbewertung zu prüfen. In diesem Zusammenhang werden insbesondere das deutsche Steuersystem und die Diskussion um die Wahl des Diskontierungsfaktors berücksichtigt.

[30] Ballwieser, W, Komplexitätsreduktion, 1990, S. 10.

2 Charakteristika des Immobilienmarktes

2.1 Informationskosten und Intransparenz des Immobilienmarktes

In der Literatur wird der Begriff Markt als ökonomischer Ort des Tausches definiert, also als das Zusammentreffen von Angebot und Nachfrage.[31] Diese Definition gilt auch für den Immobilienmarkt. Nun existiert „der Immobilienmarkt" nicht. Vielmehr spaltet sich dieser in zahlreiche räumlich und sachlich verschiedene Teilmärkte auf.[32] Diese Aufspaltung beruht im wesentlichen auf den Besonderheiten des Guts Immobilie. Wegen der Ortsgebundenheit von Grund und Boden bilden sich unterschiedliche regionale Teilmärkte. Die Größe derselben hängt dabei von den zur Verfügung stehenden Verkehrswegen und -mitteln ab. Der regionale Teilmarkt zerfällt weiter in sachliche Teilmärkte, z.B. in einen Markt für Läden, Büros, Ein-Raum-, Zwei-Raum-Wohnungen usw. Immobilien stellen also i.d.R. relativ heterogene Güter dar, die nur bedingt substituierbar sind. So kann ein Unterangebot von Wohnungen nicht durch ein Überangebot an Büroflächen ersetzt werden. Ebensowenig ist der Wohnungsmangel in einer Region durch ein Überangebot von Wohnungen in einem anderen Gebiet kompensierbar. Angebot und Nachfrage können deshalb auch für ansonsten homogene Objekte auf den räumlich verschiedenen Teilmärkten differieren. Der Immobilienmarkt ist somit anders als z.B. der Aktienmarkt oder der Markt für Edelmetalle weder standardisiert noch zentralisiert.[33] D.h., sowohl das Angebot als auch die Nachfrage nach einem bestimmten Immobilientyp ist relativ beschränkt.

Da einzelne Immobilien darüber hinaus nur unregelmäßig gehandelt werden und Investoren i.d.R. selten auf dem Immobilienmarkt aktiv sind,[34] bleibt für sie der Markt verhältnismäßig intransparent[35]. Diese Undurchsichtigkeit kann sich für den einzelnen Investor nur dann auflösen, wenn mehrere homogene

[31] Vgl. Brösse, U., Volkswirtschaftslehre, 1997, S. 87.
[32] Vgl. Makmin, D., Valuation, 1989, S. 8; Riebel, V. / Hubbert, E.-M., Wohnung, 1998, S. 182, die diese Aussage in Bezug auf den Wohnungsmarkt treffen.
[33] Vgl. Draper, D. / Chapman, F., Real Estate, 1982, S. 165.
[34] Vgl. Grissom, T.V. / Diaz, J., Valuation, 1991, S. 178; Glatzel, C., Wohnungsmarkt, 1995, S. 30, der diese Aussage für Wohnimmobilien trifft.
[35] Vgl. auch Väth, A. / Hoberg, W., Immobilieninvestition, 1998, S. 116.

Immobilien auf dem gleichen regionalen Markt zur Veräußerung stehen.[36] In diesem Fall besteht die Chance, daß sich Marktpreise für einen bestimmten Immobilientyp herauskristallisieren, denen dieselbe normative Kraft zugesprochen werden kann, wie den Preisen auf Aktien- oder Edelmetallmärkten.[37]

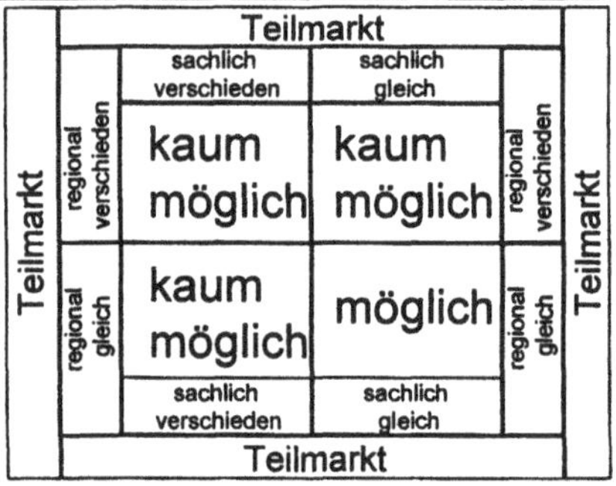

Abb. 2.1: Normierende Wirkung von Marktpreisen in Abhängigkeit von der regionalen und sachlichen Verschiedenheit des Immobilienmarktes

Um die Intransparenz des Immobilienmarktes zu beheben, werden in Landkreisen und kreisfreien Städten Gutachterausschüsse eingerichtet. Sie sind u.a. für die Ermittlung von Bodenrichtwerten sowie für das Führen und Erstellen von Kaufpreissammlungen verantwortlich.[38] Fraglich ist jedoch, ob die hier gesammelten Preise tatsächlich in der Lage sind, die jeweilige Marktsituation wiederzuspiegeln. So ist der Immobilienmarkt relativ illiquide. Aufgrund seltener und unregelmäßiger Käufe sind häufig über längere Zeiträume hinweg keine aktuellen Marktpreisbildungen beobachtbar. Die Kaufpreissammlungen enthalten somit häufig keine aktuellen Kaufpreise. Aber selbst wenn in der jüngsten Vergangenheit mehrere gleichartige Objekte veräußert worden sind, wird der Markt für den einzelnen Investor, der keinen Zugriff auf

[36] Vgl. Pauk, H., Analyse, 1994, S. 11, der die Intransparenz des Marktes auf die Inhomogenität des Guts Immobilie zurückführt.
[37] Vgl. Moxter, Grundsätze 1983, S. 132, der dieselbe Argumentation in Bezug auf nicht börsennotierte Unternehmen führt.
[38] Vgl. Stein, A., u.a., Wertermittlung, 1998, S. 277.

diese Kaufpreissammlungen hat,[39] nicht transparenter. Dieser Informationsmangel wiegt um so schwerer, wenn man die hohen Kosten berücksichtigt, die entstehen, sobald sich einzelne Marktteilnehmer einen Überblick über den Markt verschaffen wollen. Preise für standardisierte Güter (z.B. Aktien), die auf zentralisierten Märkten (z.B. Aktienmarkt) gehandelt werden, können im Regelfall durch einen Blick in die Tageszeitung in Erfahrung gebracht werden. Im Gegensatz hierzu entstehen dem Investor auf dem Immobilienmarkt hohe Informationskosten, bedingt durch die Heterogenität der Objekte[40] und durch die Unübersichtlichkeit selbst relativ kleiner Teilmärkte sowie den unregelmäßigen und seltenen Handel.[41]

2.2 Transaktionskosten

Der Immobilienmarkt ist nicht nur durch relativ hohe Informationskosten, sondern auch durch die im Vergleich zu verschiedenen anderen Märkten hohen Transaktionskosten, also durch Kosten, die für das „Zustandekommen und die Abwicklung des Güteraustausches auf Märkten erforderlich sind",[42] gekennzeichnet. Diese entstehen hier im Gegensatz zu diversen anderen Märkten, wie z.B. dem Aktien- oder Rentenmarkt, bereits in der Vorvertragsphase und resultieren aus der i.d.R. aufwendigen Suche nach einem geeigneten Objekt. In der Kontraktphase selbst ist eine Grunderwerbssteuer in Höhe von 3,5 % des Kaufpreises zu zahlen,[43] zusätzlich fallen erhebliche Gebühren für die Eintragung in das Grundbuch[44] und durch die Notwendigkeit einer notariellen Beurkundung[45] an. Schließlich sind Verhandlungskosten zu erwähnen, die auf zentralisierten und standardisierten Märkten durch die normierende Wirkung der Marktpreise praktisch entfallen. Im Vergleich hierzu lassen sich die Transaktionskosten für den Erwerb / Ver-

[39] Vgl. Kleiber, W., u.a., WertV'88, 1990, Rn. 19 – 29.
[40] Vgl. Makmin, D., Valuation, 1989, S. 8, „every house ... is different in some respect".
[41] Ähnlich auch Grissom, T.V. / Diaz, J., Valuation, 1991, S. 179.
[42] Bössmann, E., Transaktionskosten, 1983, S. 107.
[43] Für Erwerbsvorgänge ab dem 1.1.1997, vgl. § 23 Abs. 4 GrEStG; § 8 Abs. 1, § 9 Abs. 1 Satz 1 und § 11 Abs. 1 GrEStG, statt des Kaufpreises kommen gem. § 8 Abs. 2 und § 9 Abs. 1 Nr. 2 - 8, Abs. 2 GrEStG noch andere Bemessungsgrundlagen in Frage.
[44] Vgl. §§ 60ff. i.V.m. § 32 KostO.
[45] Vgl. §§ 140,141 KostO i.V.m. §§ 37f., §32 KostO.

kauf von Aktien auf rund 0,2 % bis 1 % des Kauf- / Verkaufspreises quantifizieren.[46]

2.3 Unteilbarkeit der gehandelten Objekte

Der Immobilienmarkt ist weiterhin durch die Unteilbarkeit der gehandelten Objekte gekennzeichnet. Immobilien werden i.d.R. nur „am Stück" und nicht in Teilen veräußert. Natürlich können Gebäudekomplexe in Eigentumswohnungen untergliedert oder Grundstücke parzelliert werden. Fakt bleibt jedoch, daß die Eigentumswohnungen bzw. die einzelnen Parzellen üblicherweise wiederum nur als Ganzes den Eigentümer wechseln. Das Problem der Unteilbarkeit kann in der Praxis gelöst werden, indem der Investor Teilhaber eines Immobilienfonds oder einer Immobilienaktiengesellschaft wird. Er hält somit indirekt Anteile an einer bzw. an mehreren Immobilien. Der Anlagetitel Immobilie wird somit im Prinzip unendlich teilbar. Eine Investition in Immobilienfonds oder Immobilienaktien stellt jedoch aus Sicht des Investors nur dann eine sinnvolle Alternative dar, wenn er die Immobilie rein zu Investitions- und nicht zu Konsumzwecken erwirbt, denn im Gegensatz zu verbrieften Anlagetiteln kann eine Immobilie auch zu Konsumzwecken erworben werden, d.h. der Investor kann die real existierende Immobilie bewohnen.

2.4 Kurzfristig unelastisches Angebot

Das Angebot an Immobilien ist kurzfristig verhältnismäßig unelastisch. Ein Grund hierfür ist in jedem Fall die relativ lange Herstellungsdauer von Gebäuden.[47] Darüber hinaus handelt es sich bei dem Immobilienmarkt um einen sogenannten Bestandsdominanzmarkt. Auf einem solchen Markt wird die Nachfrage einer Periode hauptsächlich durch den Bestand und nur zu einem geringen Teil aus der Periodenproduktion befriedigt. Für den westdeutschen Immobilienmarkt ergeben sich die in Tabelle 2.1 zusammengestellten Zahlen. Wie man erkennt, setzt sich das Angebot zum überwiegen-

[46] Vgl. Braun, H., Kunde, 1999, S. 281.
[47] Vgl. Bone-Winkel, S., / Sotelo, R., Büroflächen, 1995, S. 201, die davon sprechen, daß die

Jahr	Bestand	Netto-Änderung[48]	Netto-Änderung in %
1986	25.996.118		
1987	26.183.860	187.742	0,72%
1988	26.375.123	191.263	0,73%
1989	26.598.269	223.146	0,85%
1990	26.839.344	241.075	0,91%
1991	27.139.117	299.773	1,12%
1992	27.500.448	361.331	1,33%
1993	27.917.562	417.114	1,52%
1994	28.412.816	495.254	1,77%
1995	28.898.409	485.593	1,71%
1996	29.299.740	401.331	1,39%
1997	29.686.888	387.148	1,32%

Tab.2.1: Wohnungsbestand und Bestandsänderungen in den alten Bundesländern[49]

den Teil aus bestehenden Gebäuden zusammen, was zu der Vermutung führt, daß die Kapazitäten der Bauindustrie vorwiegend auf die Bestandserhaltung ausgerichtet sind. Kommt es zu einer unerwartet erhöhten Nachfrage nach Gewerbe- oder Wohnflächen, sind die Kapazitätsgrenzen der Bauindustrie wegen der Langlebigkeit der Gebäude schneller erreicht als bei Industrien, die kurzlebige Güter produzieren. Verdeutlicht sei dies an folgendem Beispiel:

Angenommen es wird ein Gut produziert, das eine Nutzungsdauer von 10 Jahren hat und einer linearen Abschreibung unterliegt. Dieses Gut kostet 1 DM. Von ihm existieren auf dem Markt insgesamt 100 Einheiten, wobei je 10 Einheiten: 9,5 Jahre, 10 Einheiten: 8,5 Jahre, ..., 10 Einheiten: 0,5 Jahre alt sind. Die Güter weisen folglich ein mittleres Alter von 5 Jahren auf. Insgesamt beläuft sich der Wert der 100 Einheiten auf 50 DM. Man rechne mit einem jährlichen Nachfragewachstum von 2 %.

Soll der Bestand gesichert und das jährliche Nachfragewachstum befriedigt werden, müssen pro Jahr 12 neue Einheiten produziert werden (10 Einheiten Ersatz, 2 Einheiten neu).

Erhöht sich die Nachfrage nach diesem Gut um weitere 2 % (insgesamt also um 4 %), so werden in der nächsten Periode statt der geplanten 102 jetzt 104 Einheiten nachgefragt. Es müssen also 2 zusätzliche nicht eingeplante Einheiten produziert werden. Dies bedeutet, die Industrie sieht sich einer unerwartet erhöhten Nachfrage i.H.v. $\frac{2}{12} = 16{,}67\%$ *gegenüber.*

Planung und Fertigstellung in der Regel mindestens zwei Jahre dauert.

[48] Zugänge - Abgänge

[49] Vgl. Statistisches Bundesamt, Wohnungen, 1997, S. 6 und eigene Berechnungen.

Rechnet man hingegen mit einer Nutzungsdauer von 50 Jahren und sind auf dem Markt insgesamt 500 Einheiten des Gutes vorhanden, beträgt der gewöhnliche Ersatzbedarf ebenfalls 10 Einheiten. Beläuft sich das geplante Nachfragewachstum auf 2 % pro Periode, geht die Industrie von 20 zu produzierenden Einheiten aus. Erhöht sich die Nachfrage darüber hinaus um 2 %, müßten weitere 10 Einheiten, die nicht eingeplant waren, hergestellt werden, um die gestiegene Nachfrage zu befriedigen. Hieraus resultiert eine im Vergleich zum geplanten Bedarf erhöhte Nachfrage von 50 %.
Ist also das Alter der Gebäude in etwa gleichverteilt, steigt die zusätzliche Nachfrage nach Baukapazität bei einer unerwarteten Nachfragesteigerung wie folgt:

$$\text{zusätzliche Kapazitätsbelastung} = \frac{\text{zusätzliche Nachfrage (nicht geplant)}}{\text{Ersatzbedarf} + \text{geplante Nachfrageänderung}}$$

Rechnet die Industrie mit einer Nachfragesteigerung i.H.v. 2 %, variiert die zusätzliche Kapazitätsbelastung in Abhängigkeit von der Nutzungsdauer des Bestands und der zusätzlichen Nachfrage um die in der folgenden Tabelle 2.2 angegebenen Prozentsätze.

	Nutzungsdauer									
zusätzliche Nachfrage	10	20	30	40	50	60	70	80	90	100
0,01	8%	14%	19%	22%	25%	27%	29%	31%	32%	33%
0,02	17%	29%	38%	44%	50%	55%	58%	62%	64%	67%
0,03	25%	43%	56%	67%	75%	82%	88%	92%	96%	100%
0,04	33%	57%	75%	89%	100%	109%	117%	123%	129%	133%
0,05	42%	71%	94%	111%	125%	136%	146%	154%	161%	167%

Tab.2.2: zusätzliche Kapazitätsbelastung bei unerwarteter Nachfragesteigerung

Unerwartete Nachfragesteigerungen nach langlebigen Gebrauchsgütern, die i.d.R. nur geringe jährliche Nachfrageerweiterungen aufweisen, wie dies bei Gebäuden der Fall ist, führen, sofern hier keine „Lagerbestände" vorhanden sind, zu einer überproportionalen Nachfragesteigerung bei den vorgelagerten, produzierenden Industrien.

Ob bzw. inwiefern die unerwartet gestiegene Nachfrage aufgefangen werden kann, hängt auf dem Immobilienmarkt zum einen von den freien Wohnungs-, Büro-, Geschäftskapazitäten etc. ab, zum anderen, sollten diese erschöpft sein, von der Anpassungsfähigkeit der Baubranche. Da zumindest die Kapazitätsauslastung auf dem Wohnungsmarkt normalerweise sehr hoch ist, EEKHOFF spricht von 99 % - 99,5 %,[50] schlägt eine erhöhte Nachfrage unmittelbar auf den Baumarkt durch. Die Auslastung der hier vertretenen Unternehmen ist allerdings nicht wie von GLATZEL fälschlicherweise festgestellt sehr hoch.[51] Sie hängt vielmehr von der aktuellen Konjunktur ab. So betrug die Maschinenauslastung 1998 im Hoch- und Fertigteilbau je nach Sparte und Region ca. 60 % - 70 %.[52] Die höchste Geräteauslastung lag in den Jahren 1991 - 1998 im Baugewerbe in Ostdeutschland (Westdeutschland) bei ca. 75 % (ca. 67 %).[53] Von einer permanenten Vollauslastung kann also nicht gesprochen werden. Es stehen folglich auch bei Nachfrageschocks Reserven zur Verfügung, durch die eine erhöhte Nachfrage nach Bauleistungen, zumindest teilweise, relativ kurzfristig durch ein höheres Angebot ausgeglichen werden kann. Selbst wenn jedoch die erhöhte Nachfrage nach Bauleistungen durch bestehende Kapazitätspuffer befriedigt wird, kann auf dem Immobilienmarkt selbst kurzfristig ein neues Marktgleichgewicht nur durch eine Preiserhöhung zustande kommen, was im Endeffekt aber an der relativ langen Herstellungsdauer von Gebäuden und nicht an der hohen Auslastung der Bauindustie liegt.

Eine vermutlich noch langsamere Anpassung des Angebots erfolgt bei einer negativen Nachfrageänderung. Der Gebäudeeigentümer wird das Gebäude erst vom Markt nehmen, wenn die künftigen Einzahlungen von den künftigen Auszahlungen überschritten werden. Die Herstellungskosten dürfen in seinem Kalkül keine Entscheidungsrelevanz besitzen, da es sich hierbei um keine zusätzlichen und damit entscheidungsrelevanten Auszahlungen handelt.

Ein Gebäude wird aus investitionstheoretischer Sicht solange am Markt blei-

[50] Vgl. Eekhoff, J., Bauwirtschaft, 1989, S. 23.
[51] Vgl. Glatzel, C., Wohnungsmarkt, 1995, S. 19.
[52] Vgl. o.V. Bauwirtschaft (West), 1998, S. T5; o.V., Bauwirtschaft (Ost), 1998, S. T21.
[53] Vgl. Söffner, F., Bau 1998, S. A1 und S. A7.

ben, solange der Investor mit positiven Kapitalwerten rechnen kann. „The expenses associated with prepearing the site and constructing the building are sunk costs"[54], sie sind daher für die Dauer des Verbleibens der Immobilie auf dem Markt nicht ausschlaggebend, weshalb einzig und alleine die zukünftigen Einzahlungsüberschüsse für die Bestimmung der Nutzungsdauer Relevanz besitzen. Da jedoch die laufenden Auszahlungen für ein Gebäude im Vergleich zu den Mieteinzahlungen i.d.R. relativ gering ausfallen, wird man ein Gebäude üblicherweise erst bei technischer oder wirtschaftlicher Abnutzung vom Markt nehmen. Es sei denn, man könnte die Immobilie einer alternativen Nutzung zuführen, aus der höhere Kapitalwerte resultieren. Dabei müßten allerdings evtl. anfallende Abriß-, Neuherstellungs- bzw. Umbaukosten berücksichtigt werden. Schließlich wären die zu erwartenden Zahlungen aus der Altimmobilie mit denen aus der Neuimmobilie zu vergleichen. Empirisch beträgt der jährliche Wohnungsabgang durch Abbruch, Baumaßnahmen an bestehenden Gebäuden und sonstige Abgänge ca. 0,05 % des Wohnungsbestands.[55] Dieser Satz würde sicherlich bei sinkenden Instandhaltungsmaßnahmen steigen, dennoch vollzieht sich eine Angebotssenkung durch Verschleiß relativ langsam. Dies gilt insbesondere auch deshalb, weil man in Abhängigkeit von der Qualität des Baukörpers von einer bis zu 100jährigen Nutzungsdauer eines Gebäudes ausgeht, die durch Instandhaltungsmaßnahmen entsprechend gesteigert werden kann.[56]

---

[54] Graff, R. / Cashdan, D., Real Estate, 1990, S. 78.

[55] Vgl. Statistisches Bundesamt, Bauwirtschaft, 1997, S. 148, hier werden allerdings nur Absolutbeträge zum Bestand am 31.12 des Jahres und zu den Totalabgängen während des Jahres gemacht, so daß die Zahl 0,05 % aus einer eigenen Berechnung folgt.

[56] Vgl. Kühne-Büning, L., Besonderheiten, S. 6.

3 Die Immobilie als Kapitalanlage

3.1 Unmittelbare versus mittelbare Immobilieninvestition

Das BGB unterscheidet grundsätzlich zwischen Grundstücken und Mobilien. Der Begriff der Immobilie ist ihm jedoch unbekannt. Im allgemeinen Sprachgebrauch wird hierunter eine Bodenfläche mit evtl. aufstehenden Gebäuden verstanden. Die Arbeit folgt dieser Definition.

In der Realität besteht nicht nur die Möglichkeit, unmittelbar in eine Immobilie zu investieren, also ein Stück Grund und Boden bzw. ein Gebäude zu erwerben, vielmehr existieren zahlreiche Kapitalanlageprodukte, die es dem Investor ermöglichen, mittelbarer Teilhaber einer oder mehrerer Immobilien zu werden. Gegenstand der Arbeit ist es, sowohl die unmittelbare als auch mittelbare Kapitalanlage in Immobilien zu bewerten. Hierbei beschränke ich mich bei den mittelbaren Kapitalanlagen auf die drei bekanntesten Formen, den geschlossenen und den offenen Immobilienfonds sowie die Immobilienaktie, die im folgenden zu charakterisieren sind.

3.2 Charakterisierung mittelbarer Immobilieninvestitionen

3.2.1 Der geschlossene Immobilienfonds

Geschlossene Immobilienfonds investieren in Grundstücke oder grundstücksgleiche Rechte. Dabei ist ihr Investitionsplan und -volumen vor der Fondsauflegung bekannt. Die Finanzierung erfolgt sowohl mit Hilfe von Eigenkapital, welches durch Anteilscheine aufgebracht wird, als auch durch Fremdkapital.[57] Ihre Rechtsform kann weitgehend frei gewählt werden und richtet sich ausschließlich nach den Normen des BGB und HGB. In der Praxis sind jedoch aus steuerlichen Gründen nur Personengesellschaften anzutreffen.[58] Je nach Rechtsform wird dabei zwischen Bruchteilsgemeinschaften, KG-Fonds und GbR-Fonds unterschieden.

---

[57] Vgl. z.B. Loipfinger, S. / Nickl, L. / Richter, U., Immobilienfonds, 1994, S. 24.
[58] Vgl. Schlag, A., Immobilien, 1995, S. 22.

Aus bewertungstechnischer Sicht ist die Frage der Rechtsform nur dann von Bedeutung, wenn diese entscheidend für den Wert der Kapitalanlage ist. Wertbeeinflussend können sich vor allem steuerliche Regelungen auswirken, hier insbesondere die Fragen:

- Wann werden die Einkünfte den Eigentümern zugerechnet?
- Um welche Einkunftsart handelt es sich?
- Unterliegen die Einkünfte der Gewerbesteuer?
- Bestehen evtl. besondere Verlustausgleichsbeschränkungen?

Die Einkünfte, die den Gesellschaftern geschlossener Immobilienfonds zuzurechnen sind, werden gem. § 11 EStG nach dem Zu- bzw. Abflußprinzip ermittelt. Die Feststellung der Einkünfte erfolgt dabei gem. §§ 179, 180 AO gesondert und einheitlich. Für die Ermittlung des zu versteuernden Einkommens (z.v.E.) sind folglich die Entnahmen unbeachtlich. Steuerlich relevant sind nur die steuerlichen Ergebnisse der Gesellschaft, die den Gesellschaftern i.d.R. im Verhältnis ihrer Kapitalanteile zugeordnet werden.[59]
Aus Gesellschaftersicht stellt sich die Frage, zu welcher Einkunftsart die Einkünfte aus dem geschlossenen Immobilienfonds zählen. Dies hängt alleine von den einkommensteuerlichen Tatbeständen, die durch die Gesellschaft verwirklicht werden, ab. Beschränkt sich die Gesellschaft auf die Vermietung und Verwaltung der Immobilien sowie die Anlage der liquiden Mittel, liegt i.d.R. eine vermögensverwaltende Tätigkeit vor.[60] Das gilt selbst dann, wenn der vermietete Grundbesitz des geschlossenen Immobilienfonds sehr umfangreich ist, die Vermietung erheblichen Verwaltungsaufwand verursacht[61] oder die vermieteten Räume gewerblichen Zwecken dienen[62]. Sollten keine weiteren besonderen Umstände hinzutreten,[63] handelt es sich um reine Vermögensverwaltung. Die Anteilseigner erzielen, sofern die Beteiligung nicht

[59] Vgl. auch Rose, G., Die Ertragsteuern, 1997, S. 79, „Das Einkommensteuergesetz kennt als den Steuerpflichtigen nur die einzelne natürliche Person".
[60] Vgl. § 14 AO; R 137 EStR.
[61] Vgl. BFH-Urteil vom 21.8.1990 VIII R 271/84, BStBl. II, 1991, S. 126.
[62] Vgl. BFH-Urteil vom 17.1.1961 I 53/60 S, BStBl. III, 1961, S. 233.
[63] Z.B. bei hotelmäßiger Vermietung von Ferienwohnungen, vgl. BFH-Urteil vom 28.6.1984 IV R 150/82 BSTBl. II, 1985, S. 211, zur weiteren Abgrenzung des Gewerbebetriebs von der Vermögensverwaltung vgl. R 137 und H 137 ESTR.

im Betriebsvermögen gehalten wird, Einkünfte aus Vermietung und Verpachtung.[64] Überschüsse, die darüberhinaus aus Liquiditätsreserven erwirtschaftet werden, sind den Einkünften aus Kapitalvermögen gem. § 20 EStG zuzuordnen.

Betreibt der Immobilienfonds reine Vermögensverwaltung, bleiben für den Investor zum einen, unter Berücksichtigung der Spekulationsfrist,[65] Veräußerungsgewinne steuerfrei, zum anderen fällt keine Gewerbesteuer an.

Betreiber von geschlossenen Immobilienfonds werden daher trotz des gespaltenen Einkommensteuersatzes, durch den Einkünfte aus Gewerbebetrieb einem maximalen Grenzsteuersatz von 45 % unterliegen,[66] i.d.R. darauf bedacht sein, daß der geschlossene Immobilienfonds eine rein vermögensverwaltende Tätigkeit ausübt. Dies läßt sich recht einfach beweisen, indem angenommen wird, der Gesellschafter sei Teilhaber eines geschlossenen Immobilienfonds. Die Tätigkeit dieses Fonds soll in einem Gedankenexperiment zunächst als vermögensverwaltend und anschließend als gewerblich eingestuft werden.[67]

Stellen die Einzahlungsüberschüsse vor Gewerbeertrag- und Einkommensteuer gleichzeitig die steuerliche Bemessungsgrundlage für die Gewerbeertragsteuer und die Residualgröße die Bemessungsgrundlage für die Einkommensteuer dar,[68] erzielt der Gesellschafter des vermögensverwaltenden Fonds folgende periodische Nachsteuereinzahlungen:

[64] Vgl. auch Plückebaum, R., u.a., Einkommensteuer, 1996, S. 540.

[65] Die Spekulationsfrist für Grundstücke beträgt gem. § 23 Abs. 1 Satz 1 Nr. 1 EStG zehn Jahre.

[66] Vgl. § 32c EStG.

[67] Die Vorschriften des § 9 Abs. 1 Nr. 1 Satz 1 GewStG sollen aus didaktischen Gründen zunächst nicht berücksichtigt werden.

[68] Diese Annahme wird in der Literatur häufig aus Vereinfachungsgründen getroffen. Vgl. z.B. Kußmaul, H., Steuerlehre, 1998, S. 145 - 150, der allerdings teilweise auszahlungsverschiedene Aufwendungen mit in die Betrachtung einbezieht, was zur Darstellung der Problematik jedoch nicht erforderlich ist.

$$X_{t,s}^{1} = X_t \cdot \left(1 - s_{ESt}^{53\%}\right) \tag{3.1}$$

$X_{t,s}^{1}$: *Einzahlungen nach Steuern bei vermögensverwaltenden Fonds*

X_t: *Einzahlungen vor Steuern*

$s_{ESt}^{53\%}$: *relevanter Einkommensteuersatz bei vermögensverwaltenden Fonds*

Der Mitunternehmer eines Gewerbebetriebs kann mit folgenden Nachsteuerzahlungen rechnen:[69]

$$X_{t,s}^{2} = X_t \cdot \left(1 - s_{GE}\right) \cdot \left(1 - s_{ESt}^{45\%}\right) \tag{3.2}$$

$X_{t,s}^{2}$: *Einzahlungen nach Steuern bei gewerblichen Fonds*

$s_{ESt}^{45\%}$: *relevanter Einkommensteuersatz bei Einkünften aus Gewerbetrieb*

s_{GE}: *Gewerbeertragsteuersatz*

Subtrahiert man $X_{t,s}^{2}$ von $X_{t,s}^{1}$, resultiert:

$$\begin{aligned} X_{t,s}^{1} - X_{t,s}^{2} &= X_t \cdot \left(1 - s_{ESt}^{53\%} - 1 + s_{ESt}^{45\%} - s_{ESt}^{45\%} \cdot s_{GE} + s_{GE}\right) \\ X_{t,s}^{1} - X_{t,s}^{2} &= X_t \cdot \left(s_{GE} - s_{ESt}^{45\%} \cdot s_{GE} + s_{ESt}^{45\%} - s_{ESt}^{53\%}\right) \end{aligned} \tag{3.3}$$

Falls

$$X_{t,s}^{1} - X_{t,s}^{2} < 0, \tag{3.4}$$

übersteigen die laufenden Nachsteuerzahlungen aus gewerblich tätigen Fonds diejenigen aus vermögensverwaltenden Fonds.
Durch Umformung und Einsetzen von (3.3) in (3.4) erhält man

[69] Bei der Berechnung wird unterstellt, daß die Verwaltung und Nutzung des Grundbesitzes als gewerblich eingestuft wird und somit § 9 Abs. 1 Nr. 1 Satz 2 GewStG nicht greift.

$$\left(s_{GE} - s_{ESt}^{45\%} \cdot s_{GE}\right) \overset{?}{<} \left(s_{ESt}^{53\%} - s_{ESt}^{45\%}\right) \qquad (3.5)$$

Die Ungleichung (3.5) kann nur dann erfüllt sein, wenn der Anteil der gewerblichen Einkünfte am z.v.E. durch Hinzuerwerb der Fondsanteile auf über 93.690 DM ansteigt, da der § 32c EStG nur dann zum Tragen kommt und der gespaltene Einkommensteuersatz de facto nur so Relevanz besitzt. Betrachtet man den Extremfall, daß der Gesellschafter mit einem Einkommensteuersatz von $s_{ESt}^{45\%} = 45\%$ bzw. $s_{ESt}^{53\%} = 53\%$ kalkulieren muß, ist Ungleichung (3.5) erfüllt, sofern:

$$s_{GE} \cdot (1 - 0{,}45) < 0{,}08$$

$$s_{GE} < \frac{0{,}08}{(1 - 0{,}45)} = 0{,}1455 .$$

Dies entspricht wegen $s_{GE} = \frac{m \cdot h}{1 + m \cdot h}$ bei Gewerbebetrieben, für die eine Steuermeßzahl von m = 5 % gilt, einem Hebesatz von ca. h = 340 %.[70] Der Gesellschafter eines vermögensverwaltenden Fonds erhält also trotz des gespaltenen Einkommensteuersatzes immer dann höhere periodische Einzahlungen als der eines Gewerbebetriebs, wenn der Hebesatz über 340 % liegt.[71] Verringert sich die Differenz $\left(s_{ESt}^{53\%} - s_{ESt}^{45\%}\right)$, sinkt der kritische Hebesatz, was nebenstehender Tabelle 3.1 entnommen werden kann.

$\left(s_{ESt}^{53\%} - s_{ESt}^{45\%}\right)$	kritischer Hebesatz
0	0%
0,01	37%
0,02	75%
0,03	115%
0,04	157%
0,05	200%
0,06	245%
0,07	292%
0,08	340%

Tab. 3.1: kritische Hebesätze ohne Solidaritätszuschlag

Wird neben der Einkommensteuer der Solidaritätszuschlag berücksichtigt, muß Ungleichung (3.5) in Ungleichung (3.6) geän-

[70] Zu den Hebesätzten deutscher Gemeinden vgl. Rieger, G. Realsteuerhebesätze, 1998, S. 48 - 52, der die Gewerbesteuerhebesätze für Gemeinden mit 50.000 und mehr Einwohnern untersucht und feststellt, daß diese für 1998 zwischen 300 % (Neubrandenburg) und 515 % (Frankfurt am Main) variieren.

[71] Die Allgemeingültigkeit dieses Ergebnisses wird zwar durch die Berücksichtigung des Freibetrags gem. § 11 Abs. 1 Nr. 1 GewStG und der gestaffelten Steuermeßzahlen gem. § 11 Abs. 2 GewStG eingeschränkt. Diese Einschränkung verliert jedoch bei Gewerbeerträgen, die weit über 144.000 DM liegen, an Bedeutung.

dert werden.

$$\left(s_{GE} - s_{ESt}^{45\%} \cdot s_{GE} - s_{SolZ} \cdot s_{ESt}^{45\%} \cdot s_{GE}\right) < \left(s_{ESt}^{53\%} - s_{ESt}^{45\%}\right) + s_{SolZ} \cdot \left(s_{ESt}^{53\%} - s_{ESt}^{45\%}\right)$$

$$s_{GE}\left[1 - s_{ESt}^{45\%} \cdot \left(1 + s_{SolZ}\right)\right] < \left(s_{ESt}^{53\%} - s_{ESt}^{45\%}\right) \cdot \left(1 + s_{SolZ}\right) \qquad (3.6)$$

$$s_{GE} < \frac{\left(s_{ESt}^{53\%} - s_{ESt}^{45\%}\right) \cdot \left(1 + s_{SolZ}\right)}{\left[1 - s_{ESt}^{45\%} \cdot \left(1 + s_{SolZ}\right)\right]}$$

s_{SolZ}: *Solidaritätszuschlagssatz*

Das Verhältnis verschiebt sich insofern leicht zuungunsten des vermögensverwaltenden Immobilienfonds, als daß bei Berücksichtigung des Solidaritätszuschlags erst etwas höhere Gewerbesteuerhebesätze dazu führen, daß die laufenden Zahlungen aus dem gewerblichen Fonds geringer ausfallen, als diejenigen aus dem vermögensverwaltenden. Aus der nebenstehenden Tabelle 3.2 können die kritischen Hebesätze entnommen werden.

$\left(s_{ESt}^{53\%} - s_{ESt}^{45\%}\right)$	kritischer Hebesatz
0	0
0,01	41%
0,02	84%
0,03	128%
0,04	175%
0,05	223%
0,06	274%
0,07	327%
0,08	383%

Tab. 3.2: kritische Hebesätze mit Solidaritätszuschlag

Nun ist die Kommanditgesellschaft die am häufigsten anzutreffende Konstruktion geschlossener Immobilienfonds.[72] Gerade aber hier besteht die Gefahr, daß die Einkünfte als Einkünfte aus Gewerbebetrieb qualifiziert werden, wenn die persönlich haftende Gesellschafterin der KG eine GmbH ist, der Fonds also die Rechtsform einer GmbH & Co KG hat. Sollten nämlich ausschließlich eine oder mehrere Kapitalgesellschaften persönlich haftende Gesellschafter sein und nur diese Person(en) die Befugnis zur Geschäftsführung besitzen, liegt eine gewerblich geprägte Personengesellschaft vor.[73] Die Mitunternehmer[74] dieser Gesellschaft erzielen in diesem

[72] Vgl. Schlag, A., Immobilien, 1995, S. 28; Kussmann, M., u.a., Einkommensteuer, 1997, Rdn. 1730.

[73] Vgl. § 15 Abs. 3 Nr. 2 EStG.

[74] Vgl. § 15 Abs. 1 Nr. 2 Satz 1; H 138 Abs. 1 EStR.

Fall selbst dann Einkünfte aus Gewerbebetrieb, wenn die Personengesellschaft keine gewerbliche Tätigkeit ausübt.[75] Um die gewerblich geprägte Personengesellschaft zu vermeiden, werden i.d.R. Anteilseigner, die Nicht-Kapitalgesellschaften sind, an der Geschäftsführung beteiligt oder zusätzlich als persönliche Hafter aufgenommen. Somit erzielen auch Gesellschafter eines geschlossenen Immobilienfonds, der die Rechtsform einer GmbH & Co KG hat, Einkünfte aus Vermietung und Verpachtung sowie Kapitalvermögen. Gewerbesteuer fällt dann nicht an.

Gewerbesteuer wird de facto auch für gewerblich geprägte Personengesellschaften nicht fällig, sofern sie nur wegen ihrer Rechtsform als Gewerbebetrieb qualifiziert werden.[76] Hierfür sorgt § 9 Abs. 1 Nr. 1 Satz 2 GewStG, der für Grundstücksunternehmen, die allein wegen ihrer Rechtsform gewerbesteuerpflichtig sind, eine Kürzung in Höhe des Gewerbeertrags zuläßt, der auf die Verwaltung und Nutzung des eigenen Grundbesitzes entfällt.[77] Die laufende Steuerbelastung solcher gewerblich geprägter Personengesellschaften entspricht dennoch der von Personengesellschaften, deren Einkünfte als Einkünfte aus Vermietung und Verpachtung qualifiziert werden, da § 32c Abs. 2 Satz 2 EStG die Kürzungsbeträge des § 9 Nr. 1 Satz 2 GewStG nicht zu den gewerblichen Einkünften gem. § 32c Abs. 2 Satz 1 EStG zählt. Der gespaltene Einkommensteuersatz kommt hier folglich nicht zur Anwendung. Bestehen bleibt jedoch der Nachteil, daß Veräußerungsgewinne von Grundstücken im Betriebsvermögen immer voll steuerpflichtig sind, so daß der Immobilienfonds in jedem Fall eine rein vermögensverwaltende Tätigkeit anstreben sollte.

Nachdem geklärt wurde, wie die Einkünfte, die dem Anteilseigner aus dem geschlossenen Immobilienfonds zuzurechnen sind, qualifiziert werden und mit welcher steuerlichen Belastung die Anteilseigner zu rechnen haben, gilt es zwei weitere bewertungsrelevante Detailfragen, die den geschlossenen Immobilienfonds betreffen, zu klären. Es handelt sich hierbei um die Verlustausgleichsbeschränkung des § 2b EStG sowie des § 15a EStG, der bei beschränkt haftenden Gesellschaftern Anwendung findet und wegen § 21 Abs.

---

[75] Vgl. auch Plückebaum, R., u.a., Einkommensteuer, 1996, S. 554.
[76] Vgl. auch Fuchs, M., Kürzung, 1990, S. 2238; Neyer, W., Behandlung, 1991, S. 537.

1 Satz 2 EStG nicht nur für gewerbliche sondern auch für vermögensverwaltende Fonds gilt.
Gem. § 15a EStG stehen den Gesellschaftern höchstens Verluste in Höhe der geleisteten Einlage zum sofortigen Verlustausgleich zur Verfügung.[78] Darüber hinausgehende Verluste können lediglich unbegrenzt vorgetragen und mit zukünftigen Gewinnen aus der gleichen Beteiligung verrechnet werden.
Sollten Entnahmen zu einem negativen Kapitalkonto führen oder dasselbe erhöhen (Einlageminderung), ist die Einlageminderung gem. § 15a Abs. 3 EStG bis zur Höhe des Betrags der Verlustanteile, die im Jahr der Entnahme und in den zehn vorangegangenen Jahren ausgleichs- oder abzugsfähig gewesen sind, zu versteuern.
§ 2b EStG soll dagegen dafür sorgen, daß Verluste aus Beteiligungen an sogenannten Verlustzuweisungsgesellschaften, bei denen die Erzielung steuerlicher Vorteile im Vordergrund steht, nicht mit anderen Einkünften ausgeglichen werden können. Dies trifft zu, „wenn nach dem Betriebskonzept der Gesellschaft oder Gemeinschaft oder des ähnlichen Modells die Rendite auf das einzusetzende Kapital nach Steuern mehr als das Doppelte dieser Rendite vor Steuern beträgt und ihre Betriebsführung auf diesem Umstand beruht, oder wenn Kapitalanlegern Steuerminderungen durch Verlustzuweisungen in Aussicht gestellt werden“[79]. Diese negativen Einkünfte können lediglich mit positiven Einkünften verrechnet werden, die aus eben solchen Einkunftsquellen stammen bzw. nach § 10d EStG vor- oder zurückgetragen werden, um sie mit positiven Einkünften, die aus solchen Einkunftsquellen stammen, zu verrechnen.[80]
Die Annahme einer Negativsteuer, die den gängigen Kapitalwertformeln zu Grunde liegt, gilt somit nur in eingeschränktem Maß.[81]

---

[77] Vgl. Spangemacher, G. / Spangemacher, K., Gewerbesteuer, 1995, S. 332.
[78] Dieser Betrag kann sich bis zu dem im Handelsregister eingetragenen Betrag erhöhen, wenn eine im Vergleich zur geleisteten Einlage höhere Haftung im Sinne des § 15a Abs. 1 Satz 2 EStG besteht.
[79] § 2b Satz 3 EStG.
[80] Vgl. § 2b EStG.
[81] Vgl. zum Begriff und zur Problematik der Negativsteuer Kapitel 8.2.2.6.

3.2.2 Der offene Immobilienfonds

Der offene Immobilienfonds stellt ein Grundstückssondervermögen dar, das sich im Eigentum einer Kapitalanlagegesellschaft (KAG) befindet[82] und von dieser treuhänderisch nach dem open end Prinzip verwaltet wird.
Das Sondervermögen ist eine rechtlich unselbständige Vermögensmasse. Dieser fließen Mittel in Form der von Anlegern entrichteten Geldbeträge für den Erwerb von Anteilsscheinen zu. Sollten die Anteilsscheine veräußert werden, müssen die entsprechenden Mittel dem Sondervermögen entnommen werden.[83] Hierfür sind gem. § 35 KAGG mindestens 5 % des Sondervermögens als Liquiditätsreserve zu halten.
Das Sondervermögen gilt gem. § 38 Abs. 1 Satz 1 KAGG als Zweckvermögen im Sinne des § 1 Abs. 1 Nr. 5 KStG. Da der Gesetzgeber eine steuerliche Doppelbelastung vermeiden wollte, ist das Sondervermögen gem. §§ 38, 44 KAGG von der KSt, GewSt und VSt befreit.[84] Der Anteilseigner soll so gestellt werden, als würde er sich direkt an den Vermögensgegenständen beteiligen (Transparenzprinzip).[85]
Dieses Prinzip wird mehrmals durchbrochen. So erzielen z.B. Investoren, die ihre Anteile im Privatvermögen halten, keine Einkünfte aus Vermietung und Verpachtung, sondern gem. §§ 45 Abs. 1, 48 i.V.m. 42 KAGG Einkünfte aus Kapitalvermögen (§20 Abs. 1 Nr. 1 EStG).[86] Werden sie im Betriebsvermögen gehalten, handelt es sich bei den Erträgen um Betriebseinnahmen.
Hält ein Investor die Anteilsscheine im Privatvermögen, gelten sämtliche steuerliche Erfolge mit dem Ablauf des Geschäftsjahres, in dem sie vereinnahmt worden sind, als zugeflossen.[87] Hierbei ist zu beachten, daß Veräußerungsgewinne aus dem Verkauf von Fondsimmobilien gem. § 45 Abs. 1 Satz 1 KAGG steuerfrei bleiben, sofern die Spekulationsfrist von zehn Jahren[88]

---

[82] Vgl. Bals. W., Immobilienfonds, 1994, S. 3; Schlag, A., Immobilien, 1995, S. 6f.
[83] Vgl. Bals. W., Immobilienfonds, 1994, S. 3.
[84] Vgl. z.B. Loipfinger, S. / Nickl, L. / Richter, U., Immobilienfonds, 1994, S. 20.
[85] Vgl. Bals. W., Immobilienfonds, 1994, S. 5; Helmer, S., Immobilien-KG, 1997, S. 61.
[86] Vgl. hierzu Egner, T., Investmentfonds, 1998, 295f., der kritisch feststellt, „so wird jegliche Systematik spätestens bei Immobilien-Sondervermögen durch den Wechsel der Eikunftsart ad absurdum geführt".
[87] Vgl. §§ 45 Abs. 1 Satz 3, 46 Abs. 1 KAGG.
[88] Vgl. § 23 Abs. 1 Satz 1 Nr. 1 EStG.

überschritten wird. Dasselbe gilt für Veräußerungsgewinne aus Fondswertpapieren. Die Spekulationsfrist von einem Jahr[89] findet hier allerdings gem. § 40 Abs. 1 KAGG keine Berücksichtigung.[90] Ebenfalls steuerfrei bleiben Erträge aus ausländischen Immobilienanlagen, auf deren Besteuerung die Bundesrepublik Deutschland auf Grund eines Doppelbesteuerungsabkommens verzichtet hat. Diese Regelungen haben zur Folge, daß üblicherweise Teile der Ausschüttungen offener Immobilienfonds einkommensteuerfrei bleiben, was aus folgender Tabelle 3.3 hervorgeht.

Fondsname	Ausschüttung einschließlich Steuergutschrift	steuerpflichtige Bruttoerträge bei Zugehörigkeit der Anteile zum	
		Privatvermögen	Betriebsvermögen
BfG Immoinvest	4,30	2,88	2,92
CS-Euroreal	3,90	1,49	1,49
CS-WV Immofonds	3,00	2,19	2,19
DIFA-Fonds Nr. 1	9,80	6,23	7,81
DIFA-Grund	5,50	3,85	4,28
Grundbesitz-Invest	4,00	2,27	3,00
Grundwert-Fonds	7,50	4,65	5,91
Hansaimmobilia	4,80	3,66	4,01
Haus-Invest	4,20	2,32	2,64
iii-Fonds 1	5,80	6,62	4,51
iii-Fonds 2	3,80	2,60	2,76
Westinvest 1	2,10	1,28	1,59

Tab. 3.3: Steuerlich relevante Daten für deutsche offene Immobilienfonds im Jahr 1997[91]

Zur teilweisen Einkommensteuerfreiheit der Ausschüttung tragen auch die Abschreibungen gem. § 7 EStG bei. Sollten diese höher sein als die tatsächlichen Abschreibungseinbehalte[92], entsteht in Höhe der Differenz ein sogenannter „negativ thesaurierter Betrag". Die Ausschüttungen sind dann in Höhe dieses Betrags steuerfrei.[93]

[89] Vgl. § 23 Abs. 1 Satz 1 Nr. 2 EStG.

[90] Vgl. auch Egner, T., Investmentfonds, 1998, S. 274; Termingeschäfte im Sinne des § 23 Abs. 1 Satz 1 Nr. 4 sind von dieser Privilegierung allerdings ausgenommen, vgl. hierzu § 40 Abs. 1 Satz 1 KAGG, der gem. § 43 Abs. 12 Satz 1 KAGG erstmals auf Gewinne aus privaten Veräußerungsgeschäften anzuwenden ist, die nach dem 31.3.99 entstanden sind.

[91] In Anlehnung an BVI Bundesverband Deutscher Investment-Gesellschaften e.V. Investment, 1997, S. 54f., aufgeführt sind Publikumsfonds, die Mitglied des BVI sind. Dabei lagen zum Erstellungszeitpunkt für den Despa-Fonds sowie für den Despa-Fonds Europa keine entsprechenden Daten für das Jahr 1997 vor. Dasselbe gilt für den iii-Fonds 3, der erst am 18.3.98 aufgelegt wurde.

[92] Vgl. § 33 Abs. 1 KAGG, diese können von den steuerlichen Abschreibungsbeträgen abweichen.

[93] Für ein Beispiel, vgl. Helmer, S., Immobilien-KG, 1997, S. 73f.

Befinden sich die Anteilsscheine im Betriebsvermögen, verringert sich üblicherweise der Anteil der steuerfreien Erträge. Veräußerungsgewinne sind gem. § 46 Abs. 1 KAGG steuerpflichtig, sobald sie ausgeschüttet werden. Wertsteigerungen der Anteilscheine, die im Privatvermögen steuerfrei bleiben, gelten im Betriebsvermögen bei deren Realisierung als steuerpflichtig.

3.2.3 Die Immobilienaktie

Die Immobilienaktie weist aus bewertungstechnischer Sicht gegenüber anderen Aktien keine Besonderheiten auf. Gegenüber der Immobiliendirektanlage bzw. der Anlage in Immobilienfonds sind die Gewerbesteuer und die Körperschaftsteuer zu berücksichtigen, was häufig als steuerliche Benachteiligung interpretiert wird. Dies ist jedoch nur teilweise richtig, da durch die Körperschaftsteuer wegen des Anrechnungsverfahrens i.d.R. keine steuerliche Doppelbelastung entsteht. Im Gegenteil, wegen des Auseinanderklaffens von Einkommens- und Körperschaftsteuersatz kann durch eine entsprechende Ausschüttungspolitik unter bestimmten Voraussetzungen der Wert einer Immobilien-AG gesteigert werden.[94]
Im Vergleich zu Immobilienfonds und Immobiliendirektanlagen, die sich nicht im Betriebsvermögen befinden, entsteht bei Immobilien-AGs durch die Gewerbesteuer eine steuerliche Doppelbelastung, was Auswirkungen auf den Wert der Immobilien-AG haben kann.[95]
Darüberhinaus ist bei der Bewertung von Immobilien-AGs zu berücksichtigen, daß die häufig unterstellte Annahme der Negativsteuer nicht gilt. Verluste sind in der AG üblicherweise „gefangen". Ein vertikaler und horizontaler Verlustausgleich ist nicht möglich. Weiterhin sind Veräußerungsgewinne von Immobilien körperschaft- und gewerbesteuersteuerpflichtig. Hieran kann auch § 6b EStG nichts ändern, der gegebenfalls lediglich zu einer Steuerstundung führt.

---

[94] Vgl. hierzu auch Kapitel 8.2.5.
[95] Vgl. die Kapitel 7.1.3.1, 8.2.4, 8.2.5.

4 Investitionstheoretische Grundlagen der Bewertung

4.1 Der Zweck der Bewertung

In der bereits lange anhaltenden[96] Wertdiskussion haben sich drei Hauptrichtungen der Wertlehre herauskristallisiert. Diskutiert wurde der objektive und der subjektive Wertbegriff. Diese Kontroverse konnte in den 70er Jahren durch die sogenannte Funktionenlehre überwunden werden,[97] die insbesondere zwischen den drei Hauptfunktionen, Beratungs-, Vermittlungs- sowie Argumentationsfunktion, unterscheidet.

Die Funktionenlehre basiert auf dem entscheidungsorientierten Wertbegriff. Dieser ist insbesondere mit dem Namen ENGELS[98] verbunden, der den Begriff des gerundiven Werts geprägt hat. Den schlechthin richtigen Unternehmenswert gibt es nach dieser Lehre nicht. „Da Unternehmenswertermittlungen sehr unterschiedlichen Zwecken dienen können, ist der richtige Wert der jeweils zweckadäquate."[99] Aus diesem Grund kann es auch nur zweckadäquate Bewertungsmethoden geben.

Dem Leser sollen nun im Rahmen der Arbeit Möglichkeiten aufgezeigt werden, wie zum einen der Grenzpreis, zum anderen der Marktwert von Immobilien ermittelt werden kann.

Der Grenzpreis des Käufers bzw. Verkäufers entspricht dem Preis, den ein Käufer gerade noch bereit ist zu zahlen bzw. den der Verkäufer mindestens verlangen muß, um sich nach der Transaktion nicht schlechter zu stellen als vorher. Das vorgestellte Bewertungsverfahren soll in der Lage sein, den korrekten Grenzpreis zu ermitteln.

Zur Bestimmung desselben müßten sämtliche Motive, durch die das Handeln des Individuums determiniert wird, mit in das Bewertungskalkül einbezogen werden. Da es aber nicht Aufgabe der Betriebswirtschaft sein kann, jede Aktion eines Individuums in all seinen soziologischen Auswirkungen zu unter-

[96] Bereits Aristoteles diskutierte den Wertbegriff, vgl. hierzu Aristoteles, Ethik, 1967, S. 162.
[97] Vgl. z.B. Schildbach, T., Funktionenlehre, 1993, S. 25; Sieben, G. / Schildbach, T., Bewertung, 1979.
[98] Vgl. Engels, W., Bewertungslehre, 1962, S.11ff.
[99] Moxter, A., Grundsätze, 1983, S. 6.

suchen,[100] reduziert die Betriebswirtschaftslehre und insbesondere die Investitionsrechnung die Auswirkungen menschlichen Handelns auf seine Zahlungswirkungen.[101] Der alleinige Sinn und Zweck eines Investitionsobjekts läßt sich somit aus betriebswirtschaftlicher Sicht auf die Frage beschränken, inwiefern es finanzielle Mittel bereitstellen kann, die zur Bedürfnisbefriedigung des Individuums beitragen. Diese stark vereinfachte Sichtweise führt dazu, daß die Realität in der Investitionsrechnung nur partiell erfaßt wird, und dementsprechend ein mehr oder minder unvollständiges Bewertungskalkül vorliegt. Dennoch ist die Verwendung eines solchen Partialmodells gerechtfertigt, da weder die intellektuelle Durchdringung noch die praktische Erstellbarkeit eines Totalmodells möglich ist.[102] Auch scheint die Reduktion des wirtschaftlichen Handelns eines Individuums auf dessen Zahlungswirkungen sinnvoll. Immerhin sind die Zahlungen, die aus dem Handeln resultieren, dazu geeignet, zur Bedürfnisbefriedigung des Individuums beizutragen. Diese wird in erheblichem Maße durch eine möglichst umfassende Versorgung mit Konsumgütern erreicht. Zur Beschaffung derselben ist jedoch Geld notwendig. Finanzielle Ziele können deshalb durchaus als dominante Ziele wirtschaftlichen Handelns angesehen werden.[103] Aus diesem Grund sollte dem Bewerter ein Verfahren zur Verfügung gestellt werden, das es ihm erlaubt, darüber entscheiden zu können, ob die Zahlungen, die aus einem Investitionsobjekt fließen, dazu geeignet sind, seine Konsumwünsche besser oder schlechter zu erfüllen, als die beste ihm zur Verfügung stehende Alternative.

„Bewerten heißt [also][104] vergleichen: Ein 'Bewertungsobjekt' wird einem 'Vergleichsobjekt' gegenübergestellt; aus dem bekannten Preis des Vergleichsobjekts wird auf den unbekannten Preis (Wert) des Bewertungsobjekts geschlossen. Das Vergleichsobjekt dient als Bewertungsmaßstab."[105]

Treffen eine oder mehrere Personen (z.B. Manager) Entscheidungen für

---

[100] Vgl. Bohr, K., Wertbegriff, 1985, S. 65.
[101] Vgl. auch Wilhelm, J., Marktwertmaximierung, 1983, S. 518.
[102] Vgl. Bohr, K., Wertbegriff, 1985, S. 68.
[103] Vgl. z.B. Drukarczyk, J., Theorie, 1993, S. 51, der feststellt: „Als finanzielles Ziel wirtschaftlicher Betätigung von Individuen wird die Erzielung von Einkommen angesehen".
[104] Durch den Autor eingefügt.
[105] Moxter, A., Grundsätze, 1983, S. 123.

Dritte (z.B. Anteilseigner), können nicht sämtliche Zeit- und Risikopräferenzen aller Personen berücksichtigt werden,[106] da die Präferenzen letzterer weder bekannt sein dürften, noch praktisch feststellbar sind.[107] Die Bestimmung eines einheitlichen Grenzpreises scheint in solchen Fällen kaum möglich.[108] Es muß folglich nach einem Wert gesucht werden, der nicht wie der Grenzpreis von der individuellen Risikoneigung und den subjektiven Verhältnissen des Käufers bzw. Verkäufers abhängt.[109] Naheliegend ist ein Rückgriff auf den Marktwert.[110] Hier tritt der Markt bzw. ein typisierter Anteilseigner an die Stelle der bisher individuell bewertenden Person. Die Frage ist nicht mehr, wieviel ein Käufer für eine Immobilie höchstens zahlen darf bzw. ein Verkäufer mindestens verlangen muß, sondern wieviel üblicherweise für die Immobilie auf dem Markt gezahlt wird, bzw. zu welchem Preis man den aus einer Immobilie zu erwartenden Zahlungsstrom kaufen oder verkaufen kann[111].

Sollen Manager Entscheidungen im Sinne ihrer Anteilseigner treffen, stellt der zu maximierende Marktwert ein rationales Entscheidungskriterium dar,[112] falls ein vollkommener und vollständiger Kapitalmarkt vorliegt, wenn also der „Preis zu dem ein Zahlungsstrom zu einem bestimmten Zeitpunkt gehandelt wird, für jeden Marktteilnehmer, unabhängig davon, ob er als Käufer oder Verkäufer auftritt, gleich und gegeben ist"[113] (vollkommener Kapitalmarkt) und sofern „jeder beliebige Zahlungsstrom gehandelt werden kann, ganz gleich, welche Höhe, welche zeitliche Struktur und welche Unsicherheit er aufweist"[114] (vollständiger Kapitalmarkt). In diesem Fall können die einzelnen Anteilseigner jederzeit ihre Anteile verkaufen, sobald die aus ihnen fließenden Zahlungsströme nicht ihren Zielvorstellungen entsprechen, um sie in

[106] Vgl. Schmidt, R.H. / Terberger, E., Finanzierungstheorie, 1996, S. 54;Schildbach, T., Unternehmensbewertung, 1998, S. 305f.

[107] Vgl. Freygang, W., Kapitalallokation, 1993, S. 190.

[108] Vgl. auch Ballwieser, W., Komplexitätsreduktion, 1990, S. 166f.; Hawlitzky, J., Bewertung, 1998, S. 38.

[109] Vgl. Moxter, A., Grundsätze, 1983, S. 21f.

[110] Vgl. auch Hax, H., Investitionstheorie, 1985, S. 145f.

[111] Vgl. Franke, G. / Hax, H., Finanzwirtschaft, 1990, S. 108.

[112] Vgl. z.B. Porterfield, J.T.S., Investment, 1965, S. 16f.; Fama, E.F. / Miller, M.H., Theory, 1972, S. 69; Saelzle, R., Investitionsentscheidungen, 1976, S. 34; Wilhelm, J., Marktwertmaximierung, 1983, S. 526; Volpert, V., Kapitalwert, 1989, S. 6 - 9; Schmidt, R.H. / Terberger, E., Finanzierungstheorie, 1996, S. 55.

[113] Schmidt, R.H. / Terberger, E., Finanzierungstheorie, 1996, S. 55.

zielkonforme Zahlungsströme zu transformieren. Hierdurch wird eine Separation der Managerentscheidungen von den persönlichen Präferenzen der Anteilseigner ermöglicht.[115]

Die Orientierung am Marktwert ist insbesondere bei Immobilien-AGs sinnvoll. Hier sind die Voraussetzungen für einen vollkommenen und vollständigen Kapitalmarkt am ehesten erfüllt. Sie wäre theoretisch jedoch auch bei offenen Immobilienfonds denkbar, wenn diese entsprechend bewertet würden, was anhand des folgenden Gedankenexperiments verdeutlicht werden soll.

Angenommen der Manager einer Immobilien-AG erwirbt eine zusätzliche Immobilie zu ihrem Marktwert. Hierdurch ändert sich, unter der in der finanzierungstheoretischen Literatur gängigen Annahme der Wertadditivität von Zahlungsströmen,[116] der Marktwert der AG nicht. Allerdings könnte sich aus Sicht des Investors der Grenzpreis für Anteile an der AG ändern. Läge dieser unterhalb des Marktwertes, könnte der Anteilseigner seinen Anteil jederzeit zum Marktwert verkaufen. Er würde sich also im Gegensatz zu vorher nicht schlechter stellen. Läge der Grenzpreis hingegen über dem Marktwert, würde sich die Position des Anteilseigners verbessern. Geht man davon aus, daß sich das Management ausschließlich an den Zielen der Anteilseigner orientiert, wird es seine Entscheidungen immer marktwertbasiert treffen, da hieraus nie eine Schlechterstellung der Anteilseigner resultieren kann.

Ist der Marktwert bekannt, kann er auch als Unter- bzw. Obergrenze des Grenzpreises dienen.[117] So wird der Käufer einer Immobilie nie mehr als den Marktwert bezahlen, andererseits wird ein Verkäufer seine Immobilie nie unterhalb des Marktwerts verkaufen. Dies gilt selbst dann, wenn der Grenzpreis des Käufers über dem Marktwert liegt bzw. der des Verkäufers unter demselben, da die Immobilie jederzeit zum Marktwert gekauft bzw. verkauft werden kann.

Sollte bei Unsicherheit kein vollständiger Kapitalmarkt vorliegen, stellt die Ausrichtung des Managements auf den Marktwert für die Anteilseigner eine zu befürwortende Zielsetzung dar, falls die Annahmen der „Competivity" und

---

[114] Schmidt, R.H. / Terberger, E., Finanzierungstheorie, 1996, S. 55.
[115] Vgl. Hawlitzky, J., Bewertung, 1998, S. 41.
[116] Zur Wertadditivität von Zahlungsströmen vgl. z.B. Brealey, R. / Myers, S.C., Principles, 1996, S. 450; Perridon, L. / Steiner, M., Finanzwirtschaft, 1997, S. 22f.

der „Spanning Property" erfüllt sind.[118] Erstere verlangt, daß weder Informations- noch Transaktionskosten vorliegen und sämtliche Anleger davon ausgehen, daß durch ihre Portefeuilleentscheidung weder die Preise noch die Menge der Vermögenstitel beeinflußt werden. Letztere geht davon aus, daß für alle entscheidungsrelevanten Zustände Zahlungsansprüche gehandelt werden können, weshalb die möglichen Überschüsse, die durch das Investitionsobjekt am Ende der Periode erzielbar sind, durch den Kauf bzw. Verkauf von bereits vorhandenen Wertpapieren rekonstruierbar sind. Investitionsprojekte können also nicht zu grundsätzlich neuen Risikoallokationsmöglichkeiten führen.[119] Aber selbst wenn die Voraussetzungen der „Competivity" und der „Spanning Property" nicht vorliegen, wird in der Literatur die Meinung vertreten, daß die Ausrichtung der Unternehmensleitung am Marktwert sinnvoll sei.[120]

Fraglich ist nun, welche Bewertungsverfahren dazu geeignet sind, einen korrekten Grenzpreis bzw. Marktwert zu ermitteln. Zur Beantwortung dieser Frage werden zunächst die in Deutschland gängigen Verfahren zur Unternehmensbewertung untersucht. Namentlich handelt es sich hierbei um Einzelbewertungs-, Gesamtbewertungs- und Mischverfahren. Letzteres ist jedoch kein eigenständiges Verfahren. Der Wert wird hier durch eine Mischung von Einzel- und Gesamtbewertungsverfahren ermittelt,[121] weshalb im folgenden auch nur diese beiden behandelt werden.

4.2 Einzelbewertungsverfahren

In Deutschland findet neben dem Liquidationswert der Substanzwert Verwendung. Um ersteren zu ermitteln, werden sämtliche Vermögensgegenstände mit ihren Zerschlagungswerten, die in der Regel nicht den Buchwerten entsprechen, sowie die Schulden mit ihren Ablösebeträgen ermittelt.

Im Rahmen des Substanzwertverfahrens wird versucht, die Ausgaben zu

---

[117] Vgl. Ballwieser, W, Komplexitätsreduktion, 1990, S. 163.
[118] Vgl. Wilhelm, J., Marktwertmaximierung, 1983, S. 527 - 531.
[119] Vgl. Laux, H., Risikoteilung, 1998, S. 221f.
[120] Vgl. z.B. Drukarczyk, J., Theorie, 1993, S. 78; Hachmeister, D., Cash Flow, 1996, S. 17 - 20; Richter, F., Konzeption, 1996, S. 18f.; Hawlitzky, J., Bewertung, 1998, S. 42.
[121] Vgl. z.B. Sieben, G., Unternehmensbewertung, 1993, Sp. 4322.

ermitteln, die notwendig wären, um das zu bewertende Unternehmen exakt nachzubilden.[122] Hierbei wird nur das betriebsnotwendige Vermögen zu seinen Wiederbeschaffungskosten angesetzt, während man das nicht betriebsnotwendige Vermögen mit seinen Verkaufspreisen bewertet.[123] Von dem ermittelten Wert sind anschließend die Schulden abzuziehen. Der Unternehmenswert entspricht also der Summe der Einzelwerte des Anlage- und Umlaufvermögens abzüglich der Schulden.[124]

4.3 Gesamtbewertungsverfahren

Das Ertragswertverfahren und die Discounted Cashflow Methoden (DCF-Methoden) stellen die beiden bekanntesten Gesamtbewertungsverfahren dar. Beide Verfahren beruhen auf demselben Grundgedanken und unterscheiden sich nur durch mehr oder minder große Details.[125] Sie gehen davon aus, daß sich der Wert eines Unternehmens am Ende der Periode t aus der Summe der abdiskontierten zukünftigen Nettoeinzahlungen X_{t+n} ergibt. Der Unternehmenswert entspricht also dem Barwert einer Zahlungsreihe und ergibt sich aus folgender Formel:

$$V_t = \sum_{n=1}^{N} \frac{X_{t+n}}{\prod_{j=1}^{n}(1+k_{t+j})} \qquad (4.1)$$

V_t : Wert des Unternehmens am Ende der Periode t

X_{t+n} : Erwarteter Cashflow am Ende der Periode t+n

k_{t+j} : relevanter Diskontierungsfaktor der Periode t+j

Bleibt der Diskontierungsfaktor k_{t+j} im Zeitablauf konstant, gilt also $k_{t+j} = k$, resultiert folgende Bewertungsgleichung:[126]

[122] Vgl. z.B. Serfling, K. / Pape, U., Unternehmensbewertung, 1995, S. 815.
[123] Vgl. Ballwieser, W., Unternehmensbewertung, 1995, S. 1878.
[124] Vgl. Sieben, G., Unternehmensbewertung, 1998, S. 192.
[125] Vgl. hierzu auch Drukarczyk, J., DCF-Methoden, 1995, S. 329 - 334.
[126] Die Literatur geht hiervon im Regelfall aus, vgl. Drukarczyk, J., Unternehmensbewertung,

$$V_t = \sum_{n=1}^{N} \frac{X_{t+n}}{(1+k)^n} \qquad (4.2)$$

Im Fall des Ertragswertverfahrens entspricht X_{t+n} den Nettozahlungen zwischen Unternehmen und Unternehmenseigner, also den zukünftigen Nettoausschüttungen bzw. Nettoentnahmen.[127] Weil das eingesetzte Kapital nicht kostenlos zur Verfügung steht, sind die zu erwartenden Nettozahlungen mit *k* abzudiskontieren. *k* steht dabei für die Rendite der besten verdrängten Alternativinvestition[128] und entspricht den Opportunitätskosten des eingesetzten Kapitals.[129]

Gewinngrößen sind nicht zur Diskontierung geeignet,[130] schließlich erscheint es klar, „daß die Konsumausgaben des Eigners (seine Bedürfnisbefriedigungsmöglichkeit) nur durch die Ausschüttungsreihe alimentiert werden, nicht durch die Gewinnreihe"[131]. Somit besitzen nur die zu erwartenden Ausschüttungen / Entnahmen Wertrelevanz. Da der Barwert der Nettoentnahmen nur zufällig mit dem Barwert der Gewinne einer Unternehmung übereinstimmt, würde die Diskontierung letzterer zu falschen Ergebnissen führen. Zudem bestünde die Gefahr von Doppelzählungen, zu denen es kommt, sobald nicht ausgeschüttete Gewinne reinvestiert werden.[132]

Die ursprünglich aus dem anglo-amerikanischen Raum stammenden DCF-Methoden unterscheiden sich von dem oben genannten Ertragswertverfahren nur teilweise. Während die Equity-Methode, abgesehen von der Ermittlung des zu verwendeten Diskontierungsfaktors, weitgehend der Ertragswertmethode entspricht,[133] wird bei der Entity- und der APV-Methode ein an-

1998, S. 259; Grob, H.L., Investitionsrechnung, 1999, S. 150; Fischer, E.O., Bewertung, 1999, S. 29.

127 Vgl. Ballwieser, W., Unternehmensbewertung, 1993, S. 153.

128 Vgl. z.B. Rudolph, B., Kapitalkostenkonzepte, 1986, S. 609; Serfling, K. / Pape, U., Ertragswertverfahren, 1995, S. 944; Braunschweig, C., Investitionsrechnung, 1998, S. 89.

129 Vgl. Ballwieser, W, Komplexitätsreduktion, 1990, S. 5; Freygang, W., Kapitalallokation, 1993, S. 175f.

130 Diese Aussage gilt natürlich nur, sofern die Gewinngrößen nicht im Sinne des Lücke-Theorems in eine um Zinsen korrigierte Periodengewinnreihe transformiert werden, deren Abdiskontierung zum gleichen Kapitalwert führt, wie die Abzinsung der korrespondierenden Zahlungsreihe, vgl. Küpper, H.-U., Controlling, 1997, S. 125. Zum Lücke-Theorem vgl. erstmals Lücke, W., Investitionsrechnungen, 1955, S. 310 - 324.

131 Moxter, A., Grundsätze, 1983, S. 78.

132 Vgl. Moxter, A., Grundsätze, 1983, S. 78.

133 Vgl. Schmidt, J.G., Ertragswertmethode, 1995, S. 1092; Drukarczyk, J., Unternehmens-

deres Vorgehen gewählt. Die beiden zuletzt genannten Verfahren ermitteln zunächst den Unternehmensgesamtwert, also den Wert des Unternehmens, der sich aus Addition des Werts von Fremd- und Eigenkapital ergibt und ziehen hiervon anschließend den Wert des Fremdkapitals ab, um so den Wert des Eigenkapitals zu bestimmen. Der Diskontierungsfaktor wird hier genauso wie bei der Equity-Methode und anders als beim Ertragswertverfahren, üblicherweise auf Grund kapitalmarkttheoretischer Modelle gewonnen.[134] Mit deren Hilfe kann dann der Marktwert eines Investitionsobjekts berechnet werden.

4.4 Erfüllung des Bewertungszwecks durch Einzel- und Gesamtbewertungsverfahren

Folgt man der investitionstheoretischen Literatur und einigt sich darauf, daß ausschließlich zukünftige Zahlungen bewertungsrelevant sind, hängt die Bewertung eines Investitionsobjekts von den monetären Zielsetzungen des Investors ab.[135] Als Ziele werden in der investitionstheoretischen Literatur üblicherweise Vermögens-, Entnahme- (Einkommens-) und Wohlstandsstreben genannt.[136] Die Investitionsprojekte sind in Abhängigkeit von diesen Zielsetzungen zu bewerten.[137]

Um nun deren Wert quantifizieren zu können, müßte man einen vollständigen Vorteilhaftigkeitsvergleich durchführen, der durch einen Finanzplan gewonnen wird. Hier werden sämtliche Zahlungen, die aus einem Investitionsprojekt resultieren, mit den Zahlungen aus alternativen Investitionsprojekten verglichen. Der Investor wird dann dasjenige Investitionsprojekt durchführen, welches seinem Ziel am ehesten entspricht. Die Ausgaben, die mindestens notwendig sind, um denselben Zahlungsstrom zu generieren, wie den Zielkonformen, stellen dann den Grenzpreis für den Investor dar.[138]

bewertung, 1998, S. 177.

[134] Vgl. Vogel, J., Beteiligungscontrolling, 1998, S. 9f.; Drukarczyk, J., Unternehmensbewertung, 1998, S. 246.

[135] Vgl. Kruschwitz, L., Investitionsrechnung, 1995, S. 11.

[136] Vgl. stellvertretend, Schneider, D., Investition, 1992, S. 65f.; Kruschwitz, L., Investitionsrechnung, 1995, S. 12f.

[137] Vgl. Engels, W., Bewertungslehre, 1962, S. 3.

[138] Vgl. Moxter, A., Grundsätze, 1983, S. 35.

Folgt man den obigen Überlegungen, sind Einzelbewertungsverfahren, abgesehen von dem Liquidationswert, der die absolute Untergrenze für den Wert eines Unternehmens angibt,[139] aus investitionstheoretischer Sicht unbrauchbar. Schließlich interessiert unter ökonomischen Aspekten „nicht der Nachbau des Unternehmens in der bilanziellen Gestalt, sondern der Nachbau des Ausschüttungsstroms, den das zu bewertende Unternehmen verspricht."[140] Dieser hängt nicht alleine von der Unternehmenssubstanz ab, sondern wird vielmehr auch vom Goodwill bestimmt. Ob ein solcher vorhanden ist, kann nur durch einen Vergleich von Ertrags- und Substanzwert bestimmt werden. Ist ersterer bekannt, benötigt man letzteren nicht mehr. Ist hingegen nur der Substanzwert bekannt, stellt sich die Frage, wie der Goodwill ohne Heranziehung des Ertragswerts ermittelt werden soll.[141]

Gesamtbewertungsverfahren beurteilen ein Unternehmen auf Basis der zu erwartenden Nettozahlungen zwischen Unternehmen und Unternehmenseigner. Üblicherweise wird bei der Bewertung, wegen der zu berücksichtigenden Komplexität bei einer solchen Vorgehensweise,[142] aus praktischen Gründen auf einen vollständigen Vorteilhaftigkeitsvergleich verzichtet.[143] Dabei werden die ursprünglichen finanziellen Ziele durch eine Ersatzzielgröße ersetzt.[144] Diese wird im Rahmen der Gesamtbewertungsverfahren durch den Ertragswert verkörpert, der sich aus dem *„Barwert sämtlicher den Anschaffungsausgaben folgenden Zahlungen ergibt"*[145] und je nach Bewertungsverfahren dem Grenzpreis bzw. Marktwert des Investitionsobjekts entspricht. Der Diskontierungsfaktor ergibt sich dabei aus der Rendite der besten verdrängten Alternativanlage.[146]

Um die Logik der Vorgehensweise zu sichern, ist allerdings die Annahme

[139] Vgl. Ballwieser, W., Unternehmensbewertung, 1995, Sp. 1878. „Der Liquidationswert ist dem Ertragswert oder DCF, die von einer Unternehmensfortführung ausgehen, gegenüberzustellen. Wenn die Liquidation möglich ist, ist der höhere der beiden Werte maßgeblich."

[140] Ballwieser, W., Unternehmensbewertung, 1993, S. 169.

[141] Vgl. Ballwieser, W., Unternehmensbewertung, 1993, S. 169f.

[142] Vgl. Bohr, K., Wertbegriff, 1985, S. 68.

[143] Zur Begründung vgl. Schneider, D., Investition, 1992, S. 71f.

[144] Vgl. Schneider, D., Investition, 1992, S. 73.

[145] Schneider, D., Investition, 1992, S. 78.

[146] Vgl. Rudolph, B., Kapitalkostenkonzepte, 1986, S. 609; Freygang, W., Kapitalallokation, 1993, S. 175; Serfling, K. / Pape, U., Ertragswertverfahren, 1995, S. 944.

eines vollkommenen Kapitalmarktes notwendig,[147] der folgende Voraussetzungen aufweist:[148]

1. Jeder Investor kann finanzielle Mittel am Kapitalmarkt in unbegrenzter Höhe zu einem bestehenden Zinssatz *i* anlegen oder sich ebenfalls zum selben Zinssatz *i* bis zur Höhe seines Vermögens verschulden.
2. Der einzelne Kapitalmarktteilnehmer kann durch seine Transaktionen den Zinssatz *i* nicht beeinflussen.

Beide Annahmen garantieren zum einen die Trennbarkeit von Konsum- und Investitionsentscheidung,[149] zum anderen die Vergleichbarkeit von Investitionsprojekten durch die Kapitalwertmethode[150]. Die ursprünglichen Zielsetzungen sind nicht mehr relevant, da die Zahlungsreihe aus dem Investitionsprojekt jederzeit in eine andere gewünschte Zahlungsreihe transformiert werden kann, solange deren Barwerte gleich sind.[151] Vermögens-, Entnahme- und Wohlstandsmaximierung stellen somit komplementäre Ziele dar.[152] Unterstellt man Sicherheit, sind also Höhe und Zeitpunkt zukünftiger Einzahlungen bekannt, hat die Annahme eines vollkommenen Kapitalmarkts weiterhin den Vorteil, daß die beste verdrängte Alternative nicht bekannt sein muß. Die Opportunitätskosten bzw. die Diskontierungsfaktoren entsprechen hier dem sicheren Zinssatz *i*.[153] Der Anleger braucht sämtliche ihm zur Verfügung stehenden Alternativen nicht zu kennen. Der Wert des Investitionsobjekts hängt damit auch nicht vom Marktüberblick bzw. Einfallsreichtum des Investors ab. Die Notwendigkeit eines Totalmodells zur Bewertung wird obsolet. Das Arbeiten mit einem Partialmodell ist möglich, weil der Kapitalwert, der hier gleichzeitig dem Marktwert entspricht, unabhängig von den individuellen Verhältnissen des Entscheiders als Zielfunktion verwendet wer-

---

[147] Vgl. Bohr, K., Verhältnis, 1988, S. 1176.
[148] Vgl. z.B. Drukarczyk, J., Theorie, 1993, S. 31.
[149] Vgl. z.B. Drukarczyk, J., Theorie, 1993, S. 34 - 38; Busse von Colbe, W. / Laßmann, G., Betriebswirtschaftstheorie, 1989, S. 6f.
[150] Vgl. Perridon, L. / Steiner, M., Finanzwirtschaft, 1997, S. 69f.; Adam, D., Investitionscontrolling, 1994, S. 61f.
[151] Vgl. Gerke, W., Bank, M., Finanzierung, 1998, S. 86; Spremann, K., Finanzierung, 1985, S. 206.
[152] Vgl. Schneider, D., Investition, 1992, S. 69f.
[153] Vgl. Rudolph, B., Kapitalkostenkonzepte, 1986, S. 610; Adam, D., Investitionscontrolling, 1994, S. 68.

den kann[154].

Sind die zukünftigen Zahlungen aus dem Investitionsobjekt unsicher, muß diese Unsicherheit berücksichtigt werden. Da man i.d.R. von risikoscheuen Investoren ausgeht,[155] müssen Zähler- bzw. Nennergröße bezüglich ihrer Unsicherheitsdimension angepasst werden.[156] Dies geschieht entweder durch einen Risikoabschlag bei den abzuzinsenden Cashflows oder durch einen Risikozuschlag im Diskontierungsfaktor.[157]

Im ersten Fall werden die zukünftig zu erwartenden Cashflows in Sicherheitsäquivalente transformiert, die dann mit dem sicheren Zinssatz *i*[158] abdiskontiert werden können.[159] Sollen hier keine durch den Markt objektivierten Werte ermittelt werden, setzt diese Methode die Kenntnis der Risikoeinstellung der einzelnen Investoren voraus. Werden jedoch individuelle Risikoeinstellung mit in das Bewertungskalkül einbezogen, ist zu berücksichtigen, daß für eine Mehrzahl von Investoren keine identischen Risikoeinstellungen vorliegen dürften,[160] weshalb eine solche Vorgehensweise nur zur Grenzpreisermittlung für einen einzelnen Käufer bzw. Verkäufer geeignet scheint.

Soll das Risiko im Zinsfuß berücksichtigt werden, muß dieser offensichtlich von *i* abweichen. Kommt ein solcher von *i* abweichender Diskontierungsfaktor *k* zum Einsatz, müssen teilweise weitere Annahmen getroffen werden, um die Konsistenz des Kapitalwertkriteriums zu erhalten. Diskutiert werden hier insbesondere Diskontierungsfaktoren, die aus den individuellen Sicherheitsäquivalenten der Anleger sowie den kapitalmarkttheoretischen Modellen APT und CAPM abgeleitet werden. Während die zuerst genannte Methode nur bei der Berechnung individueller Grenzpreise Sinn macht, wird mit Hilfe der beiden zuletzt genannten Modelle i.d.R. versucht, einen objektivierten Marktwert zu ermitteln, der unabhängig von den Risikopräferenzen des je-

---

[154] Vgl. Wilhelm, J., Marktwertmaximierung, 1983, S. 525f.

[155] Vgl. z.B. Drukarczyk, J., Unternehmensbewertung, 1998, S. 67.

[156] Vgl. Moxter, A., Grundsätze, 1983, S. 155.

[157] Vgl. Franke, G. / Hax, H., Finanzwirtschaft, 1990, S. 250f., beide Verfahren werden für die praktische Investitionsrechnung empfohlen.

[158] Genau genommen handelt es sich nur um einen quasi sicheren Zinssatz, da auch bonitätsmäßig erstklassige Papiere einem minimalen Ausfallrisiko unterliegen, dennoch wird *i* im folgenden als sicherer Zinssatz bezeichnet; vgl. hierzu auch Moxter, A., Grundsätze, 1983, S. 146; Zur Diskussion der Frage, wann ein Zinssatz als risikolos angesehen werden kann vgl. Kapitel 8.3.2.

[159] Zur Vorgehensweise vgl. auch Kapitel 8.3.1.

weiligen Investors ist. Die Berechnung solcher Marktwerte scheint immer dann geboten, wenn mehrere Eigentümer bzw. Anteilseigner an einem bestimmten Investitionsprojekt beteiligt sind, und z.B. ein angestelltes Management über die Mittelverwendung entscheiden soll.[161]

Dabei wird insbesondere das CAPM wegen seiner starken theoretischen Fundierung und Einfachheit[162] zur Bestimmung von Marktwerten herangezogen. Bei dieser Vorgehensweise ist zu berücksichtigen, daß das CAPM in seiner Standardkonzeption als Erklärungsmodell dient, welches einen plausiblen Marktpreis begründen soll.[163] Allerdings wird versucht, auf Grundlage dieses Modells einen risikoäquivalenten Diskontierungsfaktor abzuleiten,[164] der den Opportunitätskosten des zu bewertenden Objekts entspricht und aus der Rendite der risikofreien Anlage plus dem zu erwartenden unternehmensangepaßten Gesamtmarktrisiko resultiert[165]. Die so ermittelten Opportunitätskosten können mit Hilfe dieses Bewertungsmodells typisiert werden.[166]

Akzeptiert man die Annahmen des Modells, kann der Grenzpreis einer Immobilie eines typisierten Anlegers ermittelt werden, der gleichzeitig dem Marktwert der Immobilie entspricht. Ein solcher Marktwert kann Managern als Entscheidungshilfe dienen.[167]

[160] Vgl. z.B. Behringer, S., Unsicherheit, 1999, S. 735.
[161] Ähnlich auch Hax, H., Kalkulationszinsfuß, 1964, S. 187.
[162] Vgl. Kaplan, P.D. / Peterson, J.D., Betas, 1998, S. 85.
[163] Vgl. Adam, D., Investitionscontrolling, 1994, S. 334f.
[164] Vgl. z.B. Schmidt, R.H. / Terberger, E., Finanzierungstheorie, 1996, S. 358; Perridon, L. / Steiner, M., Finanzwirtschaft, 1997, S. 257; Hawlitzky, J., Bewertung, 1998, S. 52.
[165] Vgl. Richter, R. / Simon-Keuenhof, K., Kapitalkostensätze, 1996, S. 700.
[166] Vgl. Böcking, H.-J. / Nowak, K., Typisierungsproblematik, 1998, S. 689.
[167] Vgl. Freygang, W., Kapitalallokation, 1993, S. 190f.

5 Traditionelle Verfahren zur Immobilienbewertung

5.1 Überblick

Die in Deutschland existierenden Bewertungsverfahren lassen sich in gesetzlich festgelegte und nicht gesetzlich kodifizierte Verfahren einteilen.[168] Die bekanntesten gesetzlich geregelten Methoden sind die der Wertermittlungsverordnung von 1988 (WertV 88) sowie des Bewertungsgesetzes. Das wohl populärste nicht gesetzlich geregelte Verfahren stellt die sogenannte Maklermethode dar.

Das Bewertungsgesetz dient allein zur Ermittlung einer objektivierten Steuerbemessungsgrundlage. Es scheidet daher von vornherein als Basis für die Grenzpreis- bzw. Marktwertermittlung aus. Ob die Bewertungsverfahren der WertV 88 und die Maklermethode als Grundlage für die Berechnung derselben genutzt werden kann, muß diskutiert werden.

5.2 Immobilienbewertung nach der WertV 88

5.2.1 Die Bewertungsverfahren der WertV 88

In der WertV 88 sind das Vergleichswert-, Ertragswert- und das Sachwertverfahren kodifiziert. Alle drei Verfahren dienen zur Bestimmung des Verkehrswertes der Immobilie, der gem. § 194 BauGB „durch den Preis bestimmt [ist][169], der in dem Zeitpunkt, auf den sich die Ermittlung bezieht, im gewöhnlichen Geschäftsverkehr nach den rechtlichen Gegebenheiten und tatsächlichen Eigenschaften, der sonstigen Beschaffenheiten und der Lage des Grundstücks- oder des sonstigen Gegenstandes der Wertermittlung ohne Rücksicht auf ungewöhnliche oder persönliche Verhältnisse zu erzielen ist"[170].

Die technischen Details zur Immobilienbewertung werden nicht im BauGB

---

[168] Vgl. Englbrecht, B., Immobilienbewertung, 1998, S. 10.
[169] Durch den Autor eingefügt.
[170] § 194 BauGB

sondern in der WertV 88 geregelt.[171] Die hier enthaltenen Wertermittlungsvorschriften sind zwar nur für Gutachterausschüsse verbindlich, sie sind allerdings auch in der Rechtsprechung gebräuchlich. So stellte der BGH in seinem Urteil vom 4.3.82[172] fest, daß in der WertV allgemein anerkannte Regeln der Wertermittlungslehre enthalten sind. Darüber hinaus haben die Sachverständigenausschüsse der jeweiligen offenen Immobilienfonds, gemäß den Richtlinien des BVI (Bundesverband Deutscher Investmentgesellschaften e.V.), die Bewertung der Grundstücke nach Vorschriften der Wertermittlungsverordnung durchzuführen.[173] Sie orientieren sich an der WertV 88 und den WertR 91,[174] obwohl vom KAGG kein bestimmtes Wertermittlungsverfahren vorgegeben ist[175]. Somit kann festgestellt werden, daß die Wertermittlung nach der WertV 88 die in Deutschland wohl gängigste Grundlage zur Bewertung von Immobilien darstellt.
Da die WertV 88 aus der WertV vom 7. August 1961 hervorgegangen ist, besteht Hoffnung, daß, auf Grund der in ihr enthaltenen langjährigen Erfahrungen, diese als Grundlage einer Wertermittlung und damit zur Grenzpreisfindung bzw. zur Bestimmung des Marktwerts herangezogen werden kann. Im folgenden gilt es daher, die drei in der WertV 88 kodifizierten Verfahren darzustellen und auf ihre Konsistenz und Zweckmäßigkeit hin zu prüfen.

5.2.2 Interpretation des Verkehrswerts als Marktwert der Immobilie

Dem Wertermittlungsverfahren der WertV 88 liegt der Begriff des Verkehrswerts zugrunde. Betrachtet man dessen Definition, kommt man zu dem Schluß, daß der Verkehrswert offensichtlich dem Marktwert einer Immobilie entsprechen soll. Dieser resultiert aus seinem potentiellen Marktpreis.[176]
Ein Grenzpreis soll hingegen nicht ermittelt werden. So nimmt die WertV 88 eine vollkommene Entpersonifizierung des Bewertungsvorgangs vor. Indivi-

[171] Vgl. Englbrecht, B., Immobilienbewertung, 1998, S. 111.
[172] Vgl. BGH-Urteil vom 4.3.82 - III ZR 156/80, 1982, S. 734.
[173] Vgl. Helmer, S., Immobilien-KG, 1997, S. 87.
[174] Vgl. Anhang II Bewertungsmethoden offener Immobilienfonds; Maurer, R. / Stephan, T.G., Immobilien-Benchmark, 1996, S.1530; Assmann, H.-D., Schütze, R.A., Handbuch, 1990, S. 543f.
[175] Vgl. § 34 Abs.1 KAGG.
[176] Zur Definition des Marktwerts vgl. Moxter, A., Grundsätze, 1983, S. 132.

duelle Gegebenheiten werden ausgeschlossen.[177] Zur Ermittlung des Rohertrages greift man beim Ertragswertverfahren auf „nachhaltig erzielbare Umsätze"[178], die den „ortsüblichen Erträgen"[179] entsprechen, zurück. Bewirtschaftungskosten werden üblicherweise in einer Höhe berücksichtigt, die bei „gewöhnlicher Bewirtschaftung nachhaltig"[180] entstehen. Da der Liegenschaftszinssatz gem. § 11 Abs. 1 WertV 88 bei der Bewertung einer Immobilie genauso extern vorgegeben ist wie die restlichen Variablen, die in die Ertragswertformel eingehen, kann für ein und dieselbe Immobilie nur ein Wert resultieren. Der Wert wird insofern durch das Bewertungsverfahren objektiviert. Das Ertragswertverfahren kann daher keinen Grenzpreis liefern sondern allenfalls einen Marktwert bzw. einen Grenzpreis für einen typisierten Anleger.

Folgt man diesem Gedankengang, stellen sich zwei entscheidende Fragen. Kann mit Hilfe der WertV 88 tatsächlich ein theoretisch fundierter Marktwert ermittelt werden und wenn ja, in welchem Verhältnis stehen Marktwert und Grenzpreis?

Während die erste Frage in den Kapiteln 5.2.3, 5.2.4, 5.2.5, die sich mit den entsprechenden Bewertungsverfahren auseinandersetzen, zu klären ist, wird letztere im folgenden behandelt.

Der Marktwert kann je nach Käufer- oder Verkäufersicht nur eine Unter- bzw. Obergrenze für den Grenzpreis des Verkäufers bzw. Käufers liefern. So darf ein potentieller Käufer unabhängig von seinem individuellen Grenzpreis nie mehr zahlen als den aktuellen Marktpreis, umgekehrt darf ein potentieller Verkäufer seine Immobilie nie unter dem Marktpreis verkaufen.[181] Liegt also der Grenzpreis des Käufers oberhalb des Marktpreises, stellt dieser dennoch die Preisobergrenze für das Objekt dar, da er es jederzeit zum Marktpreis beschaffen kann. Der umgekehrte Fall gilt für den Verkäufer.

Liegt der Grenzpreis des Käufers unterhalb des Marktwerts, kann dieser mit Hilfe des letzteren nicht bestimmt werden.

---

[177] Vgl. § 6 WertV 88.
[178] § 17 WertV 88.
[179] Nr. 3.5.1 WertR 91.
[180] Vgl. § 18 Abs.1 WertV 88.
[181] Vgl. Moxter, A., Grundsätze, 1983, S. 123.

Der Marktwert kann folglich nur teilweise zur Ermittlung des Grenzpreises beitragen, indem er hierfür Ober- bzw. Untergrenzen liefert. Der Grenzpreis selbst muß nicht notwendigerweise dem Marktwert entsprechen, da der Wert von Immobilien genauso wie der von Unternehmen personenbezogenen Werteinflüssen ausgesetzt ist.
So sind insbesondere neue oder zumindest andere Vermietungsstrategien, persönliche Kostenvor / -nachteile sowie die persönliche Steuersituation mit in die Bewertung einzubeziehen. Daß auf Grund unterschiedlicher Vermietungsstrategien und persönlicher Kostenvorteile andere Cashflows erzielt werden können, liegt auf der Hand,[182] warum der Wert einer Immobilie von der persönlichen Steuersituation abhängt, wird in Kapitel 8 erläutert.

5.2.3 Das Vergleichswertverfahren

5.2.3.1 Vorgehensweise

Gem. § 13 WertV 88 sind unbebaute Grundstücke nach dem Vergleichswertverfahren zu bewerten. Dies gilt für bebaute Grundstücke optional.
Der Gesetzgeber unterscheidet bei diesem Verfahren zwischen einem unmittelbaren und einem mittelbaren Vergleich.[183] Wünschenswert ist zunächst die unmittelbare Gegenüberstellung. Hier wird der Verkehrswert aus einem unmittelbaren Vergleich mit Kaufpreisen komparabler Immobilien gewonnen.[184] Bei dieser Vorgehensweise ist zum einen die Aktualität der Kaufpreise,[185] zum anderen die hinreichend genaue Übereinstimmung der zu bewertenden Immobilie mit den Referenzobjekten entscheidend.[186] Letztere ist bei unbebauten Grundstücken gegeben, sofern die folgenden Kriterien erfüllt

[182] Auch wenn dies von Ballwieser, W., Unternehmensbewertung, 1997, S. 187, gerade in Bezug auf Immobilien bezweifelt wird.
[183] Vgl. §§ 13 Abs. 1 und 2 WertV 88.
[184] Vgl. § 13 Abs. 1 WertV 88.
[185] Sollte diese fehlen, wird eine indexbezogene Umrechnung vorgeschlagen, soweit der Zeitraum nicht zu groß ist, vgl. z.B. Leopoldsberger, G., Bewertung, 1998, S. 181. Entsprechende Bodenpreisindexreihen sind gem. § 193 Abs. 3 BauGB i.V.m. § 9 WertV 88 von den Geschäftsstellen der Gutachterausschüsse zu erstellen.
[186] Vgl. Kleiber, W., u.a., WertV 88, 1990, RZ. 144.

sind:[187]

- Die Grundstücke müssen eine vergleichbare Ortslage haben.
- Die Grundstücksart muß komparabel sein: handelt es sich z.B. um eine sog. Baulücke, ein Eckgrundstück oder ein Reihengrundstück. Wie ist die Verkehrs-, Wohn- und Geschäftslage?[188]
- Art und Maß der baulichen Nutzung müssen weitgehend übereinstimmen. Hier sind insbesondere die Geschoßflächenzahlen zu berücksichtigen.
- Die Grundstücke müssen eine ähnliche Bodenbeschaffenheit aufweisen. Dabei ist unter anderem zu prüfen, inwiefern sie als Baugrund geeignet sind und ob evtl. Altlasten vorliegen.[189]
- Eine wesentliche Übereinstimmung wird auch in Bezug auf Grundstücksgröße und Zuschnitt gefordert.
- Schließlich können ohne weitere Berechnungen nur Grundstücke mit demselben Erschließungszustand miteinander verglichen werden.
- Können nur Vergleichsgrundstücke in anderen Gemeinden gefunden werden, ist darüber hinaus eine in etwa ähnliche Infrastruktur und Bevölkerungszusammensetzung zu fordern.

I.d.R. werden nur seltenen alle genannten Punkte erfüllt. Aus diesem Grund können für die einzelnen Abweichungen jeweils Zu- oder Abschläge vorgenommen werden.[190]

Soll ein bebautes Grundstück nach dem Vergleichswertverfahren bewertet werden, muß zusätzlich zu den oben genannten Punkten noch die Vergleichbarkeit der Gebäude vorliegen.[191] Von einer solchen Vergleichbarkeit kann üblicherweise dann ausgegangen werden, wenn deren Alter, Bauzustand, Gebäudegröße und die Gebäudenutzung übereinstimmen.

Eine Wertermittlung bebauter Grundstücke durch unmittelbaren Preisvergleich ist daher auf Grund mangelnder Vergleichsobjekte nur in seltenen

[187] Vgl. Keunecke, K.P., Immobilienbewertung, 1994, S. 57.
[188] Vgl. § 5 Abs. 6 WertV 88.
[189] Vgl. auch § 5 Abs. 5 WertV 88.
[190] Vgl. § 14 WertV 88; wie diese Zu- bzw. Abschläge vorzunehmen sind bleibt jedoch offen.
[191] Vgl. Leopoldsberger, G., Bewertung, 1998, S. 182.

Fällen durchführbar.[192]

Sind wegen der Heterogenität der Immobilien keine Vergleichsobjekte zu finden, die eine Wertermittlung durch unmittelbaren Preisvergleich zulassen, kann gem. § 13 Abs. 2 WertV 88 auch ein mittelbarer Preisvergleich vorgenommen werden. Bei unbebauten Grundstücken geschieht dies entweder durch Bodenrichtwerte oder mit Hilfe von Vergleichsgebieten.

Bodenrichtwerte werden jährlich[193] von den zuständigen Gutachterausschüssen für erschließungspflichtiges bzw. erschließungsbeitragsfreies Bauland ermittelt.[194] Sie werden aus den nach § 195 Abs. 1 BauGB zu führenden Kaufpreissammlungen errechnet.[195] Hierbei wird ein durchschnittlicher Quadratmeterpreis für Grundstücke bestimmt, die im wesentlichen in Lage und Nutzung übereinstimmen. Da es sich um durchschnittliche Quadratmeterpreise eines bestimmten Gebiets handelt,[196] sind bei der Bewertung des zur Disposition stehenden Grundstücks individuelle Besonderheiten[197] durch Zu- bzw. Abschläge zu berücksichtigen.

Liegen keine entsprechenden Bodenrichtwerte vor, können gem. § 13 Abs. 1 Satz 2 WertV 88 die Grundstückspreise vergleichbarer Gebiete zur Wertermittlung herangezogen werden. Gebiete sind miteinander vergleichbar, sofern sie sich in ihrer Bevölkerungs- und Wirtschaftsstruktur sowie Verkehrserschließung ähneln.[198]

Sollen bebaute Grundstücke mit Hilfe eines mittelbaren Vergleichs bewertet werden, steht dem Gutachter gem. § 12 Abs. 2 WertV 88 insbesondere der Ertragsfaktorenvergleich und Gebäudefaktorenvergleich zur Verfügung. Ertragsfaktoren werden aus den nachhaltig erzielbaren Erträgen und den Kaufpreisen der Vergleichsobjekte ermittelt. Ob dabei Rein- oder Roherträge Verwendung finden sollen,[199] bleibt offen.

---

[192] Vgl. auch Platz, J., Immobilienmanagement,1991, S. 59f.; Leopoldsberger, G. Wertermittlung, 1998, S. 32.

[193] Vgl. § 196 Abs. 1 BauGB.

[194] Vgl. Leopoldsberger, G., Bewertung, 1998, S. 181.

[195] Vgl. Englbrecht, B., Immobilienbewertung, 1998, S. 119.

[196] Vgl. Englbrecht, B., Immobilienbewertung, 1998, S. 118.

[197] Vgl. Simon, J., u.a., Handbuch, 1993, S. 45, zählen eine Reihe solcher Besonderheiten auf.

[198] Vgl. Leopoldsberger, G., Bewertung, 1998, S. 181.

[199] Zu den Begriffen Rein- bzw. Rohertrag vgl. §§ 16 Abs. 1, 17 Abs. 1 WertV 88 und Kapitel 5.2.4.1.

Gebäudevergleichsfaktoren errechnen sich aus der Relation der Kaufpreise in Bezug auf „sonstige geeignete Bezugseinheiten"[200]. Hierbei handelt es sich insbesondere um Flächen oder Raumeinheiten.
Sind die Vergleichsfaktoren bekannt, erfolgt gem. § 13 Abs. 3 WertV 88 die Wertermittlung durch Multiplikation der Vergleichsfaktoren mit dem Ertrag bzw. den sonstigen Bezugseinheiten (z.B. Raum- oder Flächeninhalten) der zu bewertenden Immobilie.
Im Gegensatz zu den in den nächsten Kapiteln vorgestellten Ertragswert- und Sachwertverfahren wird bei der Wertermittlung anhand von Vergleichsfaktoren auf eine gesonderte Ermittlung des Bodenwerts verzichtet.

5.2.3.2 Betriebswirtschaftliche Analyse des Vergleichswertverfahrens

Interpretiert man den Verkehrswert gem. § 194 BauGB als Marktwert, resultiert dieser aus seinem potentiellen Marktpreis, also aus dem Preis, „der am Markt für die betreffenden Ertragserwartungen gezahlt zu werden pflegt"[201].
LEOPOLDSBERGER ist nun der Auffassung, das Vergleichswertverfahren sei zur Ermittlung von Verkehrswerten sehr gut geeignet.[202] Er bleibt jedoch die Erklärung schuldig, warum dies der Fall sein sollte.
Unterstellt man einen vollkommenen[203] polypolistischen Markt, kann das Vergleichswertverfahren theoretisch fundiert werden.[204] Auf einem solchen Markt hat der einzelne Marktteilnehmer die gegebenen Preise hinzunehmen. Er reagiert lediglich als Mengenanpasser[205] und kann Immobilien jederzeit zu einem Preis, der vom Markt vorgegeben wird, veräußern oder kaufen. Sind aussagekräftige Marktpreise[206] für vergleichbare Immobilien vorhanden, erübrigt sich eine Marktwertermittlung mittels detaillierter Bewertungsverfahren. Ein Blick auf die derzeit geltenden Marktpreise vergleichbarer Immobili-

[200] § 12 Abs. 2 WertV 88.
[201] Moxter, A., Grundsätze, 1983, S. 132.
[202] Vgl. Leopoldsberger, G. Wertermittlung, 1998, S. 34.
[203] Vgl. Brösse, U., Volkswirtschaftslehre, 1997, S. 244, der einen Markt als vollkommen definiert, sofern Homogenität der Güter, Nichtbestehen von Präferenzen, vollständige Markttransparenz und eine sehr hohe Anpassungsgeschwindigkeit der Märkte und ihrer Teilnehmer vorliegt.
[204] Barthel, C.W., Bewertungsverfahren, 1996, S. 152f.
[205] Vgl. z.B. Brösse, U., Volkswirtschaftslehre, 1997, S. 286.

en genügt zur Ermittlung des potentiellen Marktpreises der zu bewertenden Immobilie.

Sind vergleichbare Immobilien nicht vorhanden, scheidet eine Marktwertermittlung durch unmittelbaren Vergleich aus. Man greift auf Hilfsgrößen und hier insbesondere auf Bodenrichtwerte, Ertrags- und Gebäudefaktoren zurück. Fraglich ist, ob diese Faktoren theoretisch fundiert werden können.

Der Bodenrichtwert ist ex definitione ein durchschnittlicher Quadratmeterpreis für Grundstücke, die im wesentlichen in Lage und Nutzung übereinstimmen. Ein Durchschnittspreis kann jedoch nur zufällig dem Marktpreis der zu bewertenden Immobilie entsprechen.

Gebäudevergleichsfaktoren ergeben sich i.d.R. aus der Relation der Kaufpreise zur umbauten Fläche bzw. zum Rauminhalt. Unterschiedliche Grundstücksgrößen werden somit von vornherein nur unzureichend berücksichtigt.[207] Selbst wenn jedoch die Grundstücke dieselbe Größe haben sollten, ist das Verfahren aus betriebswirtschaftlicher Sicht zweifelhaft. So resultiert der Wert einer Immobilie nicht aus deren Größe oder Rauminhalt bzw. aus Verhältniszahlen, die auf diesen Größen basieren. Vielmehr errechnet sich ihr Wert aus den für den Investor zu erwartenden Nettoeinzahlungen.

Sicherlich stehen zukünftige Nettozahlungen häufig mit der Fläche des umbauten Raumes in Zusammenhang. Zweifelhaft ist jedoch, ob eine solche Größe allein die zukünftigen Cashflows determiniert. Sollte das dennoch der Fall sein, könnte der Marktpreis direkt über diese Schlüsselgröße ermittelt werden. Allerdings müßte dann auch eine Theorie darüber existieren, wie die Schlüsselgröße und zukünftige Cashflows in Zusammenhang stehen.[208] Da jedoch derzeit kein Modell zur Verfügung steht, das einen solchen Zusammenhang herstellt, fehlt dem Ansatz seine theoretische Untermauerung.

Möglicherweise besteht jedoch bei der Wertermittlung mit Hilfe von Ertragsfaktoren eine theoretische Fundierung. Sofern der Ertragsfaktor als reziproker Wert eines risikoäquivalenten Diskontierungsfaktors angesehen wird, könnte dieser als Opportunitätskostensatz interpretiert werden. Die Sichtweise ist jedoch sowohl aus einem formalen als auch aus einem inhaltlichen

[206] Vgl. hierzu auch Kapitel 2.1.
[207] Vgl. Leopoldsberger, G. Wertermittlung, 1998, S. 34.

Grund problembehaftet. Formal deshalb, weil man die Anwendbarkeit des unendlichen Rentenmodells unterstellt,[209] inhaltlich hingegen, weil von den Praktikern der Begriff der Opportunitätskosten nicht konkretisiert wird und deshalb einer Klärung bedarf.

Opportunitätskosten entsprechen der Rendite der besten verdrängten Anlagealternative.[210] Diese Alternative besteht jedoch nicht notwendigerweise in einer Immobilieninvestition sondern auch in einer Vielzahl anderer existierender Investitionsobjekte.[211] Soll die obige Interpretation dennoch aufrecht erhalten werden, müssen entsprechende Annahmen getroffen werden,[212] die im Endeffekt gewährleisten, daß die vom Markt geforderte Rendite auch den Opportunitätskosten entspricht. Die WertV 88 setzt solche Annahmen aber nicht voraus. Hinter der Multiplikatorenmethode steckt somit offenbar auch kein theoretisches (Bewertungs)Modell, das es erlaubt, die Realität durch mehr oder weniger vereinfachende Annahmen abzubilden. Ist dies der Fall, besitzt die Multiplikatorenmethode keine Erklärungskraft. Sie kann deshalb auch nicht als Ausgangspunkt zur Erklärung des Marktwerts einer Immobilie dienen, weshalb das eigentliche Ziel wissenschaftlichen Arbeitens, Erkenntnisfortschritt zu erlangen, nicht erreicht wird.[213]

5.2.4 Das Ertragswertverfahren

5.2.4.1 Vorgehensweise

Das Ertragswertverfahren nach §§ 15 - 19 WertV 88 basiert auf der Barwertmethode. Es wird vornehmlich bei der Bewertung gewerblicher Objekte[214] oder sogenannter Zinshäuser angewandt. Als Bewertungsgrundlage und Zählergröße findet gem. § 16 WertV 88 der nachhaltig zu erzielende

208 Vgl. Ballwieser, W., Unternehmensbewertung, 1997, S. 186.
209 Vgl. Ballwieser, W., Unternehmensbewertung, 1997, S. 187.
210 Vgl. Bohr, K., Wertbegriff, 1985, S. 71.
211 Vgl. Ballwieser, W., Multiplikatoren, 1991, S. 58 und S. 62, der das Problem der Anwendung von Multiplikatoren bei der Unternehmensbewertung diskutiert.
212 Insbesondere die des vollkommenen Kapitalmarkts, vgl. Drukarczyk, J., Theorie, 1993, S. 34 - 44.
213 Vgl. Albert, H., Wissenschaftstheorie, 1976, Sp. 4677 und Sp. 4682.
214 Vgl. Kleiber, W., u.a., WertV'88, 1990, Rn. 181; Schmitz-Morkramer, G., Beurteilung,

Reinertrag Verwendung.[215] Dieser ergibt sich aus der Differenz des sogenannten Rohertrages und der Bewirtschaftungskosten.[216] „Der Rohertrag umfaßt alle bei ordnungsgemäßer Bewirtschaftung und zulässiger Nutzung nachhaltig erzielbaren Einnahmen aus dem Grundstück, insbesondere Mieten und Pachten einschließlich Vergütungen. Umlagen, die zur Deckung von Betriebskosten gezahlt werden, sind nicht zu berücksichtigen."[217]

Das Ertragswertverfahren geht davon aus, daß die jährlich erzielbaren Roherträge ebenso wie die Bewirtschaftungskosten während der Restnutzungsdauer des Gebäudes unverändert bleiben. Umlagen, die üblicherweise durchlaufende Posten darstellen, zählen nicht zum Rohertrag. Bei den umlagefähigen Kosten ist zwischen gewerblich und privat genutzten Mietobjekten zu unterscheiden. Während bei ersteren grundsätzlich alle Betriebskosten umlagefähig sind, wobei dies im Einzelfall vertraglich festzulegen ist, ist die Umlagefähigkeit von Betriebskosten bei zu Wohnzwecken genutzten Objekten mietrechtlich geregelt. Umlagefähige Kosten sind gem. § 27 Abs. 1 i.V.m. Anlage 3 2. Berechnungsverordnung vom 22. Oktober 1990 (II. BV):

Abb. 5.1: Ermittlung des Reinertrages

Die Grundsteuer und andere öffentliche Lasten des Grundstücks, Kosten der Wasserversorgung, Entwässerungskosten, Heizungskosten, Betriebskosten des Aufzugs, Straßenreinigung, Müllabfuhr, Hausreinigung und Ungezieferbekämpfung, Gartenpflege, Beleuchtung des Gebäudes, Schornsteinreinigung, Sach- und Haftpflichtversicherung, Gemeinschaftsantenne oder Kabelfernsehen, Hauswart, sonstige Betriebskosten.

Von den ermittelten Roherträgen werden die Bewirtschaftungskosten, die die Verwaltungs- und Instandhaltungskosten sowie das Mietausfallwagnis umfassen, subtrahiert. Die Differenz stellt den Reinertrag dar.

Laut FALK betragen die Bewirtschaftungskosten für gewerblich genutzte Im-

1992, S. 425.

[215] Vgl. Petersen, H., Immobilienbewertung, 1996, S. 16.

[216] Vgl. Petersen, H., Immobilienbewertung, 1996, S. 15.

[217] § 17 WertV 88.

mobilien zwischen 20 % und 40 % der Bruttojahresmiete, in Ausnahmefällen könnten sie auch geringer sein. 15 % der Bruttojahresmiete wären jedoch als Minimum zu betrachten.[218] Diese Zahlen sind mit äußerster Vorsicht zu genießen. Bei gewerblich genutzten Objekten kommt es auf die individuelle Vertragsgestaltung an. Hier können im Extremfall sämtliche Bewirtschaftungskosten auf den Mieter abgewälzt werden.

Anhaltspunkte für die Bewirtschaftungskosten im Rahmen des Ertragswertverfahrens kann die 2. Berechnungsverordnung vom 12. Oktober 1990 liefern.[219] Das Mietausfallwagnis wird hier gemäß § 29 II BV pauschal mit 2 % der Mieterträge angesetzt, während für die Verwaltungs- und Instandhaltungskosten in den §§ 26, 28 II BV Absolutbeträge genannt werden, die die Obergrenze der entsprechenden Kosten darstellen. Laut WertR 91 sind Mietausfallwagnisse für gemischt genutzte Objekte mit 2 % und für gewerblich genutzte Objekte mit 4 %[220] sowie Verwaltungskosten mit 3 % - 5 % des Jahresrohertrages anzusetzen[221]. Zur Berücksichtigung von Instandhaltungskosten schlagen die WertR 91 gemäß Nr. 3.5.2.4 bei Mietwohngrundstücken je nach Alter und Ausstattung folgende Sätze in Prozent des Jahresrohertrages vor:

Baujahr / Ausstattung	vor 1925	nach 1924
einfach	20 - 25	10 - 15
mittel/besser	15 - 20	10 - 15

Tab. 5.1 Instandhaltungskosten in Prozent des Jahresrohertrags gem. Nr. 3.5.2.4 WertR 91

Sollten tatsächliche und nachhaltig erzielbare Mieten nicht übereinstimmen, ist grundsätzlich die ortsübliche Vergleichsmiete als Grund- oder Kaltmiete heranzuziehen.[222] Anhaltspunkte für die ortsüblich zu erzielenden Mieten können dabei die örtlichen Mietspiegel geben. Eventuelle Mietänderungen

[218] Vgl. Schmitz-Morkramer, G., Beurteilung, 1992, S. 426.
[219] Vgl. BGBl. I, 1990, S. 2178 - 2214.
[220] Vgl. WertR 91, Nr. 3.5.2.5.
[221] Vgl. WertR 91, Nr. 3.5.2.2.

oder Bewirtschaftungskosten, die sich mit zunehmendem Alter des Gebäudes ändern, werden nicht berücksichtigt.

Als weitere Besonderheit des deutschen Ertragswertverfahrens ist die getrennte Bewertung von Boden und aufstehenden Gebäuden zu beachten. Hintergrund dieser getrennten Bewertung ist der Gedanke, daß der Grund und Boden eine im Gegensatz zu den aufstehenden Gebäuden unbegrenzte Nutzungsdauer hat.

Wie bereits erwähnt, wird der Wert des Grundstücks anhand des Vergleichswertverfahrens ermittelt. Durch Subtraktion des Verzinsungsbetrages des Bodenwertes vom Reinertrag erhält man den Reinertrag des Gebäudes. Dieser wird mit dem sogenannten Vervielfältigter, der sich aus dem Liegenschaftszinssatz und der Restnutzungsdauer des Gebäudes ergibt, multipliziert. Aus der Multiplikation resultiert der Wert des aufstehenden Gebäudes. Addiert man schließlich Gebäude- und Grundstückswert, erhält man den Grundstücksertragswert.[223]

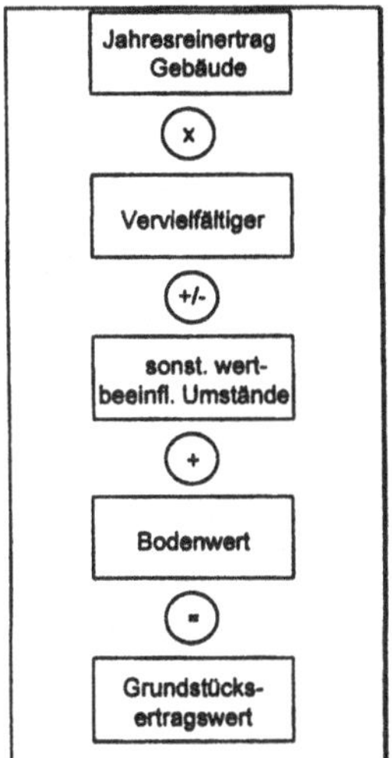

Abb 5.2. Ermittlung des Grundstücksertragswerts

Interessant scheint in diesem Zusammenhang die Ermittlung des Liegenschaftszinssatzes, der von den Gutachterausschüssen veröffentlicht wird, und gemäß § 11 Abs. 1 WertV 88 der Zinssatz ist, „mit dem der Verkehrswert von Liegenschaften im Durchschnitt marktüblich verzinst wird". Er ergibt sich aus der Formel:

[222] Vgl. Kleiber, W., u.a., WertV'88, 1990, Rn. 198.
[223] Vgl. hierzu auch Formel (5.1).

$$EW = \frac{(RE - BW \cdot i_L) \cdot \left[(1 + i_L)^n - 1\right]}{(1 + i_L)^n \cdot i_L} + BW. \qquad (5.1)$$

EW: Ertragswert der Liegenschaft nach der WertV 88

RE: Reinertrag

i_L: Liegenschaftszinssatz

BW: Bodenwert

n: Restnutzungsdauer in Jahren

Hierzu werden von einem vergleichbaren Objekt bzw. einer Vielzahl vergleichbarer Objekte sowohl die Kaufpreise der jeweiligen Objekte als auch die Reinerträge ermittelt. Sind diese bekannt, kann durch Umformung und Ersetzen des Ertragswertes durch den Kaufpreis vergleichbarer Liegenschaften der Liegenschaftszinssatz durch iteratives Vorgehen anhand folgender Formel bestimmt werden:[224]

$$i_L = \frac{RE}{KP} - \frac{i_L}{(1 + i_L)^n - 1} \cdot \frac{KP - BW}{KP}. \qquad (5.2)$$

KP: Kaufpreis vergleichbarer Objekte

Der auf Basis der obigen Daten errechnete Wert wird gem. § 19 WertV 88 um Zu- oder Abschläge korrigiert, die vom Sachverständigen zu schätzen sind. Sie sollen den sonstigen wertbeeinflussenden Umständen Rechnung tragen. Unter sonstigen wertbeeinflussenden Umständen sind insbesondere die Nutzung des Grundstücks zu Reklamezwecken oder wohnungs- und mietrechtliche Bedingungen zu verstehen.[225] Der um diese Zu- bzw. Abschläge korrigierte Wert stellt den Ertragswert der Immobilie dar. Dieser ist in einem letzten Schritt gem. § 7 WertV 88 unter Berücksichtigung der Lage auf dem Grundstücksmarkt an den Verkehrswert anzupassen.[226]

[224] Vgl. § 11 Abs. 2 WertV 88.

[225] Vgl. Kleiber, W., u.a., WertV'88, 1990, Rn. 212; weitere Gründe hierfür können nach Rössler, R., u.a., Schätzung, 1990, S. 201 - 203, z.B. Baumängel und Bauschäden, ungünstige Lageverhältnisse, Aufwendungen für einen bevorstehenden Abbruch, etc. sein.

[226] Wie dies konkret zu geschehen hat, wird vom Gesetzgeber nicht vorgeschrieben.

5.2.4.2 Betriebswirtschaftliche Analyse des Ertragswertverfahrens

Das Ertragswertverfahren liefert, abgesehen von der gesonderten Berücksichtigung des Bodenwerts, das technische Instumentarium zur Ermittlung des Ertragswerts einer Immobilie. Ob dieser Ertragswert, der mit Hilfe der Vorschriften der WertV 88 ermittelt wird, auch als Marktwert dienen kann, muß im folgenden diskutiert werden, wobei der Einfluß des deutschen Steuersystems auf Grund seiner Komplexität zunächst außen vor bleibt.

5.2.4.2.1 Der Liegenschaftszinssatz

Der Liegenschaftszinssatz wird von den örtlichen Gutachterausschüssen auf Grundlage der erzielten Verkaufspreise der entsprechenden Liegenschaften und der ihnen zuzuordnenden Reinerträge festgestellt.[227] Soll der durch das Ertragswertverfahren berechnete Wert der Immobilie deren Marktwert widerspiegeln, müßte der Liegenschaftszinssatz mit der vom Markt geforderten Rendite korrespondieren.

Gem. Nr. 3.5.5 WertR 91 ist der Liegenschaftszinssatz „nach der Art des Grundstücks (z.B. Mietwohngrundstück, gemischt genutztes Grundstück, gewerbliches Grundstück oder ähnliches) und der Lage auf dem Immobilienmarkt zu bestimmen"[228]. Er entspricht dem „Zinssatz, mit dem der Verkehrswert von Liegenschaften im Durchschnitt marktüblich verzinst wird"[229] und ist „aus einer ausreichenden Anzahl von Kaufpreisen für gleichartig bebaute und genutzte Grundstücke nach Art und Restnutzungsdauer abzuleiten."[230] In jedem Fall wird in der Literatur zur Immobilienbewertung immer wieder betont, daß der Liegenschaftszinssatz vom Kapitalmarktzinssatz zu unterscheiden ist.[231]

[227] Die von den Gutachterausschüssen angegebenen Liegenschaftszinssätze beziehen sich allerdings nicht auf einzelne Grundstücke sondern auf bestimmte Gebiete, wobei die Liegenschaftszinssätze der hier zu findenden Grundstücke arithmetisch gemittelt werden. Vgl. hierzu Terhürne, M., Bewertung, 1998, S. 178f.

[228] Nr. 3.5.5 WertR 91.

[229] § 11 Abs. 1 WertV 88.

[230] Kleiber, W., u.a., WertV'88, 1990, Rn. 98.

[231] Vgl. Kleiber, W., u.a., WertV'88, 1990, Rn. 96; Rössler, R., u.a., Schätzung, 1990, S. 191, die feststellen: „Für Grundstücke ist ein besonderer Zinssatz maßgebend, der regelmäßig

Will man den Liegenschaftszinssatz theoretisch begründen, muß ihm der Charakter von Opportunitätskosten zugesprochen werden. Soll der Marktwert einer Immobilie ermittelt werden, müssen die Opportunitätskosten der vom Markt geforderten Rendite für die zu bewertende Immobilie entsprechen. Diese vom Markt geforderte Rendite kann aus der Rendite von Investitionen mit vergleichbarem Risiko gewonnen werden.[232] Eine solche Vorgehensweise ist aus der finanzierungstheoretischen Literatur bekannt und wird u.a. zur Bewertung von Wertpapieren herangezogen. Ihre Rationalität liegt in einer Arbitrageüberlegung. So müssen bei vollkommenem und vollständigem Kapitalmarkt die Kurse aller Wertpapiere, die zur selben Risikoklasse gehören,[233] im Durchschnitt dieselbe Rendite erzielen.[234] Die Übertragung dieses Gedankens auf die Immobilienbewertung scheint durchaus legitim. Geht man davon aus, daß der Gesetzgeber einen vollkommenen und vollständigen Immobilienmarkt unterstellt, macht das Verfahren auch aus betriebswirtschaftlicher Sicht Sinn, sofern man annimmt, daß gleichartig bebaute und genutzte Grundstücke dasselbe Investitionsrisiko aufweisen. Die Rendite vergleichbarer Objekte müßte dann den Opportunitätskosten der zu bewertenden Immobilie entsprechen.[235]

Da der Immobilienmarkt jedoch durch zahlreiche Imponderabilitäten gekennzeichnet ist, dürfte das Auffinden von Immobilien mit gleichem Investitionsri-

vom jeweiligen Zinssatz auf dem Kapitalmarkt abweicht."; Leopoldsberger, G., Wertermittlung, 1998, S. 49; Stein, A., u.a., Wertermittlung, 1998, S. 290.

232 Vgl. Jaensch, G., Kalkulationszinsfuß, 1966, S. 663; Schierek, D. / Weber, M., Kapitalkosten, 1993, S. 139; Spremann, K., Investition, 1996, S. 464; Luehrman, T.A., General, 1997, S. 134.

233 Zwei Wertpapiere, Unternehmen, etc. gehören zur selben Risikoklasse, wenn sowohl die Nettoeinzahlungen als auch die Investitionsauszahlungen für beide vollständig korreliert sind, vgl. Drukarczyk, J., Theorie, 1993, S. 132f.

234 Vgl. Rudolph, B., Kapitalkostenkonzepte, 1986, S. 611.

235 Es gilt allerdings zu bedenken, daß der Gesetzgeber, wenn überhaupt, nur eine vage Vorstellung von Opportunitätskosten hatte. Vgl. hierzu die amtliche Begründung zu § 11 WertV 88, und Nr. 3.5.5 WertR 91, der Risikoaspekt wird hier nicht erwähnt, statt dessen werden in Nr. 3.5.5 WertR 91 pauschal hilfsweise Zinssätze je nach Grundstücksnutzung zwischen 5 % und 6,5 % vorgeschlagen, falls keine Liegenschaftszinssätze durch die örtlichen Gutachterausschüsse vorliegen; Ähnliche Vorgehensweisen sind auch in der Literatur zur Immobilienbewertung zu beobachten, so schlagen z.B. Rössler, R., u.a., Schätzung, 1990, S. 193, ebenfalls pauschalierte Liegenschaftszinssätze für bestimmte Immobilientypen vor, die nach ihrer Auffassung zu „verkehrswertnahen Grundstückswerten" führen; Berens, W / Hoffjan, A., Immobilien, 1995, S. 393, sind in diesem Zusammenhang der Meinung, daß beim Ertragswertverfahren nach der WertV 88 auf einen Vergleich mit der Opportunität gänzlich verzichtet wird.

siko relativ schwierig sein.[236] Das Bewertungsverfahren wird daher aus betriebswirtschaftlicher Sicht nur zu suboptimalen Lösungen führen. So sorgt insbesondere die Intransparenz des Immobilienmarkts dafür, daß es auf ihm nicht zu einer vergleichbaren Marktpreisbildung wie z.B. auf Aktienmärkten kommt.[237] Ist jedoch kein einheitlicher Marktpreis vorhanden, kann auch keine vom Markt geforderte Rendite ermittelt werden. Eben deshalb wird wohl gefordert, daß der Liegenschaftszinssatz aus der durchschnittlichen Rendite einer ausreichenden Anzahl von Kaufpreisen für gleichartig bebaute und genutzte Grundstücke abzuleiten ist.[238] Wäre der Immobilienmarkt ausreichend transparent, könnte man davon ausgehen, daß sich für Immobilien, die ein vergleichbares Investitionsrisiko aufweisen, zumindest ein annähernd gleiches Marktpreisniveau einstellen würde. Offensichtlich wird hiermit nicht gerechnet, weshalb man die Bildung von Durchschnitten fordert, um größere Renditeschwankungen auszugleichen und die Liegenschaftszinssätze auf einen Mittelwert hin zu nivellieren. Solch eine Durchschnittsrendite kann höchstens der geforderten Rendite einer Immobilie entsprechen, die durchschnittliche Charktermerkmale in Bezug auf Größe, Lage, etc. aufweist. Weichen diese Markmale vom Durchschnitt ab, kann der Liegenschaftszinssatz nicht als speziell für die Immobilie vom Markt geforderte Rendite interpretiert werden. Wäre der Immobilienmarkt hingegen ausreichend transparent, könnte man von einer normierenden Wirkung der Marktpreise ausgehen. Eine Durchschnittsbildung wäre nicht notwendig. Vielmehr wäre die Rendite eines vergleichbaren Objekts ausreichend, um die geforderte Rendite für die zu bewertende Immobilie ermitteln zu können.

---

[236] Dasselbe gilt bei der Bewertung von Unternehmen, vgl. Ballwieser, W, Komplexitätsreduktion, 1990, S. 165; Studer, T., Schwachstellen, 1998, S. 370.

[237] Vgl. Kapitel 2.1.

[238] Vgl. z.B. Rössler, R., u.a., Schätzung, 1990, S. 196.

Da der Immobilienmarkt durch zahlreiche Imponderabilitäten gekennzeichnet ist, scheidet ein direkter Renditevergleich meist aus. In der Literatur zur Immobilienbewertung wurde daher der Versuch unternommen, den Liegenschaftszinssatz bzw. dessen Komponenten synthetisch herzuleiten. Einen Ansatz hierzu liefert VOGELS, der sich auf das in Abbildung 5.3 dargestellte Schema stützt. Die Diskussion dieses Schemas scheint insbesondere interessant, weil es im Gegensatz zur etablierten Grundstücksbewertungslehre,

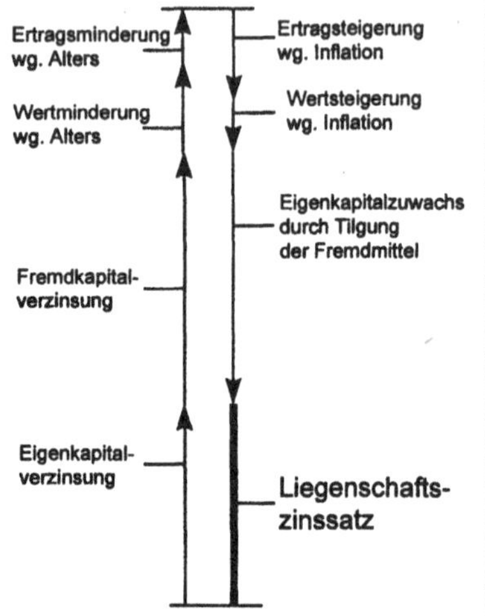

Abb.5.3: Versuch einer theoretischen Herleitung des Liegenschaftszinssatzes nach VOGELS (ohne Maßstab)[239]

entsprechend den Verfahren zur Unternehmensbewertung, den Kapitalmarktzins als Basis zur Herleitung des Liegenschaftszinssatzes verwendet,[240] und weil es in der neueren Immobilienbewertungsliteratur häufig dazu verwendet wird, das Zustandekommen des Liegenschaftszinssatzes zu erklären.[241] Der Liegenschaftszinssatz ergibt sich nach den Vorstellungen VOGELS aus dem gewogenen Durchschnitt von Eigen- und Fremdkapitalverzinsung. Dieser Durchschnittszins ist um zwei Zuschläge wegen Alters zu erhöhen. Von der resultierenden Summe sind zwei Inflationsabschläge und ein Abschlag für die Tilgung von Fremdmitteln vorzunehmen.[242]

Bereits aus früheren Überlegungen ist erkennbar, daß dieses Schema keinen sinnvollen Beitrag zur theoretisch fundierten Herleitung von risikoäquivalenten Diskontierungsfaktoren leistet. So erkennt VOGELS zwar, daß Risiko und geforderte Rendite in einem gewissen Zusammenhang stehen - „Das

[239] Vgl. Vogels, M., Gebäudebewertung, 1991, S. 155.

[240] Vgl. Englbrecht, B., Immobilienbewertung, 1998, S. 131.

[241] Vgl. z.B. Vgl. Kleiber, W., u.a., WertV'88, 1990, Rn. 97; Müller, P.,Kapitalisierungszinssatz, 1993, S. 350, der ein ähnliches Schema vorschlägt.

Eigenkapital als das ungesicherte Risikokapital verlangt hier die höchste Verzinsung ..."[243] - er läßt jedoch die entscheidende Frage offen, wie der risikoangepasste Zinssatz des Eigenkapitals zu ermitteln ist. Die Diskussion des Vorschlags wird daher ohne die Erörterung weiterer offensichtlicher Fehler abgebrochen.[244]

Zusammenfassend kann festgestellt werden, daß zum heutigen Zeitpunkt das Ertragswertverfahren der WertV 88 aus betriebswirtschaftlicher Sicht nur dann als Ansatzpunkt zur Ermittlung eines risikoäquivalenten Diskontierungsfaktors verwendet werden kann, wenn man einen vollkommenen und vollständigen Immobilienmarkt unterstellt.

Der Versuch hingegen den Liegenschaftszinssatz sythetisch herzuleiten, kann als gescheitert bezeichnet werden.

5.2.4.2.2 Die Nachhaltigkeit der erzielbaren Erträge

Gem. § 17 Abs. 1 WertV 88 werden bei der Erfassung des Rohertrags die „nachhaltig erzielbaren Einnahmen" herangezogen. Wobei nach Auffassung des Gesetzgebers Nachhaltigkeit wohl nur dann gegeben ist, wenn die Einnahmen im Bereich der ortsüblichen Vergleichsmiete liegen. Vor- oder nachteilig ausgehandelte Mietverträge sowie wohnungsrechtliche Bindungen werden dabei gemäß Nr. 3.5.6 WertR 91 durch Zu- oder Abschläge berücksichtigt, falls diese nicht auf einer kurzfristig lösbaren, rechtlichen Bindung beruhen[245]. Wie diese konkret zu ermitteln sind, bleibt unklar. In jedem Fall wird unterstellt, daß die aus der Immobilie fließenden jährlichen Reinerträge unverändert bleiben.[246]

Wenngleich RÖSSLER darauf hinweist, daß die Nachhaltigkeit auch in „überschaubarer Zukunft" gewährleistet sein soll, wird auf eine explizite Pro-

---

[242] Vgl. zur detaillierten Beschreibung, Vogels, M., Gebäudebewertung, 1991, S. 154 - 157.

[243] Vogels, M., Gebäudebewertung, 1991, S. 155.

[244] Falsch ist z.B. auch die Feststellung Vogels, daß sich der Liegenschaftszinssatz durch Substitution von Fremdkapital durch Eigenkapital verringert. Würde man den Überlegungen von Vogels folgen, und läge die Eigenkapitalverzinsung über der von Fremdkapital, führt eine Erhöhung des Eigenkapitalanteils zur Erhöhung und nicht zur Verringerung des Liegenschaftszinssatzes.

[245] Vgl. Nr. 3.5.1 WertR 91.

[246] Vgl. Rössler, R., u.a., Schätzung, 1990, S. 164.

gnose der Roh- bzw. Reinerträge verzichtet.[247] Vielmehr wird darauf hingewiesen, daß i.d.R. die tatsächlich realisierten Einnahmen die Basis für die nachhaltig zu erzielenden Erträge darstellen.[248]

„Mit 'Nachhaltigkeit' wird, indirekt, 'Sicherheit' behauptet."[249] Man könnte daher zu der Annahme verleitet werden, die Prognose der Mieterträge sei weitestgehend problemlos, die zukünftigen Zahlungen, weil nachhaltig, einwertig.

Eben dieser Fehler darf bei der Bewertung nicht begangen werden.[250] So sind die zukünftigen Erträge aus der Immobilie wegen der Unvollkommenheit der Information über zukünftige Ereignisse nicht sicher, sondern risikobehaftet. Dies schließt einen nachhaltigen Ertrag aus.[251]

Einwertige Prognosen, die auf nachhaltig erzielbaren Erträgen basieren, täuschen über den Informationsmangel bzw. über dieses Risiko hinweg. Deshalb ist bei einer solchen Vorgehensweise eine sinnvolle Messung des Risikos, mit dem die Zahlungen des Investitionsobjekts verbunden sind, nicht möglich.[252] Da das Risiko aber einen entscheidenden Bewertungsfaktor darstellt, wird die Bewertung auf Basis einwertiger, nachhaltiger Erträge zur Makulatur. Diesem Sachverhalt kann nur durch die Bildung mehrwertiger Zukunftserwartungen begegnet werden.[253] Hier ist neben der wahrscheinlichsten zumindest auch eine pessimistischte und optimistischte Zukunftsentwicklung aufzuzeigen, und nach Möglichkeit jede der genannten Entwicklungen mit Wahrscheinlichkeitsziffern zu gewichten.[254]

---

[247] Vgl. Rössler, R., u.a., Schätzung, 1990, S. 164; Simon, J., Ertragswertverfahren, 1995, S. 230.

[248] Vgl. Rössler, R., u.a., Schätzung, 1990, S. 164f.

[249] Moxter, A., Unternehmensbewertung, 1980, S. 457.

[250] Ähnlich Drukarczyk, J., Unternehmensbewertung, 1998, S. 302.

[251] Vgl. Moxter, A., Unternehmensbewertung, 1980, S. 457.

[252] Vgl. Bretzke, W.-R., Unternehmungsbewertung, 1976, S. 157.

[253] Vgl. Serfling, K. / Pape, U., Ertragswertverfahren, 1995, S. 944; Braunschweig, C., Investitionsrechnung, 1998, S. 150, der auf Grund der Zukunftsbezogenheit von Ertragswertverfahren die mehrwertige Erfassung von zukünftigen Erträgen zum Grundsatz erhebt.

[254] Vgl. Leuthier, R., Unternehmensbewertung, 1988, S. 50.

5.2.4.2.3 Vergangenheits- bzw. Gegenwartsbezug der verwendeten Daten

In der Betriebswirtschaftslehre herrscht weitgehend Einigkeit darüber, daß sich der Wert eines Gutes aus den zukünftigen Nutzenpotentialen, die aus ihm fließen, ergibt. Diese Nutzenpotentiale werden i.d.R. durch monetäre Größen quantifiziert und entsprechen den zukünftig zu erwartenden Nettoeinzahlungen aus dem jeweiligen Investitionsobjekt.
Nun entsteht der Eindruck, daß in der WertV 88 gegen diese Überlegungen verstoßen wird. Bei der Ermittlung des Reinertrages werden Mietpreissteigerungen negiert.[255] Aus diesem Grund ist VOGELS der Meinung, Ertragssteigerungen und Minderungen sollten durch den Liegenschaftszinssatz berücksichtigt werden.[256] Betrachtet man die Mieten der letzten Jahre, so scheint eine Einbeziehung in jedem Fall geboten. Je nach Untersuchungszeitraum wurden für das Bundesgebiet jährlich die in Tabelle 5.2 abgebildeten, durchschnittlichen Mietpreissteigerungen realisiert. Obwohl sich die Mietpreissteigerungen in den letzten Jahren verringert haben, ist auch in Zukunft zumindest über eine längerfristige Betrachtungsperiode hinweg mit Mietpreissteigerungen zu rechnen. Sie dürfen daher im Rahmen der Wertermittlung von Immobilien in keinem Fall vernachlässigt werden. Eine Beachtung im Liegenschaftszinssatz durch einen entsprechnenden Abschlag ist dabei durchaus möglich. Die gängigen in der Literatur zur Immobilienbewertung vorgeschlagenen Vorgehensweisen zur Einbeziehung der Ertragssteigerung sind aus theoretischer Sicht jedoch nicht haltbar. Sie berücksichtigen die potentielle Ertragsteigerung durch einfache Subtraktion der Steigerungsrate *b* von einem Zinssatz *i*,[257] was zu falschen Ergebnissen führt. Dies wird anhand des folgenden Beispiels verdeutlicht:

Zeitraum	Jährliche Steigerung
1964-94	4,68%
1974-94	3,98%
1984-94	3,57%
1991-96	3,57%

Tab. 5.2: Jährliche Mietpreissteigerungen

[255] Vgl. Englbrecht, B., Immobilienbewertung, 1998, S. 126.
[256] Vgl. Vogels, M., Gebäudebewertung, 1991, S. 155.
[257] Vgl. Vogels, M., Gebäudebewertung, 1991, S. 155; Kleiber, W., u.a., WertV'88, 1990, Rn. 98, die das Beispiel von Vogels kritiklos übernehmen.

Ein Immobilieneigentümer habe sein gerade fertiggestelltes Gebäude, das eine Restnutzungsdauer von 50 Jahren besitzt, an eine Bank vermietet. Der Mietzins für die zur Verfügung gestellten Geschäftsräume beträgt jährlich 100.000,00 DM und wird laut Mietvertrag jährlich an die allgemeine Mietpreisentwicklung, die 3 % betragen soll, angepaßt. Die durchschnittlichen Bewirtschaftungskosten belaufen sich auf 20 % der Mieterträge.

Auf die explizite Ermittlung des Bodenertragswerts soll wegen der langen Restnutzungsdauer verzichtet werden.

Geht man von einem Zinssatz vor Berücksichtigung der Mietpreissteigerung i.H.v. 9,5 % aus, resultiert nach Abzug einer 3 %-igen Ertragssteigerung gem. WertV 88 folgender Wert:

Reinertrag	100.000 - 0,2 x 100.000 =	80.000
Liegenschaftszinssatz	6,5 %	
Wert der Liegenschaft	80.0000 x 14,725[258] =	1.178.000

Korrekterweise müßte die Rechnung anders aussehen. Wird unterstellt, daß der Reinertrag jährlich um 3 % steigt und mit einem Zinsfuß von 9,5 % abzuzinsen ist, errechnet sich ein Wert i.H.v.

$$\sum_{n=1}^{50} \frac{80.000 \cdot (1{,}03)^n}{(1+0{,}095)^n} = 1.208.240$$

Es resultiert eine Differenz von rund 2,5 %. Man könnte daher argumentieren, eine solch geringe Abweichung kann ohne weiteres in Kauf genommen werden. Hierfür besteht jedoch kein Anlaß, da einer exakten Ermittlung nichts im Wege steht. Diese ist nicht aufwendiger als die Berücksichtigung der Steigerungsrate durch Subtraktion, weshalb das theoretisch exakte Verfahren vorzuziehen ist, das die Steigerungsrate durch Division berücksichtigt. Es gilt dann:

[258] Rentenbarwertfaktor für i_L = 6,5%.

$$i_L = \frac{1+i}{1+b} - 1 \qquad (5.3)$$

Für das obige Beispiel würde sich bei dieser Vorgehensweise ein Liegenschaftszinssatz von $i_L = \frac{1+0{,}095}{1+0{,}03} - 1 = 0{,}0631$ errechnen.

Neben diesen eher technischen Aspekt tritt ein inhaltlicher. So können die im Rahmen des Ertragswertverfahrens ermittelten Liegenschaftszinssätze ebensowenig wie die historisch erzielten Erträge bedenkenlos in die Zukunft fortgeschrieben werden.[259] Ein solches Vorgehen wäre nur dann gerechtfertigt, wenn sich die zukünftig geforderte Rendite der Anteilseigner und die zukünftig zu erwartenden Erträge aus der Immobilie nicht ändern würden.
Eben dies wird auch bei der Bewertung von Unternehmen häufig implizit unterstellt. Zur Abschätzung der Renditeforderungen, die hinsichtlich einer Unternehmung bestehen, wird hier die (Dividenden)Rendite von Vergleichsgesellschaften herangezogen.[260] Je nachdem, ob bei diesem Vorgehen konstante oder wachsende Dividenden angenommen werden, spricht man von einem Dividenden- bzw. Dividendenwachstumsmodell.[261] Varianten dieses Verfahrens stellen die Price / Cash Flow Ratio oder die Price / Earning Ratio dar. Das Grundprinzip bleibt dabei immer gleich. Es verändern sich lediglich die als relevant erachteten „Gewinngrößen", sprich Cash Flow, Dividenden oder Gewinn.[262] In jedem Fall basieren diese Modelle auf aktuellen Marktpreisen.
In der deutschen Literatur zur Immobilienbewertung wird der Grundgedanke dieser Modelle mehr oder minder übernommen. Das Problem ist hierbei die Erfassung der Marktpreise. Diese ändern sich bei Aktien praktisch täglich. Werden hingegen die Kaufpreise von Vergleichsimmobilien herangezogen, besteht die Gefahr, daß diese über längere Zeiträume hinweg mit einem konstanten Wert in die Bewertungsformel eingehen. Während also der Rein-

[259] Vgl. Ballwieser, W, Komplexitätsreduktion, 1990, S. 53, bezeichnet ein solches Vorgehen mehr als fahrlässig, da die mit den Erträgen verbundenen Risiken und Chancen nicht expliziert werden und ein Risikozuschlag somit nicht begründet werden kann.
[260] Vgl. Betsch, O. / Groh, A.P. / Lohmann, L.G.E., Corporate Finance, 1998, S. 27f.
[261] Vgl. Perridon, L. / Steiner, M., Finanzwirtschaft, 1997, S. 215f.
[262] Vgl. Gerling, C., Unternehmensbewertung, 1985, S. 107f.

ertrag einem relativ aktuellen Wert entspricht, stellt der Kaufpreis lediglich eine historische Größe dar. Betrachtet man die Formel zur Ermittlung des Liegenschaftszinssatzes:

$$i_L = \frac{RE}{KP} - \frac{i_L}{(1+i_L)^n - 1} \cdot \frac{KP - BW}{KP} \qquad (5.2)$$

EW: Ertragswert der Liegenschaft nach der WertV 88

RE: Reinertrag

i_L: Liegenschaftszinssatz

BW: Bodenwert

n: Restnutzungsdauer in Jahren

resultiert hieraus ein Ergebnis, daß anhand des folgenden Beispiels verdeutlicht werden soll.

Angenommen die Vergleichsobjekte haben eine Restnutzungsdauer von 50 Jahren und einen Reinertrag von 50 TDM pro Jahr. Der Bodenwert beträgt 100 TDM, der Kaufpreis 1000 TDM. Dann errechnet sich aus der Formel (5.2) ein Liegenschaftszinssatz von rund 4,495 %.
Wir führen dieselbe Berechnung nach zehn Jahren erneut durch. Die Reinerträge seien pro Jahr um 3 % gestiegen. Hieraus resultiert ein Reinertrag von rund 67 TDM und ein Liegenschaftszinssatz von 6,14 %. Nach zwanzig Jahren müßte dann mit einem Reinertrag von rund 90 TDM und einem Liegenschaftszinssatz von 8,24 % gerechnet werden.

Warum es zu solchen Steigerungen des Liegenschaftszinssatzes bzw. der geforderten Rendite kommen soll, ist nicht einsichtig.
Natürlich gilt die obige Argumentation nur, wenn in der Zwischenzeit keine neuen Käufe vergleichbarer Objekte vorliegen,[263] bzw. wenn die historischen Kaufpreise nicht den aktuellen Marktwerten angepasst werden. Eben die zuletzt genannte Vorgehensweise wird in § 8 WertV 88 mit den Worten „[d]ie

[263] Wovon i.d.R. auf Grund des beschränkten Angebots eines Immobilientyps auf ei-

für die Wertermittlung erforderlichen Daten sind aus der Kaufpreissammlung ... unter Berücksichtigung der jeweiligen Lage auf dem Grundstücksmarkt abzuleiten"[284] gefordert. So sollen insbesondere „Änderungen der allgemeinen Wertverhältnisse auf dem ... Grundstücksmarkt mit Indexreihen erfasst werden"[285]. Verwendet man zur Ermittlung des Liegenschaftszinssatzes indexierte Kaufpreise, relativiert sich der oben beschriebene Fehler. Allerdings ist bei einer solchen Vorgehensweise zu berücksichtigen, daß ein indexierter Wert nur einen geschätzten Marktpreis widerspiegelt, der vom tatsächlichen Preis abweichen kann.

5.2.4.2.4 Abschreibungen und Vervielfältigter

Abschreibungen werden im Ertragswertverfahren nicht explizit berücksichtigt. Vielmehr schreibt § 18 Abs. 1 WertV 88 vor: „Die Abschreibung ist durch Einrechnung in den Vervielfältiger nach § 16 Abs. 3 berücksichtigt". Der Vervielfältiger ist jedoch nichts anderes als der reziproke Wert des Annuitätenfaktors bzw. der Rentenbarwertfaktor, der sich aus dem Liegenschaftszinssatz ergibt.

RÖSSLER/U.A.[286] sind der Auffassung, daß ein Immobilieninvestor für den Wertverzehr (Abschreibung), den seine Immobilie durch die Nutzung erfährt, Rücklagen zu bilden hätte.[287] Diese Rücklagen könnte er dann, nachdem die Immobilie vollkommen abgenutzt ist, dazu verwenden, eine neue, gleichwertige Immobilie zu erstellen. Wenngleich die Autoren hier eine recht mißverständliche Darstellungsweise wählen, wird klar, daß zur Erfassung der Abschreibungen die Ertragswertabschreibung gewählt wird. Die Autoren wollen also durch die Rücklagenbildung zu jedem Zeitpunkt eine Kapitalerhaltung in Höhe des aktuellen Ertragswerts erreichen und nur den ökonomischen Gewinn „ausschütten".

Da es jedoch für den Ertragswert der Immobilie nach der WertV 88 keine

nem bestimmten regionalen Teilmarkt ausgegangen werden kann, vgl. auch Kapitel 2.1.

[284] Vgl. § 8 WertV 88.

[285] § 9 Abs. 1 WertV 88.

[286] Vgl. Rössler, R., u.a., Schätzung, 1990, S. 152 - 157.

[287] Ähnlich auch Vogels, M., Gebäudebewertung, 1991, S. 147, der von einer periodischen Kapitalrückführung zum Ausgleich der Wertminderung spricht.

Auswirkungen hat, ob die Abschreibungen angesammelt werden oder nicht, ist der Gedankengang von RÖSSLER/U.A. für die Bewertung irrelevant.
In jedem Fall hat der Abschreibungsbegriff, den der Gesetzgeber hier verwendet, nichts mit dem steuerrechtlichen Abschreibungsbegriff zu tun. Es wird also nicht berücksichtigt, daß steuerrechtliche Abschreibungen die steuerliche Bemessungsgrundlage kürzen und somit indirekt die zu erwartenden Cashflows erhöhen. Dies kann insbesondere, wie im Kapitel 8.2.2.2 verdeutlicht, zu erheblichen Wertabweichungen des Grenzpreises von dem nach dem Ertragswertverfahren ermittelten Wert führen.

5.2.4.2.5 Bewirtschaftungskosten

Keine Berücksichtigung findet die Tatsache, daß die Bewirtschaftungskosten und hier insbesondere die Instandhaltungskosten in der Regel keinen konstanten Verlauf haben, sondern mit zunehmendem Alter der Immobilie ansteigen. Eine Durchschnittsbildung der über den Zeitverlauf anfallenden Instandhaltungskosten führt daher unter Barwertgesichtspunkten zu einer Überbewertung der Bewirtschaftungskosten und damit zu einer Unterbewertung der Immobilie.

5.2.5 Das Sachwertverfahren

5.2.5.1 Vorgehensweise

Mit Hilfe des Sachwertverfahrens wird der Wert der baulichen Anlage nach dem Herstellungswert[268] ermittelt.[269] Der Bodenwert ist genauso wie beim Ertragswertverfahren nach den Regeln des Vergleichswertverfahrens zu ermitteln.[270]
Ausgangspunkt zur Ermittlung des Werts der baulichen Anlage stellen gem. § 22 Abs. 1 WertV 88 die Normalherstellungskosten[271] dar.

[268] Es handelt sich hierbei um einen Begriff der WertV 88.
[269] Vgl. § 21 Abs. 1 WertV 88.
[270] Vgl. § 21 Abs. 2 WertV 88.
[271] § 22 Abs. 1 Satz 1 WertV 88 definiert die Normalherstellungskosten als die gewöhnlichen

Zur Ermittlung derselben sind i.d.R. entweder die Bruttogeschoßflächen in Quadratmeter oder die Kubikmeterzahl an umbautem Raum festzustellen. Der resultierende Wert wird mit einem Erfahrungssatz, der sich aus den üblichen Herstellungskosten für gleichartige Objekte ergibt, multipliziert. Handelt es sich dabei um ältere Erfahrungssätze, sind die so ermittelten Herstellungskosten zu bereinigen, was durch eine Multiplikation mit dem Baupreisindex erfolgt.[272] Bauteile, die bei dieser Berechnung nicht berücksichtigt worden sind, müssen durch entsprechende Zu- bzw. Abschläge in die Bewertung miteingehen. Um schließlich zu den Normalherstellungskosten zu gelangen, sind die in § 22 Abs. 2 WertV 88 genannten Baunebenkosten zu berücksichtigen. Ausnahmsweise können gem. § 22 Abs. 4 WertV 88 zur Ermittlung des Herstellungswerts des Gebäudes auch die tatsächlich entstandenen Kosten verwendet werden, wenn sie den gewöhnlichen Herstellungskosten[273] entsprechen.

Von dem so ermittelten Wert sind Wertminderungen wegen Alters, Baumängel und Sachschäden[274] sowie sonstige wertbeeinflussende Merkmale[275] abzuziehen bzw. hinzuzurechnen. Die Wertminderung wegen Alters ergibt sich gem. § 23 Abs. 1 WertV 88 als ein Prozentsatz, der aus dem Verhältnis der Restnutzungsdauer zur Gesamtnutzungsdauer resultiert. Baumängel und Sachschäden sind gem. § 24 WertV 88 „nach Erfahrungssätzen oder auf Grundlage der für ihre Beseitigung am Wertermittlungsstichtag erforderlichen Kosten zu bestimmen"[276]. Unter sonstigen wertbeeinflussenden Merkmalen versteht der Gesetzgeber „insbesondere eine wirtschaftliche Überalterung, ein[en][277] überdurchschnittliche[n][278] Erhaltungszustand und ein erhebliches Abweichen der tatsächlichen von der nach § 5 maßgeblichen Nutzung"[279].

Herstellungskosten je Raum- oder Flächeneinheit.

[272] Vgl. § 22 Abs. 2 WertV 88.

[273] Die gewöhnlichen Herstellungskosten können laut der amtlichen Begründung zu § 22 Abs. 1 WertV 88, den Anforderungen der Praxis entsprechend, mit Hilfe von Erfahrungssätzen bestimmt werden, vgl. hierzu Kleiber, W., u.a., WertV'88, 1990, Rn. S. 51.

[274] Vgl. § 24 WertV 88.

[275] Vgl. § 25 WertV 88.

[276] § 24 WertV 88.

[277] Durch den Autor eingefügt.

[278] Durch den Autor geändert.

[279] § 25 WertV 88; § 5 Abs. 1 Satz 1 WertV 88 ist folgendes zu entnehmen, „Art und Maß der baulichen Nutzung ergeben sich in der Regel aus den für die städtebauliche Zulässigkeit von Vorhaben maßgeblichen §§ 30, 33 und 34 des Baugesetzbuches unter Berücksichti-

Diese Tatsachen sind durch nicht weiter konkretisierte Zu- bzw. Abschläge zu berücksichtigen.

5.2.5.2 Betriebswirtschaftliche Analyse des Sachwertverfahrens

Ebensowenig wie bei der Unternehmensbewertung nicht der „Nachbau des Unternehmens in der bilanziellen Gestalt, sondern der Nachbau des Ausschüttungsstroms, den das zu bewertende Unternehmen verspricht,"[280] interessiert, ist für die Wertermittlung einer Immobilie aus ökonomischen Gesichtspunkten nicht deren identischer Nachbau von Bedeutung, sondern der Nachbau des Nettozahlungsstroms zwischen Immobilie und Anleger. Obwohl dieser sicherlich auch von der Beschaffenheit des Gebäudes determiniert wird und zukünftige Cashflows nicht in dem Maße vom originären Goodwill abhängen wie die von Unternehmen,[281] können vergleichbare Nettozahlungen auch mit Hilfe einer Immobilie erreicht werden, die andere Herstellungskosten verursacht hat. Die Bewertung von Immobilien mit Hilfe des Sachwertverfahrens zur Ermittlung eines marktwertorientierten Immobilienwerts muß daher aus ökonomischen Gesichtspunkten genauso verworfen werden, wie das Substanzwertverfahren zur Bewertung von Unternehmen.[282]

5.3 Die Maklermethode

Neben den beschriebenen, gesetzlich geregelten Verfahren zur Immobilienbewertung findet in Deutschland häufig die sogenannte Maklermethode Anwendung.[283] Sie gleicht in ihrer Methodik weitgehend dem bereits beschriebenen Vergleichswertverfahren. Hier wird entweder der Rohertrag einer zu bewertenden Immobilie mit einem Vervielfältiger multipliziert oder das Produkt aus qm-Wohnfläche und aktuellen qm-Preisen vergleichbarer Objekte

gung der sonstigen öffentlich-rechtlichen und privatrechtlichen Vorschriften, die Art und das Maß der baulichen Vorschriften mitbestimmen".

[280] Ballwieser, W., Unternehmensbewertung, 1993, S. 169.

[281] Vgl. Ballwieser, W., Unternehmensbewertung, 1997, S. 187; Anders Pensel, J., Bewertung, 1993, S. 366.

[282] Vgl. auch Kapitel 4.4.

[283] Vgl. Terhürne, M., Bewertung, 1998, S. 151.

gebildet.

Sowohl Vervielfältiger als auch qm-Preise können aus relativ umfangreichen und aktuellen Veröffentlichungen des RDM (Ring Deutscher Makler) bzw. VDM (Verband Deutscher Makler) entnommen werden.[284]

Zur Kritik an diesen Verfahren kann auf das Kapitel 5.2.3.2 verwiesen werden.

[284] Vgl. Anhang I.

6 Kapitalmarkttheoretische Bewertungsansätze als Alternative zur Ermittlung von Immobilienmarktwerten

6.1 Individueller versus vom Markt objektivierter Wert

Soll der Wert einer Investition mit Hilfe der Barwertmethode ermittelt werden, benötigt man einen theoretisch haltbaren Diskontierungsfaktor. Dieser kann zum einen über Risikonutzenfunktionen,[285] zum anderen über kapitalmarkttheoretische Ansätze bestimmt werden. Die Herleitung des Diskontierungsfaktors anhand der individuellen Risikonutzenfunktion muß zu einem subjektiven Wert der Investition führen, da bei der Wertermittlung insbesondere auf die individuelle Risikonutzenfunktion des Verkäufers / Käufers zurückgegriffen wird. Mit Hilfe dieser Vorgehensweise kann der Investor seinen individuellen Grenzpreis errechnen.
Die kapitalmarkttheoretischen Ansätze schlagen einen anderen Weg ein. Sie versuchen, einen marktmäßig objektivierten Wert der Investition zu ermitteln und bedienen sich entsprechender Modelle, so vor allem des CAPM und der APT. Diese unterscheiden sich vom zuerst genannten Ansatz dadurch, daß hier individuelle Risikonutzenfunktionen keinen Einfluß auf die Höhe des Diskontierungsfaktors und damit auf den Wert einer Investition haben. Die Bestimmung des Diskontierungsfaktors kann mit Hilfe der genannten kapitalmarkttheoretischen Modelle ohne Rückgriff auf persönliche Präferenzen erfolgen.[286] Sie liefern daher einen Ansatzpunkt zur Bestimmung der Opportunitätskosten eines typisierten Anlegers[287]. Die so ermittelten Opportunitätskosten können dann gleichzeitig als Grundlage zur Berechnung eines objektivierten Marktwertes dienen, der z.B. Managern im Rahmen einer wertorientierten Unternehmensführung als praktische Entscheidungshilfe zur Verfügung steht.

[285] Zur Problematik der Bestimmung eines Diskontierungsfaktors mit Hilfe einer Risikonutzenfunktion vgl. Kapitel 8.3.1.
[286] Vgl. Schmidt, R.H. / Terberger, E., Finanzierungstheorie, 1996, S. 358.
[287] Vgl. Böcking, H.-J. / Nowak, K., Typisierungsproblematik, 1998, S. 687.

6.2 Bestimmung des Diskontierungsfaktors mit Hilfe des Capital Asset Pricing Model (CAPM)

6.2.1 Herleitung des Modells

Das Capital Asset Pricing Model (CAPM) basiert auf der von MARKOWITZ[288] entwickelten Portefeuilletheorie sowie dem Separationstheorem von TOBIN[289] und „ist ein Erklärungsmodell für die Preisbildung am Kapitalmarkt"[290]. Die Grundidee dieses Modells beruht auf der Erkenntnis, daß Risiko teilweise durch Diversifikation vernichtet werden kann. Indem Investoren nicht nur einen, sondern möglichst viele Vermögenstitel, deren Renditen nicht vollständig positiv korreliert sind, in ihr Portefeuille aufnehmen, können sie durch Portefeuillebildung bei gleichem Risiko höhere Renditen erzielen, da das Gesamtrisiko eines Portefeuilles geringer ist als die Summe der gewichteten Einzelrisiken[291].

Investoren suchen nach effizienten Portefeuilles, die sich dadurch auszeichnen, daß die Anleger bei gegebenem Risiko keine höheren Rendite bzw. bei gegebener Rendite kein geringeres Risiko erzielen können.[292] Existiert am Markt neben den risikobehafteten Wertpapieren zusätzlich eine risikofreie Anlage, ist das vom Investor zu wählende Wertpapierportefeuille gemäß dem Separationstheorem nach Tobin unabhängig von der individuellen Risikoneigung des Investors.[293] Je nachdem, wie risikofreudig dieser ist, wird er mehr oder weniger Anteile an der risikolosen bzw. risikobehafteten Anlage halten (two-fund-theorem).[294] Sofern der Anleger risikobehaftete Titel hält, stellen diese ein Abbild des sogenannten Marktportefeuilles dar, was sich aus den Annahmen des CAPM ergibt, die wie folgt lauten:[295]

---

[288] Vgl. Markowitz, H.M., Portfolio, 1952, S. 77 - 92; Markowitz, H.M., Portfolio, 1959.
[289] Vgl. Tobin, J., Preference, 1958.
[290] Franke, G. / Hax, H., Finanzwirtschaft, 1990, S. 280.
[291] Vgl. z.B. Schierek, D. / Weber, M., Kapitalkosten, 1993, S. 134.
[292] Vgl. Perridon, L. / Steiner, M., Finanzwirtschaft, 1997, S. 250.
[293] Vgl. Tobin, J., Preference, 1958, S. 82 - 85; Perridon, L. / Steiner, M., Finanzwirtschaft, 1997, S. 259.
[294] Vgl. Schneider, D., Investition, 1992, S. 509.
[295] Vgl. zu den Annahmen z.B. Copeland, T.E. / Weston, F.J., Financial Theory, 1988, S.194; Schneider, D., Investition, 1992, S. 506f.; Drukarczyk, J., Theorie, 1993, S. 234f.

1) Alle Investoren sind risikoscheu, verhalten sich nach dem Bernoulliprinzip und bedienen sich zur Erfolgs- und Risikomessung der Parameter erwartete Rendite und Standardabweichung.
2) Mittel können zum risikolosen Zinssatz *i* aufgenommen und angelegt werden.
3) Investoren haben homogene Erwartungen bezüglich Rendite und Risiko der Wertpapiere.
4) Der Planungszeitraum beträgt eine Periode.
5) Die Anlagetitel sind beliebig teilbar.
6) Der Kapitalmarkt ist informationseffizient, es existieren keine Friktionen, wie Transaktionskosten und Steuern.
7) Alle Investitions- und Finanzierungstitel werden auf dem Markt gehandelt, ihre Gesamtmenge ist vorgegeben. Alle Investoren haben dieselben Investitions- und Finanzierungsmöglichkeiten.
8) Einzelne Investoren haben keinen Einfluß auf den Preis der Wertpapiere, sie agieren als Mengenanpasser.
9) Geldwert- und Zinssatzänderungen treten nicht auf.

Gelten diese Annahmen, müssen alle rational handelnden Investoren einen Anteil am Marktportefeuille halten.[296] In diesem Marktportefeuille sind sämtliche Arten risikobehafteter Vermögensgegenstände, gewichtet mit ihrem relativen Anteil am Gesamtmarkt, enthalten[297]. Durch die Mischung aller Vermögenstitel sind die Anleger bestmöglich diversifiziert und erzielen somit bei gegebenem Risiko die höchst mögliche Rendite.

Da Anleger ihr Geld gleichzeitig zu einem einheitlichen Zinssatz *i* anlegen oder sich zu eben diesem Zinssatz *i* verschulden können, muß für jeden Anleger die gleiche Linie, nämlich die Kapitalmarktlinie iMG, gelten.[298] Nur auf ihr können für den Anleger effiziente Portefeuilles erreicht werden. Die individuellen Portefeuilles der Anleger unterscheiden sich dabei nicht, weil in diesen Portefeuilles Wertpapiere in unterschiedlicher Gewichtung enthalten sind, sondern vielmehr dadurch, daß ein risikobehaftetes Portefeuille, wel-

[296] Vgl. Drukarczyk, J., Theorie, 1993, S. 234.
[297] Vgl. Fama, E. / Mac Beth, J.D., Equilibrium, 1973, S. 611; Copeland, T.E. / Weston, F.J., Financial Theory, 1988, S. 195.
[298] Vgl. Abb. 6.1.

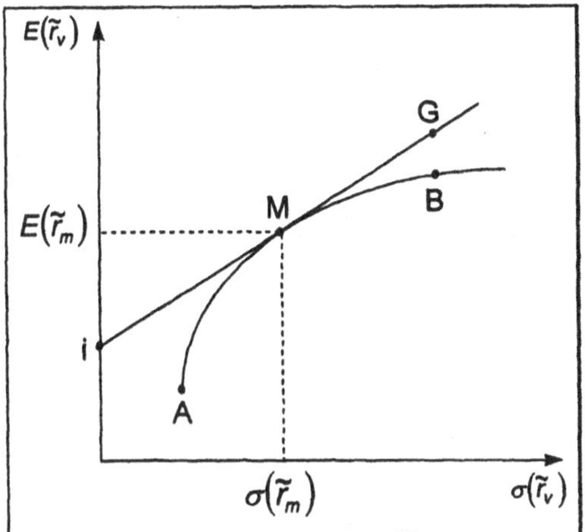

Abb. 6.1: Kapitalmarktlinie[302]

ches für alle Marktteilnehmer gleich ist,[299] mit einer risikofreien Anlage, in Abhängigkeit von der individuellen Risikopräferenz des jeweiligen Investors, kombiniert wird.[300] Alle Investoren bewegen sich somit auf der Geraden iMG. Alle Punkte, die unterhalb dieser Kapitalmarktlinie (capital market line) liegen, sind ineffizient. Sie versprechen dem Investor bei gleichem Risiko geringere Renditen oder vice versa.[301]

Die für den Investor zu erwartende Rendite ergibt sich im Fall eines voll diversifizierten Portefeuilles aus der Gleichung:

$$E(\tilde{r}_v) = \frac{E(\tilde{r}_m) - i}{\sigma(\tilde{r}_m)} \cdot \sigma(\tilde{r}_v) \qquad (6.1)$$

$E(\tilde{r}_v)$: *Erwartungswert der Rendite des voll diversifizierten Portefeuilles v*

$E(\tilde{r}_m)$: *Erwartungswert der Rendite des Marktportefeuilles*

$\sigma(\tilde{r}_v)$: *Standardabweichung der Rendite eines voll diversifizierten Portefeuilles v*

$\sigma(\tilde{r}_m)$: *Standardabweichung der Rendite des Marktportefeuilles*

i : *sicherer Zinssatz*

Der Marktpreis für eine Risikoänderung um eine zusätzliche Risikoeinheit

---

[299] Dies bedingt die Annahme, daß Investoren dieselben Erwartungen bezüglich Risiko und Rendite der Vermögenstitel haben.
[300] Vgl. Perridon, L. / Steiner, M., Finanzwirtschaft, 1997, S. 261.
[301] Vgl. Perridon, L. / Steiner, M., Finanzwirtschaft, 1997, S. 260.
[302] In Anlehnung an Drukarczyk, J., Theorie, 1993, S. 235.

resultiert aus der Steigung $m = \frac{E(\tilde{r}_m) - i}{\sigma(\tilde{r}_m) - 0} = \frac{E(\tilde{r}_m) - i}{\sigma(\tilde{r}_m)}$.[303]

Wie die geforderte Rendite für einen speziellen Vermögenstitel zu bestimmen ist, soll anhand folgender Überlegung verdeutlicht werden.

Erwirbt der Investor an Stelle des Marktportefeuilles ein Portefeuille, bei dem von einem Wertpapier *j* marginal mehr Einheiten als bei dem Marktportefeuille enthalten sind, errechnet sich die erwartete Rendite aus diesem Portefeuille wie folgt:[304]

$$E(\tilde{r}_z) = (1 - a) \cdot E(\tilde{r}_m) + a \cdot E(\tilde{r}_j) \qquad \text{mit } 0 \leq a \leq 1 \qquad (6.2)$$

$E(\tilde{r}_z)$: *Erwartete Rendite der Vermögenstitelmischung z*

Die erwartete Rendite des Portefeuilles verändert sich bei einer marginalen Änderung des Anteils *a* um:

$$\frac{\partial E(\tilde{r}_z)}{\partial a} = E(\tilde{r}_j) - E(\tilde{r}_m)$$

Die Standardabweichung des neuen Portefeuilles ergibt sich aus:

$$\sigma(\tilde{r}_z) = \sqrt{a^2 \cdot \sigma^2(\tilde{r}_j) + (1 - a)^2 \cdot \sigma^2(\tilde{r}_m) + 2 \cdot a \cdot (1 - a) \cdot cov(\tilde{r}_j, \tilde{r}_m)} \qquad (6.3)$$

$cov(\tilde{r}_j, \tilde{r}_m)$: *Kovarianz der Rendite des Vermögenstitels j zur Rendite des Marktportefeuilles*

[303] Vgl. Perridon, L. / Steiner, M., Finanzwirtschaft, 1997, S. 263; Schneider, D., Investition, 1992, S. 511.

[304] Vgl. im folgenden Drukarczyk, J., Finanzierungstheorie, 1980, S. 336 - 338; Copeland, T.E. / Weston, F.J., Financial Theory, 1988, S. 195 - 197; Perridon, L. / Steiner, M., Finanzwirtschaft, 1997, S. 263f.; Schneider, D., Investition, 1992, S. 511 - 513; Gerke, W. / Bank, M., Finanzierung, 1998.

Das Risiko ändert sich bei marginaler Änderung des Anteils des Wertpapiers um:

$$\frac{\partial\sigma(\tilde{r}_z)}{\partial a}=\frac{1}{2}\cdot\frac{2\cdot a\cdot\sigma^2(\tilde{r}_j)-2\cdot\sigma^2(\tilde{r}_m)+2\cdot a\cdot\sigma^2(\tilde{r}_m)+2\cdot cov(\tilde{r}_j,\tilde{r}_m)-4\cdot a\cdot cov(\tilde{r}_j,\tilde{r}_m)}{\sqrt{a^2\cdot\sigma^2(\tilde{r}_j)+(1-a)^2\cdot\sigma^2(\tilde{r}_m)+2\cdot a\cdot(1-a)\cdot cov(\tilde{r}_j,\tilde{r}_m)}}$$

Da das Optimum bzw. Konkurrenzgleichgewicht durch das Marktportefeuille gegeben ist, führt der Erwerb eines zusätzlichen Anteils des Wertpapiers j von diesem Optimum weg. Somit muß im Marktgleichgewicht a gegen 0 gehen. Der Ausdruck verkürzt sich daher zu:

$$\frac{\partial\sigma(\tilde{r}_z)}{\partial a}=\frac{2\cdot cov(\tilde{r}_j,\tilde{r}_m)-2\cdot\sigma^2(\tilde{r}_m)}{2\cdot\sqrt{\sigma^2(\tilde{r}_m)}}=\frac{cov(\tilde{r}_j,\tilde{r}_m)-\sigma^2(\tilde{r}_m)}{\sigma(\tilde{r}_m)}$$

Das marginale Austauschverhältnis zwischen Risiko und Renditeerwartung im Punkt M ergibt sich aus:

$$\frac{\dfrac{\partial E(\tilde{r}_z)}{\partial a}}{\dfrac{\partial\sigma^2(\tilde{r}_z)}{\partial a}}=\frac{E(\tilde{r}_j)-E(\tilde{r}_m)}{cov(\tilde{r}_j,\tilde{r}_m)-\sigma^2(\tilde{r}_m)}\cdot\sigma(\tilde{r}_m)$$

Da diese Grenzrate der Substition im Punkt M der Steigung der Kapitalmarktlinie entsprechen muß, gilt:

$$\frac{E(\tilde{r}_j)-E(\tilde{r}_m)}{cov(\tilde{r}_j,\tilde{r}_m)-\sigma^2(\tilde{r}_m)}\cdot\sigma(\tilde{r}_m)=\frac{E(\tilde{r}_m)-i}{\sigma(\tilde{r}_m)}. \qquad (6.4)$$

Durch Umformung gelangt man schließlich zur Formel für die Wertpapierlinie, die den Kern des CAPM darstellt:

$$E(\tilde{r}_j) = i + \frac{E(\tilde{r}_m) - i}{\sigma^2(\tilde{r}_m)} \cdot cov(\tilde{r}_j, \tilde{r}_m) \tag{6.5}$$

Das heißt, im Kapitalmarktgleichgewicht setzt sich die geforderte Rendite für eine risikobehaftete Kapitalanlage aus dem risikolosen Zinssatz i und der Risikoprämie $\frac{E(\tilde{r}_m) - i}{\sigma^2(\tilde{r}_m)} \cdot cov(\tilde{r}_j, \tilde{r}_m)$ zusammen[306], die aus dem Risikopreis[307] bzw. der Marktrisikoprämie $E(\tilde{r}_m) - i$ und der Risikohöhe $\frac{cov(\tilde{r}_j, \tilde{r}_m)}{\sigma^2(\tilde{r}_m)} = \beta_j$ besteht.

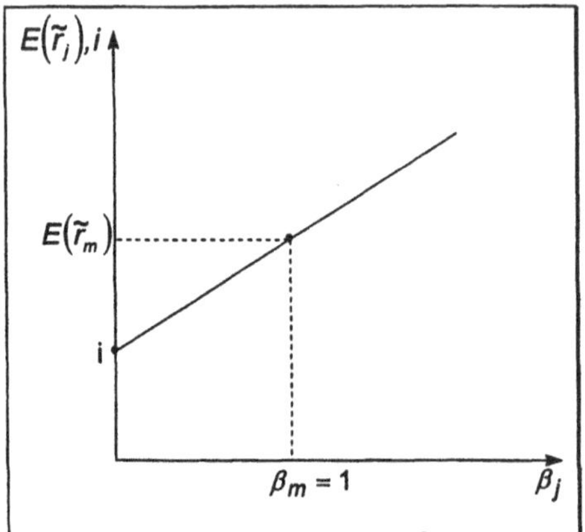

Abb. 6.2: Wertpapierlinie[305]

Folgt man den Ideen des erläuterten Modells, sind die Eigenkapitalkosten bzw. der Diskontierungsfaktor zumindest für den Einperiodenfall bestimmbar. Jedoch werden, wegen

$$E(\tilde{r}_m) = \sum_{j=1}^{n} x_j \cdot E(\tilde{r}_j) \qquad \text{mit} \qquad \sum_{j=1}^{n} x_j = 1 \text{ und } x_j \geq 0$$

und

$$\sigma^2(\tilde{r}_m) = \sum_{j=1}^{n} x_j^2 \cdot \sigma^2(\tilde{r}_j) + \sum_{j=1, j \neq l}^{n} \sum_{l=1}^{n} x_j \cdot x_l \cdot cov(\tilde{r}_j, \tilde{r}_l)$$ [308]

zur Ermittlung von $E(\tilde{r}_m)$ n Renditen und zur Berechnung von $\sigma^2(\tilde{r}_m)$ n Vari-

[305] Vgl. z.B. Drukarczyk, J., Theorie, 1993, S. 241.
[306] Vgl. z.B. Kruschwitz, L., Kalkulationszinsfuß, 1995, Sp. 1054.
[307] Vgl. Schneider, D., Investition, 1992, S. 513.
[308] Vgl. Ross, S.A. / Westerfield, R.W., Corporate Finance, 1988, S. 208.

anzen sowie $\frac{(n^2 - n)}{2}$ Kovarianzen benötigt.[309] Zur Berechnung von $E(\tilde{r}_j)$ besteht ein Datenbedarf von insgesamt $\frac{(n^2 + 3 \cdot n)}{2}$.

Bei genügend großen Portefeuilles geht der Term $\sum_{j=1}^{n} x_j^2 \cdot \sigma^2(\tilde{r}_j)$, der das abbaubare, unsystematische Risiko verkörpert,[310] gegen 0.[311] Auf seine Berechnung kann daher verzichtet werden. Das Portefeuillerisiko setzt sich folglich bei genügend breit diversifizierten Portefeuilles praktisch nur noch aus der Summe der gewichteten Kovarianzrisiken zusammen. Aus diesem Grund ist für einzelne Wertpapiere lediglich das nicht abbaubare Kovarianz- bzw. das systematische Risiko ausschlaggebend, weshalb eine Verringerung des Datenbedarfs um n Varianzen eintritt.

6.2.2 Bestimmung von β-Faktoren mit Hilfe des Marktmodells von SHARPE

6.2.2.1 Vorgehensweise

Um den Datenbedarf weiter zu verringern und den β-Faktor zu schätzen, findet im allgemeinen das von SHARPE[312] entwickelte Marktmodell Verwendung.[313] Mit seiner Hilfe müssen nicht mehr sämtliche Kovarianzbeziehungen berücksichtigt werden, was zu einer erheblichen Reduktion des Rechenaufwands führt.

Im Rahmen dieses Modells werden die β-Faktoren durch eine lineare Regressionsgleichung aus vergangenen Renditen von Vermögenstiteln ermittelt. Dabei ergibt sich die geforderte Rendite für einen bestimmten Vermögenstitel aus folgender Regression:[314]

[309] Vgl. Steiner, M. / Nowak, T., Mehrfaktorenmodelle, 1995, Sp. 1434.
[310] Vgl. Hupe, M., / Ritter, G., Kalkulationszinsfüße, 1997, S. 595.
[311] Vgl. hierzu auch Ross. S.A. / Westerfield, R.W., Corporate Finance, 1988, S. 170f.
[312] Vgl. Sharpe, W.F., Model, 1963, S. 277 - 293.
[313] Vgl. auch Geyer, A. / Hauer, S., ARCH-Modelle, 1991, S. 65; Steiner, M. / Bauer, C., Analyse, 1992, S. 347.
[314] Vgl. Copeland, T.E. / Weston, F.J., Financial Theory, 1988, S. 199.

$$\tilde{r}_j = \alpha_j + b_j \cdot \tilde{r}_m + \tilde{\varepsilon}_j \qquad (6.6)$$

$\tilde{r}_j$: *Rendite des Wertpapiers j*

α_j: *vom Markt unabhängige Rendite des Wertpapiers j*

b_j: *systematisches Risiko des Wertpapiers j*

$\tilde{r}_m$ *Markt- bzw. Indexrendite*

$\tilde{\varepsilon}$: *Stör- bzw. Residualterm*

Die resultierenden Ergebnisse für α_j und b_j dienen als Schätzer für die tatsächlichen Parameterwerte der einzelnen Vermögenstitel. α_j steht dabei für den Durchschnitt der beobachteten, unsystematischen Periodenrenditen.[315] b_j stellt den Zusammenhang zwischen Unternehmens- und Marktrendite her. ε_j ist ein Residuum, also die zufällige Abweichung des tatsächlichen vom erwarteten Wert.

Ökonomisch kann die Regressionsgleichung (6.6) wie folgt interpretiert werden.

Die Rendite eines Vermögenstitels ist durch zwei Gruppen von Einflußfaktoren determiniert. Die erste Gruppe betrifft alle auf dem Markt vorhandenen Vermögenstitel bzw. die Rendite eines für den Markt repräsentativen Index.[316] Diese Einflußfaktoren stellen das sogenannte systematische Risiko dar. Sie werden durch b_j indiziert und bestehen aus Faktoren, wie z.B. dem sicheren Zinssatz oder dem Verhalten der Tarifpartner,[317] b_j kann daher als „a measure of how the asset covaries with the economy"[318] interpretiert werden. Die zweite Gruppe der Einflußfaktoren, die in der Gleichung durch ε_j vertreten wird, trifft nur den einzelnen Vermögenstitel. ε_j erfasst das sogenannte unsystematische Risiko. Hierin kommt z.B. die Güte des Managements oder die Motivation der Mitarbeiter zum Ausdruck, es ist „a measure

[315] Vgl. Uhlir, H. / Steiner, P., Wertpapieranalyse, 1994, S. 172; Hachmeister, D., Cash Flow, 1995, S. 185.
[316] Vgl. Drukarczyk, J., Theorie, 1993, S. 246.
[317] Vgl. Drukarczyk, J., Theorie, 1993, S. 246.
[318] Copeland, T.E. / Weston, F.J., Financial Theory, 1988, S. 198.

..., which is independent of the economy"[319].

Bezüglich des Zufallsfehlers ε_j wird unterstellt, daß dieser normalverteilt ist, und daß sowohl der Erwartungswert als auch die Kovarianz $cov(\tilde{\varepsilon}_i, \tilde{\varepsilon}_j)$ den Wert Null annimmt sowie für die Varianz $\sigma^2(\tilde{\varepsilon}_j) = E(\tilde{\varepsilon}_j^2)$ gilt.[320] Somit ergibt sich die Rendite eines Vermögenstitels aus der Gleichung:

$$\bar{r}_j = \alpha_j + b_j \cdot \bar{r}_m \tag{6.7}$$

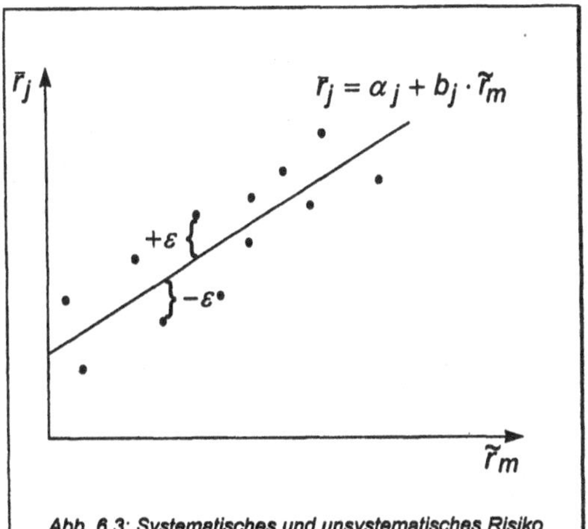

Abb. 6.3: Systematisches und unsystematisches Risiko eines Vermögenstitels[321]

Die Rendite $\bar{r}_j$ ist über den Faktor b_j mit der Rendite des Marktportefeuilles bzw. der Rendite des Index, der das Marktportefeuille repräsentiert, verbunden. In Abhängigkeit von b_j reagiert die Rendite $\bar{r}_j$ des Vermögenstitels unterschiedlich sensitiv auf die Änderung von $\bar{r}_m$.[322]

Das Risiko des Vermögenstitels ergibt sich aus:

$$\sigma^2(\tilde{r}_j) = E\left[(\tilde{r}_j - \bar{r}_j)^2\right]$$

$$\sigma^2(\tilde{r}_j) = E\left[(\alpha_j + b_j \cdot \tilde{r}_m + \tilde{\varepsilon}_j - \alpha_j - b_j \cdot \bar{r}_m)^2\right]$$

$$\sigma^2(\tilde{r}_j) = E\left[(b_j \cdot \tilde{r}_m + \tilde{\varepsilon}_j - b_j \cdot \bar{r}_m)^2\right]$$

[319] Copeland, T.E. / Weston, F.J., Financial Theory, 1988, S. 198.
[320] Vgl. Uhlir, H. /Steiner, P., Wertpapieranalyse, 1994, S. 170.
[321] Vgl. Uhlir, H. /Steiner, P., Wertpapieranalyse, 1994, S. 172.
[322] Vgl. Frantzmann, H.-J., Messung, 1990, S. 68.

$$\sigma^2(\tilde{r}_j) = E\left[\left(b_j \cdot (\tilde{r}_m - \bar{r}_m) + \tilde{\varepsilon}_j\right)^2\right]$$

$$\sigma^2(\tilde{r}_j) = b_j^2 \cdot E(\tilde{r}_m - \bar{r}_m)^2 + E(\tilde{\varepsilon}_j^2) + 2 \cdot b_j \cdot E(\tilde{r}_m - \bar{r}_m) \cdot E(\tilde{\varepsilon}_j)$$

Weil annahmegemäß $E(\tilde{\varepsilon}_j^2) = \sigma^2(\tilde{\varepsilon}_j)$ und $E(\tilde{\varepsilon}_j) = 0$ gilt, folgt:

$$\sigma^2(\tilde{r}_j) = b_j^2 \cdot \sigma^2(\tilde{r}_M) + \sigma^2(\tilde{\varepsilon}_j) \qquad (6.8)$$

D.h., das Risiko eines Vermögenstitels resultiert aus dem systematischen Risiko $\sigma^2(\tilde{r}_M)$ sowie dem unsystematischen Risiko $\sigma^2(\tilde{\varepsilon}_j)$,[323] das durch die Varianz der Ausprägungen $\tilde{r}_j$ von dem prognostizierten Wert $\bar{r}_j$ entsteht[324]. Das Risiko eines Portefeuilles p hingegen ergibt sich aus:

$$\sigma_p^2 = b_p^2 \cdot \sigma^2(\tilde{r}_M) + \sum_{i=1}^{n} x_j^2 \cdot \sigma^2(\tilde{\varepsilon}_j) \qquad \text{mit} \qquad b_p = \sum_{i=1}^{n} x_j \cdot b_j \qquad (6.9)$$

Der Einfluß des zweiten Summanden schwindet bei zunehmender Portefeuillebildung und geht mit steigender Anzahl verschiedener Vermögenstitel gegen Null.[325] Das unsystematische Risiko wird vernichtet.[326] Aus diesem Grund wird es auch nicht entgolten. Bewertungsrelevant bleibt alleine das systematische Risiko $b_j^2 \cdot \sigma^2(\tilde{r}_M)$. Der Datenbedarf zur Ermittlung der geforderten Rendite $\bar{r}_j$ und des Risikos $b_j^2 \cdot \sigma^2(\tilde{r}_M)$ verringert sich abgesehen von i auf $\bar{r}_m$, $\sigma(\tilde{r}_M)$, und b_j.

Da nun gleichzeitig bewiesen werden kann, daß $b_j = \dfrac{cov(\tilde{r}_j, \tilde{r}_m)}{\sigma^2(\tilde{r}_M)} = \beta_j$[327] gilt,

[323] Vgl. Perridon, L. / Steiner, M., Finanzwirtschaft, 1997, S. 266.
[324] Vgl. Drukarczyk, J., Finanzierungstheorie, 1980, S. 335.
[325] Vgl. Ross, S.A. / Westerfield, R.W., Corporate Finance, 1988, S. 160 - 171, die hierzu den entsprechenden Beweis führen.
[326] Vgl. Drukarczyk, J., Theorie, 1993, S. 249f.
[327] Vgl. Copeland, T.E. / Weston, F.J., Financial Theory, 1988, S. 199; Uhlir, H. /Steiner, P., Wertpapieranalyse, 1994, S. 173.

entspricht b_j dem β_j des CAPM.[328] Wird die Vergangenheit als bester Schätzer für die Zukunft gesehen, können durch das erläuterte Marktmodell die praktischen Voraussetzung zur Implementierung des CAPM geschaffen werden. Der β-Faktor, der zur Bestimmung der Eigenkapitalkosten benötigt wird, wird üblicherweise[329] unter vertretbarem Rechenaufwand aus einer Regressionsanalyse gewonnen.[330] Offen bleibt die Frage nach dem zu verwendenden Index.

6.2.2.2 Wahl des Index

Nach dem two-fund-theorem investieren Anleger nur anteilig in das Marktportefeuille und die risikolose Anlage.[331] Da das Marktportefeuille aus allen möglichen risikobehafteten Anlageformen einer Ökonomie besteht,[332] müssen in ihm auch Vermögenstitel enthalten sein, für die kein Marktpreis feststellbar ist und die daher auch nicht im Rahmen eines Index, der auf Marktpreisen basiert, abgebildet werden können.[333] Folglich kann der verwendete Index nur approximativ die Zusammensetzung des Marktportefeuilles wiedergeben. Repräsentiert der verwendete Index jedoch nicht das effiziente Marktportefeuille, muß kein linearer Zusammenhang zwischen geforderter Rendite und β-Faktoren bestehen.[334] Neben den β-Faktor können weitere Einflußgrößen treten, die die geforderte Rendite erklären. Sollte hingegen ein effizientes Markportefeuille verwendet werden, bleibt der β-Faktor einzige erklärende Variable für die geforderte Rendite.[335]

Nun kommt FRANTZMANN in einer empirischen Untersuchung zum CAPM zu dem Ergebnis, daß das systematische Risiko einer Aktie weitgehend unab-

[328] Vgl. Perridon, L. / Steiner, M., Finanzwirtschaft, 1997, S. 266.

[329] Vgl. Freisleben, B. / Ripper, K., Renditeschätzung, 1997, S. 53.

[330] Zur Berechnung der Koeffizienten α_j und b_j vgl. z.B. Uhlir, H. / Steiner, P., Wertpapieranalyse, 1994, S. 172f.

[331] Vgl. Copeland, T.E. / Weston, F.J., Financial Theory, 1988, S. 195.

[332] Vgl. Reichling, P., Wertpapierkennlinie, 1995, S. 99.

[333] Vgl. Steiner, M. / Kleeberg, J., Indexauswahl, 1991, S. 174.

[334] Vgl. Roll, R. / Ross, S.A., Betas, 1994, S. 109, 115; Kandel, S. / Stambaugh, R.F., Inefficiency, hier insbesondere, S. 171.

[335] Vgl. Roll, R. / Ross, S.A., Betas, 1994, S. 101.

hängig vom gewählten Index ist,[336] weshalb teilweise auch die These vertreten wird, die Frage nach der Wahl des theoretisch korrekten Index sei vernachlässigbar[337]. Aus der genannten Untersuchung kann jedoch weder gefolgert werden, daß die gewählten Indizes eine gute Approximation an das Marktportefeuille darstellen, noch, daß dieses Ergebnis generell zutrifft. Dies gilt insbesondere deshalb, weil FRANTZMANN zur Ermittlung der β-Faktoren nur den Index der Frankfurter Wertpapierbörse und den Commerzbank-Index heranzieht[338]. Hierbei handelt es sich aber um nationale Aktienindizes. Obwohl diese häufig[339] als Surrogat für das Marktportefeuille dienen,[340] sind sie als solches aus theoretischer Sicht wenig geeignet.

Zum einen handelt es sich um landesspezifische Indizes, internationale Diversifikationsmöglichkeiten werden somit nicht berücksichtigt,[341] zum anderen vernachlässigt man bei dieser Vorgehensweise potentielle Diversifikationsmöglichkeiten, die durch die Beimischung anderer Vermögenstitel bestehen. Sind aber in dem Index, der als Surrogat für das Marktportefeuille verwendet wird, bestimmte Gruppen von Vermögenstiteln, wie z.B. Immobilien, nicht enthalten, wird die Korrelation derselben mit dem tatsächlichen Marktportefeuille tendenziell zu gering ausgewiesen. So ist i.d.R. davon auszugehen, daß die Korrelation einer Gruppe von Vermögenstiteln mit einem Portefeuille bei Zunahme ihres Anteils an diesem Portefeuille steigt.[342] Geht ihr Anteil am Proxy-Portefeuille hingegen gegen Null, dürfte die Korrelation minimiert werden. Gleichzeitig ist die Varianz eines Index, der mehrere Arten von Vermögenstiteln umfaßt, tendenziell geringer[343] als die Varianz des Index, in dem nur eine Art von Vermögenstiteln, wie z.B. Aktien, repräsentiert

[336] Vgl. Frantzmann, H.-J., Messung, 1990, S. 73.
[337] Zur Meinung, die Wahl des Index habe auf die Schätzung von β-Werte relativ geringen Einfluß, vgl., z. B. Beiker, H., Risiko, 1993, S. 81 - 84.
[338] Vgl. Frantzmann, H.-J., Messung, 1990.
[339] Vgl. z.B. Baetge, J. / Kause, C., Berücksichtigung, 1994, S. 441; Decain, P.F., CAPM, 1994, S. 34; Uhlir, H. / Steiner, P., Wertpapieranalyse, 1994, S. 174 - 177; Ballwieser, W., Aspekte, 1995, S. 123; Kaplan, S., Market Pricing, 1996, S. 47f.
[340] Vgl. Hamerle, A. / Rösch, D., CAPM, 1995, S. 9.
[341] Vgl. zum Diversifikationspotential durch internationale Aktienanlagen Uhlir, H. / Steiner, P., Wertpapieranalyse, 1994, S. 202 - 206.
[342] Sollte der Anteil eines Vermögnestitels in einem Index sehr hoch sein, erfolgt fast eine Regression dieses Vermögenstitels gegen sich selbst, vgl. Hachmeister, D., Cash Flow, 1995, S. 194.
[343] Vgl. hiezu die Untersuchung von Webb, J.R. / Curcio, R.J. / Rubens, J.H. Diversification, 1988, S. 437; Reilly, F.K. / Akhtar, R.A., Benchmark, 1995, S. 38.

wird, da nicht damit zu rechnen ist, daß sämtliche Gruppen von Vermögenstiteln vollständig positiv miteinander korreliert sind[344]. Werden aber zu einem bestehenden Portefeuille Vermögenstitel hinzugefügt, die „diversification benefits" versprechen, verschiebt sich die Effizienzlinie, wie in Abbildung 6.4 dargestellt, nach rechts oben.[345]

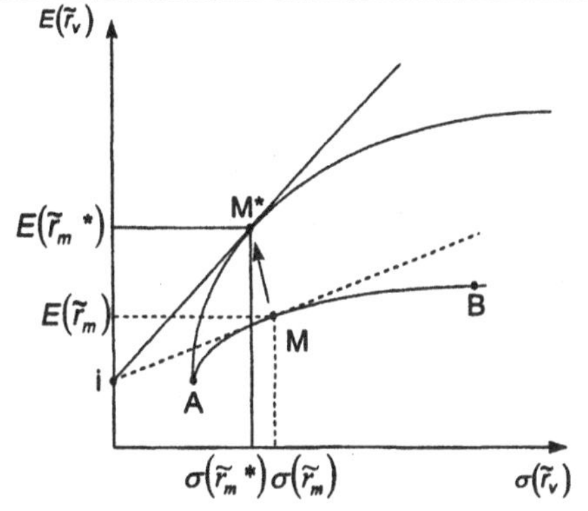

Abb. 6.4: Verschiebung der Effizienzlinie durch Inkludierung verschiedener Vermögenstitel

Folgt man diesen Überlegungen, muß die Verwendung eines Index, der bestimmte Vermögenstitel, wie zum Beispiel Immobilien, nicht enthält, wegen des tendenziell zu gering ausgewiesenen Korrelationskoeffizienten $\delta_{j,m}$ zu einer Unterschätzung der β-Faktoren für diese Vermögenstitel führen. Schließlich gilt:

[344] Vgl. hierzu z.B. Zerbst, R.H., / Cambon, B.R., Real estate, 1983/84, S. 18, die eine Übersicht über Studien zu Korrelationen zwischen Renditen von Immobilien, Aktien, Anleihen und Treasury Bills geben; Webb, J.R., exclusion, 1990, S., 80; Gyourko, J. / Keim, D.B., Real Estate, 1993, S. 42, die insbesondere Korrelationen zwischen Aktienindizes, Staatsanleihen und einem Immobilieaktiendex berechnen; Kallberg, J.G. / Liu, C.H. / Greig, D.W., Portfolio, 1996, S. 368, die Korrelationen zwischen Immobilien, Treasury-Bills, Aktien und Anleihen für den amerikanischen Markt berechnen; Maurer, R. / Stephan, T.G., Immobilien-Benchmark, 1996, S. 1541, der Korrelationen zwischen bereinigten Renditen von Immobilienfonds, Aktien und Renten untersucht; Canner, N. / Mankiw, N.G. / Weil, D.N., Allocation, 1997, S. 185, die Renditekorrelationen zwischen T-Bills langfristigen Staatsanleihen und Aktien berechnen.

[345] Vgl. Hudson-Wilson, S. / Elbaum, B.L., Benefits, 1995, S. 93.

$$\beta_j = \frac{cov(\tilde{r}_j,\tilde{r}_m)}{\sigma^2(\tilde{r}_M)} = \frac{cov(\tilde{r}_j,\tilde{r}_m)}{\sigma(\tilde{r}_m)\cdot\sigma(\tilde{r}_j)}\cdot\frac{\sigma(\tilde{r}_j)}{\sigma(\tilde{r}_m)} = \delta_{j,m}\cdot\frac{\sigma(\tilde{r}_j)}{\sigma(\tilde{r}_m)} \qquad (6.9)$$

Ebenso wird bei der Wahl eines nicht voll diversifizierten Portefeuilles der Risikopreis bzw. die Marktrisikoprämie $\left(E(\tilde{r}_m)-i\right)$ unterschätzt, da $E(\tilde{r}_m)$ mit zunehmender Diversifikation steigt.[346] Wird also ein Aktienindex als Surrogat für das Marktportefeuille verwendet, ist die Risikoprämie $\left(E(\tilde{r}_m)-i\right)\cdot\beta$ tendenziell zu gering.[347]

STEINER/KLEEBERG[348] schlagen daher einen Mischindex vor. Dieser sollte sich aus einem gewichteten Welt-Aktien-, -Renten-, -Immobilienindex ergeben, der zusammen mit dem Goldpreis zu einem Weltindex zusammengefasst wird.

Die Chancen, einen solchen Weltindex zu entwickeln, stehen nicht schlecht. So existiert seit 1969 der vom Bankhaus Morgan Stanley berechnete MSCI-Index[349]. Hierbei handelt es sich um einen Weltaktienindex, der mittlerweile 4100 Aktien aus 45[350] Ländern beinhaltet. Er repräsentiert ca. 60% der Börsenkapitalisierung dieser Länder. Seit 1985 wird vom Bankhaus Merrill-Lynch ein Weltrentenindex berechnet.[351] Als Surrogat für die beiden genannten Indizes könnte auch der in Deutschalnd weniger bekannte GSMI-Index[352] dienen, der eine Art Weltindex aus Aktien und Renten darstellt.[353] Schwierigkeiten bereitet das Auffinden eines Weltimmobilienindex. Dieser ist derzeit nicht vorhanden und müßte noch entwickelt werden. Nationale Immobilien-Indizes sind hingegen teilweise vorhanden. So existiert z.B. in Großbritannien der Financial Times Actuary (FTA) Index, der die Kursentwicklung von über 50 Immobilienaktiengesellschaften repräsentiert. In den

346 Vgl. Reilly, F.K. / Akhtar, R.A., Benchmark, 1995, S. 44 - 49, deren Untersuchung diese Aussage tendenziell unterstützt.

347 Vgl. hierzu auch die Untersuchung von Liu, C.H. / Hartzell, D.J., Grissom, T.V., Composition, 1990, S. 71, die unter Verwendung von verschieden breiten Indizes Überrenditen von Vermögenstiteln untersuchen und damit dieses Ergebnis teilweise empirisch unterstützen.

348 Vgl. Steiner, M. / Kleeberg, J., Indexauswahl, 1991, S. 180.

349 Der MSCI wird beipielsweise vom Handelsblatt veröffentlicht, Index Basisdatum 1.1.1970.

350 Bis 1987 waren 22 „developed markets" im Index enthalten ,1988 wurden 23 Schwellen-Märkte „emerging markets" in den Index mit aufgenommen.

351 Dieser Index wird z.B. im Handelsblatt veröffentlicht, Index Basisidatum Ende 1985.

352 Brinson Partners Global Security Index.

USA geschieht dies seit 1971 durch den NAREIT (National Association of Real Estate Investment Trusts) Index,[354] der 1997 180 Equity-REITs beinhaltete. Hier wird aus der Kursentwicklung sogenannter REITs (Real Estate Investment Trusts) ein Index konstruiert. REITs sind mit den deutschen Immobilienfonds vergleichbar. Ihre Anteile sind jedoch im Gegensatz zu deutschen Immobilienfonds zum Börsenhandel zugelassen,[355] so daß Indizes, die auf börsentäglichen[356] Marktpreisen basieren, ermittelt werden können.

In Deutschland wurde häufig vorgeschlagen, einen Immobilienindex aus den Kursen für offene Immobilienfonds zu entwickeln.[357] Dieser Vorschlag muß jedoch mit Skepsis betrachtet werden. Die Kurse für offene Immobilienfonds verkörpern keine Marktpreise. Sie kommen nicht durch Angebot und Nachfrage zustande, sondern werden vielmehr durch mindestens drei unabhängige Gutachter ermittelt.[358] Diese Gutachter werden vom Fonds Management bestimmt.[359] Deshalb liegt die Vermutung nahe, daß die Performance hausgemacht ist,[360] zumal es das erklärte Ziel offener Immobilienfonds ist, den Anlageerfolg zu verstetigen. So schreibt der Bundesverband Deutscher Investment-Gesellschaften (BVI):

„Die ertragsorientierte Bewertung trägt bei den offenen Immobilienfonds wesentlich zu der geschäftspolitisch erforderlichen Kontinuität bei. In ausgesprochenen Boomphasen wird zwar das Immobilienportefeuille nicht den dann festzustellenden - und vorübergehenden - Preisausschlägen nach oben angepaßt, aber in Stagnations- oder Rezessionsphasen mit wieder rückläufigen Preisen ist der Fonds auch nicht gezwungen, Abwertungen vorzunehmen."[361] „Das Problem extremer Preisschwankungen sowohl nach oben als auch nach unten wird [folglich][362] durch das bei den offenen Immo-

[353] Vgl. Reilly, F.K. / Akhtar, R.A., Benchmark, 1995, S. 34.
[354] Vgl. Barkham, R. / Geltner, D., Price, 1995, S. 25 - 28.
[355] Vgl. Maurer, R. / Stephan / T.G., Immobilien-Benchmark, 1996, S. 1542, FN 4.
[356] Vgl. Thomas, M., Performanceindex, 1997, S. 149.
[357] Vgl. z.B. Steiner, M. / Kleeberg, J., Indexauswahl, 1991, S. 180; Thomas, M., Performanceindex, 1997.
[358] Vgl. § 32 KAGG.
[359] Vgl. § 32 Abs. 1 KAGG.
[360] Vgl. Wardenbach, H., Performance, 1995, S. 17.
[361] BVI, Investment 90, 1990, S. 70.
[362] Durch den Autor eingefügt.

bilienfonds praktizierte Bewertungsverfahren im Rahmen gehalten."[363] Abgesehen von dieser geschäftspolitischen Erwägung muß die Verkehrswertermittlung durch die in der Regel jährlich[364] nur einmal durchgeführte Schätzung zu einer Glättung der Kurse führen.[365] Dies hat zur Folge, daß die tatsächliche Volatilität von Immobilien unterschätzt wird[366]. Hieraus resultiert, daß „appraisal-based real estate indexes underestimate risk and overstate diversification benefits and returns".[367] Zudem werden neuere Wertentwicklungen nur mit zeitlicher Verzögerung abgebildet,[368] „appraisel-based Indexes" reflektieren größtenteils veraltete Daten.[369] Folglich kann ein Index, der auf den Kursen offener Immobilienfonds basiert, höchstens als pragmatische Lösung angesehen werden, um mit seiner Hilfe einen Beitrag zur Ermittlung des Marktportefeuilles zu liefern.

Aus diesem Grund sollte ein Index herangezogen werden, der auf Marktpreisen basiert. In Deutschland wurde ein solcher Index, der sogenannte E&G DIMAX,[370] vom Bankhaus Ellwanger und Geiger konstruiert. Er umfaßt in der Version vom 1.1.98 49 Immobilienaktiengesellschaften. Die enthaltenen Aktiengesellschaften machen mindestens 75 %[371] ihres Umsatzes mit Immobiliengeschäften[372].

Dieser Index weist zum einen den Vorteil börsentäglich ermittelter Marktpreise auf, zum anderen lassen sich auf Grund der Aktualität der in ihm enthaltenen Bösenkurse exaktere Korrelationen mit anderen Arten von Vermögenstiteln ermitteln, als bei Verwendung von Indizes, die auf Schätzungen

[363] O.V., Grundstücksbewertung, 1991, S. 69; vgl. in diesem Zusammenhang auch Renner, U., Immobilienfonds, 1993, S. 142f., der feststellt, daß vom Fondsmanagment durch die Wahl der Bewertungszeitpunkte, die nicht exakt vorgegeben sind, aktiv Kurspflege betrieben wird.

[364] Vgl. z.B. Renner, U., Immobilienfonds, 1993, S. 139 und § 34 Abs. 2 KAGG.

[365] Vgl. z.B. Zerbst, R.H. / Cambon, B.R., Real estate, 1983/84, S. 20; Froot, K.A., Real Assets, 1995, S. 64.

[366] Vgl. Quan, D.C. / Titman, S., Real estate, 1997, S. 23.

[367] Nesbitt, S.L., / Reynolds, H.W., Investments, 1997, S. 85.

[368] Vgl. Ennis, R.M. / Burik, P., Investment, 1991, S. 23.

[369] Vgl. Gyourko, J. / Keim, D.B., Real Estate, 1993, S. 45.

[370] Es handelt sich hierbei nach eigenen Angaben des Bankhauses Ellwanger und Geiger um einen Performanceindex mit Basis 30.12.1988, wobei die einzelnen Titel nach dem Grundkapital der Gesellschaften gewichtet werden.

[371] Bis 31. 12. 97 galt die Grenze von 90 %, die ab dem 1.1.1998 auf 75 % heruntergesetzt worden ist.

[372] Das Bankhaus Ellwanger und Geiger versteht unter Immobiliengeschäft: Vermietung und Verpachtung, Immobilienverwaltung, Immobilienhandel, Projektentwicklung, Immobilienbe-

basieren. Dennoch ist auch die Verwendung desselben sicherlich nicht optimal. So ist am E&G DIMAX zum einen zu kritisieren, daß es sich bei den hier enthaltenen AGs um teilweise sehr marktenge Titel handelt, der Streubesitz also recht gering ist,[373] wodurch eine echte Marktpreisbildung gefährdet erscheint. Zum anderen wird durch den E&G DIMAX zwar durchaus ein diversifiziertes Immobilienportefeuille vertreten. Es ist jedoch nicht gewährleistet, daß das durch diesen Index vertretene Immobilienportefeuille in seiner Zusammensetzung dem Immobilienmarktportefeuille entspricht, denn ein „diversified real estate portfolio should theoretically hold market-weighted holdings by property type, by region, or by some other classification of property characteristics"[374]. Weil auch innerhalb des Immobilienmarktes Diversifikationsmöglichkeiten[375] bestehen, könnte bei Verwendung des E&G DIMAX dieses Diversifikationspotential teilweise verloren gehen, da einzelne Immobilientypen oder Immobilien in bestimmten Regionen evtl. über- bzw. unterrepräsentiert werden. Selbst wenn der E&G Dimax einen repräsentativen Durchschnitt des deutschen Immobilienmarktes darstellen würde, dürfte dieser nur mit dem anteiligen Wert, den die deutschen Immobilien im Verhältnis zum gesamten Wert der Weltimmobilien haben, in einen Weltimmobilienindex eingehen. Dies gilt insbesondere deshalb, weil einige Studien die Vermutung stützen, daß die Wertentwicklung von Immobilien verschiedener Länder nicht vollständig positiv bzw. teilweise sogar negativ miteinander korreliert sind,[376] und somit in diesem Bereich eine internationale Diversifikationspolitik sinnvoll sein kann.

Ein erster Schritt in Richtung internationaler Immobilienindex wurde nun 1998 durch die Konstruktion des E&G-EPIX durch das Bankhaus Ellwanger

---

ratung.

[373] Vgl. o.V., Benchmarking, 1995, S. 12, so befindet sich z.B. die Concordia Bau und Boden AG lediglich zu 4 % in Streubesitz, die Machinenfabrik Esslingen AG zu 0,2 %.

[374] Hartzell, D.J. / Pittman, R.H. / Downs, D.H., Real Estate, 1993, S. 198.

[375] Vgl. hierzu z.B. die Studie von Kallberg, J.G. / Liu, C.H. / Greig, D.W., Portfolio, 1996, S. 369, die allerdings nur den amerikanischen Markt betrachten.

[376] Vgl. z.B. Goetzmann, W.N. / Wachter, S.M., Real Estate, 1995, die die Bildung internationaler Portefeuilles aus Büroimmobilien untersuchen; Quan, D.C. / Titman, S., Real Estate, 1997, hier insbesondere S. 26; Eichholtz, P.M.A., Diversification, 1996, insbesondere S. 59f., der in seiner Studie feststellt, daß bei Immobilienanlagen die Risikoreduktion durch internationale Diversifikation sogar noch besser funktioniert als bei Aktien.

& Geiger unternommen.[377] Im E&G-EPIX sind 39 Immobilienaktiengesellschaften aus 14 verschiedenen europäischen Ländern enthalten. Er verkörpert eine Marktkapitalisierung von ca. 91,6 Mrd. DM. Dennoch kann davon ausgegangen werden, daß dieser Index weder ein guter Vertreter für den europäischen noch für den Weltimmobilienmarkt ist. So werden in diesem Index einzelne Länder wie z.B. Großbritannien mit 30,48 % im Gegensatz zu Deutschland mit nur 10,45 % mit dem Argument der Reife des dortigen Marktes übergewichtet. Der Gesamtbestand an Immobilien der einbezogenen Länder geht somit keinesfalls mit seinen gewichteten Marktwerten ein. Der Index kann daher nicht einmal als Proxy für den europäischen Immobilienmarkt verwendet werden.

Da ein repräsentativer internationaler Immobilienindex derzeit offensichtlich nicht existiert, müßte ein solcher aus theoretischen Erwägungen erst aus den spezifischen Landesimmobilienindizes, die in jedem Fall auf Marktpreisen basieren sollten, konstruiert werden. Dieser könnte dann dem Vorschlag STEINER/KLEEBERGS folgend mit Indizes der anderen drei Vermögensarten Aktien, Gold, Renten zu einem aus den vier genannten Vermögensarten gewichteten Index zusammengefasst werden, wobei man praktischerweise auf den MSCI-Index, den Renten-Index von Merrill-Lynch und einen Index, der sich aus dem täglich notierten Goldpreis ergibt, zurückgreifen könnte.

Geht man davon aus, daß ein Portefeuille, welches aus den vier genannten Vermögensgruppen besteht, eine gute Approximation an das Marktportefeuille darstellt, müßte festgestellt werden, mit welchen relativen Gewichten die einzelnen Gruppen von Vermögenstiteln in dieses Proxy-Marktportefeuille eingehen. Es bliebe also zu ermitteln, welchen Marktwert die einzelnen Vermögensgruppen haben, um diese dann in Relation zum gesamten Marktwert aller vier Vermögensgruppen zu setzen.

Empirisch liegen für das genannte Portefeuille bisher keine Studien vor, jedoch wurden in der anglo-amerikanischen Literatur einige Versuche unternommen, die Zusammensetzung von Proxy-Marktportefeuilles zu bestimmen. Diese werden in folgender Tabelle 6.1 dargestellt.

---

[377] Vgl. Broschüre des Bankhauses Ellwanger und Geiger, „E&G-EPIX“ European Property Stock Index.

Autoren	Zusammensetzung des Portefeuilles	Gewichte in %
Hartzel / Pittmann / Downs[378]	• Aktien	39,9
	• Unternehmensschulden	10,1
	• Staatsanleihen	26,3
	• Immobilien	23,7
Ennis / Burik[379]	• US-Aktien	15
	• Aktien anderer Länder	29
	• US-Immobilien	7
	• US-Bonds	19
	• Bonds anderer Länder	23
	• US-kuzfristige Anleihen	7
Ibbotson/Siegel/Love[380]	• US-Immobilien	18
	• Immobilien anderer Länder	36,9
	• Gebrauchsgüter	12,6
	• US-Aktien	6,7
	• Aktien anderer Länder	4,9
	• Edelmetalle (Gold Silber)	3,4
	• US-Bonds	6,4
	• Bonds sonstiger Länder	6,9
	• sonstiges	4,2

Tab.6.1: empirische Versuche zur Bestimmung der Zusammensetzung eines Marktportefeuilles

Allein die geringe Zahl der empirischen Forschungsergebnisse läßt darauf schließen, wie schwierig es ist, vernünftige Ergebnisse zu erzielen. Da in den bisherigen Studien zudem partiell unterschiedliche Gruppen von Vermögenstiteln einbezogen, zum anderen teilweise nur US-amerikanische Vermögenstitel untersucht worden sind, können keine Aussagen über die prozentuale Zusammensetzung eines Proxy-Marktportefeuilles getroffen werden. Klar scheint jedoch, daß alleine ein Aktienindex als Proxy für das Marktportefeuille nur bedingt brauchbar ist. So ist zumindest einer Studie von IBBOTSON

[378] Vgl. Hartzell, D.J. / Pittman, R.H. / Downs, D.H., Real Estate, 1993, S. 211, die allerdings nur die Zusammensetzung des US-amerikanischen Portefeuilles für 1989 untersuchen, also nur US-amerikanische Vermögensgegenstände miteinbeziehen. Doppelzählungen sind möglich, da Immobilien in Unternehmensvermögen mitgezählt werden.

[379] Vgl. Ennis, R.M. / Burik, P., Investment, 1991, insbesondere S. 21 und S. 28, Doppelzählungen von Immobilien in Unternehmenseigentum werden ausgeschlossen.

zufolge die Renditen von Immobilien mit der von Aktien relativ schwach bis negativ korreliert.[381]

Sollte es dennoch in Zukunft gelingen, die relativen Anteile der in einem Proxy-Marktportefeuille enthaltenen Vermögenstitel zu gewinnen, so muß man sich stets vor Augen halten, daß im Marktportefeuille nicht nur Aktien, Renten, Immobilien und Gold enthalten sind, sondern sämtliche Arten von risikobehafteten Vermögenstiteln,[382] wie z.B. Kunstgegenstände oder „Human Capital - the present value of future labor earnings -"[383], „which is probably the largest single component of world wealth"[384].[385] Die Abbildung des Marktportefeuilles durch einen Mischindex, der aus den vier gewichteten Vermögensarten besteht, wäre somit theoretisch nicht richtig, weshalb man der Aussage von FAMA/FRENCH zustimmen muß, daß ein „revival of the CAPM awaits the coming of M"[386]. Solange *M* (das Marktportefeuille) nicht vorliegt, ist also im Rahmen des CAPM nur eine pragmatische Lösung möglich.

6.2.3 Die Ermittlung des Risikopreises

Zur Höhe des Risikopreises $E(\tilde{r}_m) - i$, der der Marktprämie für die Übernahme von systematischem Risiko entspricht, liegen verschiedene empirische Untersuchungen vor. Hierbei werden i.d.R. möglichst langfristige Untersuchungszeiträume gewählt, um alle wirtschaftlichen Entwicklungen (z.B. Boom, Rezession) miteinzuschließen[387] und somit einen repräsentativen Durchschnitt für die langjährige Marktprämie, die für die Übernahme von systematischem Risiko vergolten wird, zu erhalten. Der gewonnene Durchschnitt für die langjährige Marktprämie soll dann Anhaltspunkte für zukünftig zu er-

[380] Vgl. Ibbotson, R.G. / Siegel, L.B. / Love, K.S., World Wealth, 1985, S. 6 - 9.
[381] Vgl. Ibbotson, R.G. / Siegel, L.B., Real Estate, 1984, S. 231 und S. 233.
[382] Vgl. Möller, H.P., Bilanzkennzahlen, 1986, S. 93.
[383] Canner, N. / Mankiw, N.G. / Weil, D.N., Allocation, S. 188.
[384] Ibbotson, R.G. / Siegel, L.B. / Love, K.S., World Wealth, 1985, S. 5.
[385] Vgl. Steiner, M. / Kleeberg, J., Indexauswahl, 1991, S. 174.
[386] Vgl. Fama, E.F. / French, K.R., CAPM, 1996, S. 1956.
[387] Vgl. Zens, N.H. / Rehnen, A., Bewertung, 1994, S. 100f.; Arbeitskreis „Finanzierung" der Schmalenbach - Gesellschaft, Deutsche Gesellschaft für Betriebswirtschaft e.V., Kapitalkosten, 1996, S. 549.

wartende Marktprämien liefern.[388] Dennoch kann man selbst bei einem sehr langfristigen Untersuchungszeitraum nicht sicher sein, daß die Untersuchungsperiode repräsentativ ist, und der Durchschnitt nicht durch einige Ausreißer verzerrt wird.[389] Die Langfristigkeit der Untersuchungszeiträume ist aber nicht nur positiv zu beurteilen. So bewirkt sie insbesondere, daß die Marktprämie selbst auf Veränderungen größeren Ausmaßes, auf Grund der langjährigen Durchschnittsbildung, relativ unsensibel reagiert.[390]
Zudem sind die angesprochenen Untersuchungen nur bedingt vergleichbar. Zum einen werden sie teilweise über unterschiedlich lange Zeiträume durchgeführt, zum anderen verwenden die Autoren häufig sowohl zur Ermittlung der Marktrendite $E(\tilde{r}_m)$ als auch zur Feststellung der risikolosen Anlage verschiedene Portefeuilles. Darüber hinaus werden zur Bestimmung der durchschnittlichen Renditen zum einen arithmetische und zum anderen geometrische Mittelwerte verwendet. Einen kurzen Überblick über einige Untersuchungen soll die nachfolgende Tabelle 6.2 liefern.

[388] Vgl. Conen, R., / Hartmann, S., Asset-Allocation, 1995, S. 368.
[389] Vgl. Brealey, R.A. / Myers, S.C., Principles, 1996, S. 146.
[390] Vgl. Kloster, U., Kapitalkosten, 1988, S. 128.

Autoren	Untersuchungs-zeitraum	Land	nominale Rendite vor Steuern (in % pro Jahr)	arith.	geo.	arith. Ø Risikoprämie	geo. Ø Risikoprämie
Göppl, H./u.a[391]	1976 - 1995	BRD	• Portefeuille aus Aktien (DAFOX)[391]	11,4			4,9
			• 3-Monats FIBOR[392]	6,5			
Ibbotson, R.,G.[393]	1926 - 1994	USA	• Portefeuille aus Stammaktien	12,2		8,5	
			• Government Bonds	5,2		1,5	
			• Portefeuille aus treasury bills	3,7			
Baetge, J./ Krause, C.[394]	1977 - 1991	BRD	• FAZ-Index-Renditen		11,67		4,21
			• Umlaufrendite öffentlicher Anleihen		7,46		
Stehle, R.,/ Hartmond, A.[395]	1954 - 1988	BRD	• Portefeuille aus Stamm- und Vorzugsaktien		12,1		6,8
			• langfristige, festverzinsliche Wertpapiere		7,5		2,2
			• Monatsgeld		5,3		
Bimberg, L.[396]	1954 - 1988	BRD	• Portefeuille aus Stammaktien	15	11,9	9,9	6,8
			• Portefeuille aus Bundesanleihen	6,8	6,6	1,7	1,5
			• Tagesgeld	5,1	5,1		
Uhlir, H. / Steiner, P.[397]	1953 - 1984	BRD	• Portefeuille aus Stammaktien	14,4		9,8	
			• Portefeuille aus Obligationen	7,9		3,3	
			• Portefeuille aus Schatzanweisungen des Bundes	4,6			

Autoren	Untersuchungs-zeitraum	Land	nominale Rendite vor Steuern (in % pro Jahr)	arith.	geo.	arith. Ø Risikoprämie	geo. Ø Risikoprämie
Conen R. / Väth, H.[398]	1949-1992	BRD	• Verschiedene Aktienindizes	16,59	12,9	10,43	6,8
			• Schatzanwiesungen des Bundes/Bahn + REX Performanceindex	6,16	6,10		
Morawietz, M.[399]	1870 - 1992	BRD					
	Teilperiode I		• Portefeuille aus Stammaktien[400]	9,05-11,21	8,82-9,31	4,68-6,69	4,35-4,77
	Teilperiode II		• Portefeuille aus festverzinslichen Anleihen	7,49-7,74	5,77-5,86	1,36-1,48	1,43-1,57
	Teilperiode III		• Tagesgeld[401]	4,32-4,52	4,32-4,50		

Tab. 6.2: durchschnittliche nominale Renditen unterschiedlicher Anlageformen

[391] Vgl. Göppl, H., u.a, Risk, 1996, insbes. S. 22 - 27.
[391] Deutscher-Aktien-Forschungs-Index, der 1995 aus 418 verschiedenen Aktien besteht.
[392] 3-Monats Interbankensatz für allererste Bankadressen, Frankfurt Interbank Offerd Rate.
[393] Vgl. Ibbotson Associates, Stocks, 1995.
[394] Vgl. Baetge, J. / Kause, C., Berücksichtigung, 1994, S. 452f., die die Berechnung noch für drei weitere Zeitäume durchführt, aber zu dem Schluß kommt, daß dies der ideale Zeitraum ist.
[395] Vgl. Stehle, R. / Hartmond, A., Durschschnittsrenditen, 1991, S. 371 - 411, hier insbesondere S. 401 und S. 403.
[396] Vgl. Bimberg, L.H., Renditeberechnung, 1991, S. 131.
[397] Vgl. Uhlir, H. / Steiner, P., Wertpapieranalyse, 1994, S. 160f.
[398] Vgl. Conen, R. / Väth, H., Risikoprämien, 1993, S. 643, die die Berechnung für drei weitere Zeiträume anstellen.
[399] Vgl. Morawietz, M., Rentabilität, 1994, insbes. S. 191, 180, 200, mit eigenen Berechnungen für die Spannweite der Risikoprämie nach dem arithmetischen Mittel.
[400] Aktienkursindex des Statistischen Bundesamtes bzw. seiner Vorgänger zuzüglich Dividendenrendite.
[401] Für den Zeitraum vor 1924 wurde der Zinssatz für Privatdiskonte verwendet.

Wie zu erwarten, resultieren insbesondere in Abhängigkeit vom Untersuchungszeitraum, von der Verwendung des arithmetischen bzw. geometrischen Mittels[403] sowie von der verwendeten risikolosen Anlage unterschiedliche Marktrisikoprämien.

Einigt man sich auf einen repräsentativen Untersuchungszeitraum und auf eine arithmetische oder geometrische Renditeberechnung,[404] so ist dennoch die für das CAPM errechnete Risikoprämie tendenziell zu gering, da, wie im Kapitel 6.2.2.2 besprochen, eine ausreichende sachliche Diversifikation nicht vorliegt und somit ineffiziente Portefeuilles zur Ermittlung verwendet werden. Die Untersuchungen können daher nur Anhaltspunkte über die langfristig vom Markt geforderte Risikoprämie liefern.

Soll diese zur Bewertung herangezogen werden, ist zu beachten, daß es sich hierbei immer um Vergangenheitsdaten handelt, die nicht bedenkenlos in die Zukunft fortgeschrieben werden können. Dennoch sind BREALEY/MYERS der Aufassung, daß ein entsprechend langer Beobachtungszeitraum zumindest relativ sinnvolle Ergebnisse für die geforderte Marktrisikoprämie liefert,[405] die gute Schätzwerte für zukünftige Entwicklungen abgeben[406].

6.2.4 Anwendbarkeit des CAPM zur Bewertung von Immobilien

Unter seinen idealisierten Annahmen kann das CAPM zur Bewertung sämtlicher Vermögenstitel herangezogen werden. Diese treffen am ehesten auf an der Börse gehandelte Wertpapiere zu. Dennoch wird selbst für solche Wertpapiere die Validität des Modells in Zweifel gezogen, da bereits hier einige Annahmen, die für die Gültigkeit des CAPM notwendig sind, in der Realität verletzt werden.[407]

---

403 Vgl. Albrecht, T., Marktrisikoprämie, 1997, S. 573.

404 Zur Diskussion um die Verwendung arithmetischer oder geometrischer Mittelwerte vgl. u.a. Albrecht, T., Marktrisikoprämie, 1997, S. 573f.

405 Vgl. Brealey, R.A. / Myers, S.C., Principles, 1996, S. 148.

406 Vgl. Copeland, T. / Koller, T. / Murrin, J., Valuation, 1994, S. 261, die in Bezug auf die Prognose zukünftiger Risikoprämien feststellen, „...the risk premium is best described as a random walk, and the longer time frame (...) is the best estimate of the future; Ross, S.A. / Westerfield, R.W. / Jaffe, J.F., Corporate Finance, 1990, S. 244.

407 Vgl. z.B. Löhr, D., Grenzen, 1994, S. 133 - 137.

Soll das CAPM im Rahmen der Immobilienbewertung Anwendung finden, sind neben den in der Literatur für die Bewertung von börsengehandelten Wertpapieren vorgebrachten Kritikpunkten,[408] die gegen eine Anwendung des CAPM sprechen, die Charakteristika des Immobilienmarktes zu erwähnen, die Auswirkungen auf das Bewertungsmodell haben.[409]

1) Der Immobilienmarkt ist weder zentralisiert noch standardisiert. Eine Immobilie wird nur unregelmäßig gehandelt. Aus diesem Grund existieren keine aussagekräftigen Zeitreihen für historische Marktpreise, die für die Bewertung fortgeschrieben werden könnten. Die Verwendung historischer Schätzwerte wäre kontraproduktiv, da neben den bekannten Problemen der Verwendung historischer Daten das Problem der Glättung dieser Werte tritt. Die unzureichende Datenlage ist eher ein praktisches Problem, das nicht gegen die prinzipielle Anwendbarkeit des CAPM spricht. Schwerer wiegt hier, daß wegen der fehlenden Zentralisierung des Marktes und der mangelnden Standardisierung des Anlageprodukts Immobilie dieses relativ illiquide ist[410]. Eine schnelle Veräußerung / Erwerb kann daher üblicherweise nur bei Inkaufnahme größerer Abschläge / Aufschläge vom Marktpreis realisiert werden, was der Annahme widerspricht, daß die Marktteilnehmer als reine Mengenanpasser agieren und keinen Einfluß auf den Preis von Anlagetiteln haben.
2) Das Kapital einer Aktiengesellschaft ist im Prinzip auf beliebig kleine Teilbeträge aufteilbar. Hierdurch wird gewährleistet, daß eine Beteiligung bereits mit geringem Kapital möglich ist. Sieht man von einer indirekten Beteiligung an Immobilien in Form von Immobilienaktiengesellschaften oder Immobilienfonds[411] ab, so besteht diese Möglichkeit bei Investitionen in Immobilien i.d.R. nicht. Immobilien werden normalerweise als Ganzes erworben oder veräußert. Da hierfür ein relativ hoher Kapitalaufwand not-

[408] Vgl. z.B. Drukarczyk, J., Theorie, 1993, S. 251f.; Perridon, L. / Steiner, M., Finanzwirtschaft, 1997, S. 267 - 269; speziell zur Annahme homogener Erwartungen, Levy, M. / Levy, H., Danger, 1996, S. 65 - 70; speziell zur Einperiodigkeit des Planungszeitraums vgl. Kapitel 6.2.6.3.

[409] Vgl. Draper, D.W. / Chapman, F.M., Real Estate, 1982, S. 165 - 169; Ennis, R.M. / Burik, P., Investment, 1991, S. 22.

[410] Vgl. Liu, C.H. / Grissom, T.V. / Hartzell, D.J., Imperfections, 1990, S. 455.

[411] Wobei hier zumindest bei geschlossenen Immobilienfonds häufig relativ hohe Mindestanlagesummen erforderlich sind.

wendig ist, und Investoren in der Realität eben nur beschränkte Finanzierungsmöglichkeiten haben, wird womöglich eine Gruppe von Vermögenstiteln im individuellen Portfolio eines Investors unter- bzw. übergewichtet. Ein solches Portfolio ist aus Rendite-Risikoaspekten dann nicht mehr effizient.[412]

3) Der Immobilienmarkt gilt wegen seiner Marktspezifika traditionellerweise als hochgradig informationsineffizient.[413] So werden für einen informationseffizienten Markt[414] folgende hinreichende Voraussetzungen gefordert:[415]

a) Alle relevanten Informationen stehen den Marktteilnehmern kostenlos und in gleicher Qualität zur Verfügung.

b) Es existieren keine Kapitalmarktfriktionen wie Transaktionskosten und Steuern.

c) Die Kapitalmarktteilnehmer haben homogene Erwartungen über die gegenwärtigen und zukünftigen Auswirkungen von Informationen.

d) Die Informationsverarbeitung erfolgt nach den gleichen Methoden.

Diese Prämissen liegen auf dem Immobilienmarkt nicht vor. Sie stellen jedoch nur hinreichende, nicht aber notwendige Bedingungen für einen effizienten Immobilienmarkt dar,[416] weshalb der Markt auch bei deren Nichterfüllung informationseffizient sein kann.

In der Literatur wird insbesondere die erste Prämisse kontrovers diskutiert. So stehen Informationen häufig nicht kostenlos zur Verfügung, was dazu führen muß, daß keine homogene Informationsverteilung existiert. Somit kann der Markt nicht mehr völlig informationseffizient sein. Diesen Beweis, der unter dem Namen Informationsparadoxon bekannt geworden ist, führen GROSSMANN/STIGLITZ.[417]

---

[412] Vgl. hierzu auch Schildbach, T., Unternehmensbewertung, 1998, S. 309.

[413] Vgl. Gatzlaff, D.H. / Tirtiroglu, D., Real Estate, 1995, S. 162; Guntermann, K.L. / Norrbin, S.C, Market Efficiency,1991, S. 297; Lusht, K.M., Valuation, 1997, S. 17.

[414] In der Literatur wird i.d.R. zwischen schwacher, halbstrenger und strenger Informationseffizienz unterschieden, vgl. zu den drei genannten Begriffen z.B. Drukarczyk, J., Theorie, 1993, S. 85.

[415] Vgl. Fama, E.F., Capital Markets, 1970, S. 387.

[416] Vgl. Fama, E.F., Capital Markets, 1970, S. 383, 388, der dieselbe Aussage für den Kapitalmarkt trifft.

[417] Vgl. Grossmann, S.J. / Stiglitz, J.E., Efficient Markets, 1980, S. 393 - 408.

Sollte der Markt effizient sein und sollten Informationen nicht kostenlos zur Verfügung stehen, ist auch kein Marktteilnehmer daran interessiert, sich dieselben zu beschaffen. Die Preise beinhalten ja bereits sämtliche Informationen. Durch deren Erwerb können keine Überrenditen erzielt werden. Wird dieser jedoch nicht entsprechend vergütet, ist er für den Investor wertlos. Werden aber von keinem Marktteilnehmer irgendwelche Informationen beschafft, ausgewertet und aufbereitet, können in den Preisen von Vermögenstiteln nicht sämtliche zur Verfügung stehenden Informationen enthalten sein. Dadurch kann der Markt nicht informationseffizient sein. Diese strenge Anforderung an die Informationseffizienz wird daher auch von FAMA in Frage gestellt, der anmerkt: „Since there are surley positive information and trading costs, the extreme version of the market efficiency hypothesis is surley false"[418].

Ein Lösungsansatz dieses Informationsparadoxons besteht darin, daß Informationskosten zugelassen werden. Gleichzeitig billigt man dem Informationsbeschaffer zu, daß er seine Kosten, die aus der Informationsbeschaffung entstehen, durch erhöhte Gewinne, die er auf Grund derselben generiert, kompensiert. Es können also keine überdurchschnittlichen Nettorenditen erwirtschaftet werden.[419] „...prices reflect information to the point where the marginal benefits of acting on information (the profits to be made) do not exceed the marginal costs."[420] Je günstiger also Informationen auf dem Kapitalmarkt zu erlangen sind, desto effizienter wird er.[421]

Die obige Argumentation gilt nun aus theoretischer Sicht auch für den Immobilienmarkt. Fraglich ist, ob sie unter realen Bedingungen haltbar ist.

Auf dem Aktienmarkt sind täglich Tausende von Analysten damit beschäftigt, neue Informationen auszuwerten und zu verarbeiten. Sie hoffen auf entsprechende Überrenditen und tragen somit letztendlich zu seiner Informationseffizienz bei. Der Markt kann daher als relativ informationseffizient angesehen werden.[422] Im Kontrast hierzu steht der Immobilienmarkt, der aus zahlreichen

---

418 Fama, E.F., Efficient, 1991, S. 1575.

419 Vgl. Cornell, B. / Roll, R., Strategies, 1981, S. 209 - 212.

420 Fama, E.F., Efficient, 1991, S. 1575, vgl. hierzu auch Jensen, M.C., Efficiency, 1978, S. 95 - 101.

421 Vgl. Grossmann, S.J. / Stiglitz, J.E., Efficient Markets, 1980, S. 404.

422 Vgl. z.B. Schneider, D., Investition, 1992, S. 543, der der Auffassung ist, daß auf dem Ak-

kleinen Teilmärkten besteht,[423] auf denen eine Vielzahl heterogener Objekte gehandelt wird[424]. Auf Grund der Dezentralität des Marktes, der Vielzahl der Objekte und der im Gegensatz zum Aktienmarkt relativ hohen Kosten der Informationsbeschaffung wird die Anzahl der Analysten, die sich mit einem Objekt auseinandersetzt, relativ geringer sein. Im Extremfall wird sich sogar kein Analyst finden, der bereit ist, entsprechende Informationen über ein Objekt zu beschaffen und auszuwerten. Trifft dies zu, können keinesfalls sämtliche Informationen in den Preisen der entsprechenden Immobilien enthalten sein. Der Immobilienmarkt dürfte somit eher durch Informationsineffizienzen gekennzeichnet sein als der Aktienmarkt.

Gegen die Informationseffizienz des Immobilienmarktes sprechen auch die Transaktionskosten, also die Kosten, die für das „Zustandekommen und die Abwicklung des Güteraustausches auf Märkten erforderlich sind“[425]. So entstehen bereits in der Vorvertragsphase, bedingt durch die aufwendige Suche, erheblich höhere Kosten als auf dem Aktienmarkt. In der Kontraktphase selbst resultieren aus der Grunderwerbsteuer für Erwerbsvorgänge ab dem 1.1.1997[426] Kosten in Höhe von 3,5 % des Kaufpreises,[427] zusätzlich fallen Gebühren für die Eintragung in das Grundbuch[428] und wegen der Notwendigkeit einer notariellen Beurkundung[429] an. Schließlich sind Verhandlungskosten zu erwähnen. Im Gegensatz hierzu fallen auf dem Kapitalmarkt wesentlich geringere Transaktionskosten an. Sie belaufen sich i.d.R. auf rund 0,2 % bis 1 % des Kauf- / Verkaufspreises des jeweiligen Wertpapiers.[430]

Zusammenfassend kann daher festgestellt werden, daß die hohen Transaktions- und Informationskosten, die beim Handel von Immobilien auftreten, gegen die Informationseffizienz des Immobilienmarktes sprechen. Die Infor-

tienmarkt schwache Informationseffizienz gilt; Drukarczyk, J., Theorie, 1993, S. 89, der den Aktienmarkt zumindest im halbstrengen Sinn tendenziell für informationseffizient hält; Strenge Informationseffizienz wird hingegen abgelehnt, vgl. hierzu Schneider, D., Investition, 1992 S. 542.

[423] Vgl. Kapitel 2.1.

[424] Vgl. Grissom, T.V. / Diaz, J., Valuation, 1991, S. 178.

[425] Bössmann, E., Transaktionskosten, 1983, S. 107.

[426] § 23 Abs. 4 GrEStG.

[427] § 8 Abs. 1, § 9 Abs. 1 Satz 1 und § 11 Abs. 1 GrEStG, statt des Kaufpreises kommen gem. § 8 Abs. 2 und § 9 Abs. 1 Satz 2 - 9 Abs. 3 GrEStG noch andere Bemessungsgrundlagen in Frage.

[428] Vgl. §§ 60ff. i.V.m. § 32 KostO.

[429] Vgl. §§ 140, 141 KostO i.V.m. §§ 37f., § 32 KostO.

mationseffizienz des Immobilienmarktes kann dennoch nicht prinzipiell verneint werden, da allein das Vorhandensein von Transaktions- und Informationskosten diese nicht in Frage stellt.[431] Die Marktteilnehmer müssen diese Gegebenheiten nur wahrnehmen und entsprechend bepreisen.[432]

6.2.5 Kurzes Plädoyer für das CAPM

Trotz der bestehenden Divergenz zwischen Modell und Realität gelangt DRUCARCZYK zu dem Schluß, daß „der markttheoretische Ansatz zur Bewertung unsicherer, mehrperiodiger Überschußverteilungen deutlich erfolgversprechender [ist][433] als die bloße Anwendung entscheidungstheoretischer Prinzipien, wie sie im Rahmen der Ertragswertmethode erfolgt,“[434] da die Kapitalkosten, die auf Basis des CAPM ermittelt werden, den großen Vorteil haben, daß sie „aus einem geschlossenen Gleichgewichtsmodell des Kapitalmarkts theoretisch ableitbar sind“[435]. Dies bewegt selbst BALLWIESER, der dem CAPM in der Regel kritisch gegenübersteht, zu der Aussage, man solle „an der marktgestützten Risikozuschlagserhebung nicht vorbeigehen“[436], außerdem habe „die Bestimmungsgleichung für den Risikozuschlag nach dem CAPM ... einen beachtlichen konzeptionellen Wert“[437].

Da das CAPM trotz aller Bedenken bis heute auch aus empirischer Sicht nicht verworfen werden kann,[438] scheint es gerechtfertigt, diesem in der finanzierungstheoretischen Literatur wohl populärsten Ansatz zur Ermittlung von Eigenkapitalkosten Rechnung zu tragen, indem eine pragmatische Vorgehensweise zur Bewertung von Immobilien mit Hilfe dieses Modell vorgeschlagen wird.

---

[430] Vgl. Braun, H., Kunde, 1999, S. 281.
[431] Vgl. Guntermann, K.L. / Smith, R.L., Real Estate, 1987, S. 35.
[432] Vgl. Gau, G.W, Real Estate, 1987, S. 1 - 15.
[433] Durch den Autor eingefügt.
[434] Drukarczyk, J., Unternehmensbewertung, 1996, S. 265.
[435] Rudolph, B., Theorie, 1979, S. 1038.
[436] Ballwieser, W., Aspekte, 1995, S. 126.
[437] Ballwieser, W., Aspekte, 1995, S. 126.
[438] Vgl. z.B. Suckut, S., Unternehmensbewertung, 1992, S. 56; Kußmaul, H., Investitionsprogrammentscheidungen, 1996, S. 230.

6.2.6 Bestimmung des Diskontierungsfaktors mit Hilfe von Vergleichsunternehmen

6.2.6.1 Vorgehensweise

Sollen die Eigenkapitalkosten, die als risikoäquivalente Diskontierungsfaktoren dienen, mit Hilfe des CAPM hergeleitet werden, ist zum einen die Frage zu klären, wie die entsprechenden Parameter zur Ermittlung der Eigenkapitalkosten für nicht börsennotierte Vermögenstitel zu gewinnen sind, zum anderen wie Steuern explizit erfasst werden.

Zur Bestimmung des β-Faktors wird in Literatur und Praxis vorgeschlagen, entweder sogenannte

- Branchenbetas heranzuziehen, oder alternativ
- die Peer Group Approach
- bzw.die Pure Play Technique[439]

zu verwenden. Alle Verfahren basieren auf dem gleichen Grundgedanken. Man sucht an der Börse gehandelte Immobilienaktiengesellschaften. Entspricht deren Investitionsrisiko dem Investitionsrisiko des eigenen Immobilieninvestments, kann das Risiko des eigenen Investments, das nicht an der Börse gehandelt wird, ermittelt werden.[440]

Die beiden ersten Verfahren ähneln sich. Hier handelt es sich um Durchschnitts-β-Faktoren, die aus einer Reihe vergleichbarer Unternehmen stammen.[441] Dabei kann bei der Bestimmung von Branchenbetas häufig auf publizierte β-Werte zurückgegriffen werden. Sind solche nicht vorhanden, besteht die Möglichkeit, im Rahmen der Peer Group Approach selbst Durch-

[439] Zur Pure Play Technique, vgl. Fuller, R.J. / Kerr, H.S., Pure-Play, 1981; Thode, S.F., Hurdle Rates, 1986; Decain, P.F., CAPM, 1994, insbesondere S. 35, beschreibt diese Technik bei Immobilieninvestitionen, macht hierbei jedoch einige Fehler.

[440] Vgl. Coenenberg, A.G. / Sautter, M.T., Bewertung, 1988, S. 706, die in Bezug auf die Unternehmensbewertung davon sprechen, daß sich die Unternehmen möglichst ähnlich sein sollten.

[441] Vgl. z.B. Rosenberg, B. / Rudd, A., Beta, 1986, S. 62; Sautter, M.T., Analyse, 1989, S. 284; Copeland, T. / Koller, T. / Murrin, J., Valuation, 1994, S. 264; Arbeitskreis „Finanzierung" der Schmalenbach - Gesellschaft, Deutsche Gesellschaft für Betriebswirtschaft e.V., Kapitalkosten, 1996, S. 552 - 554; Kaplan, P.D. / Peterson, J.D., Betas, 1998, S. 86, die feststellen, diese Vorgehensweise sei in der Praxis üblich; Schwetzler, B. / Darijtschuk, N., Unternehmensbewertung, 1999, S. 300.

schnittswerte zu bilden, die sich aus mehreren Vergleichsunternehmen ergeben. Beide Vorgehensweisen werden zum einen von dem Bemühen getragen, Ausreißer oder statistische Schätzfehler zu reduzieren, zum anderen beruhen sie auf dem Gedanken, daß das Risiko eines Investitionsobjekts wesentlich durch die Branche beeinflußt wird[442].

Bei Verwendung der Pure Play Technique wird der β-Wert des Investments mit Hilfe eines einzelnen Vergleichsunternehmens bestimmt.

Sollten die Vergleichsunternehmen auf Grund ihrer Diversifikatiion andere Investitionsrisiken aufweisen, besteht ferner die Chance, die divisionalen Betas mit Hilfe eines linearen Gleichungssystems zu bestimmen.[443] So ergibt sich das Beta einer Immobilien-AG aus den gewichteten Betas der Einzelinvestitionen.[444] Für jede AG muß folgende Beziehung gelten:

$$\begin{aligned} \beta_1^u &= x_{1,1} \cdot \beta_1 + x_{2,1} \cdot \beta_2 + \ldots + x_{N,1} \cdot \beta_N \\ \beta_2^u &= x_{1,2} \cdot \beta_1 + x_{2,2} \cdot \beta_2 + \ldots + x_{N,2} \cdot \beta_N \qquad \text{mit} \quad \sum_{i=1}^{N} x_{i,j} = 1 \\ &\vdots \\ \beta_m^u &= x_{1,m} \cdot \beta_1 + x_{2,m} \cdot \beta_2 + \ldots + x_{N,m} \cdot \beta_N \end{aligned}$$

Dabei gilt:

$\beta_{1,2\ldots,m}^u$: β-Faktor der Immobilien-AG 1, 2, ..., m

$\beta_{1,2\ldots,N}$: β-Faktor der Immobilie 1, 2, ..., N

$x_{i,j}$: Gewichtungsfaktoren der Immobilien *i* in der Immobilien-AG *j*

Ist eine genügend große Anzahl von Immobilien-AGs vorhanden, so daß die Anzahl der obigen Gleichungen mindestens der Anzahl der Unbekannten entspricht, könnte das obige Gleichungssystem sukzessive nach dem β-Faktor der einzelnen Immobilien aufgelöst werden. Das dies der Fall ist, darf auf Grund der Verschiedenartigkeit einzelner Immobilien angezweifelt

---

[442] Vgl. Freygang, W., Kapitalallokation, 1993, 253f.; Arbeitskreis „Finanzierung" der Schmalenbach - Gesellschaft, Deutsche Gesellschaft für Betriebswirtschaft e.V., Kapitalkosten, 1996, S. 553.

[443] Vgl. Copeland, T. / Koller, T. / Murrin, J., Valuation, 1994, S. 332f.

werden. Sollte dennoch eine ausreichende Anzahl an Immobilien-AGs gefunden werden, müssen die auf Marktwerten basierenden Gewichtungsfaktoren $x_{i,j}$ bestimmt werden[445]. Buchwerte können wegen ihres hohen Manipulationsspielraums keine zufriedenstellende Lösung bieten. Durch Gutachter ermittelte Werte hingegen sind kontraproduktiv, da sie keine Marktwerte repräsentieren.[446] Ihre Verwendung ist im Rahmen einer pragmatischen Ermittlung höchstens als erste Approximation für die zu ermittelnden Gewichte denkbar.[447]

6.2.6.2 Eignung der ermittelten β-Faktoren zur Immobilienbewertung

Sowohl Immobilien-AGs als auch Immobilienfonds verfügen i.d.R. über ein diversifiziertes Portefeuille aus Immobilien.[448] Deshalb wird auch häufig bei beiden Anlageformen damit geworben, sie könnten auf Grund ihres Diversifikationspotentials Risiko vernichten und somit bei geringerem Risiko gleiche oder höhere Renditen erwirtschaften. Daß solche Diversifikationsmöglichkeiten innerhalb des Immobilienmarktes sowohl in räumlicher als auch sachlicher Art bestehen, wurde in einigen amerikanischen Studien belegt.[449] Stünde der Investor daher vor der Entscheidung, sein Vermögen ausschließlich in eine Einzelimmobilie oder in einen Immobilienfonds zu investieren, kann der obigen Aussage zugestimmt werden.

Geht man hingegen davon aus, daß sich die Anleger in einer „CAPM-Welt" bewegen, ist diese Schlußfolgerung nicht zulässig. Da bereits sämtliche auf

[444] Vgl. Erhardt, M.C. / Bhagwat, Y.N., Betas, 1991, S. 60.

[445] Vgl. Boquist, J.A. / Moore, W.T., Systematik Risk, 1983, S. 13.

[446] Falsch ist hier die Auffassung von Gast, G., Immobilienfonds, 1997, S. 168, der feststellt, „[D]ie Bestimmung des β-Faktors für offene Immobilienfonds stellt sich in der Praxis als durchführbare empirische Aufgabe dar, weil der Wert des offenen Immobilienfonds regelmäßig offiziell errechnet und in den Tageszeitungen veröffentlicht wird" und hierbei verkennt, daß es sich bei den ermittelten Werten eben nicht um Marktwerte handelt, die zur theoretisch richtigen Ermittlung von Beta-Werten benötigt würden.

[447] Einige weitere pragmatische Ansätze zur Ermittlung von Geschäftsfeld-Betas finden sich in, Bufka, J. / Schiereck, D. / Zinn, K., Kapitalkostenbestimmung, 1999, S. 118 - 127.

[448] Gem. § 28 Abs. 1 KAGG gilt für offene Immobilienfonds: „Das Grundstückssondervermögen muß aus mindestens zehn Grundstücken bestehen".

[449] Vgl. z.B. Kallberg, J.G. / Liu, C.H. / Greig, D.W., Portfolio, 1996, S. 369, die die Korrleationen von Erträgen verschiedener Immobilientypen und Immobilien in verschiedenen Landesteilen in den USA untersuchen und dabei zu dem Ergebnis kommen, daß die Erträge teilweise sogar negativ korreliert sind.

dem Markt vorhandenen Diversifikationspotentiale ausgeschöpft sind, sind interne Risikoverbundeffekte, wie sie z.B. bei Immobilienfonds auftreten können, ohne Belang. Schließlich haben die Anleger alle auf dem Markt vorhandenen Diversifikationspotentiale durch das Halten des Marktportefeuilles bereits ausgeschöpft.[450] Durch eine Diversifikation auf Fondsebene kann daher kein eigenständiger zusätzlicher Wert generiert werden.[451] Der gesamte Wert des Immobilienfonds ergibt sich vielmehr, wegen des Wertadditivitätstheorems[452], aus den Einzelwerten der Immobilien und der in ihm enthaltenen Finanztitel. Sein ganzes systematisches Risiko hingegen resultiert aus der Summe der gewichteten Betas der einzelnen Immobilien,[453] wodurch letztendlich eine Partialisierung des Bewertungskalküls ermöglicht wird. Ob aber im Endeffekt das gewichtete systematische Risiko des Fonds oder das systematische Risiko der jeweils betrachteten Einzelimmobilien größer ist, kann nicht pauschal beantwortet werden. Der Diversifikationsgrad von Immobilien-AGs läßt daher theoretisch keine Rückschlüsse auf die Höhe des systematischen Risikos zu. Deshalb muß die Aussage, Immobilien-AGs verkörpern ein geringeres Risiko als Einzelinvestitionen im Rahmen des CAPM, verworfen werden. Da es sich bei Immobilien-AGs praktisch um Portefeuille-Betas handelt, wobei sich das Portefeuille aus den einzelnen Immobilien und evtl. sonstigen Anlagen der AG zusammensetzt, können die ermittelten Betas für eine Investition in eine Einzelimmobilie nur dann Verwendung finden, wenn dieses Portefeuille ausschließlich aus vergleichbaren Immobilien besteht. Der aus der Immobilien-AG gewonnene β-Faktor würde dann einen repräsentativen Durchschnittswert liefern.

Sollte ein solcher gefunden werden, ist zu bedenken, daß es sich bei diesem um einen Vergangenheitswert handelt. In der Literatur wird daher der Versuch unternommen, zukünftige β-Faktoren synthetisch mit Hilfe sogenannter Fundamental-Faktoren herzuleiten.

---

[450] Vgl. z.B. Drukarczyk, J., Finanzierungstheorie, 1980, S. 345.

[451] Vgl. Rudolph, B., Kapitalkostenkonzepte, 1986, S. 895.

[452] Vgl. z.B. Hax, H. / Neus, W., Kapitalmarktmodelle, 1995, Sp. 1169, der feststellt, daß unter den Annahmen des CAPM, auf Grund von Arbitragefreiheit, das Wertadditivitätstheorem gelten muß.

[453] Vgl. z.B. Kaplan, P.D. / Peterson, J.D., Betas, 1998, S. 85; Erhardt, M.C. / Bhagwat, Y.N., Betas, 1991, S. 60, die diese Aussage jeweils in Bezug auf Geschäftsfeld- bzw.

So stellt BAUER fest, daß sich die β-Faktoren der jeweils nächsten Periode am besten mit den Faktoren Bilanzsumme, Dividendenrendite, Verschuldungsgrad gemessen am Marktwert und der Maschinenquote ermitteln lassen.[454] Die Ergebnisse von BAUER stimmen mit einer Vielzahl amerikanischer Studien überein.[455] Die Prognosen können darüber hinaus nach Auffassung von STEINER/BAUER[456] durch die Nutzung autoregressiver Tendenzen verbessert werden,[457] d.h. der Tendenz, daß β-Faktoren, die extrem um einen Mittelwert 1 schwanken sich demselben im darauffolgenden Jahr wieder nähern.[458] In jedem Fall stellt BAUER fest, daß die Schätzung zukünftiger β-Faktoren unter Ausnutzung eines autoregressiven Prozesses bessere Ergebnisse liefert als naive Prognosen, die stationäre oder mittlere β-Faktoren als Schätzer verwenden.[459]

MÜLLER hingegen, der die naive Fortschreibung vergangener β-Faktoren in die Zukunft mit der Prognose zukünftiger β-Faktoren unter Zuhilfenahme von Bilanzinformationen vergleicht, gelangt zu dem Ergebnis, daß die zuletzt genannte Methode gegenüber der naiven Prognose keine Vorteile aufweist.[460] Ob die Nutzung von fundamentalen Unternehmenskennzahlen tatsächlich zu besseren Prognoseergebnissen führt, kann zum heutigen Zeitpunkt zumindest für den deutschen Markt noch nicht beantwortet werden.[461]

Neben dem Prognoseproblem stellte sich in zahlreichen Untersuchungen[462] heraus, daß die empirisch gemessenen β-Werte zum einen im Zeitablauf größeren Schwankungen unterliegen, zum anderen deren Stabilität von der Länge der Periode, für die sie berechnet wurden, abhängt (Intervalling-Effekt)[463]. Zumindest zu letzterem Problem bezieht BEIKER Stellung, der meh-

Projektbetas treffen.

[454] Vgl. Bauer, C., Risiko, 1992, S. 216f.

[455] Eine Zusammenstellung entsprechender Untersuchungsergebnisse ist bei Bauer, C., Risiko, 1992, S. 112 zu finden.

[456] Vgl. Steiner, M. / Bauer, C., Analyse, 1992, S. 363 - 366.

[457] Vgl. hierzu auch die Untersuchungen von Vasicek, O., Information, 1973, S. 1233 - 1239; Blume, M., Betas, 1975, S. 785 - 795; Klemkosky, R. / Martin, J., Forecasts, 1975, S. 1123 - 1128.

[458] Vgl. auch Baetge, J. / Krause, C., Berücksichtigung, 1994, S. 447f.

[459] Vgl. Bauer, C., Risiko, 1992, S. 161.

[460] Vgl. Müller, W., Aktienbewertung, 1992, S. 176f.

[461] Vgl. auch Richter, F., Konzeption, 1996, S. 48.

[462] Vgl. z.B. Baetge, J. / Krause, C., Berücksichtigung, 1994, S. 444 - 446.

[463] Vgl. Frantzmann, H.-J., Messung, 1990, S. 69; Faff, R.W. / Brook, R.D., Stability, 1997,

rere Studien zur Ermittlung von β-Werten bespricht und feststellt, daß bei Verwendung wöchentlicher Renditen die besten Ergebnisse resultieren.[464]

6.2.6.3 Erweiterung auf ein Mehrperiodenmodell

Abgesehen von dem Problem einer möglichst realitätsnahen Bestimmung der β-Werte, ist zu beachten, daß es sich bei dem CAPM um ein Einperiodenmodell handelt. Bei Existenz eines vollkommenen Sekundärmarktes würde sich diese Einschränkung auf die Anwendbarkeit des CAPM nicht auswirken.[465] Hier könnte die Immobilie jederzeit nach einer Periode zu ihrem Marktpreis $\tilde{V}_{j,1}$ verkauft werden. In der Realität dürfte ein vollkommener Sekundärmarkt jedoch nicht vorhanden sein. Daher wird versucht das CAPM auf den Mehrperiodenfall zu erweitern.

Die Verwendung eines konstanten Risikozuschlags, der auf Basis des CAPM für nur eine Periode ermittelt wurde, impliziert bei der Übertragung auf ein Mehrperiodenmodell, daß die Cashflows um so risikobehafteter sind, je weiter sie in der Zukunft liegen.[466] Dies gilt selbst dann, wenn das Risiko, sprich die Marktrisikoprämie $E(\tilde{r}_m) - i$ und das systematische Risiko β, im Zeitablauf konstant blieben[467].

Um das CAPM auch im Mehrperiodenmodell verwenden zu können, leitete FAMA[468] die Bedingungen hierzu ab. Seine Ausführungen belegen, daß der risikoäquivalente Eigenkapitalkostensatz des einperiodigen Modells prinzipiell auch im Mehrperiodenmodell anwendbar ist. Voraussetzung hierfür sind allerdings bestimmte Arten von Nutzenfunktionen. Hierzu gehören insbeson-

---

die einen Überblick über bisherige Studien zur Thematik liefern und eine eigene Untersuchung durchführen. Schierek, D. / Weber, M., Kapitalkosten, 1993, S. 139, ist der Auffassung: „Die mangelnde Stabilität der Betas ist zwar kein Argument gegen das CAPM als Gleichgewichtsmodell, aber die Übertragung des Modells in der Praxis ... wird doch eingeschränkt".

[464] Vgl. Beiker, H., Risiken, 1993, S. 61 - 66.

[465] Vgl. Copeland, T.E. / Weston, F.J., Financial Theory, 1988, S. 403.

[466] Vgl. Sautter, M.T., Analyse, 1989, S. 291, der feststellt: „Die Annahme, daß das Risiko eine ansteigende Funktion der Zeit ist, scheint für die Mehrzahl der Investitionsprojekte haltbar zu sein."; Brealey, R.A. / Myers, S.C., Principles, 1996, S. 224f., der dies an einem Beispiel demonstriert.

[467] Vgl. Brealey, R.A. / Myers, S.C., Principles, 1996, S. 224 - 228.

[468] Vgl. Fama, E.F., Discount Rate, 1977.

dere Nutzenfunktionen der HARA-Klasse (hyperbolische absolute Risikoaversion), der KARRA-Klasse (konstante relative Risikoaversion) und die quadratische Nutzenfunktion.[469] Darüber hinaus müssen die Parameter i, r_m und β einem deterministischen Prozeß unterliegen. Allein die Entwicklung der Höhe der zukünftigen Einzahlungsüberschüsse darf dann unsicher sein. Die Realitätsnähe des CAPM wird durch diesen engen Annahmekranz weiter eingeschränkt und ist daher mit Vorsicht zu genießen. Dennoch arbeitet die Literatur häufig[470] mit einem aus dem CAPM abgeleiteten, konstanten, risikoangepaßten Diskontierungsfaktor, der korrekterweise nur für eine Periode angewandt werden dürfte, weshalb es sich bei einer solchen Vorgehensweise immer um eine pragmatische und nicht um eine theoretisch korrekte Lösung handelt[471]. Mit diesem Problem kämpfen jedoch alle Bewertungsmethoden, die einen Risikozuschlag zum sicheren Zinssatz vornehmen.[472]

Sind die Parameter i und $E(\tilde{r}_m)$ sowie $\sigma^2(\tilde{r}_m)$ bekannt, ist eine Anwendung des mehrperiodigen CAPM zulässig, wenn die Immobilienwerte der aufeinanderfolgenden Perioden voneinander stochastisch abhängig sind, da der Wert der Immobilie dann durch ein Rollback-Verfahren ermittelt werden kann.[473] Die Problematik stellt sich im zwei-Periodenfall wie in Abbildung 6.4 und 6.5 dar:

[469] Vgl. Breid, V., Erfolgspotentialrechnung, 1994, S. 98.

[470] Vgl. z.B. Kaplan, S.N. / Ruback, R.S., Valuation, 1995, S. 1064; Richter, F., Konzeption, 1996, S. 104; Drukarczyk, J., Unternehmensbewertung, 1998, S. 259, stellt zu dieser Problematik fest: „Die Literatur arbeitet durchweg mit Diskontierungssätzen, die für die gesamte Nutzungsdauer des Projekts (Unternehmens) konstant sind"; Hens, M., Shareholder, 1998, S. 70f.; Terhürne, M., Bewertung, 1998, S. 55ff.; Siepe, G., Die Unternehmensbewertung, 1998, S. 112ff.; Braunschweig, C., Investitionsrechnung, 1998, S. 201.

[471] Vgl. Schmidt, R.H. / Terberger, E., Finanzierungstheorie, 1996, S. 367.

[472] Vgl. hiezu auch Kapitel 8.3.1.

[473] Vgl. Drukarczyk, J., Unternehmensbewertung, 1998, S. 254f.

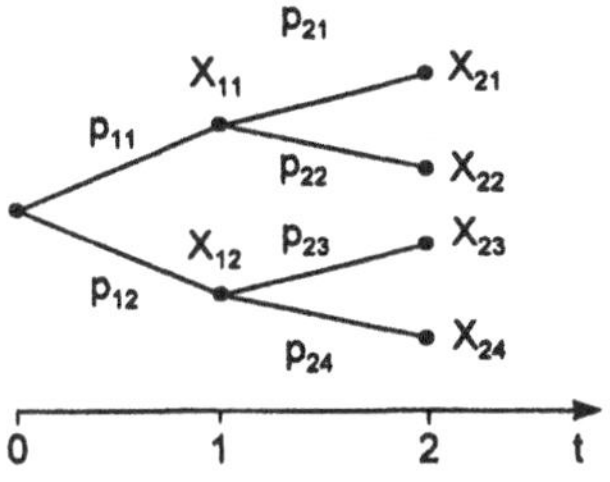

Abb.6.4: Zustandsbaum I

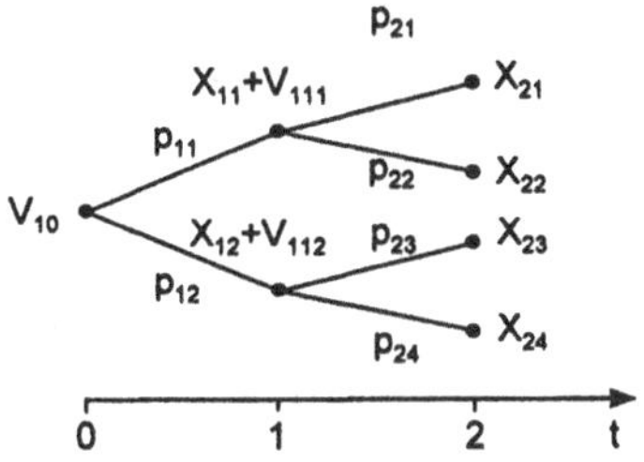

Abb.6.5: Zustandsbaum II

$V_{j,n,i}$ = Wert des Unternehmens j im Zeitpunkt n bei Eintreten des Zustands i

$p_{n,i}$ = Wahrscheinlichkeit für das Eintreten des Zustands i im Zeitpunkt n

$X_{n,i}$ = Cashflow im Zeitpunkt n bei Eintreten des Zustands i

Der Wert der Immobilie 1 aus Abb. 6.4 bzw. Abb. 6.5 zum Zeitpunkt 0 wird ermittelt, indem man zunächst die Werte $V_{1,1,1}$ und $V_{1,1,2}$ für die Zustände 1 und 2 im Zeitpunkt 1 berechnet.

Die Vorgehensweise basiert auf folgenden Überlegungen. Die geforderte Rendite auf Basis des CAPM ergibt sich gem. Gleichung (6.5):

$$E(\tilde{r}_j) = i + \frac{E(\tilde{r}_m) - i}{\sigma^2(\tilde{r}_m)} \cdot cov(\tilde{r}_j, \tilde{r}_m) \qquad (6.5)$$

Da $\tilde{r}_j$ aus der Gleichung $\tilde{r}_j = \frac{\tilde{X}_{j,1}}{V_{j,0}} - 1$ resultiert, kann $\tilde{r}_j$ a priori nicht berechnet werden, weil $V_{j,0}$ unbekannt ist. $\tilde{r}_j$ ist deshalb aus obiger Gleichung zu eliminieren. Es gilt:[474]

$$E(\tilde{r}_j) = \frac{E(\tilde{X}_{j,1})}{V_{j,0}} - 1 \qquad (6.11)$$

Setzt man Ausdruck (6.5) und (6.11) gleich, folgt:

[474] Vgl. im folgenden Drukarczyk, J., Theorie, 1993, S. 261 - 266; Drukarczyk, J., Unternehmensbewertung, 1998, S. 250 - 252.

$$\frac{E(\tilde{X}_{j,1})}{V_{j,0}} - 1 = i + \frac{E(\tilde{r}_m) - i}{\sigma^2(\tilde{r}_m)} \cdot cov(\tilde{r}_j, \tilde{r}_m)$$

$$\frac{E(\tilde{X}_{j,1})}{V_{j,0}} - 1 = i + \frac{E(\tilde{r}_m) - i}{\sigma^2(\tilde{r}_m)} \cdot cov\left(\frac{\tilde{X}_{j,1}}{V_{j,0}} - 1, \tilde{r}_m\right)$$

$$\frac{E(\tilde{X}_{j,1})}{V_{j,0}} - 1 = i + \frac{E(\tilde{r}_m) - i}{\sigma^2(\tilde{r}_m)} \cdot \frac{1}{V_{j,0}} cov(\tilde{X}_{j,1}, \tilde{r}_m)$$

$$V_{j,0} = \frac{E(\tilde{X}_{j,1}) - \frac{E(\tilde{r}_m) - i}{\sigma^2(\tilde{r}_m)} \cdot cov(\tilde{X}_{j,1}, \tilde{r}_m)}{1 + i} \qquad (6.12)$$

Der Wert der Immobilie errechnet sich dann aus einem Sicherheitsäquivalent, das aus den erwarteten Einzahlungen $E(\tilde{X}_{j,1})$ abzüglich einer marktdeterminierten Risikoprämie $\frac{E(\tilde{r}_m) - i}{\sigma^2(\tilde{r}_m)} \cdot cov(\tilde{X}_{j,1}, \tilde{r}_m)$ besteht und mit dem sicheren Zinssatz *i* abdiskontiert wird.

Zu den erwarteten Einzahlungen in Periode 1 $E(\tilde{X}_{j,1})$ ist der in Periode 1 erwartete Unternehmenswert $E(\tilde{V}_{1,1})$ zu addieren. Hiervon muß man den durch den Markt determinierte Sicherheitsabschlag i.H.v. $\frac{E(\tilde{r}_{m,1}) - i_0}{\sigma^2(\tilde{r}_{m,1})} \cdot cov((\tilde{X}_{1,1} + \tilde{V}_{1,1}), \tilde{r}_{m,1})$ subtrahieren. Somit kann der Wert der Immobilie 1 im Zeitpunkt 0 $V_{1,0}$ durch folgende Gleichung errechnet werden:

$$V_{1,0} = \frac{E(\tilde{X}_{1,1}) + E(\tilde{V}_{1,1}) - \frac{E(\tilde{r}_{m,1}) - i_0}{\sigma^2(\tilde{r}_{m,1})} \cdot cov((\tilde{X}_{1,1} + \tilde{V}_{1,1}), \tilde{r}_{m,1})}{1 + i_0}. \qquad (6.13)$$

Mit Hilfe dieses Verfahrens ist das CAPM auf beliebig viele Perioden erweiterbar. Es könnte somit auch zur Bewertung mehrperiodiger Immobilieninvestments herangezogen werden. Jedoch ist hierbei zu bedenken, daß „the discounting of stochastic cash flows of multiperiod projects becomes computationally complex and of little practical use"[475]. Dieses Problem wird dadurch verschärft, daß neben das Kovarianzrisiko drei weitere Risikofaktoren treten, sofern die Parameter i und $E(\tilde{r}_m)$ sowie $\sigma^2(\tilde{r}_m)$ nicht bekannt sind. Zum ersten ist der risikofreie Zinssatz i für zukünftige Perioden zum gegenwärtigen Zeitpunkt unbekannt, zukünftige Schwankungen sind daher nicht ausgeschlossen. Zum zweiten kann das systematische Risiko des Investitionsprojektwerts von Periode zu Periode variieren. Zum dritten ist die Änderung der Marktrendite $E(\tilde{r}_m)$ bzw. des Marktpreises für die Risikoübernahme $(E(\tilde{r}_m)-i)$ denkbar.[476] Mithin müßten also drei weitere Risikoprämien, die wegen den enthaltenen Kovarianzen nicht notwendigerweise zu einer Erhöhung des Gesamtrisikos führen müssen,[477] erhoben werden.[478] BOGUE/ROLL gelangen allerdings zu der Erkenntnis, daß die drei letztgenannten Risikokomponenten, sofern ausreichend viele Investitionsobjekte zur Verfügung stünden, wegdiversifiziert werden könnten.[479]

In jedem Fall kann bei dem vorgestellten Verfahren auf die Ermittlung von β-Faktoren vergleichbarer Immobilien verzichtet werden, was auf Grund mangelnder Vergleichsobjekte gerade bei der Bewertung von Einzelimmobilien eine erhebliche Erleichterung darstellt. Im Gegenzug müssen allerdings zukünftige Erträge prognostiziert werden. In einer CAPM-Welt stellt das kein Problem dar, da alle Anleger homogene Erwartungen bezüglich Rendite und Risiko des Immobilieninvestments haben. Folglich ermitteln auch alle Investoren denselben Marktwert. In der Realität hingegen ist gerade das Prognoseproblem von essentieller Bedeutung, da Prognosen immer durch die subjektiven Erwartungen des Bewerters gekennzeichnet sind. Um diese zu objektivieren, bleibt letztendlich nur wieder der Rückgriff auf Mietpreise, die für vergleichbare Objekte gezahlt werden.

---

[475] Copeland, T.E. / Weston, F.J., Financial Theory, 1988, S. 411.
[476] Vgl. Schneider, D., Investition, 1992, S. 518f.
[477] Vgl. Schneider, D., Investition, 1992, S. 519.
[478] Vgl. hierzu Copeland, T.E. / Weston, F.J., Financial Theory, 1988, S. 405f.
[479] Vgl. Bogue, M.C. / Roll, R.R., Capital Budgeting, 1974, S. 601 - 612.

6.2.6.4 Risikobereinigung des Diskontierungsfaktors und Berücksichtigung von Ertragsteuern

6.2.6.4.1 β-Werte und Verschuldungsgrad

Geht man von einem konstanten risikoangepaßten Diskontierungsfaktor aus, entspricht das einer Pragmatisierung des Bewertungskonzepts. Da diese Vorgehensweise jedoch üblicherweise sowohl in Literatur als auch Praxis Anwendung findet,[480] soll im folgenden demonstriert werden, wie ein risikoangepaßter Diskontierungsfaktor mit Hilfe der Pure Play Technique ermittelt werden könnte.

Immobilien-AGs verfügen über ein teilweise räumlich und sachlich diversifiziertes Immobilienportefeuille. Ähneln sich die Portefeuilles einer Immobilien-AG und eines Immobilienfonds in ihrer Zusammensetzung bzw. können erstere für das Immobilieninvestment als repräsentativ betrachtet werden, hätten beide Anlageformen in etwa dasselbe Investitionsrisiko. D.h., die β-Werte könnten im Rahmen der Pure Play Technique gewonnen werden. Sie wären dann allerdings um die Finanzierungsrisiken und die unterschiedliche Zusammensetzung der einzelnen Portefeuilles aus Immobilien und festverzinslichen Anlagen zu bereinigen.

Ersteres ist aus zwei Gründen notwendig. Zum einen repräsentieren die gewonnenen β-Werte sogenannte Equity Betas. Durch sie wird sowohl das leistungswirtschaftliche als auch das auf den Leverageeffekt beruhende finanzwirtschaftliche Risiko der Immobilien-AG abgebildet.[481] Zum anderen gelten für Immobilien-AGs und Immobilienfonds bzw. einzelne Immobilien unterschiedliche steuerliche Regelungen.

Da sich der Verschuldungsgrad der betrachteten Immobilien-AGs und des zu

---

[480] Vgl. z.B. Kaplan, S.N. / Ruback, R.S., Valuation, 1995, S. 1064; Richter, F., Konzeption, 1996, S. 104; Drukarczyk, J., Unternehmensbewertung, 1998, S. 259, stellt zu dieser Problematik fest: „Die Literatur arbeitet durchweg mit Diskontierungssätzen, die für die gesamte Nutzungsdauer des Projekts (Unternehmens) konstant sind"; Hens, M., Shareholder, 1998, S. 70f.; Terhürne, M., Bewertung, 1998, S. 55ff.; Siepe, G., Die Unternehmensbewertung, 1998, S. 112ff.; Braunschweig, C., Investitionsrechnung, 1998, S. 201.

[481] Vgl. Weber, M. / Schiereck, D., Kapitalkosten, 1993, S. 143.

bewertenden Fonds bzw. der Einzelimmobilie i.d.R. nicht gleichen,[482] dieser jedoch Einfluß auf die β-Werte hat, ist eine entsprechende Bereinigung, die auch die unterschiedlichen Besteuerungsnormen miteinbezieht, vorzunehmen.

Wohlwissend, daß je nach individueller Steuerbelastung für unterschiedliche Investoren unterschiedlich zusammengesetzte Portefeuilles optimal sind, und somit eine Folgerung des CAPM, daß alle Investoren identische Anteile am Marktportefeuille halten, nicht mehr gilt, wählt DRUCARCZYK[483] zur Berücksichtigung der Steuern bei der Unternehmensbewertung eine pragmatische Vorgehensweise. Er ergänzt das CAPM um die für Anteilseigner geltenden Besteuerungsnormen, um so zu konsistenten Nachsteuerkalkülen zu gelangen. Die Vorgehensweise soll auf die Bewertung von Immobilieninvestments übertragen und im folgenden erläutert werden.

Wie bereits festgestellt handelt es sich bei den von Vergleichsunternehmen gewonnenen β-Werten um sogenannte Equity Betas. Diese sind zunächst um ihre Verschuldungswirkung zu bereinigen. Es resultiert das sogenannte Asset Beta. Geht man in diesem Zusammenhang davon aus, daß es sich bei dem Fremdkapital um Dauerschulden handelt, sind diese in Deutschland zum Gewerbeertrag zur Hälfte hinzuzurechnen.[484] Sofern die Gläubiger keine Ausfallrisiken übernehmen und das Unternehmen zu jedem Zeitpunkt die durch die Fremdfinanzierung ausgelösten Steuervorteile wahrnehmen kann,[485] gilt dann folgender Zusammenhang:[486]

---

[482] Zumal die Betreiber eines offenen Immobilienfonds bei der Kreditaufnahme gesetzliche Beschränkungen zu berücksichtigen haben. Die aufgenommenen Kredite dürfen gem. § 37 Abs. 3 KAGG höchstens 50 % des Verkehrswerts der im Sondervermögen befindlichen Grundstücke erreichen.

[483] Vgl. Drukarczyk, J., Unternehmensbewertung, 1998, S. 247.

[484] Zur näheren Diskussion um die Wirkung der Gewerbeertragsteuer und die sinnvollerweise zu treffenden Annahmen bei der Bewertung vgl. auch Kapitel 8.2.4.

[485] Zur ausführlichen Diskussion der Fremdfinanzierungswirkung vgl. Kapitel 7.

[486] Vgl. Drukarczyk, J., Unternehmensbewertung, 1998, S. 260f; Zur Herleitung der Beziehung vgl. Drukarczyk, J., Unternehmensbewertung, 1998, S. 371; Für ein System der Doppelbesteuerung, welches dem vorliegenden System stark ähnelt, da hier auf Unternehmensebene zunächst der Gewerbeertrag besteuert wird und anschließend auf Anteilseignerebene die Ausschüttungen vgl. Van Horne, J.C., Management, 1980, S. 250f.; Mohr, R.M., Operating Beta, 1985, S. 578 und S. 581; Copeland, T. / Koller, T. / Murrin, J., Valuation, 1994, S. 331f.

$$\beta_j^f = \beta_j^u \cdot \left(1 + \left(1 - 0{,}5 \cdot s_{GE}\right) \cdot \frac{F}{E^f}\right) \qquad (6.14).$$

s_{GE} *Gewerbeertragsteuersatz*

β_j^f : *Equity Beta*

β_j^u : *Asset Beta*

E^f : *Marktwert des Eigenkapitals eines (teilweise) fremdfinanzierten Unternehmens*

Löst man Gleichung nach β_j^u auf resultiert

$$\beta_j^u = \frac{\beta_j^f}{\left(1 + \left(1 - 0{,}5 \cdot s_{GE}\right) \cdot \frac{F}{E^f}\right)}. \qquad (6.15)$$

β_j^u steht für den β-Wert einer Immobilienaktiengesellschaft, der um das Kapitalstrukturrisiko bereinigt worden ist.

GÖPPL/U.A. ermitteln für einige Immobilienaktiengesellschaften folgende β_j^f - Werte[487]:

[487] Es handelt sich hier um Ein-Jahres-Betas, die auf der Grundlage wöchentlicher Renditen ermittelt wurden, wobei der DAFOX als Approximation des Marktportefeuilles verwendet wurde.

Gesellschaft	β_j^f
A.A.A. AG Allgemeine Anlagenverwaltungegesellschaft	-0,646
Adlerwerke vormals H. Kleyer AG	0,713
Concordia Bau und Boden AG	-0,56
Edelstahlwerke Witten AG	1,334
Hamborner AG	0,398
Harpen AG	0,428
Horten AG	-0,024
IVG	1,008
MG Vermögensverwaltungs AG	-0,097
Monachia Grundstücks AG	0,111
Sinner AG	-0,004
STEUCON Grundbesitz und Beteiligungs AG	0,478
Stolberg Zink AG	-0,132
WCM Beteiligungs und Grundbesitz AG	0,034

Tab. 6.3: empirische β_j^f-Werte für deutsche Immobilien-AGs

Sollen solche oder ähnliche β_j^f-Werte herangezogen werden, sind insbesondere zwei Aspekte zu berücksichtigen. Zum einen handelt es sich um β_j^f-Werte, die aus historischen Renditen gewonnen wurden, was häufig dem gängigen Vorgehen in der Praxis entspricht.[488] Zum anderen müssen die β_j^f-Werte nach dem oben beschriebenen Verfahren vom Fremdfinanzierungseinfluß bereinigt werden, um die entsprechenden Asset Betas zu erhalten.

Da $\frac{F}{E^f}$ auf Markt- und nicht auf Buchwerten basiert, liegt es nahe, E^f zu bestimmen, indem der Börsenkurs der Vergleichs-AG mit der Anzahl der jeweils vorhandenen Aktien multipliziert wird. F ließe sich theoretisch durch die

[488] Vgl. Drukarczyk, J., Theorie, 1993, S. 250; Ballwieser, W., Aspekte, 1995, S. 123; Spremann, K., Investition, 1996, S. 541; Behringer, S., Unsicherheit, 1999, S. 735.

Abdiskontierung der Zins- und Tilgungszahlungen mit dem Marktzins bestimmen. Da jedoch die Konditionen, zu denen das Fremdkapital aufgenommen wurde, nicht bekannt sind, könnte der Buchwert von *F* pragmatischerweise mit dem Marktwert gleichgesetzt werden.[489]

6.2.6.4.2 β-Werte und festverzinsliche Anlagen

Gelangt man zu dem Schluß, daß das Immobilienportefeuille der Vergleichs-Immobilien-AGs in etwa dasselbe Anlagerisiko beinhaltet wie das des eigenen Immobilieninvestments, werden sich die Investitionsrisiken beider Anlageformen dennoch nicht gleichen. Der Grund hierfür liegt in der unterschiedlichen Anlagepolitk. So investieren Immobilienaktiengesellschaften regelmäßig einen Teil ihres Kapitals in festverzinsliche Anlagen, was auch bei Immobilienfonds der Fall ist. Die Anteile werden sich jedoch i.d.R. unterscheiden. Dies resultiert schon alleine aus den unterschiedlichen gesetzlichen Gegebenheiten. Während für Immobilien-AGs hinsichtlich ihrer Anlagen keine gesetzlichen Beschränkungen bestehen, ist von offenen Immobilienfonds, gem. § 35 Abs. 1 KAGG, bei der Depotbank ein Guthaben von mindestens 5% des Fondsvermögens mit einer Kündigungsfrist von maximal einem Jahr zu unterhalten. Gem. § 8 Abs. 3 KAGG i.V.m. § 26 KAGG dürfen jedoch Investmentfonds bis zu 49% des Sondervermögens „... in Bankguthaben und in Einlagezertifikaten von Kreditinstituten, unverzinslichen Schatzanweisungen und Schatzwechseln des Bundes sowie in vergleichbaren Papieren der Europäischen Gemeinschaft oder von anderen Staaten, die Mitglieder der Organisation für wirtschaftliche Zusammenarbeit sind, unterhalten"[490]. Empirisch stellt sich heraus, daß die Liquiditätsquote offener, deutscher Immobilienfonds seit 1982 selten den Wert von 30 % unterschritten hat und im Spitzenjahr 1993 sogar eine durchschnittliche Liquiditätsquote von knapp 49 % erreicht wurde.[491]

Da jedoch für festverzinsliche Anlagen und für Immobilieninvestitionen ein

[489] Vgl. Richter, F., Konzeption, 1996, S. 261, der dieselbe Vorgehensweise wählt.
[490] § 8 Abs. 3 Satz 1 KAGG.
[491] Vgl. Helmer, S., Immobilien-KG, 1997, S. 132f.; Maurer, R. / Stephan, T.G., Immobilien-Benchmark, 1996, S. 1532, ermittlen für das Jahr 1993 einen Wert von 45 %.

unterschiedliches Investitionsrisiko besteht, muß der um das Finanzierungsrisiko bereits bereinigte β-Wert der Immobilienaktiengesellschaft weiter korrigiert werden.
Wie bereits mehrfach erwähnt, ergibt sich der β-Wert eines Portefeuilles aus den gewichteten β-Werten der in ihm enthaltenen Vermögenstitel:[492]

$$\beta_p^u = \sum_{j=1}^{n} \beta_j^u \cdot x_j \qquad mit \qquad \sum_{j=1}^{n} x_j = 1 \; und \; x_j \geq 0$$

β_p^u = Asset Beta eines Portefeuilles

Betrachtet man die Immobilien-AG bzw. den Immobilienfonds als ein Portefeuille aus Immobilien und festverzinslichen Anleihen, setzt sich der β-Wert der AG bzw. des Fonds aus den gewogenen β-Werten beider Anlageformen zusammen. Es gilt:

$$\beta_{AG/F}^u = \beta_{Im}^u \cdot x + (1-x) \cdot \beta_A^u \quad \text{mit} \quad 0 \leq x \leq 1 \tag{6.16}$$

$\beta_{AG/F}^u$:	*Asset Beta der Immobilien-AG bzw. des Immobilienfonds*
β_{Im}^u:	*Asset Beta der Immobilien*
β_A^u:	*Asset Beta der festverzinslichen Anlagen*

Üblicherweise wird die Annahme getroffen, daß festverzinsliche Anlagen nicht risikobehaftet sind, β_A also einen Wert von Null annimmt. Somit ergibt sich das Investitionsrisiko des Immobilienportefeuilles einer Immobilien-AG bzw. eines Immobilienfonds wegen $(1-x) \cdot \beta_A^u = 0$ aus:

$$\frac{\beta_{AG/F}^u}{x} = \beta_{Im}^u \tag{6.17}$$

[492] Vgl. im folgenden Mohr, R.M., Operating Beta, 1985, insbesondere S. 578f.; Drukarczyk, J., Unternehmensbewertung, 1998, S. 261f.

Bei der praktischen Vorgehensweise ist darauf zu achten, daß x dem nach Marktwerten gewichteten Anteil der Immobilienanlagen entspricht. Hierbei wird der Marktwert des Eigenkapitals E durch Multiplikation der Aktien mit dem Kurs gewonnen. Für den Marktwert des Fremdkapitals F und den Wert der festverzinslichen Anleihen können unter pragmatischen Gesichtspunkten die Buchwerte herangezogen werden. Das Gewicht $(1-x)$ ergibt sich dann aus:

$$\frac{\text{Wert der festverzinslichen Anleihen}}{E+F}=(1-x) \qquad (6.18)$$

6.2.6.4.3 Ermittlung der Marktrisikoprämie

Nachdem gezeigt wurde, wie die entsprechenden β-Werte gewonnen werden können, ist die Marktrisikoprämie $\left(E(\tilde{r}_m^s)-i_s\right)$ zu ermitteln. Problematisch ist hierbei insbesondere die Ermittlung von $E(\tilde{r}_m^s)$, also der erwarteten Marktrendite nach Einkommensteuer.

Nach dem deutschen Steuersystem zählen Veräußerungsgewinne im Privatbereich, die außerhalb der Spekulationsfristen[493] gemacht werden, nicht zu den steuerpflichtigen Einkünften[494], während Ausschüttungen, Zinserträge sowie Einkünfte aus Vermietung und Verpachtung grundsätzlich der Einkommensteuer[495] unterliegen. Dies hat zur Folge, daß sich $E(\tilde{r}_m^s)$ wie folgt errechnet:

$$E(\tilde{r}_m^s)=E\left(\tilde{r}^{KG}\right)+E\left(\tilde{r}^{I}\right)\cdot(1-s_I) \qquad (6.19)$$

$E\left(\tilde{r}^{KG}\right)$: *Rendite aus Kapitalgewinnen*

$E\left(\tilde{r}^{I}\right)$: *Rendite aus steuerpflichtigen Einkünften*

---

493 Vgl. § 23 Abs. 1.
494 Vgl. auch § 22 Nr. 2 EStG i.v.m. § 23 EStG.
495 Vgl. §§ 20, 21 EStG.

Für den Aktienmarkt liegen verschiedene Untersuchungen vor, die die Gesamtrendite und ihre Teilkomponenten Dividendenrendite und Rendite aus Kurssteigerungen berechnen. So gelangt z.B. MORAWIETZ, unter Verwendung des geometrischen Mittels, in einer Studie, die den Zeitraum von 1950 - 1990 umfaßt, zu dem Ergebnis, daß sich die Gesamtrendite des betrachteten Aktienportefeuilles vor Steuer zu ca. zwei Drittel aus Kursänderungen und zu ca. einem Drittel aus Dividenden zusammensetzt.[496] GÖPPL/U.A., die bei der Berechnung der Durchschnittsrenditen das arithmetische Mittel verwenden, errechnen hingegen für den Zeitraum von 1976 - 1995 für die Dividendenrendite einen Anteil von rund 25,5 % und für die Rendite, die aus Änderungen des Aktienkurses resultiert, einen Anteil von rund 74,5 %.[497]

Exakte Berechnungen zum Verhältnis der Performance durch Wertsteigerung zu der durch laufende Bezüge liegen meiner Erkenntnis nach nur für den Aktienmarkt vor. Zwar stellt der Bundesverband Deutscher Investmentgesellschaften e.V. fest, daß die Performance von Immobilienfonds zu etwa einem Drittel aus der Werterhöhung des Immobilienbestandes resultiert. [498] Diese Erkenntnis kann jedoch nicht ohne weiteres auf den Gesamtmarkt übertragen werden, weshalb für den Gold-, Immobilien- und Rentenmarkt lediglich festzustellen bleibt, daß Renditen

- bei Gold alleine durch Kurssteigerungen,
- bei Immobilien sowohl durch Wertsteigerungen als auch durch Mieterträge,
- bei Renten hauptsächlich durch Zinseinkünfte

erzielt werden.

Da die entsprechenden Verhältnisse bei Immobilien und Renten nur geschätzt werden können, ist eine genaue Aussage über das Verhältnis Rendite durch Kurssteigerung zu Rendite aus laufenden Bezügen wie Zinsen, Dividenden und Mieteinnahmen $\frac{E(\tilde{r}^{\prime})}{E(\tilde{r}^{KG})}$ vorerst nicht möglich. Aber selbst

[496] Vgl. Morawietz, M., Rentabilität, 1994, S. 176; Bimberg, L.H., Renditeberechnung, 1991, S. 94, gelangt für den Zeitraum 1954 - 1988 zu einem etwa gleichen Ergebnis.
[497] Vgl. Göppl, H., u.a., Risk, 1996, S. 23.

wenn der Anteil von steuerfreien bzw. steuerpflichtigen Bezügen in den einzelnen Gruppen von Vermögenstiteln bestimmbar wäre, können hieraus erst Rückschlüsse auf die entsprechenden Verhältnisse im Marktportefeuille gezogen werden, wenn dessen Zusammensetzung bekannt ist.
Im folgenden wird deshalb angenommen, daß

1. 25,5 % der Rendite steuerpflichtige Einkünfte darstellen,
2. der von GÖPPL/U.A. verwendete DAFOX eine gute Approximation für das Markportefeuille darstellt.

Insbesondere Annahme 2 ist aus theoretischer Sicht problematisch, da internationales Diversifikationspotential fast vollständig verloren geht. So gelangen UHLIR/STEINER in ihren Berechnungen zu dem Ergebnis, daß der Verzicht auf internationale Diversifikation zugunsten eines rein deutschen Aktienportefeuilles zu einem Renditeverlust von 3,87 % führt.[499] Sie geben jedoch zu bedenken, daß dem Renditegewinn durch internationale Diversifikation Ertragsschmälerungen[500] und zusätzliche Risiken[501] entgegenstehen.[502] Insbesondere bleibt im Rahmen einer internationalen Diversifikationsstrategie zu befürchten, „that the institutional risk of investing in a foreign country, when information regarding the institutional framework is imperfect, outweighs the reduction in unsystematic risk due to diversification"[503]. Aus pragmatischen Gründen scheint daher die Verwendung eines nationalen Portefeuilles gerechtfertigt.
Darüberhinaus erfüllt der DAFOX aus praktischer Sicht zwei wichtige Voraussetzungen. Zum einen handelt es sich um einen bereits existierenden Index, so daß auf vorhandene Daten zurückgegriffen werden kann. Zum anderen dürfte er eine vergleichsweise gute Approximation an das deutsche Marktportefeuille darstellen. So umfaßt der DAFOX 418 Aktien,[504] unter de-

[498] Vgl. BVI, Investment 90, 1990, S. 68.
[499] Vgl. Uhlir, H. / Steiner, P., Wertpapieranalyse, 1994, S. 206.
[500] Z.B. durch erhöhte Transaktionskosten.
[501] Z.B. Risiko der Wechselkursänderung.
[502] Vgl. Uhlir, H. / Steiner, P., Wertpapieranalyse, 1994, S. 207 - 211.
[503] Geurts, T.G. / Jaffe, A.J., Real Estate, 1996, S. 119.
[504] Stand 1995, vgl. Göppl, H., u.a., Risk, 1996, S. 22.

nen sich auch einige Immobilienaktien befinden. Da darüber hinaus davon ausgegangen werden kann, daß die vom DAFOX erfaßten Gesellschaften in ihrem Sachanlagevermögen über teilweise recht große Immobilienbestände sowie Rentenpapiere verfügen, könnte durch ihn zumindest ein deutsches Marktportefeuille relativ gut repräsentiert werden.

6.2.6.4.4 Die Anwendung der Pure Play Technique im Rahmen des APV Ansatzes

Soll der Marktwert zukünftiger Cashflows ermittelt werden, scheint die APV Methode am geeignetsten.[505] Dies gilt auch für die Bewertung von Immobilieninvestments.
Nach der APV Methode ermittelt sich der Wert des Immobilieninvestments im Fall einer unendlichen Rente gemäß:[506]

$$V_{Im}^{f} = E^{f} + F = \frac{E(\tilde{X}) \cdot (1 - s_I)}{k_s} + \frac{0{,}5 \cdot s_{GE} \cdot F \cdot i \cdot (1 - s_I)}{i \cdot (1 - s_I)} = \\ = V_{Im}^{e} + 0{,}5 \cdot s_{GE} \cdot F \qquad (6.20)$$

s_{GE}: *Gewerbeertragsteuersatz*

V_{Im}^{f}: *Wert eines fremdfinanzierten Immobilieninvestments*

V_{Im}^{e}: *Wert eines eigenfinanzierten Immobilieninvestments*

E^{f}: *Marktwert des Eigenkapitals eines (teilweise) fremdfinanzierten Immobilieninvestments*

Der Term $0{,}5 \cdot s_{GE} \cdot F$ nimmt dabei gegebenenfalls den Wert Null an, sofern ein privates Investment bewertet werden soll und es sich hierbei weder um eine Immobilien-AG noch um eine Immobilie im Betriebsvermögen eines

[505] Vgl. zur APV Methode auch Kapitel 7.1.2; Denkbar wären weiterhin, die Equity und die Entity Methode, vgl. hierzu z.B. Drukarczyk, J., Unternehmensbewertung, 1998, S. 179 - 207 und S. 242 - 245.

[506] Es wird im folgenden vereinfachend unterstellt, daß Schuldzinsen bei der Ermittlung des Gewerbeertrags zur Hälfte zum Gewinn aus Gewerbebetrieb hinzugerechnet werden müssen, obwohl z.B. Schuldzinsen für Dahrlehen, die nur kurzfristig zur Verstärkung des Betriebskapitals beitragen, gem. § 8 Nr. 1 GewStG nicht hinzurechnungspflichtig sind.

Gewerbebetriebs handelt.[507]

Es gilt dann:

$$V_{Im}^{f} = E^{f} + F = \frac{E(\tilde{X}) \cdot (1 - s_I)}{k_s} = V_{Im}^{e} \tag{6.21}$$

Soll keine Einzelimmobilie, sondern ein Immobilienfonds oder eine Immobilien-AG bewertet werden, ist weiterhin zu bedenken, daß sich der Wert eines solchen Investments unter Berücksichtigung des Wertadditivitätstheorems aus den abgezinsten Cashflows der Mieterträge und den abdiskontierten Zinserträgen ergibt.[508] Geht man davon aus, daß es sich bei den Zinserträgen um risikofreie Erträge handelt, gilt:

$$V_{AG/F}^{e} = \frac{E(\tilde{X}_{Im}) \cdot (1 - s_I)}{k_s^{Im}} + \frac{i \cdot A \cdot (1 - s_I)}{i \cdot (1 - s_I)} \tag{6.22}$$

A: Betrag der in festverzinsliche Analagen investiert ist

Ein pragmatisches k_s^{Im} kann nun im Rahmen der Pure Play Technique gewonnen werden. Es gilt:

$$k_s^{Im} = i \cdot (1 - s_I) + \left(E(\tilde{r}_m^s) - i \cdot (1 - s_I)\right) \cdot \beta_I^u \tag{6.23}$$

Somit sind sämtliche Variablen, die zur Bestimmung des Werts des Immobilieninvestments nötig sind, bekannt.

6.2.6.4.5 Ein Beispiel zur Berechnung des Werts eines Immobilienfonds mit Hilfe der Pure Play Technique

Es soll ein Immobilienfonds bewertet werden, dessen Immobilienportefeuille in etwa dem der Hambomer AG entspricht. Für die Hambomer AG wurde ein

[507] Zum Einfluß der Finanzierung auf den Wert eines (Immobilien)investments vgl. Kapitel 7.1.3 und Kapitel 7.2.

[508] Sofern unterstellt wird, daß von dem jeweiligen Fonds bzw. der jeweiligen AG ausschließ-

$\beta^{f}_{Hamborner} = 0{,}398$ ermittelt.[509] Wir nehmen vereinfachend an, daß $\frac{F}{E^{f}} = 0{,}6$ gilt. Somit resultiert für $s_{GE} = 16{,}67\%$ ein Equity Beta i.H.v.:

$$\beta^{u}_{Hamborner} = \frac{0{,}398}{\left(1 + \left(1 - 0{,}5 \cdot 0{,}1667\right) \cdot 0{,}6\right)} = 0{,}25677$$ [510]

Wird weiterhin angenommen, daß der Marktwert der festverzinslichen Anlagen der Hamborner AG 20 % des gesamten Marktwerts der Hamborner AG beträgt und diese risikolos sind, resultiert hieraus ein $\beta^{u}_{Im,\,Hamborner}$ für das Immobilienportefeuille der Hamborner AG i.H.v.:

$$\frac{\beta^{u}_{Hamborner}}{0{,}8} = \frac{0{,}25677}{0{,}8} = \beta^{u}_{Im,\,Hamborner} = 0{,}321\,.$$

Legt man zur Ermittlung der Marktrisikoprämie die Studie von GÖPPL/U.A. zugrunde, die für die letzten 20 Jahre eine Marktrendite von 11,4 %[511] und für denselben Zeitraum einen risikolosen Zinssatz von durchschnittlich 6,5 % ermitteln, errechnet sich unter Berücksichtigung der Formel (6.19) die Marktrisikoprämie bei einem typisierten persönlichen Ertragsteuersatz von 50 % wie folgt:

$$E(\tilde{r}^{KG}) + E(\tilde{r}^{\prime}) \cdot (1 - s_{I}) - i \cdot (1 - s_{I}) =$$
$$0{,}085 + 0{,}029 \cdot (1 - 0{,}5) - 0{,}065 \cdot (1 - 0{,}5) = 0{,}067$$

Für k_{s}^{Im} resultiert somit ein Wert von:

lich Mieterträge und Einnahmen aus festverzinslichen Wertpapieren erzielt werden.

[509] Vgl. Tabelle 6.3.

[510] Es wird angenommen, daß es sich bei den Verbindlichkeiten der Hamborner AG um Dauerschuldzinsen im Sinne des § 8 Nr. 1 GewStG handelt, so daß diese zur Hälfte zum Gewerbeertrag hinzuzurechnen sind. Dies wird im Nenner der Gleichung durch den Faktor 0,5 berücksichtigt.

[511] Die Rendite besteht dabei zu 25,5 % aus steuerpflichtigen Einkünften.

$$k_s^{Im} = i \cdot (1 - s_I) + \left(E(\tilde{r}_m^s) - i \cdot (1 - s_I)\right) \cdot \beta^u_{Im,\ Hamborner}$$

$$k_s^{Im} = 0{,}065 \cdot (1 - 0{,}5) + 0{,}067 \cdot 0{,}321 = 0{,}054$$

Angenommen der Immobilienfonds erzielt pro Jahr eine unendliche Rente aus Mieten i.H.v. 4 Mio. DM und 4 Mio. DM durch festverzinsliche Anleihen, dann beträgt der Gesamtwert des Immobilienfonds:

$$V_{Immobilienfonds} = \frac{E(\tilde{X}_{Im}) \cdot (1 - s_I)}{k_s^{Im}} + \frac{i \cdot A \cdot (1 - s_I)}{i \cdot (1 - s_I)}$$

$$V_{Immobilienfonds} = \frac{4.000.000 \cdot (1 - 0{,}5)}{0{,}054} + \frac{4.000.000 \cdot (1 - 0{,}5)}{0{,}065 \cdot (1 - 0{,}5)} = 98.575.499$$

6.3 Bestimmung des Diskontierungsfaktors mit Hilfe der Arbitrage Pricing Theory (APT)

6.3.1 Herleitung des Modells

Die von Ross[512] entwickelte APT geht von folgenden Prämissen aus:[513]

- Investoren können durch Transaktionen keine Arbitragegewinne erzielen.
- Sie agieren lediglich als Preisnehmer (Mengenanpasser).
- Es existieren weder Steuern noch Transaktions- bzw. Informationskosten.
- Leerverkäufe sind unbeschränkt zugelassen.
- Auf dem Kapitalmarkt ist ein unendlicher Bestand an Vermögenstiteln vorhanden, die beliebig teilbar sind.
- Für den Kapitalbestand eines jeden Investors ist mindestens ein pareto-effizientes Portefeuille vorhanden, also ein Portefeuille, daß unter allen möglichen Portefeuilles die höchste Rendite abwirft.
- Für alle Vermögenstitel existiert ein positives Angebot.
- Alle Anleger gehen von der Gültigkeit des Mehrfaktormodells aus. Sie haben somit homogene Erwartungen bezüglich Anzahl und Art der Risikofaktoren sowie der erwarteten Rendite.

[512] Vgl. Ross, S.A., Arbitrage Theory, 1976.
[513] Vgl. Ulschmid, C., Validierung, 1994, S. 67f.

Anders als beim CAPM hängt die Rendite eines Vermögenstitels nicht alleine von einem Risikofaktor sondern von mehreren miteinander linear verknüpften Faktoren ab.[514] Die Rendite eines Vermögenstitels *i* setzt sich aus einer erwarteten, $E(r_i)$, und einer unerwarteten Komponente zusammen. Letztere läßt sich in eine faktorbezogene, die Summe der $\sum_{k=1}^{K} b_{i,k} \cdot F_k$ und in eine vermögenstitelspezifische Komponente, ε_i, unterteilen:[515]

$$r_i = E(r_i) + \sum_{k=1}^{K} b_{i,k} \cdot F_k + \varepsilon_i \quad (6.24)$$ [516]

r_i : *Rendite des Vermögenstitels i in der Betrachtungsperiode*

$E(r_i)$: *Erwartete Rendite des Vermögenstitels i zu Beginn der Periode*

$b_{i,k}$: *Sensitivität der Rendite des Vermögenstitels i gegenüber Ausprägungen des Faktors k*

F_k : *unerwartete Komponente der Ausprägung des Faktors k*

ε_i : *vermögenstitelspezifische Störgröße*

Die Summe $\sum_{k=1}^{K} b_{i,k} \cdot F_k$ verkörpert dabei das systematische Risiko. ε_i hingegen stellt die vermögenstitelspezifische Komponente bzw. das unsystematische oder auch diversifizierbare Risiko dar.[517] Die vermögensspezifischen Komponenten sollen dabei untereinander unkorreliert sein,[518] mithin gilt:

$$cov(\varepsilon_i, \varepsilon_j) = 0. \quad (6.25)$$

Um nun die Bewertungsgleichung nach der APT herzuleiten, ist zunächst das Arbitrageportefeuille zu bilden. Es ist dadurch gekennzeichnet, daß hierfür erstens kein zusätzlicher Kapitaleinsatz erforderlich ist, zweitens die

[514] Vgl. Richter, F., Konzeption, 1996, S. 49.
[515] Vgl. Lockert, G., Risikofaktoren, 1996, S. 12 - 14.
[516] Vgl. z.B. Haugen, R.A., Theory, 1986, S. 208.
[517] Vgl. Roll, R. / Ross, S.A., Investigation, 1980, S. 1076.
[518] Vgl. z.B. Ross, S.A. / Westerfield, R.W. / Jaffe, J.F., Corporate Finance, 1990, S. 298f.

hieraus resultierenden Erträge sicher sind und drittens im Durchschnitt kein Ertrag erzielt wird. Da kein zusätzlicher Kapitaleinsatz benötigt wird, verändert der Investor bei der Bildung dieses Portefeuilles nur sein bisher bestehendes Portefeuille, indem er von seinen eigenen Vermögenstiteln Anteile verkauft und von diesem Erlös Anteile anderer Vermögenstitel hinzukauft. Dies kann auch, sofern der Anleger über keine Vermögenstitel verfügt, dadurch geschehen, daß er entsprechende Leerverkäufe tätigt. w_i kennzeichnet dabei den Anteil des jeweiligen Vermögenstitels am Gesamtportefeuille. Da per Saldo kein zusätzlicher Kapitaleinsatz erforderlich ist, muß gelten:[519]

$$0 = \sum_{i=1}^{n} w_i \qquad (6.26)$$

Hieraus resultiert für n-Vermögenstitel eine Rendite des Arbitrageportefeuilles i.H.v.:

$$r_p = \sum_{i=1}^{n} w_i \cdot E(r_i) + \sum_{i=1}^{n} w_i \cdot b_{i,1} \cdot F_1 + \ldots + \sum_{i=1}^{n} w_i \cdot b_{i,K} \cdot F_K + \sum_{i=1}^{n} w_i \cdot \varepsilon_i \qquad (6.27)$$

Da es sich bei den Arbitrageportefeuilles um gut diversifizierte Portefeuilles handeln soll,[520] geht der Fehlerterm bzw. das unsystematische Risiko gegen Null.[521] Es gilt also:

$$0 \approx \sum_{i=1}^{n} w_i \cdot \varepsilon_i \qquad (6.28)$$

Um nun ein risikoloses Portefeuille zu erhalten, muß auch das systematische Risiko den Wert Null annehmen. Dies geschieht, indem man die Anteile der einzelnen Vermögenstitel so gewichtet, „daß die Sensitivität der Rendite des Portfolios gegenüber allen Risikofaktoren Null ergibt"[522] oder anders ausge-

[519] Vgl. im folgenden Uhlir, H. / Steiner, P., Wertpapieranalyse, 1994, S. 196 - 199.
[520] Vgl. Uhlir, H. / Steiner, P., Wertpapieranalyse, 1994, S. 197.
[521] Vgl. z.B. Ross, S.A. / Westerfield, R.W., / Jaffe, J.F., Corporate Finance, 1990, S. 306.
[522] Betsch, O. / Groh, A.P. / Lohmann, L.G.E., Corporate Finance, 1998, S. 80.

drückt, „daß für jeden Faktor *k* die gewichtete Summe der systematischen Risikokomponente Null wird"[523].

$$0 = \sum_{i=1}^{n} w_i \cdot b_{i,k} \tag{6.29}$$

Gelingt eine solche Gewichtung, ist das Arbitrageportefeuille risikolos. Ein solches Portefeuille kann im Kapitalmarktgleichgewicht keine Rendite abwerfen. Andernfalls könnten Investoren mit Hilfe desselben risikolose Gewinne erzielen.[524] Somit muß für das Arbitrageportefeuille die Beziehung

$$r_p = \sum_{i=1}^{n} w_i \cdot E(r_i) = 0 \tag{6.30}$$

gelten.

Aus den Gleichungen (6.26) und (6.29) kann nun folgendes Gleichungssystem erstellt werden:

$$\begin{aligned} w_1 \cdot 1 \quad &+ \ldots + w_n \cdot 1 \quad = 0 \\ w_1 \cdot b_{11} &+ \ldots + w_n \cdot b_{n1} = 0 \\ w_1 \cdot b_{12} &+ \ldots + w_n \cdot b_{n2} = 0 \\ &\vdots \\ w_1 \cdot b_{1K} &+ \ldots + w_n \cdot b_{nK} = 0 \end{aligned} \tag{6.31}$$

Multipliziert man jede der Gleichungen mit dem Faktor λ_k, mit $k = 1 \ldots K$ und stellt sie dann in Matrizenform dar, erhält man an Stelle des Nullvektors das Skalar Null:

$$\vec{w}^T \cdot B^T \cdot \vec{\lambda}^T = \vec{0}^T \cdot \vec{\lambda}^T = 0 \tag{6.32}$$

Wird nun Gleichung (6.30) ebenfalls in Matrizenform abgebildet, wobei der Vektor $\vec{r}^T$ für die erwarteten Renditen steht, ergibt sich:

523 Richter, F., Konzeption, 1996, S. 50.
524 Vgl. Ross, S.A., Return, 1977, S. 197.

$$\vec{w}^T \cdot \vec{r}^T = 0 \tag{6.33}$$

Durch Gleichsetzen von (6.35) und (6.36) resultiert:

$$\vec{w}^T \cdot B^T \cdot \vec{\lambda}^T = \vec{w}^T \cdot \vec{r}^T \text{ oder}$$

$$B^T \cdot \vec{\lambda}^T = \vec{r}^T, \tag{6.34}$$

was zu folgendem Gleichungssystem führt:

$$\begin{aligned} E(r_1) &= \lambda_0 + \lambda_1 \cdot b_{11} + \ldots + \lambda_K \cdot b_{1K} \\ &\vdots \\ E(r_n) &= \lambda_0 + \lambda_1 \cdot b_{n1} + \ldots + \lambda_K \cdot b_{nK} \end{aligned} \tag{6.35}$$

Hieraus folgt, daß sich die erwartete Rendite des i-ten Vermögenstitels aus der Gleichung:

$$E(r_i) = \lambda_0 + \lambda_1 \cdot b_{i1} + \ldots + \lambda_K \cdot b_{iK} \tag{6.36}$$

ergibt.

Zur ökonomischen Interpretation des Faktors λ_k wird angenommen,[525] es existiere ein risikoloser Vermögenstitel, welcher die Rendite i erziele. Für diesen risikolosen Vermögenstitel müssen alle Faktorsensitivitäten b_k gleich Null sein. Somit entspricht λ_0 der Rendite dieses risikolosen Vermögenstitels.[526]

$$E(r_0) = E(i) = \lambda_0 \tag{6.37}$$

Um die restlichen Koeffizienten zu interpretieren, wird ein Portefeuille gebil-

[525] Vgl. im folgenden z.B. Perridon, L. / Steiner, M., Finanzwirtschaft, 1997, S. 276; Lockert, G., Risikofaktoren, 1996, S. 18; Betsch, O. / Groh, A.P. / Lohmann, L.G.E., Corporate Finance, 1998, S. 81f.

[526] Vgl. Roll, R. / Ross, S.A., Investigation, 1980, S. 1078.

det, bei dem alle Sensivifitätsfaktoren außer einem gegenüber der erwarteten Rendite gleich Null sind. Das Portefeuille soll darüber hinaus so zusammengesetzt werden, daß der *k*-te Sensitivitätsfaktor gegenüber der erwarteten Rendite den Wert eins annimmt. Hieraus resultiert:

$$E(r_{pk}) = \lambda_0 + \lambda_k \cdot 1, \tag{6.38}$$

wegen $\lambda_0 = i$ gilt:

$$\lambda_k = E(r_{pk}) - i. \tag{6.39}$$

Durch einsetzen der Gleichung (6.39) und (6.37) in Gleichung (6.36) folgt die Bewertungsgleichung eines Vermögenstitels nach dem APT:

$$E(r_i) = i + \sum_{k=1}^{K} \left(E(r_{pk}) - i\right) \cdot b_{ik} = i + \sum_{k=1}^{K} \lambda_k \cdot b_{ik} \tag{6.40}$$

Die Rendite eines Vermögenstitels errechnet sich aus dem risikolosen Zinssatz (bzw. Zero-Beta-Portefeuille) sowie den Risikoprämien λ_k des *k*-ten Faktors bzw. eines Portfolios (mimicking portfolio) und den Sensitivitäten b_{ik} der Rendite des Vermögenstitels *i* gegenüber den Ausprägungen des Faktors *k*. Die Risikoprämien leiten sich dabei anders als beim CAPM nicht aus dem Marktportefeuille sondern aus den Risikoprämien mehrerer Faktoren ab. Das Marktportefeuille muß somit nicht ermittelt werden.

Zu beachten ist allerdings, daß die Bewertungsgleichung (6.40) nur approximativen Charakter hat, da das unsystematische Risiko bei endlich vielen Vermögenstiteln nicht vollständig eliminiert werden kann.[527]

[527] Vgl. Dybvig, P.H. / Ross, S.A., APT, 1985, S. 1174.

6.3.2 Identifikation und Quantifizierung der relevanten Faktoren

Zur Herleitung der Bewertungsgleichung nach der APT müssen die relevanten Faktoren weder bestimmt noch quantifiziert werden. Diese sind im Gegensatz zum CAPM, bei dem die Theorie den Haupteinflußfaktor, das Marktportefeuille, vorgibt, nicht festgelegt.[528] Sie müssen daher im Rahmen der APT empirisch bestimmt werden.[529] Dies geschieht zum einen, indem man versucht, die Faktoren aus den Renditen der Vermögenstitel zu gewinnen, zum anderen durch die Vorgabe ökonomisch plausibler Einflußgrößen.

Im ersten Fall greift man i.d.R. auf die in diesem Zusammenhang ursprünglich von GEHR[530] vorgeschlagene und von ROLL/ROSS[531] erweiterte Faktorenanalyse zurück, bei der die Faktoren F_k und Faktorladungen b_{ik} simultan und endogen aus der Datenmatrix der Aktienkursveränderungen errechnet werden[532]. Dies geschieht meist mit Hilfe der Maximum-Likelihood-Faktorenanalyse.[533] Eine solche wird auch von TITMAN/WARGA[534] angewandt, die in einer Untersuchung zu dem Schluß kommen, daß zur Bestimmung der Renditen von REITs (Real Estate Investment Trusts) fünf Faktoren ausreichen.[535]

Da die im Rahmen der Faktorenanalyse extrahierten Faktoren zunächst nur abstrakte Größen darstellen,[536] weil sie inhaltlich nicht spezifiziert werden müssen, stellen diese eher „statistische Artefakte"[537] dar, die einer Interpretation bedürfen. Wenngleich eine solche Interpretation nicht immer möglich ist,[538] kann man sich der Faktorladungen als Interpretationshilfe bedienen[539]. Sollen von vornherein interpretationsfähige Risikofaktoren Verwendung finden, wird das Verfahren der Vorabspezifikation angewandt.[540]

---

[528] Vgl. Breid , V., Risikoberücksichtigung, 1997, S. 317.
[529] Vgl. Perridon, L. / Steiner, M., Finanzwirtschaft, 1997, S. 276.
[530] Vgl. Gehr, A., Tests, 1978.
[531] Vgl. Roll, R. / Ross, S.A., Investigation, 1980.
[532] Vgl. Steiner, M. / Nowak, T., Risikofaktoren, 1994, S. 350.
[533] Vgl. z.B. Ulschmid, C., Validierung, 1994, S. 356ff.
[534] Vgl. Titman, S. / Warga, A., Risk, 1986.
[535] Vgl. Titman, S. / Warga, A., Risk, 1986, S. 420.
[536] Vgl. z.B. Hamerle, A. / Rösch, D., Risikofaktoren, 1998, S. 124.
[537] Perridon, L. / Steiner, M., Finanzwirtschaft, 1997, S. 277.
[538] Vgl. Perridon, L. / Steiner, M., Finanzwirtschaft, 1997, S. 277.
[539] Vgl. Backhaus, K., u.a., Analysemethoden, 1996, S. 228.
[540] Einen Überblick über Untersuchungen zum APT auf Basis vorabspezifizierter Verfahren

CHAN/HENDERSHOTT/SANDERS[541] benutzen hierzu bei einer Untersuchung der Risiko-Rendite-Beziehung auf dem Immobilienmarkt, die von CHEN/ROLL/ROSS[542] vorgeschlagenen, makroökonomischen Variablen:

(1) unerwartete Inflationsrate,
(2) die Änderung der erwarteten Inflationsrate,
(3) die unerwartete Änderung der Differenz zwischen lang- und kurzfristigen Zinssätzen,
(4) die unerwartete Änderung der Renditeunterschiede zwischen risikoarmen und risikoreichen Industrieanleihen,
(5) die unerwartete Änderung der Wachstumsrate der industriellen Produktion.

Sie gelangen dabei zu dem Ergebnis, daß die Renditen der untersuchten REITs positiv mit der unerwarteten Änderung der Renditeunterschiede zwischen risikoarmen und risikoreichen Industrieanleihen, der unerwarteten Änderung der Differenz zwischen lang- und kurzfristigen Zinssätzen sowie negativ mit der unerwarteten Inflationsrate zusammenhängen. Die Änderung der erwarteten Inflationsrate sowie die unerwartete Änderung der Wachstumsrate der industriellen Produktion haben keine signifikante Wirkung auf die Renditen von REITs.[543]
CHEN/CHENG-HO/BRADFORD[544], die untersuchen, inwiefern die APT Renditeschwankungen von REITs[545] erklären kann, lehnen sich bei ihrer Studie an die Ergebnisse von CHAN/HENDERSHOTT/SANDERS[546] an. Obwohl diese keinen signifikanten Zusammenhang zwischen der Änderung der erwarteten Inflation und den Renditen von Equity REITs nachweisen konnten, wird dieser

liefert, Lockert, G., Risikofaktoren, 1996 S. 86 - 88.
[541] Vgl. Chan, K.C. / Hendershott, P.H. / Sanders, A.B., Risk, 1990, die als Surrogat für Immobilienrenditen die Renditen von Equity-REITs verwenden.
[542] Vgl. z.B. Chen, N.F. / Roll, R. / Ross, S.A., Economic Forces, 1986, S. 394; Chan, K.C. / Hendershott, P.H. / Sanders, A.B., Risk, 1990, S. 6.
[543] Vgl. Chan, K.C. / Hendershott, P.H. / Sanders, A.B., Risk, 1990, S. 11f. und 16.
[544] Vgl. z.B. Chen, S.-J. / Cheng-Ho, H. / Bradford, J.D., Real Estate, 1997, S. 511.
[545] Renditen von REITs werden hier als Surrogat von Immobilienrenditen allgemein gesehen, vgl. Chen, S.-J. / Cheng-Ho, H. / Bradford, J.D., Real Estate, 1997, S. 521.
[546] Vgl. Chan, K.C. / Hendershott, P.H. / Sanders, A.B., Risk, 1990, die als Surrogat für Immobilienrenditen die Renditen von Equity-REITs verwenden.

Faktor in der Studie von CHEN/CHENG-HO/BRADFORD auf Grund der Ergebnisse der Arbeiten von CHEN/TZANG[547] und GYOURKO/LINNEMANN[548], die einen signifikanten Einfluß der erwarteten Inflationsrate auf die Rendite von Equity REITs feststellen, miteinbezogen. Sie substituieren lediglich den Faktor der unerwarteten Änderung der Wachstumsrate der industriellen Produktion und verwenden somit die fünf Risikofaktoren:[549]

(1) unerwartete Inflationsrate,
(2) die Änderung der erwarteten Inflationsrate,
(3) die unerwartete Änderung der Differenz zwischen lang- und kurzfristigen Zinssätzen,
(4) die unerwartete Änderung der Renditeunterschiede zwischen risikoarmen und risikoreichen Industrieanleihen,
(5) ein Residuum des Marktindex.

Sie gelangen zu dem Ergebnis, daß in den von ihnen untersuchten Perioden die APT in zwei von drei Fällen bei Vorabspezifikation der Faktoren bessere Resultate liefert als bei Verwendung der Faktorenanalyse, während in der verbleibenden Periode die Hypothese, daß beide Vefahren gleich gute Ergebnisse liefern, nicht verworfen werden konnte.[550] Darüber hinaus stellen sie fest, daß bei Zusammenfassung der drei Perioden die APT bei Vorabspezifikation der Faktoren zu besseren Ergebnissen führt. Nachdem die Autoren die Frage der Methoden-Wahl zugunsten der Vorabspezifikation von Faktoren entschieden haben, gehen sie der Frage nach, ob die genannten Faktoren bepreist werden und gelangen zu dem Ergebnis, daß für die Renditen der REITs hauptsächlich die unerwartete Inflationsrate und der Zinssatz ausschlaggebend sind.[551]
Nach meiner Erkenntnis liegen für den anglo-amerikanischen Raum in Zusammenhang mit der Bewertung von Immobilien bzw. REITs keine weiteren Untersuchungen zur Identifikation für APT-Risikofaktoren vor. In Deutschland

[547] Vgl. Chen, K.C. / Tzang, D.D., Interest Rate, 1988.
[548] Vgl. Gyourko, J. / Linneman, P., Homes, 1988.
[549] Vgl. Chen, S.-J. / Cheng-Ho, H. / Bradford, J.D., Real Estate, 1997, S. 510f.
[550] Vgl. Chen, S.-J. / Cheng-Ho, H. / Bradford, J.D., Real Estate, 1997, S. 515f. und 521.

wurden solche Untersuchungen in diesem Zusammenhang bisher überhaupt nicht vorgenommen. Sollte daher die APT zur Marktwertermittlung von Immobilien Verwendung finden, müßten in Zukunft noch erhebliche Anstrengungen unternommen und insbesondere empirische Arbeit geleistet werden.

6.3.3 Anwendbarkeit der APT zur Bewertung von Immobilien

Die Anwendbarkeit der APT zur Ermittlung der Eigenkapitalkosten ist in der finanzierungstheoretischen Literatur genauso umstritten wie die des CAPM. So wird insbesondere argumentiert, daß keine geschlossene Theorie existiert, die die Verwendung bestimmter Fundamentalfaktoren erklärt,[552] weshalb die APT nach Auffassung einiger Autoren gegenüber dem CAPM eher einen Rückschritt darstellt[553]. Zudem herrscht selbst für den deutschen Aktienmarkt Uneinigkeit über Zahl und Art der zu verwendenden Faktoren.[554] Empirische Studien bezüglich des deutschen Immobilienmarktes fehlen hingegen vollkommen. Diese liegen bisher, wie im vorhergehenden Kapitel 6.5.2 dargestellt, nur in geringer Quantität für den US-amerikanischen Immobilienmarkt vor. Aus diesem Grund scheint zur Zeit selbst eine pragmatische Anwendung der APT zur Ermittlung der Eigenkapitalkosten und damit zur Bestimmung des Werts einer Immobilie nicht angebracht. Über die praktische Anwendbarkeit der APT im Rahmen der Immobilienbewertung wird sicherlich die zukünftig zu erwartende, empirische Forschung entscheiden.

[551] Vgl. Chen, S.-J. / Cheng-Ho, H. / Bradford, J.D., Real Estate, 1997, S. 519.
[552] Vgl. Peters, H.-W., Kapitalmarkttheorie, 1987, S. 160.
[553] Vgl. z.B. Richter, F., Konzeption, 1996, S. 51.
[554] Die Faktorenzahl schwankt zwischen 3 bis über 10 Faktoren, vgl. z.B. Peters, H.-W., Kapitalmarkttheorie, 1987, hier insbesondere S. 151ff.; Frantzmann, H.-J., Messung, 1990, S. 80f.; Müller, W., Aktienbewertung, 1992, S. 117ff.; Nowak, T., Faktormodelle, 1994, 134ff.; Lockert, G., Risikofaktoren, 1996, S. 265.

7 Wertsteigerung der Immobilieninvestition durch Fremdfinanzierung

Die Literatur zur Unternehmensbewertung befaßt sich bereits seit geraumer Zeit mit der Frage, ob die Finanzierungsstruktur Auswirkungen auf den Wert eines Unternehmens hat. Da das Unternehmen genauso wie die Immobilie ein Investitionsobjekt darstellt, muß geprüft werden, inwiefern die aus der Unternehmensbewertung bekannten Ergebnisse auf die Immobilienbewertung übertragen werden können.

7.1 Erkenntnisse aus der Unternehmensbewertung

7.1.1 Das Irrelevanztheorem von Modigliani und Miller

In diesem Abschnitt soll untersucht werden, ob die Finanzierungsstruktur eines Unternehmens Auswirkungen auf dessen Wert haben kann. Zur Beantwortung dieser Frage wird zunächst das von MODIGLIANI und MILLER[555] (MM) aufgestellte Theorem der Irrelevanz der Finanzierung dargestellt. MM behaupten und beweisen erstmals formal[556], daß, soweit das Investitionsprogramm eines Unternehmens vorgegeben ist, sich der Unternehmensgesamtwert auf einem vollkommenen Kapitalmarkt, unabhängig von seiner Finanzierung, ergibt.
Hierzu treffen sie die vereinfachenden Annahmen:

- eines vollkommenen Kapitalmarkts,
- der Unabhängigikeit des Investitionsprogramms von der Kapitalstruktur des Unternehmens,
- eines einheitlichen Anlage- und Verschuldungszinssatzes *i*,
- daß Investoren risikoscheu sind,
- daß Illiquiditätsrisiken nicht existieren,
- daß Erfolge als Wahrscheinlichkeitsverteilungen von Ausschüttungen wahrgenommen werden, egal woher diese stammen. Auf dem Markt exi-

[555] Vgl. Modigliani, F. / Miller, M.H., Capital, 1958.
[556] Vgl. Rudolph, B., Kapitalkostenkonzepte, 1986, S. 616f.

stieren perfekte Substitute zu den entsprechenden Wahrscheinlichkeitsverteilungen, die jeweils zu Risikoklassen zusammengefaßt werden können.

Unter den genannten Prämissen gelangen sie zu einem denkbar einfachen Resultat. Sollten zwei Cashflows A und B existieren, ist der Gegenwartswert von A+B gleich dem Gegenwartswert von A und dem Gegenwartswert von B. Dieses Ergebnis wird als Wertadditivität bezeichnet.[557] Es resultiert aus der Annahme eines vollkommenen Kapitalmarktes[558] und gilt unter der Prämisse, daß sich die Zahlungsströme A und B nicht gegenseitig beeinflussen[559].

Der Wert eines Unternehmens ändert sich somit durch unterschiedliche Finanzierungspolitiken nicht.[560] Vielmehr werden die bei gegebenem Investitionsprogramm zu erwartenden Cashflows lediglich anders auf die Kapitalgeber, sprich Anteilseigner und Gläubiger, verteilt.[561]

Erwirbt ein privater Investor ein vollkommen eigenfinanziertes Unternehmen am Ende von *t*, resultieren für ihn, aus dem erworbenen Unternehmen, zu erwartende periodische Cashflows i.H.v. X_{t+n}[562]. Der Wert des Unternehmens. Die Reichtumsposition des Investors läßt sich wie folgt darstellen:

$$V_t^e = \sum_{n=1}^{N} \frac{X_{t+n}}{\prod_{j=1}^{n}(1+k_{t+j})} \qquad (7.1)$$

V_t^e: *Wert des eigenfinanzierten Unternehmens am Ende der Periode t*

X_{t+n}: *Erwarteter Cashflow am Ende der Periode t+n*

k_{t+j}: *relevanter Diskontierungsfaktor*

---

[557] Vgl. z.B. Brealey, R. / Myers, S.C., Principles, 1996, S. 450; Perridon, L. / Steiner, M., Finanzwirtschaft, 1997, S. 22f.
[558] Vgl. Franke, G. / Hax, H., Finanzwirtschaft, 1990, S. 433.
[559] Vgl. Haley, C.W. / Schall, L.D. Theory, 1979, S. 165.
[560] Vgl. z.B. Myers, S.C., Financing, 1974, S. 5.
[561] Vgl. Franke, G. / Hax, H., Finanzwirtschaft, 1990, S. 432f.
[562] Sind gleichzeitig mehrere Anteilseigner an dem Unternehmen beteiligt, erhalten diese natürlich nur Zahlungen in Höhe ihres Anteils.

Bleibt der Diskontierungsfaktor im Zeitablauf konstant, gilt also $k_{t+j} = k$, folgt hieraus:

$$V_t^e = \sum_{n=1}^{N} \frac{X_{t+n}}{(1+k)^n} \tag{7.2}$$

Gilt darüber hinaus $X_{t+n} = X$ und $N \to \infty$, wird also der Rentenfall unterstellt, vereinfacht sich die Gleichung zu:

$$V_t^e = \frac{X}{k}. \tag{7.3}$$

Der Wert des Unternehmens, der in diesem Fall alleine aus den abdiskontierten, zu erwartenden Zahlungsströmen an den Anteilseigner resultiert, läßt sich mit Hilfe von Abbildung 7.1 darstellen.

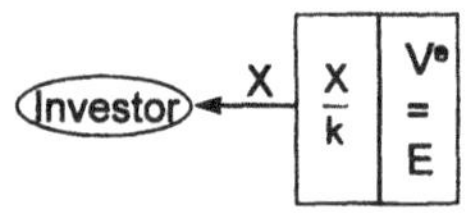

Abb.7.1 : Wert eines eigenfinanzierten Unternehmens

Sofern keine explizit neuen Annahmen getroffen werden, soll im folgenden aus didaktischen Gründen weiterhin der Rentenfall gelten.

Erwirbt der Investor dasselbe Unternehmen, verschuldet sich nach dem Erwerb mit dem Betrag F auf Unternehmensebene und legt den frei werdenden Betrag F privat an, kann er zukünftig mit periodischen Cashflows i.H.v.

$$X = (X - i \cdot F) + i \cdot F \tag{7.4}$$

F: Wert des Fremdkapitals

i: sicherer Zinssatz

rechnen.

Die Formel (7.4) läßt sich wie folgt interpretieren. Aus dem jetzt (teilweise) fremdfinanzierten Unternehmen erzielt der Investor periodische Cashflows i.H.v. $(X - i \cdot F)$. Dem zweiten Summanden $i \cdot F$ können zwei verschiedene Bedeutungen beigemessen werden. Zum einen kann der Betrag F aus dem Unternehmen entnommen und privat angelegt werden. Hieraus erzielt der Investor auf privater Ebene einen Cashflow i.H.v. $i \cdot F$. Zum anderen stellt $i \cdot F$ die Cashflows dar, mit denen ein Gläubiger für das zur Verfügung Stellen eines Kredits rechnen kann.[563]

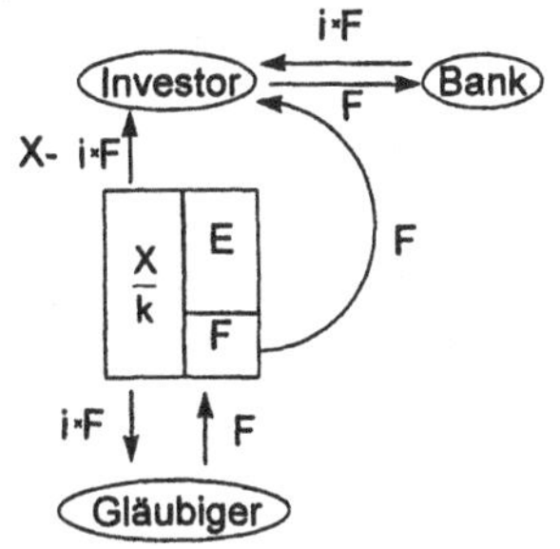

Abb. 7.2: Wert eines fremdfinanzierten Unternehmens

Addiert man beide Cashflows, resultiert ein Gesamtcashflow i.H.v. X. Der Investor wird also unabhängig von seiner gewählten Strategie beide Male dieselben periodischen Cashflows erzielen. Der Unternehmensgesamtwert, der aus den Zahlungen $(X - i \cdot F)$ an die Eigen- und $i \cdot F$ an die Fremdkapitalgeber resultiert, beträgt:

$$V^f = \frac{X}{k} - \frac{i \cdot F}{i} + \frac{i \cdot F}{i} = \frac{X}{k} = V^e = E \tag{7.5}$$

E: Wert des Eigenkapitals

Die Kapitalstruktur hat also unter den gesetzten Annahmen keinen Einfluß auf den Gesamtwert des Unternehmens[564] und auf den Reichtum der An-

[563] Bei dem Gläubiger kann es sich gleichzeitig um den Investor handeln, wenn dieser dem Unternehmen ein Gesellschafterdahrlehen zur Verfügung stellt.

[564] Vgl. Brealey, R. / Myers, S.C., Principles, 1996, S. 450, die den entsprechenden Beweis auf den Seiten 449f. führen.

teilseigner[565]. Deshalb muß sich der Gesamtwert der Unternehmung aus den abdiskontierten Nettoeinzahlungsüberschüssen *X* des Unternehmens ergeben.
Weicht man die Annahmen von MODIGLIANI/MILLER auf und führt ein Steuersystem ein, in dem sowohl Unternehmensgewinne als auch private Einkünfte besteuert werden, so daß de facto eine Doppelbesteuerung von Unternehmensgewinnen unterstellt wird, kann sich eine Änderung der Kapitalstruktur durchaus auf den Unternehmensgesamtwert bzw. die Reichtumsposition der Anteilseigner auswirken. Dies wird im folgenden verdeutlicht.

7.1.2 Einfluß der Finanzierung in einem System der Doppelbesteuerung

Zur Bewertung von Investitionsalternativen schlägt MYERS erstmals 1974 die „Adjusted Present Value Technique", kurz APV Technik, vor.[566] Mit Hilfe dieser Technik ist die Wertrelevanz der Finanzierung in einem System der Doppelbesteuerung leicht zu beweisen.
„The APV technique values a firm as the sum of two pieces."[567] Wendet man die APV-Technik zur Bewertung von Unternehmen an, wird zunächst dessen realisierte Kapitalstruktur ausgeblendet. Man geht von vollständiger Eigenfinanzierung aus. Das eigenfinanzierte Unternehmen stellt dann „the first piece", den ersten Teil des zu bewertenden Unternehmens dar. Hierbei werden Cashflows, die dem eigenfinanzierten Unternehmen entzogen werden können, mit einem durch den Markt objektivierten Kapitalisierungszinsfuß diskontiert.[568] „The second piece", der zweite Teil des zu bewertenden Unternehmens, ergibt sich aus dem Wertbeitrag, den eine Finanzierungsstrategie im Rahmen eines bestimmten Steuersystems liefert.[569]
Aus der Summe des Wertbeitrags und dem Wert des eigenfinanzierten Unternehmens resultiert der Wert des Gesamtunternehmens, also der Wert des Eigen- und des Fremdkapitals.[570] Zieht man von diesem Wert den des

[565] Vgl. Drukarczyk, J., Theorie, 1993, S. 132.
[566] Vgl. Myers, S.C., Financing, 1974.
[567] Kaplan, S.N., Market Pricing, 1996, S. 46.
[568] Vgl. hierzu Kapitel 6.
[569] Vgl. Kaplan, S.N., Market Pricing, 1996, S. 46.
[570] Vgl. z.B. Brealey, R. / Myers, S.C., Principles, 1996, S. 526.

Fremdkapitals ab, ergibt sich hieraus der Wert des Eigenkapitals.[571]
Dieser Wert des Eigenkapitals und der Unternehmensgesamtwert läßt sich im Rahmen bestimmter Steuersysteme durch vorteilhafte Finanzierungsstrategien erhöhen.
Unternehmensgewinne werden in diesen Systemen zunächst auf Unternehmensebene, z.B. durch eine Gewerbeertragsteuer, und anschließend auf Anteilseignerebene, z.B. durch eine Einkommensteuer, besteuert. Der Unternehmensgewinn soll dabei dem Einzahlungsüberschuß nach Zinsen entsprechen. Zinszahlungen für Fremdkapital sind steuerlich abzugsfähig. Der Unternehmensgewinn bzw. der Einzahlungsüberschuß entspricht der steuerlichen Bemessungsgrundlage für die Unternehmensteuer, die verbleibende Größe stellt die Bemessungsgrundlage für die persönliche Ertragsteuer dar. Zinserträge unterliegen auf Anteilseignerebene der Einkommensteuer. Alle Strom- und Bestandsgrößen entsprechen Erwartungswerten. Die Steuersätze, die Fremdkapitalkosten und das Investitionsrisiko bleiben konstant, die Eigenkapitalkosten werden nur durch die Kapitalstruktur beeinflußt.
Angenommen ein Investor kauft ein vollkommen eigenfinanziertes Unternehmen, dann erzielt er durch den Kauf Cashflows i.H.v.:

$$X_s = X \cdot (1 - s_u) \cdot (1 - s_l). \qquad (7.6)$$

s_u: *Unternehmensteuersatz*

s_l: *persönlicher Ertragsteuersatz*

Der Wert des eigenfinanzierten Unternehmens und die Reichtumsposition des Eigentümers ergeben sich, sofern man vom übrigen Eigentum des Investors absieht, im Rentenfall, durch Diskontierung der zu erwartenden Cashflows X_s mit dem risikoäquivalenten Nachsteuerdiskontierungsfaktor k_s, aus folgender Formel:[572]

[571] Vgl. Drukarczyk, J., Unternehmensbewertung, 1998, S. 209.
[572] Vgl. z.B. Copeland, T.E. / Weston, F.J., Financial Theory, 1988, S. 451.

$$V^e = E = \frac{X \cdot (1 - s_u) \cdot (1 - s_l)}{k_s} \tag{7.7}$$

k_s: *risikoäquivalenter Nachsteuerdiskontierungsfaktor*

Durch eine Umfinanzierung kann der Investor seinen Reichtum und den Unternehmensgesamtwert steigern. Verschuldet er sich auf Unternehmensebene mit dem Betrag *F* und legt diesen freiwerdenden Betrag privat an, hat er mit folgenden periodischen Cashflows zu rechnen:

$$X_s^f = (X - i \cdot F) \cdot (1 - s_u) \cdot (1 - s_l) + i \cdot F \cdot (1 - s_l). \tag{7.8}$$

Der erste Summand $(X - i \cdot F) \cdot (1 - s_u) \cdot (1 - s_l)$ gibt das Einkommen an, das der Eigentümer aus dem Unternehmen erzielt. Der zweite Summand $i \cdot F \cdot (1 - s_l)$ kann unterschiedlich interpretiert werden. Zum einen könnte er als Einkommen gedeutet werden, das der Investor durch die private Anlage des Betrags *F* erhält, zum anderen als Vergütung, die ein privater Investor dafür bekommt, daß er dem Unternehmen jetzt als Gläubiger den Betrag *F* zur Verfügung stellt.
Formuliert man (7.8) um, resultiert hieraus:

$$X_s^f = X \cdot (1 - s_u) \cdot (1 - s_l) + s_u \cdot i \cdot F \cdot (1 - s_l). \tag{7.9}$$

X_s^f: *Erwarteter Nachsteuercashflow eines (teilweise) fremdfinanzierten Unternehmens*

Um den Unternehmenswert zu ermitteln, ist der erste Summand $X \cdot (1 - s_u) \cdot (1 - s_l)$, der den Cashflows eines vollständig eigenfinanzierten Unternehmens entspricht, mit dem risikoäquivalenten Nachsteuer-Kapitalisierungszinsfuß k_s für ein vollkommen eigenfinanziertes Unternehmen dieser Risikoklasse abzudiskontieren. Ist die Steuersubvention $s_u \cdot i \cdot F \cdot (1 - s_l)$ sicher, d.h. ändern sich die einzelnen Variablen s_u, i, F, s_l im Zeitablauf nicht, und werden im Falle eines Verlustes Negativ-Steuern zugelassen, ist der zweite Summand mit dem sicheren Zinssatz *i* zu kapitalisieren. Der Wert des fremdfinanzierten Unternehmens ergibt sich dann im Rentenfall aus:

$$V^f = \frac{X \cdot (1 - s_u) \cdot (1 - s_l)}{k_s} + \frac{s_u \cdot i \cdot F \cdot (1 - s_l)}{i \cdot (1 - s_l)}$$

$$\Rightarrow \frac{X \cdot (1 - s_u) \cdot (1 - s_l)}{k_s} + s_u \cdot F. \qquad (7.10)$$

Der erste Summand $\frac{X \cdot (1 - s_u) \cdot (1 - s_l)}{k_s}$ stellt dabei, wie aus Gleichung (7.7) ersichtlich, den Unternehmenswert V^e dar, der sich bei vollkommener Eigenfinanzierung ergibt.
Der zweite Summand $s_u \cdot F$ entspricht der kapitalisierten Steuersubvention, die durch die anteilige Fremdfinanzierung entsteht. Der gesamte Unternehmenswert und die Reichtumsposition des Anteilseigners können damit durch die neue Finanzierungsstrategie um $s_u \cdot F$ gesteigert werden. Die Vorgehensweise läßt sich anhand der folgenden Abbildung 7.3 zusammenfassend veranschaulichen.

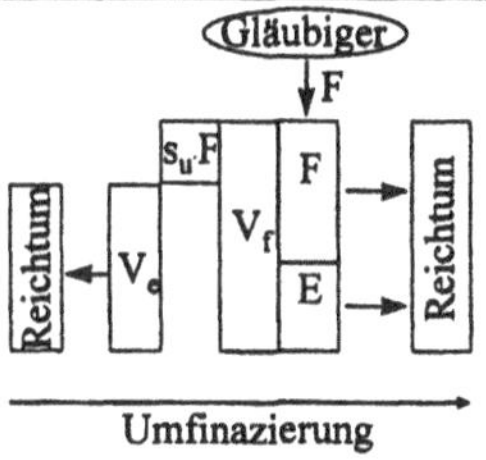

Abb. 7.3: Unternehmenswert- / Reichtumssteigerung durch Umfinanzierung

7.1.3 Einfluß der Finanzierung im deutschen Steuersystem

7.1.3.1 Einfluß der Finanzierung bei Kapitalgesellschaften

Wird vereinfachend unterstellt, daß die zu erwartenden Vorsteuercashflows der Bemessungsgrundlage für die Gewerbeertragsteuer entsprechen und die hieraus resultierende Residualgröße mit dem persönlichen Ertragsteuersatz zu versteuern ist, können die Gesellschafter eines rein eigenfinanzierten Unternehmens bei Vollausschüttung mit folgenden periodischen Cashflows rechnen:

$$X_s^e = (X - s_{GE} \cdot X) \cdot (1 - s_i)$$
$$X_s^e = X \cdot (1 - s_{GE}) \cdot (1 - s_i). \qquad (7.11)$$

Der Gesamtwert des Unternehmens entspricht im Fall einer unendlich uniformen Zahlungsreihe dem Wert des Eigenkapitals.

$$V^e = E = \frac{X_s^e}{k_s}. \qquad (7.12)$$

X_s^e: *Erwarteter Nachsteuercashflow eines rein eigenfinanzierten Unternehmens*

Wird das Unternehmen umfinanziert, muß ein Betriebskredit i.H.v. F aufgenommen werden. Der Betrag F kann gleichzeitig ausgeschüttet werden, um ihn privat anzulegen. Der Investor rechnet nach der Umfinanzierung mit folgenden Cashflows:

$$X_s^f = [X - s_{GE} \cdot (X - 0{,}5 \cdot i \cdot F) - i \cdot F] \cdot (1 - s_i) + i \cdot F \cdot (1 - s_i).^{573} \qquad (7.13)$$

[573] Es wird im folgenden vereinfachend unterstellt, daß Schuldzinsen bei der Ermittlung des Gewerbeertrags zur Hälfte zum Gewinn aus Gewerbebetrieb hinzugerechnet werden müssen, obwohl z.B. Schuldzinsen für Dahrlehen, die nur kurzfristig zur Verstärkung des Betriebskapitals beitragen, gem. § 8 Nr. 1 GewStG nicht hinzurechnungspflichtig sind.

Der erste Summand

$$D_s^f = \left[X - s_{GE} \cdot (X - 0{,}5 \cdot i \cdot F) - i \cdot F\right] \cdot (1 - s_l) \tag{7.14}$$

stellt dabei die zu erwartenden Cashflows dar, die aus dem fremdfinanzierten Unternehmen resultieren.

Der zweite Summand $i \cdot F \cdot (1 - s_l)$ kann genauso wie im System der Doppelbesteuerung auf zwei verschiedene Arten interpretiert werden. Er könnte zum einen für das Einkommen stehen, daß der Investor durch die private Anlage des Betrags F erhält, zum anderen auch für den Betrag, den ein privater Investor dafür erhält, daß er dem Unternehmen als Gläubiger den Betrag F zur Verfügung stellt.

Diese Überlegung gilt natürlich auch im umgekehrten Fall. Ist das Unternehmen teilweise fremdfinanziert, ergeben sich für den Investor spiegelbildlich zu oben zunächst folgende Zahlungen:

$$D_s^f = \left[X - s_{GE} \cdot (X - 0{,}5 \cdot i \cdot F) - i \cdot F\right] \cdot (1 - s_l) \tag{7.14}$$

Wird der Betriebskredit F durch einen Privatkredit ersetzt, rechnet der Investor mit folgenden Cashflows:

$$D_s^e = (X - s_{GE} \cdot X) \cdot (1 - s_l) - i \cdot F \cdot (1 - s_l) \tag{7.15}$$

Subtrahiert man Gleichung (7.13) von Gleichung (7.11) bzw. Gleichung (7.15) von Gleichung (7.14), kann hierdurch die aus den verschiedenen Finanzierungsstrategien resultierende periodische Zahlungsdifferenz errechnet werden. Sie beträgt:

$$\omega_s = 0{,}5 \cdot i \cdot s_{GE} \cdot F \cdot (1 - s_l) \tag{7.16}$$

Bei gleichzeitiger Anlage des freiwerdenden Betrags F überschreiten die periodischen Zahlungen aus dem fremdfinanzierten Unternehmen, die aus einer Investition in dasselbe aber eigenfinanzierte Unternehmen, um ω_s. Der Gesamtwert des fremdfinanzierten Unternehmens ergibt sich aus:

$$V^f = E^f + F = \frac{X_s^e}{k_s} + \frac{\omega_s}{i \cdot (1 - s_I)} = V^e + 0{,}5 \cdot s_{GE} \cdot F. \qquad (7.17)$$

ω_s ist mit dem sicheren Zinssatz i zu diskontieren, sofern wir von konstanten Gewerbe- und Einkommensteuersätzen sowie einem feststehenden F ausgehen, da bei Annahme einer Negativsteuer die Steuersubvention ω_s sicher ist und diese somit selbst bei Verlusten entsteht.

Die Reichtumsposition des Investors und der Unternehmenswert kann somit durch die Fremdfinanzierung im Fall einer unendlichen Rente um $\frac{\omega_s}{i \cdot (1 - s_I)} = 0{,}5 \cdot s_{GE} \cdot F$ gesteigert werden. Verzichtet man auf die Annahme einer Negativsteuer, geht jedoch davon aus, daß der Gewerbe- und Einkommensteuersatz konstant bleibt, sinkt sowohl der Wert der eigenfinanzierten Immobilie V^e als auch die Steuersubvention ω_s, sobald in der Zahlungsreihe zeitweise mit negativen Ergebnissen gerechnet werden muß, da ausschließlich gewerbesteuerliche Verlustvorträge erlaubt sind, und das Einkommensteuergesetz gem. § 10d EStG nur in begrenztem Umfang Verlustrückträge zuläßt.[574] Kommt lediglich ein Verlustvortrag zustande, ist die hieraus entstehende Steuersubvention entsprechend abzudiskontieren.

Geht man von veränderlichen Steuersätzen zwischen den Perioden aus, wäre konsequenterweise die Höhe der Steuersubvention ω_s nicht mehr sicher, was durch einen entsprechenden Sicherheitsabschlag im Zähler bzw. durch einen Risikozuschlag zum Diskontierungsfaktor berücksichtigt werden müßte.

Abschließend sei noch darauf hingewiesen, daß, sobald man s_{GE} mit dem Ausdruck s_u gleichsetzt, das deutsche Steuersystem dem bereits oben vorgestellten System der Doppelbesteuerung gleicht.

[574] Zur detaillierten Diskussion vgl. Kapitel 8.2.2.6.

7.1.3.2 Einfluß der Finanzierung bei Personengesellschaften

Sollte ein Gesellschafter Mitunternehmer eines Gewerbebetriebs sein, gehören Darlehen, die er der Gesellschaft gewährt, zum Sonderbetriebsvermögen. Die Zinseinkünfte rechnen gem. § 15 Abs. 1 Satz 1 Nr. 2 EStG zu den sog. Sondervergütungen und damit zu den Einkünften aus Gewerbebetrieb. Sie sind somit Teil des Gewinns aus dem Gewerbebetrieb im Sinne des § 7 GewStG. Ist der betreffende Gesellschafter alleiniger Mitunternehmer resultiert die bereits bekannte Gleichung

$$X_s^e = X \cdot (1 - s_{GE}) \cdot (1 - s_I) \qquad (7.11)$$

unabhängig davon, ob er F als Kredit oder Eigenkapital zur Verfügung stellt.[575]

Der Wert des Unternehmens kann nicht dadurch erhöht werden, daß der Gesellschafter sein Eigenkapital durch Entnahmen verringert und die nötigen finanziellen Mittel ersetzt, indem er selbst dem Unternehmen einen Kredit in gleicher Höhe gewährt.

Fraglich ist, ob der Anteilseigner nicht dennoch seine Vermögensposition verbessern kann, indem er das bisher eigenfinanzierte Unternehmen teilweise fremdfinanziert und die freien Mittel auf der Bank anlegt. Zweifelsohne gelingt dies, solange die Einkünfte aus Gewerbebetrieb dem gleichen Einkommensteuersatz unterliegen wie die der anderen Einkunftsarten, da hier die Überlegungen zur Kapitalgesellschaft analog gelten. Geht man jedoch davon aus, daß der gespaltene Einkommensteuersatz wirtschaftlich zum Tragen kommt,[576] daß also die relevanten Einkünfte aus Gewerbebetrieb einem niedrigeren Einkommensteuersatz und die Einkünfte aus Kapitalver-

[575] Ansonsten erhielte er je nach gesellschaftsvertraglicher Vereinbarung nur einen Bruchteil von X. Dieser Fall soll im folgenden jedoch vernachlässigt werden, da er keine essentiellen, zusätzlichen Erkenntnisse liefert. Sollten allerdings mehrere Mitunternehmer beteiligt sein, ist bei der Bewertung des Mitunternehmeranteils zu prüfen, ob eine vertragliche Vereinbarung besteht, die es der Gesellschaft bzw. den Gesellschaftern erlaubt, die durch die Sonderbetriebeinnahmen entstehende Gewerbesteuer dem darlehensgewährenden Gesellschafter anzulasten.

[576] Dies ist gem. § 32c Abs. 1 EStG der Fall, wenn der Anteil der gewerblichen Einkünfte am z.v.E. mindestens 93.690 DM beträgt.

mögen einem höheren Steuersatz unterliegen, setzen sich die periodischen Einkünfte des Mitunternehmers bei Vernachlässigung des Solidaritätszuschlags anteilig wie folgt zusammen

$$X_s^f = \left[X - s_{GE} \cdot (X - 0{,}5 \cdot i \cdot F) - i \cdot F\right] \cdot \left(1 - s_{ESt}^{45\%}\right) + i \cdot F \cdot \left(1 - s_{ESt}^{53\%}\right). \tag{7.18}$$

$s_{ESt}^{45\%}$: *relevanter Einkommensteuersatz bei Einkünften aus Gewerbebetrieb*

$s_{ESt}^{53\%}$: *relevanter Einkommensteuersatz bei Einkünften aus Kapitalvermögen*

Sollte hingegen das Kapital F dazu verwendet werden, das Unternehmen vollständig eigenzufinanzieren, resultieren für ihn folgende periodische Cashflows:

$$X_s^e = \left(X - s_{GE} \cdot X\right) \cdot \left(1 - s_{ESt}^{45\%}\right). \tag{7.19}$$

Subtrahiert man Gleichung (7.19) von Gleichung (7.18) und nimmt einige Umformungen vor, folgt:

$$X_s^f - X_s^e = \left[0{,}5 \cdot s_{GE} - 0{,}5 \cdot s_{ESt}^{45\%} \cdot s_{GE} + s_{ESt}^{45\%} - s_{ESt}^{53\%}\right] \cdot i \cdot F \tag{7.20}$$

Die Vorteilhaftigkeit der Fremdfinanzierung bleibt erhalten, wenn Gleichung (7.20) positive Werte annimmt. Wenn also gilt:

$$X_s^f - X_s^e > 0 \quad \text{bzw.}$$

$$X_s^f - X_s^e = \left[0{,}5 \cdot s_{GE} - 0{,}5 \cdot s_{ESt}^{45\%} \cdot s_{GE} + \left(s_{ESt}^{45\%} - s_{ESt}^{53\%}\right)\right] \cdot i \cdot F \overset{?}{>} 0 \tag{7.21}$$

Setzt man für $s_{ESt}^{45\%} = 45\%$ und für $s_{ESt}^{53\%} = 53\%$, müßte s_{GE} wegen

$$X_s^f - X_s^e = \left[0{,}5 \cdot s_{GE} - 0{,}5 \cdot 0{,}45 \cdot s_{GE} - 0{,}08\right] \cdot i \cdot F \overset{?}{>} 0$$

mindestens einen Wert von 29,09 % annehmen,[577] um diese Forderung zu erfüllen. Das entspricht bei der Steuermeßzahl m = 5 % einem Hebesatz von ca. 820 %. Die Vorteilhaftigkeit der Fremdfinanzierung bleibt in diesem Fall gegenüber der Eigenfinanzierung nur bei Hebesätzen von mindestens 820 % erhalten. Der höchste Hebesatz wird in Deutschland bisher von Frankfurt am Main erhoben und liegt bei 515 %.[578] Da dieser klar unter der kritischen Marke von 820 % liegt, ist gegenwärtig in Deutschland immer Eigenfinanzierung vorzuziehen, wenn Investoren mit dem Spitzensteuersatz kalkulieren müssen. Liegt der relevante Steuersatz hingegen zwischen 45 % und 53 %, so hängt die Vorteilhaftigkeit einer Fremdfinanzierung von der Höhe des Einkommen- und Gewerbesteuersatzes ab. Ob eine Fremdfinanzierung anzuraten ist, kann der nachfolgenden Tabelle 7.1 entnommen werden.

	Hebesatz in %											
$s^{53\%}_{ESt} - s^{45\%}_{ESt}$	300	320	340	360	380	400	420	440	460	480	500	520
0	ja	ja	ja	ja	ja	ja	ja	ja	ja	ja	ja	ja
0,01	ja	ja	ja	ja	ja	ja	ja	ja	ja	ja	ja	ja
0,02	ja	ja	ja	ja	ja	ja	ja	ja	ja	ja	ja	ja
0,03	ja	ja	ja	ja	ja	ja	ja	ja	ja	ja	ja	ja
0,04	nein	nein	nein	ja	ja	ja	ja	ja	ja	ja	ja	ja
0,05	nein	nein	nein	nein	nein	nein	nein	nein	ja	ja	ja	ja
0,06	nein	nein	nein	nein	nein	nein	nein	nein	nein	nein	nein	nein
0,07	nein	nein	nein	nein	nein	nein	nein	nein	nein	nein	nein	nein
0,08	nein	nein	nein	nein	nein	nein	nein	nein	nein	nein	nein	nein

Tab. 7.1: Vorteilhaftigkeit der Fremdfinanzierung von Personengesellschaften bei unterschiedlichen Einkommen- und Gewerbesteuerhebesätzen

Ist zusätzlich der Solidaritätszuschlag zu beachten, muß Gleichung (7.21) entsprechend modifiziert werden. Es gilt dann

[577] Berücksichtigt man zusätzlich den Solidaritätszuschlag i.H.v. 5,5 %, erhöht sich dieser Wert auf 32,14 %.

[578] Vgl. Rieger, G., Realsteuerhebesätze, 1998, S. 26.

$$X_s^f - X_s^e = \left[0{,}5 \cdot s_{GE} - 0{,}5 \cdot s_{ESt}^{45\%} \cdot s_{GE} \cdot \left(1 + s_{SolZ}\right) + \left(s_{ESt}^{45\%} - s_{ESt}^{53\%}\right) \cdot \left(1 + s_{SolZ}\right)\right] \cdot i \cdot F \overset{?}{>} 0$$

$$X_s^f - X_s^e = \left[0{,}5 \cdot s_{GE} - 0{,}5 \cdot s_{ESt}^{45\%} \cdot s_{GE} \cdot 1{,}055 + \left(s_{ESt}^{45\%} - s_{ESt}^{53\%}\right) \cdot 1{,}055\right] \cdot i \cdot F \overset{?}{>} 0$$

Zur Beurteilung der Vorteilhaftigkeit von Fremdfinanzierung kann hier Tabelle 7.2 herangezogen werden.

	Hebesatz in %											
$s_{ESt}^{53\%} - s_{ESt}^{45\%}$	300	320	340	360	380	400	420	440	460	480	500	520
0	ja	ja	ja	ja	ja	ja	ja	ja	ja	ja	ja	ja
0,01	ja	ja	ja	ja	ja	ja	ja	ja	ja	ja	ja	ja
0,02	ja	ja	ja	ja	ja	ja	ja	ja	ja	ja	ja	ja
0,03	ja	ja	ja	ja	ja	ja	ja	ja	ja	ja	ja	ja
0,04	nein	nein	nein	nein	nein	ja	ja	ja	ja	ja	ja	ja
0,05	nein	nein	nein	nein	nein	nein	nein	nein	nein	nein	nein	ja
0,06	nein	nein	nein	nein	nein	nein	nein	nein	nein	nein	nein	nein
0,07	nein	nein	nein	nein	nein	nein	nein	nein	nein	nein	nein	nein
0,08	nein	nein	nein	nein	nein	nein	nein	nein	nein	nein	nein	nein

Tab. 7.2: Vorteilhaftigkeit der Fremdfinanzierung von Personengesellschaften bei unterschiedlichen Einkommen- und Gewerbesteuerhebesätzen unter Berücksichtigung des Solidaritätszuschlags

7.2 Übertragung der Erkenntnisse auf die Immobilienbewertung

7.2.1 Zwei vereinfachende Annahmen

Um die eben gewonnenen Erkenntnisse auf die Bewertung von Immobilien übertragen zu können, scheint es für den Bewerter unter pragmatischen Gesichtspunkten legitim, zwei vereinfachende Annahmen zu treffen.

So sollte unterstellt werden, daß zwischen Cashflowgrößen und steuerlichen Bemessungsgrundlagen keine Unterschiede bestehen (Annahme 1). Außerdem sollte man bei Immobilien im Betriebsvermögen von einer Art Vollausschüttungshypothese ausgehen. D.h., sämtliche Cashflows, die durch eine Immobilie auf Unternehmensebene erwirtschaftet werden, werden direkt auf die Anteilseignerebene durchgeleitet (Annahme 2).

Beide Annahmen können mit der Realität kollidieren, Annahme 1, weil der durch die Immobilie zusätzlich erwirtschaftete Jahresüberschuß i.d.R. nicht mit dem Cashflow aus der Immobilie übereinstimmt. Zur Ermittlung der bewertungsrelevanten Cashflows müßte zum einen, wegen ihrer steuerlichen Relevanz, die Ertrags- und Aufwandsebene zum anderen die Zahlungsebene explizit berücksichtigt werden.[579]

Annahme 2 wirft Probleme auf, sofern Ausschüttungssperrvorschriften dafür sorgen, daß Cashflows aus einer Immobilie im Unternehmen gebunden werden. Dieser Fall kann insbesondere eintreten, wenn der gesamte Jahresüberschuß niedriger als der Cashflow aus der Immobilie ist und nicht genügend Gewinnrücklagen bzw. Gewinnvorträge vorhanden sind.[580] Die überschüssig gebundenen Mittel müssen dann im Unternehmen reinvestiert werden. Trifft man die vereinfachende Annahme, daß bereits sämtliche vorteilhafte Investitionsprojekte durchgeführt worden sind, werden die Mittel im Regelfall bis zu ihrer Ausschüttung in Finanzanlagen geparkt, was auf Unternehmensebene zusätzlich Gewerbesteuerzahlungen evoziert. Dies kann sich auf den Wert des Unternehmens bzw. den der Immobilie negativ auswirken, da die Gewerbesteuerzahlungen bei sofortiger Ausschüttung nicht anfallen würden.[581]

Annahme 1 ist für die nachfolgende Betrachtung problemlos, obwohl sich die steuerliche Bemessungsgrundlage und die Cashflows i.d.R. nicht entsprechen. Hierfür sorgen vor allem die Abschreibungen. Da diese jedoch sowohl bei fremd- als auch bei eigenfinanzierten Unternehmen anfallen, resultiert allein aus der vergleichenden Gegenüberstellung von fremd- und eigenfinanzierten Unternehmen keine abschreibungsbedingte Wertdifferenz.

Annahme 2 wird entschärft, wenn man davon ausgeht, daß die im übrigen Unternehmen erwirtschafteten Jahresüberschüsse ausreichen, um eine volle Ausschüttung der durch die Immobilie erzielten Cashflows zu gewährleisten.

---

[579] Vgl. Drukarczyk, J., Unternehmensbewertung, 1998, S. 126.

[580] Vgl. hierzu §§ 58 Abs 4, 174 Abs. 1 AktG, der bei AGs die Ausschüttungen auf den Bilanzgewinn beschränkt; Zur Ermittlung des Bilanzgewinns vgl. § 158 AktG; Für GmbHs vgl. § 29 Abs 1 GmbHG.

[581] Vgl. Schwetzler, B., Ausschüttungssperrvorschriften, 1998, S. 697f.; vgl. zur Ausschüttungspolitik auch Kapitel 8.2.5.

7.2.2 Die Immobilie im Betriebsvermögen

Akzeptiert man beide Annahmen, lassen sich die Erkenntnisse aus der Unternehmensbewertung über die Bewertungsrelevanz der Finanzierung praktisch eins zu eins auf die Bewertung von Immobilien im Betriebsvermögen übertragen. Wird eine Immobilie im Betriebsvermögen angeschafft, stellt sich hier genauso die Frage, ob diese eigen- oder fremdfinanziert werden soll. Bei Kapitalgesellschaften ist auf Grund der steuerbedingten Wertsteigerungsmöglichkeiten bei den von MM gesetzten Annahmen für Fremdfinanzierung zu plädieren. Soll die Immobilie hingegen zum Betriebsvermögen einer Personengesellschaft gehören, ist eine Fremdfinanzierung durch ein Gesellschafterdarlehen nur unter bestimmten Konstellationen vorteilhaft.[582]

7.2.3 Die Immobilie im Privatvermögen

Die Finanzierung von Immobilien im Privatvermögen hat zunächst keinen Einfluß auf deren Wert. Dies kann verdeutlicht werden, indem man die Cashflows einer teilweise fremdfinanzierten Immobilie denen einer eigenfinanzierten gegenüberstellet. Der Eigentümer einer eigenfinanzierten Immobilie darf mit folgenden periodischen Nachsteuereinkünften rechnen:

$$X_s^e = X \cdot (1 - s_I) \tag{7.22}$$

Finanziert er die Immobilie teilweise durch Fremdkapital und legt den frei werdenden Betrag statt dessen in festverzinsliche Wertpapiere an, folgt:

$$\begin{aligned} X_s^f &= (X - i \cdot F) \cdot (1 - s_I) + i \cdot F \cdot (1 - s_I) \\ X_s^f &= X \cdot (1 - s_I) - i \cdot F \cdot (1 - s_I) + i \cdot F \cdot (1 - s_I) \\ X_s^f &= X \cdot (1 - s_I) = X_s^e \end{aligned}$$

Der Effekt einer teilweisen Fremdfinanzierung ist gleich Null.

[582] Vgl. hierzu Tabelle 7.1 und 7.2.

Dies ändert sich, wenn man die Finanzierungsmöglichkeit mit einer Lebensversicherung ins Kalkül zieht. Hier ändert sich der Wert des Investitionsobjekts Immobilie allerdings nicht, weil Fremdkapital im Gegensatz zu Eigenkapital steuerlich privilegiert wird, sondern weil Zinserträge aus Lebensversicherungen unter den Voraussetzungen des § 20 Abs. 1 Nr. 6 Satz 2 EStG, also insbesondere einer 12-jährigen Laufzeit, von der Einkommensteuer befreit bleiben.[583]

Der Kalkül sieht dann wie folgt aus. Eine Immobilie wird ganz oder teilweise fremdfinanziert. Statt diese Fremdmittel zu tilgen, werden nur die Zinsen bedient, gleichzeitig wird eine Lebensversicherung abgeschlossen. Am Ende der Laufzeit des Versicherungsvertrags verwendet man die fällige Lebensversicherungssumme dazu, den endfälligen Kredit zu tilgen.

Ist § 20 Abs. 1 Nr. 6 Satz 2 EStG erfüllt, und wird für die Lebensversicherung mit der darlehensgewährenden Bank weder eine Sicherungs- noch Tilgungsabrede getroffen, sind die Zinsen aus derselben einkommensteuerfrei.[584] Bestehen hingegen solche Abreden, was in der Praxis regelmäßig der Fall sein dürfte, liegt eine steuerschädliche Verwendung dieser Ansprüche vor, sofern die Voraussetzungen des § 10 Abs. 2 Satz 2 Buchstabe a bzw. b EStG nicht erfüllt sind.[585] In diesem Fall sind die Zinseinnahmen aus der Lebensversicherung im Zeitpunkt ihres Zuflußes voll steuerpflichtig,[586] d.h. i.d.R. bei Auszahlung der Versicherungsleistung, so daß es de facto zu einer Steuerstundung kommt. Dieser Steuerstundung steht allerdings der Nachteil einer möglicherweise in Zukunft höheren Steuerprogression gegenüber, da es bei Fälligkeit der Versicherungssumme zu einem einmaligen kumulierten Zufluß der Zins- und Zinseszinsen aus dem Versicherungsvertrag kommt. Dies führt bei Einkommensbeziehern, die sich nicht ohnehin in der Zone der Spitzenprogression befinden dazu, daß die Erträge aus der Versicherung mit einer absolut höheren Einkommensteuer belastet werden, als bei einer alter-

[583] Dies gilt zumindest für Lebensversicherungen, die bis zum 31.12.1999 abgeschlossen werden. Zum Erstellungszeitpunkt der Arbeit lag ein Gesetzesentwurf vor, der in Zukunft eine Besteuerung von Lebensversicherungen im Erlebensfall vorsieht. Im folgenden wird die Rechtslage bis einschließlich 31.12.1999 dargestellt.

[584] Vgl. auch Becker, W. / Bur, H., Lebensversicherungen, 1998, S. 121.

[585] Vgl. § 20 Abs. 1 Nr. 6 Satz 4 EStG; Zur detaillierten Diskussion um Steuer(un)schädlichkeit, vgl. Meyer-Scharenberg, D., Finanzierung, 1996.

[586] Vgl. Meyer-Scharenberg, D., Finanzierung, 1996, Rz. 142.

nativen Besteuerung der Kapitaleinkünfte verteilt über die gesamte Laufzeit der Versicherung. Die Lebensversicherung verliert hier unter Umständen ihre evtl. werterhöhende Wirkung. Deshalb werden nur die Fälle betrachtet, bei denen die Zinsen aus der Lebensversicherung steuerfrei bleiben, also entweder keine Sicherungs- oder Tilgungsabrede getroffen wurde und die Voraussetzungen des § 20 Abs. 1 Nr. 6 Satz 2 EStG gegeben sind oder die Voraussetzungen des § 20 Abs. 1 Nr. 6 Satz 2 EStG und § 10 Abs. 2 Satz 2 Buchstabe a bzw. b EStG erfüllt sind.

Da die Schuldzinsen in jedem Fall steuerlich abzugsfähig bleiben, solange sie in Zusammenhang mit Einkünften aus Vermietung und Verpachtung entstehen, ergibt sich der periodische Cashflow aus einer Immobilieninvestition während der Laufzeit der Versicherung aus:

$$X_{n,s}^{f,Vers} = X_n \cdot (1 - s_I) - i \cdot F_n \cdot (1 - s_I) - B_{n-1}^{Vers}, \qquad (7.23)$$

wobei gilt: $\sum_{n=0}^{N-1} B_n^{Vers} \cdot (1+i)^{N-n} = F_N = F$[587]

B_n^{Vers}: *Versicherungsprämie in der Periode n*

$X_{n,s}^{f,Vers}$: *Cashflows aus einer lebensversicherungsfinanzierten Immobilie in der Periode n*

Hiebei wird unterstellt, daß die Mieterträge und die Zinszahlungen am Periodenende entrichtet werden, während die Beiträge zur Lebensversicherung jeweils am Periodenanfang fällig sind, was dem Periodenende der Vorperiode entspricht.

Wird der Versicherungsvertrag am Ende der Laufzeit fällig und unterstellt man, daß sich die eingezahlten Versicherungsbeträge zum sicheren Zinssatz *i* verzinsen, ergibt sich am Ende der letzten Periode folgender Cashflow:

587 Sofern es sich um keine Direktversicherung handelt, darf *F* dabei höchstens den Anschaffungs / Herstellungskosten entsprechen, vgl. § 10 Abs 2 Satz 2 Buchstabe a EStG.

$$X_{N,s}^{f,Vers} = X_N \cdot (1-s_I) - i \cdot F_N \cdot (1-s_I) + \sum_{n=0}^{N-1} B_n^{Vers} \cdot (1+i)^{N-n} - F_N$$
$$X_{N,s}^{f,Vers} = X_N \cdot (1-s_I) - i \cdot F_N \cdot (1-s_I) \tag{7.24}$$

Diese Cashflows müssen jetzt mit denen verglichen werden, die aus einer Kreditfinanzierung ohne Einsatz einer Lebensversicherung resultieren. Geht man dabei vom einfachsten Fall einer endfälligen Tilgung aus, bei der in jeder Periode nur die Kreditzinsen bedient werden, folgen hieraus periodische Zahlungen i.H.v.:

$$X_{n,s}^{f} = X_n \cdot (1-s_I) - i \cdot F \cdot (1-s_I). \tag{7.25}$$

Ist der Kredit fällig, entsteht folgendes Bild:

$$X_{N,s}^{f} = X_N \cdot (1-s_I) - i \cdot F \cdot (1-s_I) - F_N. \tag{7.26}$$

Die Zahlungen unterscheiden sich im Vergleich zum ersten Fall dadurch, daß während der Laufzeit der Versicherung höhere periodische Auszahlungen i.H.v. B_n^{Vers} anfallen. Am Ende der Laufzeit erhält der Investor diese Auszahlungen mit Zins und Zinseszins zurück. Da die Alternativanlage jedoch der Einkommensteuer unterliegt, resultiert für die Anlage in eine Lebensversicherung ein positiver Kapitalwert, es gilt:

$$\sum_{n=0}^{N-1} \frac{B_n^{Vers} \cdot (1+i)^{N-n}}{\left[1+i \cdot (1-s_I)\right]^N} - \sum_{n=0}^{N-1} \frac{B_n^{Vers}}{\left[1+i \cdot (1-s_I)\right]^n} > 0. \tag{7.27}$$

Der Beweis hierzu fällt leicht. Wird Gleichung (7.27) mit $\left[1+i \cdot (1-s_I)\right]^N$ multipliziert, folgt:

$$B_0^{Vers} \cdot (1+i)^N + B_1^{Vers} \cdot (1+i)^{N-1} + \cdots + B_{N-1}^{Vers} \cdot (1+i) -$$
$$B_0^{Vers} \cdot \left[1+i \cdot (1-s_I)\right]^N + B_1^{Vers} \cdot \left[1+i \cdot (1-s_I)\right]^{N-1} + \cdots + B_{N-1}^{Vers} \cdot \left[1+i \cdot (1-s_I)\right] > 0$$

Durch den Einsatz der Lebensversicherung kann folglich immer ein positiver Kapitalwert erzielt werden, was allerdings auch ohne gleichzeitigen Erwerb einer Immobilie zutrifft. Allerdings kann hier die Lebensversicherung steuerunschädlich über Fremdkapital finanziert werden.

Die obige Betrachtung ist mit zwei Mängeln behaftet. Zum einen wurde implizit unterstellt, daß der Todesfall ausgeschlossen ist, der Investor also in jedem Fall die Ausbezahlung der Versicherungssumme selbst erlebt, zum anderen, daß die Ablaufleistung der Versicherung und damit der Rechnungszinsfuß *i* vollkommen sicher ist.

Nun handelt es sich bei Kapitallebensversicherungen um eine gemischte Versicherung auf den Todes- und Erlebensfall. Ökonomisch gesehen liegt also zum einen eine Risikoversicherung, zum anderen ein Sparvertrag vor. D.h., bei Ableben des Versicherungsnehmers während der Vertragslaufzeit wird die vereinbarte Versicherungssumme (plus evtl. Überschußanteile) ausgezahlt. Die Bewertung dieses Risikoschutzes wird hier jedoch aus der Betrachtung ausgeklammert,[588] da lediglich demonstriert werden soll, ob sich die Finanzierung über das Kapitalanlageprodukt Lebensversicherung im Erlebensfall werterhöhend auswirken kann.

Dies hängt vorwiegend von den Opportunitätskosten ab. Zur Bestimmung derselben ist, bei Vernachlässigung des Versicherungsschutzes in Form der Leistung bei Ableben des Versicherten, zu berücksichtigen, daß sich die Ablaufleistung in einen garantierten und einen nicht garantierten Teil gliedert. Ersterer ergibt sich aus den Sparbeiträgen des Versicherungsnehmers und dem Rechnungszinsfuß für die Deckungsrückstellungen.[589] Der Rechnungszinsfuß für die Deckungsrückstellungen ist bei Abschluß der Versicherung bekannt und bewegt sich im Rahmen des § 65 Abs. 1 Ziff. 1 und Abs. 3 VAG. Er beträgt höchstens 60 % des Zinssatzes der Staatsanleihen, auf dessen Währung der Vertrag lautet oder wird auf Basis des Ertrags des Versicherers festgelegt, den dieser mit seinen gegenwärtig und zukünftig vorhandenen Aktiva erzielt. Im letzten Fall ist ein Sicherheitsabschlag vorzu-

[588] Einen Ansatz zur Bewertung von Kapitallebensversicherungen versucht Stark, G., Kapitallebensversicherungen, 1997, S. 685 - 711, zu liefern.

nehmen. Dabei werden die Sicherheitsmarge und der zukünftige Zinssatz von der Aufsichtsbehörde festgelegt.

Die Überschußbeteiligung stellt den nicht garantierten Anteil der Ablaufleistung dar. Überschüsse entstehen beim Lebensversicherer hauptsächlich durch die sehr vorsichtige Kalkulation der Prämien.[590] Der bedeutendste Teil der Überschüsse ergibt sich dadurch, daß die Erträge aus den Kapitalanlagen, die ein Versicherer tätigt, weit über den rechnungsmäßigen Zinsen für das Deckungskapital liegen.[591] Die Differenz aus diesen Erträgen und den rechnungsmäßigen Zinsen für das Deckungskapital werden zum größten Teil an die Versicherungsnehmer weitergegeben.[592] Sie sind allerdings in ihrer Höhe unsicher.

Der in Formel (7.27) abgeleitete Nettokapitalwert muß folglich modifiziert werden. So setzt sich die Gesamtrendite aus teilweise sicheren und teilweise unsicheren Zahlungen zusammen. Sollte der Versicherer die Überschußanteile einbehalten, um die Versicherungssumme zu erhöhen, errechnet sich der Endwert der Versicherungsleistung aus:[593]

$$\sum_{n=0}^{N-1} B_n^{Vers} \cdot \left(1+i_{gar}\right)^{N-n} + \sum_{n=1}^{N} ÜB_n \left(1+i_{gar}\right)^{N-n}$$ [594]

B_n^{Vers} : *Versicherungsprämie in der Periode n*

$ÜB_n$: *Überschußanteil in der Periode n*

i_{gar} : *garantierte Verzinsung*

[589] Vgl. Kurzendörfer, V., Lebensversicherung, 1996, S. 59.

[590] Vgl. zur näheren Erläuterung, Goll, H.P. / Gilbert, W. / Steinhaus, H.-J., Handbuch, 1992, S. 93 - 110; Kurzendörfer, V., Lebensversicherung, 1996, S. 117 - 148.

[591] Vgl. Kurzendörfer, V., Lebensversicherung, 1996, S. 123; die Überschußbeteiligung wird darüberhinaus durch das Risiko-, Abschlußkosten-, Verwaltungskosten-, Rückversicherungs-, Storno- und sonstiges Ergebnis beeinflußt, vgl. Kurzendörfer, V., Lebensversicherung, 1996, S. 121.

[592] Vgl. auch § 81c VAG.

[593] Zu den verschiedenen möglichen Verwendungsformen der Überschußanteile vgl. z.B. Goll, H.P. / Gilbert, W. / Steinhaus, H.-J., Handbuch, 1992, S. 97, auf diese braucht hier allerdings nicht eingegangen zu werden, da die Überschußanteile unabhängig von ihrer Verwendung immer unsicher bleiben und somit die Kernaussage nicht determiniert wird.

[594] Die Überschußanteile werden dem Versicherungsvertrag i.d.R am Ende von Periode *n* gutgeschrieben und anschließend mit dem garantierten Zinssatz verzinst.

Davon ist nur der erste Summand mit dem sicheren Zinssatz *i* abzudiskontieren. Die verzinsten Überschußbeteiligungen sind entweder mit einem risikoäquivalenten Kapitalisierungszinsfuß *k* zu diskontieren oder es sind entsprechende Sicherheitsäquivalente zu bilden, die dann mit *i* abgezinst werden. Der Nettokapitalwert der Versicherung beträgt dann:

$$\sum_{n=0}^{N-1} B_n^{Vers} \cdot \frac{\left(1+i_{gar}\right)^{N-n}}{\left[1+i\cdot\left(1-s_I\right)\right]^n} + \sum_{n=1}^{N} ÜB_n \cdot \frac{\left(1+i_{gar}\right)^{N-n}}{\left(1+k_s\right)^n} - \sum_{n=0}^{N-1} B_n^{Vers}$$

Geht man davon aus, daß $i_{gar} < i\cdot\left(1-s_I\right)$, kann folglich a priori nicht beurteilt werden, ob ein negativer oder positiver Nettokapitalwert erzielt wird, und damit ein Einsatz von Lebensversicherungen zur Finanzierung von Immobilien vorteilhaft ist.

8 Ermittlung des Grenzpreises einer Immobilie

8.1 Notwendigkeit der individuellen Grenzpreisermittlung von Immobilien

Kapitalmarkttheoretische Modelle können als theoretisch fundierter Ansatzpunkt zur Ermittlung des Marktwerts von Immobilienanlagen dienen. Die Berechnung des Marktwerts ist jedoch nur in bestimmten Fällen sinnvoll, so vor allem dann, wenn Agenten im Interesse von Prinzipalen handeln, deren Risikoneigungen nicht bekannt sind.[595]
Sollen Grenzpreise für Immobilienanlagen berechnet werden, müssen die individuellen Gegebenheiten des Investors in die Betrachtung miteinbezogen werden. Hierfür sind kapitalmarkttheoretische Modelle nicht geeignet, da sie auf den typisierten Anleger abzielen, weshalb eine Berücksichtigung der individuellen Steuersituation des Anlegers nur unzureichend möglich ist. Auf der anderen Seite können sich gerade steuerliche Regelungen stark auf den Grenzpreis einer Immobilie auswirken. Um diesem Umstand in angemessenem Maße Rechnung zu tragen, werden im folgenden zunächst die Auswirkungen des deutschen Steuersystems auf den Grenzpreis einer Immobilie diskutiert, um anschließend steuerliche Regelungen im Rahmen der Risikonutzentheorie zu integrieren.

8.2 Einfluß des deutschen Steuersystems auf den Grenzpreis einer Immobilie

Im folgenden werden die Einkommen-, Körperschaft-, Gewerbeertrag-, Gewerbekapital-, Vermögensteuer, der Solidaritätszuschlag sowie die Umsatzsteuer betrachtet.

[595] Ähnlich auch Behringer, S., Unsicherheit, 1999, S. 735.

8.2.1 Differenzierung zwischen Betriebs- und Privatvermögen

Im Vorfeld einer Diskussion um die Auswirkungen verschiedener Steuerarten auf den Wert von Immobilien muß zunächst geklärt werden, ob sich die jeweils zu bewertende Immobilie im Privat- oder Betriebsvermögen befindet. Hiervon hängt es ab, welchen Einkunftsarten die aus den Immobilien fließenden Erträge, Aufwendungen und Vermögenswertänderungen zugeordnet werden.[596]

Befindet sich eine Immobilie bzw. Immobilienanlage[597] im Privatvermögen, sind die mit ihr in Zusammenhang stehenden Einnahmen und Werbungskosten einer der Überschußeinkunftsarten[598] zuzuordnen. I.d.R. wird es sich hierbei um Einkünfte aus Vermietung und Verpachtung[599] oder um Einkünfte aus Kapitalvermögen[600] handeln. Realisierte Wertzuwächse oder Wertminderungen sind bei Immobilien, die sich im Privatvermögen befinden, außerhalb der Spekulationsfrist steuerlich nicht beachtenswert. Der sogenannten Quellentheorie folgend werden lediglich Erträge besteuert, die aus dem Vermögen entstehen, während Vermögenswertänderungen selbst nicht der Besteuerung unterliegen. Bewertungsrelevant sind allein die Einkommen-, Kirchensteuer, der Solidaritätszuschlag sowie unter Umständen die Umsatzsteuer. Befindet sich eine Immobilie hingegen im Betriebsvermögen, sind die ihr zuzuordnenden Erträge und Aufwendungen den Gewinneinkunftsarten zuzurechnen.[601] Vermögenswertänderungen im Betriebsvermögen sind nach der sogenannten Reinvermögenszugangstheorie, wenn auch teilweise mit einem erheblichen time lag, steuerlich zu berücksichtigen. Neben die bereits genannten Steuern können hier weitere bewertungsrelevante Steuern treten. Ist die Immobilie Teil eines Gewerbebetriebs[602], muß bei deren Bewertung

[596] Vgl. Biergans, E., Einkommensteuer, 1992, S. 247.
[597] Beide Begriffe werden im folgenden synonym verwendet.
[598] Vgl. §§ 19, 20, 21, 22 EStG.
[599] Vgl. § 21 EStG, i.d.R. dann, wenn die Einkünfte aus einer Direktinvestition oder aus einem geschlossenen Immobilienfonds stammen.
[600] Vgl. § 20 EStG, in der Regel dann, wenn die Einkünfte aus einem offenen Immobilienfonds stammen.
[601] Vgl. §§ 13, 15, 18 EStG.
[602] Zur Definition des Begriffs Gewerbebetrieb, vgl. § 15 Abs. 2, 3 EStG.

zusätzlich die Gewerbesteuer beachtet werden.[603] Gehört die Immobilie zum Vermögen einer Körperschaft im Sinne des § 1 KStG, unterliegen die aus ihr fließenden Einkünfte der Körperschaftsteuerpflicht. Sofern die Körperschaft als Gewerbebetrieb qualifiziert wird,[604] ist deren Gewerbeertrag[605] gewerbesteuerpflichtig.
Aus diesem Grund sollen vier Fälle unterschieden werden:

1. Die Immobilienanlage ist Teil des Privatvermögens, der Eigentümer erzielt Einkünfte aus Vermietung und Verpachtung.
2. Die Immobilienanlage ist Teil des Privatvermögens, der Eigentümer erzielt Einkünfte aus Kapitalvermögen.[606]
3. Die Immobilienanlage ist Teil des Betriebsvermögens eines Gewerbebetriebs, (der) die Eigentümer erzielen Einkünfte aus Gewerbebetrieb.
4. Die Immobilienanlage ist Teil des Betriebsvermögens einer Kapitalgesellschaft, (der) die Eigentümer erzielen Einkünfte aus Kapitalvermögen.

Im Fall 1 und 2 sind lediglich die persönlichen Ertragsteuern, Einkommensteuer, Solidaritätszuschlag und Kirchensteuer sowie unter Umständen die Umsatzsteuer bewertungsrelevant, im Fall 3 zusätzlich die Gewerbesteuer. Im Fall 4 muß außerdem die Körperschaftsteuer berücksichtigt werden.

8.2.2 Einkommensteuer

In der Literatur zur Immobilienbewertung werden persönliche Ertragsteuern de facto nicht berücksichtigt. Da die Immobilienbewertungslehre jedoch theoretisch wenig ausgeprägt ist, scheint es gerechtfertigt, zur Klärung der Frage nach der Relevanz dieser Steuerart einen Blick auf die Unternehmensbewertungsliteratur zu werfen.
Das IdW (Institut der Wirtschaftsprüfer) hielt die Beachtung der persönlichen Einkommensteuer mit der Begründung, sofern diese mit einbezogen werde,

[603] Vgl. auch § 2 GewStG.
[604] Vgl. § 2 Abs. 2 GewStG.
[605] Vgl. § 7 GewStG.
[606] Dies trifft auf offene Immobilienfonds zu.

müßte sie auch im Kapitalisierungszinssatz berücksichtigt werden, so daß sich der Unternehmenswert vor und nach Einkommensteuer kaum ändern würde, lange Jahre für entbehrlich.[607] Erst 1997 ist der Arbeitskreis „Unternehmensbewertung" des IdW zu der Auffassung gelangt, daß die persönlichen Ertragsteuern bei der Unternehmensbewertung von Bedeutung sind.[608] MOXTER vertrat diese Auffassung bereits 1983.[609]

In der Literatur ist man sich heute weitgehend darüber einig, daß persönliche Ertragsteuern bei der Unternehmensbewertung zu beachten sind.[610] Es existieren jedoch keine Veröffentlichungen, die die Relevanz dieser Steuern auf den Wert eines Investitionsobjekts beweisen und die Auswirkungen der persönlichen Steuern umfassend untersuchen.

Da gerade die persönlichen Ertragsteuern einerseits Auswirkungen auf den Wert des Investitionsobjekts Immobilie haben, diese andererseits in den traditionellen Bewertungsverfahren bisher kaum in ausreichendem Maße mit einbezogen worden sind, soll die Lücke in diesem Kapitel durch eine explizite Berücksichtigung des deutschen Steuersystems im Bewertungskalkül geschlossen werden.

Dabei wird zunächst die Bewertungsrelevanz der Einkommensteuer bewiesen. Anschließend wird erläutert, wie die Einkommensteuer im Bewertungskalkül beachtet werden kann. Hierzu wird in einem ersten Schritt die vereinfachende Annahme gesetzt, daß:

1. die Einzahlungsüberschüsse (Cashflows) vor Einkommensteuer X_{t+n}, die aus einem Investitionsobjekt resultieren, mit dem zusätzlich zu versteuernden Einkommen (z.v.E.) übereinstimmen.[611]
2. dem Investitionsobjekt der zusätzlich erzielte Cashflow bzw. das zusätzliche z.v.E. eindeutig zugerechnet werden kann.

[607] Vgl. IdW, HFA 2/1983, 1983, S. 477.
[608] Vgl. Siepe, G., Ertragsteuern, 1997, S. 2.
[609] Vgl. Moxter, A., Grundsätze, 1983, S. 177.
[610] Vgl. z.B. Sieben, G., Unternehmensbewertung, 1993, Sp. 4326; Wagner, F.W. / Rümmele, P., Unternehmensbewertung, 1995; König, W., Unternehmensbewertung, 1996; Günther, R., Unternehmensbewertung, 1997; Siepe, G., Ertragsteuern, 1997; Siepe, G., Unternehmensbewertung, 1998, S. 332; Siepe, G., Die Unternehmensbewertung, 1998, Abschnitt A, RZ. 194 - 204.
[611] X_{t+n} kann auch negative Werte annehmen.

8.2.2.1 Wertdifferenz durch Nichtberücksichtigung der Einkommensteuer

Um die Relevanz der Einkommensteuer für den Wert eines Investitionsobjekts zu beweisen, wird zunächst ein gegebener periodischer Cashflow X_{t+n} unterstellt. Der Wert dieser Cashflows beträgt ohne Berücksichtigung der Einkommensteuer:

$$V_t = \sum_{n=1}^{N} \frac{X_{t+n}}{\prod_{j=1}^{n}\left(1+k_{t+j}\right)} \quad . \qquad (8.1)$$

V_t: *Wert der Immobilie am Ende der Periode t*

k_{t+j}: *relevanter Diskontierungsfaktor der Periode t+j*

X_{t+n}: *Cashflow am Ende der Periode t+n*

Wird die Einkommensteuer berücksichtigt, ergibt sich der Wert der Zahlungsreihe aus:

$$V_{t,s} = \sum_{n=1}^{N} \frac{X_{t+n}\cdot\left(1-s_{ESt,t+n}\right)}{\prod_{j=1}^{n}\left[1+k_{t+j}\cdot\left(1-s_{ESt,O,t+j}\right)\right]} \text{ bzw. } V_{t,s} = \sum_{n=1}^{N} \frac{X_{t+n}\cdot\left(1-s_{ESt,t+n}\right)}{\prod_{j=1}^{n}\left(1+k_{t+j,s}\right)} . \qquad (8.2)$$

$s_{ESt,t+n}$: *relevanter Einkommensteuersatz*

$k_{t+j,s}$: *relevanter Nachsteuerdiskontierungsfaktor der Periode t+j*

$s_{ESt,O,t+j}$: *relevanter Einkommensteuersatz der Opportunitätskosten*

Bleiben der Diskontierungsfaktor, die zu erwartenden Cashflows und die Steuersätze $s_{ESt,t+n}$ bzw. $s_{ESt,O,t+j}$ im Zeitablauf unverändert, gilt $k_{t+j}=k$, $X_{t+n}=X$, $s_{ESt,t+n}=s_{ESt}$ und $s_{ESt,O,t+j}=s_{ESt,O}$. Ohne Berücksichtigung der Einkommensteuer resultiert folgender Wert:

$$V_t = \sum_{n=1}^{N} \frac{X}{(1+k)^n} \text{ bzw. } V_t = X \cdot \frac{\left[(1+k)^N - 1\right]}{(1+k)^N \cdot k}, \tag{8.3}$$

Bezieht man die Einkommensteuer mit ein, gilt Ausdruck (8.4):

$$V_{t,s} = \sum_{n=1}^{N} \frac{X \cdot (1 - s_{ESt})}{\left[1 + k \cdot (1 - s_{ESt,O})\right]^n} \text{ bzw.}$$

$$V_{t,s} = X \cdot (1 - s_{ESt}) \cdot \frac{\left\{\left[1 + k \cdot (1 - s_{ESt,O})\right]^N - 1\right\}}{\left[1 + k \cdot (1 - s_{ESt,O})\right]^N \cdot k \cdot (1 - s_{ESt,O})}. \tag{8.4}$$

Die Aussage des IDW von 1983, persönliche Einkommensteuern seien nicht bewertungsrelevant,[612] kann nun falsifiziert werden. Betrachtet man zunächst eine unendliche Zahlungsreihe, resultieren jeweils folgende Werte:

$$V_{t,s} = \frac{X \cdot (1 - s_{ESt})}{k \cdot (1 - s_{ESt,O})} \text{ bzw. } V_t = \frac{X}{k} \tag{8.5}$$

Falls $s_{ESt} = s_{ESt,O}$, kann der Term $(1 - s_{ESt})$ offensichtlich problemlos gekürzt werden, so daß für $N \to \infty$ gilt:

$$V_{t,s} = \frac{X \cdot (1 - s_{ESt})}{k \cdot (1 - s_{ESt})} = \frac{X}{k} = V_t$$

Einkommensteuern sind folglich im Fall einer unendlichen Rente für die Bewertung irrelevant, falls $s_{ESt} = s_{ESt,O}$ gilt.[613]

---

[612] Vgl. auch Helbing, C., Unternehmensbewertung, 1989, S. 414, der der Meinung ist: „Rechnerisch führt das [Bewertungs]Verfahren zu demselben Ergebnis, wenn Nettogewinne (nach Abzug der Einkommensteuer) mit Nettozinsfüßen oder Bruttogewinne (vor Abzug der Einkommensteuer) mit Bruttozinsfüßen kapitalisiert werden".

[613] Vgl. z.B. auch Kruschwitz, L. / Löffler, A., Unternehmensbewertung, 1998, S. 1042, die die Problematik der Annahme $s_{ESt} = s_{ESt,O}$ nicht weiter diskutieren.

Diese Aussage ist nicht mehr haltbar, wenn man den Wert für einen endlichen Planungszeitraum berechnet. Hierzu wird im folgenden zunächst immer $s_{ESt} = s_{ESt,0}$ unterstellt und Gleichung (8.3) und (8.4) in die Ausdrücke (8.6) und (8.7) überführt. Durch Umformen und Kürzen erhält man:

$$V_t = \frac{X}{k} - \frac{X}{(1+k)^N \cdot k} \tag{8.6}$$

$$V_{t,s} = \frac{X}{k} - \frac{X}{\left[1+k\cdot(1-s_{ESt})\right]^N \cdot k} \tag{8.7}$$

Um die Konsequenz der Nichtberücksichtigung der Einkommensteuer aufzuzeigen, ist Gleichung (8.7) von (8.6) zu subtrahieren:

$$V_t - V_{t,s} = \frac{X}{\left[1+k\cdot(1-s_{ESt})\right]^N \cdot k} - \frac{X}{(1+k)^N \cdot k} > 0 \tag{8.8}$$

Die Differenz von Gleichung (8.8) nimmt für $0 < N < \infty$ positive Werte an. Differenziert man Gleichung (8.8) nach s_{ESt}, resultiert hieraus unter Anwendung der Quotientenregel:

$$\begin{aligned} \frac{\partial(V_t - V_{t,s})}{\partial s_{ESt}} &= \frac{0 - N\cdot\left[1+k\cdot(1-s_{ESt})\right]^{N-1}\cdot k\cdot(-k)\cdot X}{\left\{\left[1+k\cdot(1-s_{ESt})\right]^N \cdot k\right\}^2} \\ \frac{\partial(V_t - V_{t,s})}{\partial s_{ESt}} &= \frac{N\cdot X}{\left[1+k\cdot(1-s_{ESt})\right]^{N+1}} > 0 \end{aligned} \tag{8.9}$$

Für $0 < N < \infty$ folgt aus Gleichung (8.8) und (8.9), daß der Wert der Cashflows unter Vernachlässigung der persönlichen Einkommensteuer den Wert bei Berücksichtigung derselben übersteigt. Dabei nimmt die resultierende Wertdifferenz mit wachsendem Steuersatz s_{ESt} zu und sinkt mit steigendem *N*. Für $N \rightarrow \infty$ geht die Wertdifferenz wie bereits festgestellt gegen Null.

Dieses Ergebnis läßt sich mit Hilfe der folgenden Abbildung 8.1 verdeutlichen. Hier wird die relative Wertdifferenz $\frac{V_t - V_{t,s}}{V_t}$ in Abhängigkeit von dem Diskontierungszeitraum N und einem Vorsteuerdiskontierungsfaktor i.H.v. 10 % abgebildet. Die linke Graphik veranschaulicht die relative Wertdifferenz $\frac{V_t - V_{t,s}}{V_t}$ in Abhängigkeit von drei verschiedenen Steuersätzen $s_{ESt} = (10\%,\ 30\%,\ 50\%)$, die rechte in Abhängigkeit von Steuersätzen, die in einem Intervall $s_{ESt} = [10\%\ ;\ 50\%]$ liegen.[614]

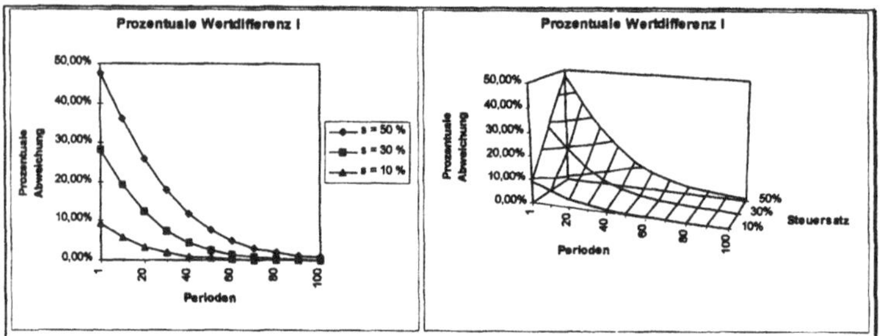

Abb. 8.1: Entwicklung von $\frac{V_t - V_{t,s}}{V_t}$ in Abhängigkeit vom Steuersatz s_{ESt}

Differenziert man Gleichung (8.8) nach k, errechnet sich hieraus:[615]

$$\frac{\partial(V_t - V_{t,s})}{\partial k} = \left\{ \frac{1}{(1+k)^N} \cdot \left[\frac{1}{k} + \frac{N}{(1+k)} \right] - \right.$$

$$\left. - \frac{1}{\left[1 + k(1 - s_{ESt})\right]^N} \cdot \left[\frac{1}{k} + \frac{N \cdot (1 - s_{ESt})}{1 + k \cdot (1 - s_{ESt})} \right] \right\} \cdot \frac{X}{k} < 0$$

Die Wertdifferenz reagiert unterschiedlich sensitiv auf verschiedene Diskontierungsfaktoren. Für $0 < N < \infty$ nimmt die Wertdifferenz der zu erwartenden

---

[614] Vgl. Anhang III mit der entsprechenden Datenmatrix für beide Graphiken und einer Beispielrechnung.

[615] Zur Berechnung vgl. Anhang IV.

Cashflows mit sinkendem Diskontierungsfaktor zu. Dies wird anhand der folgenden Abbildung 8.2 verdeutlicht, die die relative Wertdifferenz $\frac{V_t - V_{t,s}}{V_t}$ unter Berücksichtigung eines Einkommensteuersatzes von 50 % und variierenden Betrachtungsperioden N veranschaulicht. Die Kurven der linken Graphik wurden mit Hilfe von drei verschiedenen Diskontierungsfaktoren $k = (5\%,\ 10\%,\ 20\%)$ errechnet, während die rechte Graphik auf Diskontierungsfaktoren beruht, die in einem Intervall von $k = [5\%\ ;\ 20\%]$ liegen.[616]

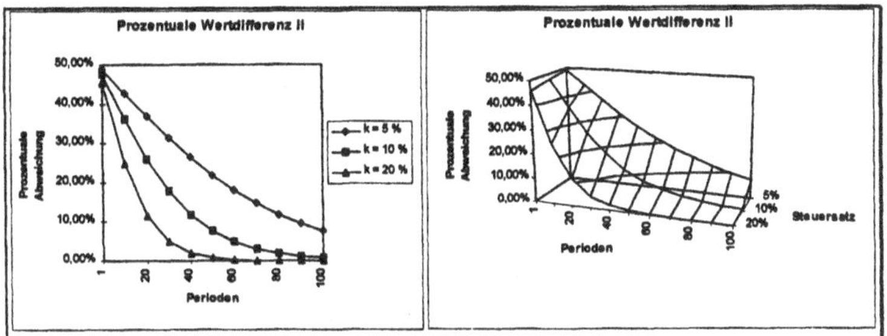

Abb. 8.2: Entwicklung von $\frac{V_t - V_{t,s}}{V_t}$ *in Abhängigkeit vom Diskontierungsfaktor k*

Zusammenfassend läßt sich feststellen, daß für $X > 0$ der Wert einer endlichen Zahlungsreihe bei Nichtberücksichtigung der Einkommensteuer immer über dem Wert derselben Zahlungsreihe bei ihrer Einbeziehung liegt. Die relative Wertdifferenz sinkt dabei mit zunehmender Länge der Zahlungsreihen und zunehmendem Vorsteuerdiskontierungsfaktor, gleichzeitig sinkt sie mit abnehmendem Einkommensteuersatz.

Die Einkommensteuer ist somit in jedem Fall bewertungsrelevant. Dies gilt auch für nicht uniforme unendliche Zahlungsreihen.[617] Handelt es sich hingegen um eine unendliche Rente, ist eine Berücksichtigung der Einkommen-

[616] Vgl. Anhang V mit der entsprechenden Datenmatrix für beide Graphiken und einer Beispielrechnung.

[617] Man kann sich dies leicht an Hand eines Zahlenbeispiels verdeutlichen, indem man eine unendliche nicht uniforme Zahlungsreihe einmal mit und einmal ohne Berücksichtigung der Einkommensteuer diskontiert, eine Beispielrechnung hierzu führt z.B. Wagner, F.W., Besteuerungswirkung, 1997, S. 206, durch.

steuer geboten, sofern die Erträge aus der Alternativanlage nicht mit dem gleichen Einkommensteuersatz belastet sind.[618]
Ob dies zutrifft, muß im Einzelfall geprüft werden. I.d.R. ist die Einkommensteuer bewertungsrelevant.

8.2.2.2 Berücksichtigung von Abschreibungen

Im vorhergehenden Kapitel wurde bereits festgestellt, daß sich bei endlicher Laufzeit einer Zahlungsreihe deren Wert in Abhängigkeit vom Steuersatz ändert. Dieser fällt mit zunehmendem Steuersatz selbst dann, wenn die Alternativanlage demselben Steuersatz unterliegt. Bei dieser Betrachtung wurden jedoch keine Abschreibungen berücksichtigt. Es wird sich jedoch herausstellen, daß diese einen erheblichen Einfluß auf den Wert eines Investitionsobjekts haben können.
Bei Abschreibungen (Ab_{t+n}) handelt es sich um rein buchhalterische Größen. Sie verkürzen die steuerliche Bemessungsgrundlage und haben somit einen indirekten Einfluß auf die Höhe der zu erwarteten Cashflows nach Einkommensteuer $X_{t+n,s}$.
Im folgenden sollen die Cashflows X_{t+n} nicht mehr dem zusätzlichen z.v.E. entsprechen, vielmehr soll sich das zusätzliche z.v.E. jetzt aus $X_{t+n} - Ab_{t+n}$ errechnen. Die periodischen Cashflows nach Berücksichtigung von Abschreibungen und Einkommensteuer ergeben sich dann aus der nachfolgenden Gleichung:

$$\begin{aligned} & X_{t+n,s} = X_{t+n} - s_{ESt} \cdot \left(X_{t+n} - Ab_{t+n}\right) \\ \Rightarrow\ & X_{t+n,s} = X_{t+n} \cdot \left(1 - s_{ESt}\right) + s_{ESt} \cdot Ab_{t+n} \end{aligned} \tag{8.10}$$

Durch die Einkommensteuer wird zum einen der Cashflow um den Faktor $s_{ESt} \cdot X_{t+n}$ gekürzt, zum anderen wird dieser durch die Steuerersparnis, die

618 Vgl. König, W., Unternehmensbewertung, 1996, S. 1098; Kapitel 8.2.2.3.

durch die Abschreibungen i.H.v. $s_{ESt} \cdot Ab_{t+n}$ ausgelöst wird, erhöht. Der Wert einer Zahlungsreihe ergibt sich somit aus:[619]

$$V_{t,s} = \sum_{n=1}^{N} \frac{X_{t+n} \cdot (1 - s_{ESt})}{\prod_{j=1}^{n} [1 + k_{t+j} \cdot (1 - s_{ESt})]} + \sum_{n=1}^{N} \frac{s_{ESt} \cdot Ab_{t+n}}{\prod_{j=1}^{n} [1 + k_{t+j} \cdot (1 - s_{ESt})]} \tag{8.11}$$

Wird nur der ökonomische Gewinn[620] besteuert, erfolgt also eine Ertragswertabschreibung, führt dies zur Kapitalwertneutralität der Besteuerung. D.h., der Kapitalwert vor Besteuerung entspricht dem Kapitalwert nach Besteuerung.[621] Die Einkommensteuer muß in diesem Fall nicht explizit berücksichtigt werden. Die im vorhergehenden Kapitel ermittelten Wertdifferenzen sind Null.

Ein Beispiel soll zur Verdeutlichung dienen:

Wird folgende Zahlungsreihe mit einem Zinssatz k = 10 % auf den Zeitpunkt 0 abdiskontiert,

Periode	0	1	2	3
Einzahlungen		3.000,00	1.000,00	500,00

erhält man einen Ertragswert[622] i.H.v. 3.929,38 DM. Werden Steuern explizit berücksichtigt und wird ein Steuersatz s = 40 % unterstellt, resultiert ein Nachsteuerdiskontierungsfaktor $k_s = k \cdot (1 - s) = 0{,}06$. *Die Ertragswertabschreibung für Periode t ergibt sich aus der Differenz des Ertragswerts der Periode und des Ertragswerts der Vorperiode* $EW_{t-1} - EW_t$. *Wird das Objekt nach der Ertragswertabschreibung abgeschrieben, errechnet sich folgende Zahlungsreihe:*

---

[619] Der Diskontierungsfaktor k_{t+j} soll hier nicht weiter problematisiert werden.

[620] Vgl. zum Begriff auch Schneider, D., Investition, 1992, S. 219, der ökonomische Gewinn resultiert aus den Zinsen auf den Ertragswert im Zeitpunkt t-1.

[621] Vgl. Schneider, D., Investition, 1992, S. 218 - 223.

[622] Der Ertragswert ergibt sich aus dem Barwert sämtlicher den Anschaffungsauszahlungen folgenden Zahlungen. Vgl. hierzu auch Schneider, D., Investition, 1992, S. 78. Der hier verwendete Ertragswertbegriff weicht somit vom Ertragswertbegriff der WertV 88 ab.

Periode	0	1	2	3
Einzahlungen		3.000,00	1.000,00	500,00
Ertragswertabschreibung		(2.607,06)	(867,77)	(454,55)
Steuerzahlung		157,18	52,89	18,18
Nettozahlungsreihe		2.842,82	947,11	481,82

Der Ertragswert in Periode 0 beträgt abermals 3.929,38 DM. Es herrscht Kapitalwertneutralität der Besteuerung.

Nun hat die Ertragswertabschreibung keinen Bezug zu den geltenden steuerlichen Abschreibungen. Letztere hängen nicht vom Ertragswert sondern von den Anschaffungs- bzw. Herstellungskosten ab. Bei vorteilhaften Investitionsobjekten liegt der Ertragswert über diesen. Entsprechend sind die Auswirkungen von Abschreibungen auf den Wert einer Immobilie zu berücksichtigen.

Bereits das Studium von § 7 EStG läßt den Umfang steuerlicher Abschreibungsmöglichkeiten erahnen. So ist in § 7 Abs. 4 EStG die sog. Normal AfA (Absetzung für Abnutzung) geregelt. Gem. dieser Norm können Gebäude, soweit sie sich im Betriebsvermögen befinden und nicht zu Wohnzwecken dienen, mit 4 % linear abgeschrieben werden, sofern deren Baugenehmigungsantrag nach dem 31.12.1985 erteilt worden ist. Alle anderen Gebäude, die nach dem 31.12.1924 fertiggestellt worden sind, können mit 2 % jährlich abgeschrieben werden. Sollte die Fertigstellung vor dem 1.1.1925 liegen, ist eine Abschreibung i.H.v. 2,5 % möglich. Statt dieser Normalabschreibung ist jedoch gegebenfalls auch die sogenannte degressive AfA zulässig. Für Gebäude, deren Antrag auf Baugenehmigung bzw. für die der Abschluß eines Kaufvertrags nach dem 31.12.1993 liegt, werden die entsprechenden Abschreibungssätze exemplarisch in der nachfolgenden Tabelle 8.1 aufgeführt.

Antrag auf Baugenehmigung oder Abschluß eines Kaufvertrags	Gebäudezweck		
	keine Wohnzwecke		Wohnzwecke
	Gebäudezugehörigkeit		
	Betriebsvermögen	Privatvermögen	Betriebs- / Privatvermögen
nach dem 31.12.1993	25 x 4%	8 x 5 % 6 x 2,5 % 36 x 1,25 %	4 x 7 % 6 x 5 % 6 x 2 % 24 x 1,25 %
nach dem 31.12.1994	25 x 4%	50 x 2 % oder 40 x 2,5 %	4 x 7 % 6 x 5 % 6 x 2 % 24 x 1,25 %
nach dem 31.12.1995	25 x 4%	50 x 2 % oder 40 x 2,5 %	8 x 5 % 6 x 2,5 % 36 x 1,25 %

Tab 8.1: Gebäude AfA gem. § 7 Abs. 4, 5 EStG

So kann ein Gebäude, welches zu Wohnzwecken dient und sich entweder im Privat- oder Betriebsvermögen befindet und nach dem 31.12.95 angeschafft oder hergestellt worden ist, in den ersten 8 Jahren mit jeweils 5 %, in den darauffolgenden 6 Jahren mit jeweils 2,5 % und schließlich in den verbleibenden 36 Jahren mit je 1,25 % abgeschrieben werden.

Neben diesen allgemeinen Vorschriften des § 7 EStG tauchen immer wieder zahlreiche steuerliche Sonderregelungen auf, die teilweise je nach Art, Lage und Nutzung der Immobilie erheblich höhere Abschreibungssätze zulassen. Zu nennen sind hier insbesondere das Fördergebietsgesetz sowie die einschlägigen Paragraphen zur Altbau- bzw. Städtesanierung. [623] Die Abschreibungssätze betragen hier bis zu 40 %.

Da die steuerrechtlichen Abschreibungssätze offensichtlich nur zufälligerweise mit der Ertragswertabschreibung übereinstimmen, muß geprüft werden, wie sich die Einkommensteuer unter expliziter Berücksichtigung von Abschreibungen auf den Wert einer Immobilie auswirkt.

Hierzu wird der Wert einer Zahlungsreihe ohne Berücksichtigung der Einkommensteuer und Abschreibungen ermittelt, um diesen mit dem Wert derselben Zahlungsreihe bei ausdrücklicher Einbeziehung der beiden Komponenten zu vergleichen. Letzterer ergibt sich aus der bereits bekannten Gleichung:

$$V_{t,s} = \sum_{n=1}^{N} \frac{X_{t+n} \cdot (1 - s_{ESt})}{\prod_{j=1}^{n} \left[1 + k_{t+j} \cdot (1 - s_{ESt})\right]} + \sum_{n=1}^{N} \frac{s_{ESt} \cdot Ab_{t+n}}{\prod_{j=n}^{n} \left[1 + k_{t+j} \cdot (1 - s_{ESt})\right]} \qquad (8.11)$$

Bleiben der Diskontierungsfaktor, die Abschreibungen und die zu erwartenden Cashflows im Zeitablauf konstant, gilt also $k_{t+j} = k$, $Ab_{t+n} = Ab$ und $X_{t+n} = X$, ergibt sich der Wert der Cashflows unter Berücksichtigung der Einkommensteuer und Abschreibungen aus:

$$V_{t,s} = \left\{ \frac{X}{k} - \frac{X}{\left[1 + k \cdot (1 - s_{ESt})\right]^{N} \cdot k} \right\} + \left\{ \frac{s_{ESt} \cdot Ab}{k \cdot (1 - s_{ESt})} - \frac{s_{ESt} \cdot Ab}{\left[1 + k \cdot (1 - s_{ESt})\right]^{N} \cdot k \cdot (1 - s_{ESt})} \right\}$$

Der erste Summand ist bereits aus Gleichung (8.7) bekannt. Dabei wurde in Gleichung (8.8) bewiesen, daß im Fall endlicher Zahlungsreihen ohne Berücksichtigung von Abschreibungen $V_t - V_{t,s} \geq 0$ gilt. Diese Aussage muß bei expliziter Betrachtung derselben wegen

[623] Vgl. z.B §§ 3, 4 FördergebietsG, gilt allerdings nur noch für Altfälle (Herstellung, Anschaffung bis 31.12.98), §§ 7h, 7i EStG, 82g, 82i EStDV.

$$\frac{s_{ESt} \cdot Ab}{k \cdot (1 - s_{ESt})} > \frac{s_{ESt} \cdot Ab}{[1 + k \cdot (1 - s_{ESt})]^N \cdot k \cdot (1 - s_{ESt})} \quad \text{bzw.} \quad 1 > \frac{1}{[1 + k \cdot (1 - s_{ESt})]^N}$$

erneut überprüft werden, da nun zwei gegenläufige Effekte auftreten. Welcher der beiden dominiert, hängt letztendlich von der Höhe der Variablen ab. Zur Verdeutlichung können die relativen Wertdifferenzen $\frac{V_t - V_{t,s}}{V_t}$ dienen, die durch die in Abbildung 8.3 dargestellten Kurvenverläufe zum Ausdruck kommen. Dabei werden die entsprechenden $\frac{V_t - V_{t,s}}{V_t}$ in der linken Graphik in Abhängigkeit von der Nutzungsdauer *N* mit Hilfe von drei verschiedenen Steuersätzen *s* dargestellt. In der rechten Graphik variieren die Steuersätze zwischen 10 % und 50 %. Die Anschaffungskosten betragen 1000, die periodischen Vorsteuercashflows 100, die Abschreibung ist linear, die Länge der Abschreibung entspricht der tatsächlichen Nutzungsdauer, der Vorsteuerdiskontierungsfaktor *k* beträgt 5 %.[624]

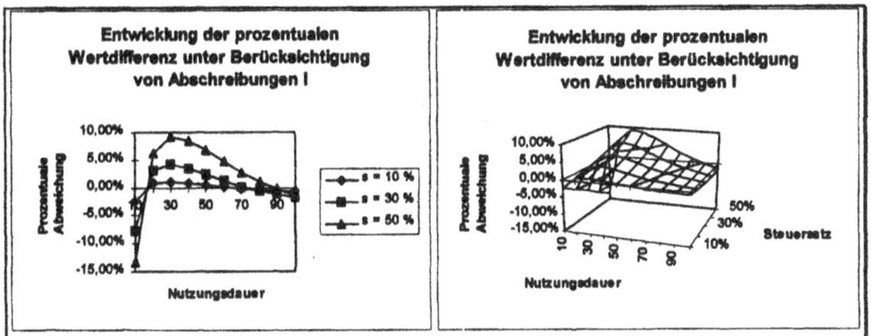

Abb. 8.3: Entwicklung von $\frac{V_t - V_{t,s}}{V_t}$ bei Berücksichtigung von Abschreibungen in Abhängigkeit vom Steuersatz s_{ESt}

[624] Vgl. Anhang VI mit der entsprechenden Datenmatrix für beide Graphiken und einer Beispielrechnung.

Stellt man denselben Sachverhalt unter Berücksichtigung verschiedener Diskontierungsfaktoren dar, wählt einen Steuersatz von 50 % und läßt alle anderen Variablen gleich, resultieren hieraus folgende Kurvenverläufe:[625]

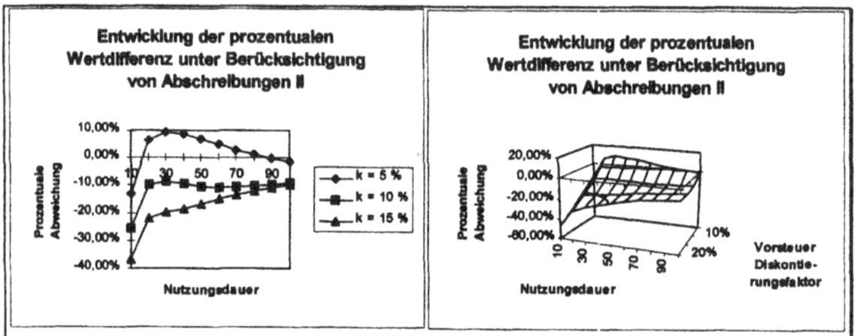

Abb.8.4: Entwicklung von $\frac{V_t - V_{t,s}}{V_t}$ *bei Berücksichtigung von Abschreibungen in Abhängigkeit vom Diskontierungsfaktor k*

Die obigen Beispiele verdeutlichen, daß für die Wertermittlung einer Zahlungsreihe und somit auch für die Wertermittlung einer Immobilie eine explizite Berücksichtigung der steuerlichen Rahmenbedingungen unerläßlich ist.

8.2.2.3 Steuerprogression und bewertungsrelevanter Einkommensteuersatz

Der Wert einer Immobilie hängt nicht nur von den Abschreibungen und dem risikoäquivalenten Diskontierungsfaktor ab, sondern von der gesamten vergangenen, aktuellen und zukünftigen Einkommensituation des Investors. Allein das gesamte z.v.E. gibt Auskunft über den bewertungsrelevanten Steuersatz s_{ESt}. Die Höhe desselben entscheidet darüber, wie im vorhergehenden Kapitel 8.2.2.2 bewiesen, ob und in welcher Höhe der Wert einer Zahlungsreihe bei Berücksichtigung der Einkommensteuer vom Wert derselben Zahlungsreihe ohne Einbeziehung der Einkommensteuer abweicht.

[625] Vgl. Anhang VII mit der entsprechenden Datenmatrix für beide Graphiken und einer Beispielrechnung.

Daß für die Grenzpreisermittlung ein und desselben Investitionsobjekts für verschiedene Personen gegebenenfalls unterschiedliche Einkommensteuersätze s_{ESt} herangezogen werden müssen, liegt am deutschen Einkommensteuertarif, der progressiv verläuft. Die Einkommensteuer und damit auch der Einkommensteuersatz s_{ESt} hängen vom gesamten z.v.E. ab, welches jedoch i.d.R. nur partiell durch das Investitionsprojekt determiniert wird. Die Ertragswertmethode vernachlässigt diese Tatsache und wird daher für zahlreiche Modelladressaten wenig brauchbar.[626] Diese Einschränkung des Anwendungsbereichs soll nun durch die explizite Berücksichtigung des progressiven Steuertarifs geheilt werden, wobei zunächst die Problematik der Unsicherheit ausgeklammert bleibt.[627]

Hierzu ist zunächst der deutsche Einkommensteuertarif zu betrachten, der für das Jahr 1999 folgendes Aussehen hat:[628]

$$
\begin{array}{ll}
0 & \text{für } 0 \leq Y \leq 13067 \\
\left[350{,}35 \cdot \left(\frac{Y-13014}{10.000}\right) + 2390\right] \cdot \left(\frac{Y-13014}{10.000}\right) & \text{für } 13068 \leq Y \leq 17063 \\
\left[101{,}31 \cdot \left(\frac{Y-17010}{10.000}\right) + 2670\right] \cdot \left(\frac{Y-17010}{10.000}\right) + 1011 & \text{für } 17064 \leq Y \leq 66365 \\
\left[151{,}93 \cdot \left(\frac{Y-66312}{10.000}\right) + 3669\right] \cdot \left(\frac{Y-66312}{10.000}\right) + 16637 & \text{für } 66366 \leq Y \leq 120041 \\
0{,}53 \cdot Y - 22.886 & \text{für } Y \geq 120042
\end{array}
$$

Abb. 8.5: Deutscher Einkommensteuertarif für das Jahr 1999

Y stellt hierbei das z.v.E. dar, das gem. § 32a Abs. 2 EStG zur Berechnung der Einkommensteuer „auf den nächsten durch 54 ohne Rest teilbaren vollen Deutsche-Mark-Betrag abzurunden ist, wenn es nicht bereits durch 54 ohne Rest teilbar ist"[629].

[626] Vgl. Leuthier, R., Unternehmensbewertung, 1988, S. 196.
[627] Ein Ansatz zur Berücksichtigung der Unsicherheit wird in Kapitel 8.3 vorgestellt.
[628] Vgl. § 32a Abs. 1 EStG.
[629] § 32a Abs. 2 EStG.

Um nun die gegebenen Vorsteuercashflows X_n in Nachsteuercashflows $X_{n,s}$ transformieren zu können, muß das z.v.E. vor und nach Realisierung des zur Bewertung stehenden Investitionsobjekts betrachtet werden. Aus dieser Vorher-Nachher-Betrachtung kann der bewertungsrelevante Einkommensteuersatz s_{ESt} berechnet werden.

Die Ermittlung erfolgt in mehreren Schritten. Zunächst muß der Einkommensteuertarif nach dem z.v.E. Y abgeleitet werden. Aus der ersten Ableitung resultiert der Verlauf der Grenzsteuerbelastung:

$$
\begin{array}{ll}
0 & \textit{für } 0 \leq Y \leq 13067 \\
\frac{700{,}70}{10000^2} \cdot Y + 0{,}1478 & \textit{für } 13068 \leq Y \leq 17063 \\
\frac{202{,}62}{10000^2} \cdot Y + 0{,}2325 & \textit{für } 17064 \leq Y \leq 66365 \\
\frac{303{,}86}{10000^2} \cdot Y + 0{,}1654 & \textit{für } 66366 \leq Y \leq 120041 \\
0{,}53 & \textit{für } Y \geq 120042
\end{array}
$$

Abb. 8.6: Grenzsteuerbelastung 1999 in Abhängigkeit vom z.v.E. Y

Dieser kann graphisch näherungsweise wie folgt abgebildet werden:

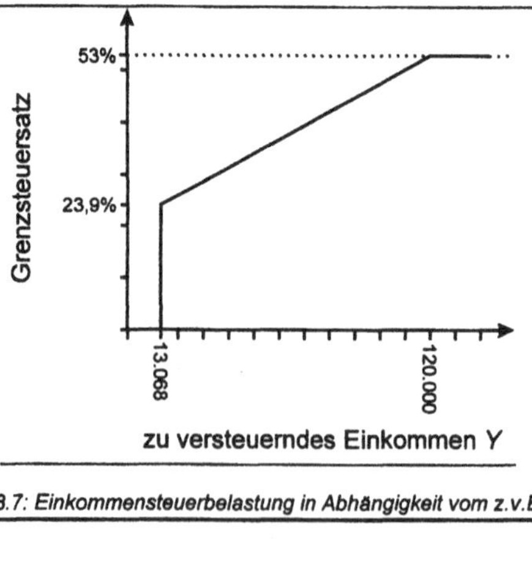

Abb. 8.7: Einkommensteuerbelastung in Abhängigkeit vom z.v.E. Y

Die Fläche unterhalb des Grenzsteuersatzes repräsentiert die Einkommensteuerbelastung in Abhängigkeit vom gesamten z.v.E. Y. Um nun die Frage beantworten zu können, wie hoch s_{ESt} in einem konkreten Bewertungsfall ist, wird ein solcher im folgenden simuliert. Zunächst wird s_{ESt} nur für die Cashflowgröße hergeleitet. Der für den Diskontierungsfaktor relevante Einkommensteuersatz muß diesem nicht unbedingt entsprechen, was später noch problematisiert wird.

Liegt ein zu versteuerndes Einkommen i.H.v. 150 TDM vor, hat die betroffene Person eine Einkommensteuer von

$$\int_{13014}^{17063} \frac{700{,}70}{10000^2} \cdot Y + 0{,}1478 Y dY + \int_{17064}^{66365} \frac{202{,}62}{10000^2} \cdot Y + 0{,}2325 Y dY +$$

$$\int_{66366}^{120041} \frac{303{,}86}{10000^2} \cdot Y + 0{,}1654 Y dY + \int_{120042}^{149958} 0{,}53 Y dY = 56591 \ DM$$

zu entrichten.

Angenommen, dieselbe Person investiert in eine Immobilie, hieraus erzielt sie Cashflows X_n i.H.v. 20.000 DM und kann gleichzeitig Abschreibungen Ab_n i.H.v. 30.000 DM geltend machen. Ohne Berücksichtigung der Immobilieninvestition hätte die Person ein z.v.E. von 150 TDM. Durch die Abschreibungen verkürzt sich jedoch die vorherige steuerliche Bemessungsgrundlage um 20.000 DM - 30.000 DM = -10.000 DM.

Die ursprüngliche Einkommensteuerbelastung verringert sich dann, wie in der Abbildung 8.8 veranschaulicht, um

$$s_{ESt} \cdot (X_n - Ab_n) = \int_{139968}^{149958} 0{,}53 X dX = 5.295 \ DM .$$

Die Frage nach der Höhe von s_{ESt} kann nun beantwortet werden. Sie beträgt im Beispielfall $s_{ESt} = \frac{5.295}{10.000} \approx 0{,}53$. Da die Steuerentlastung direkt aus der Realisierung des Investitionsobjekts resultiert, kann diesem folgender Nachsteuercashflow zugerechnet werden:

$$X_{n,s} = X_n - s_{ESt} \cdot (X_n - Ab_n)$$

$$X_{n,s} = 20.000 - 0{,}53 \cdot (20.000 - 30.000) = 25.300$$ [630]

Befindet sich der Anleger auf einer niedrigeren Progressionsstufe, liegt z.B. sein z.v.E. vor Berücksichtigung desselben Investitionsprojekts bei nur 70.000 DM, fällt zwar sein z.v.E. ebenfalls um 10.000 DM, die Steuerersparnis beträgt dann jedoch nur, wie in der Abbildung 8.8 veranschaulicht, [631]

$$s_{ESt} \cdot \left(X_n - Ab_n\right) = \int_{59994}^{66365} \frac{202{,}62}{10.000^2} \cdot Y + 0{,}2325 Y dY$$

$$+ \int_{66366}^{69984} \frac{303{,}86}{10.000^2} \cdot Y + 0{,}1654 Y dY = 3.645 \text{ DM}$$

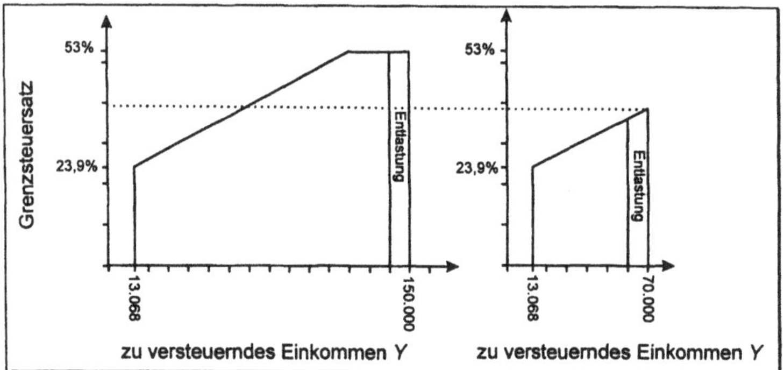

Abb. 8.8: Steuerentlastung durch negative Einkünfte

Der Einkommensteuersatz s_{ESt} errechnet sich aus $s_{ESt} = \frac{3.645}{10.000} = 0{,}3645$.

Somit resultiert für die Betrachtungsperiode ein Nachsteuercashflow:

$$X_{n,s} = X_n - s_{ESt} \cdot (X_n - Ab_n)$$

$$X_{n,s} = 20.000 - 0{,}3645 \cdot (20.000 - 30.000) = 23.645$$

[630] Genaugenommen dürfte der Immobilie nur ein Cashflow i.H.v. 25.295 DM zugerechnet werden. Die Differenz resultiert aus der Rundungsvorschrift des § 32a Abs. 2 EStG.

[631] Für weitere Rechenbeispiele vgl. Anhang VIII.

Der Einkommensteuersatz s_{ESt} in der gängigen Bewertungsformel

$$V_{t,s} = \sum_{n=1}^{N} \frac{X_{t+n} - s_{ESt}\left(X_{t+n} - Ab_{t+n}\right)}{\prod_{j=1}^{n}\left[1 + k_{t+j} \cdot \left(1 - s_{ESt,O}\right)\right]} \tag{8.12}$$

kann nun auch im Falle eines progressiven Einkommensteuertarifs erklärt werden. Er entspricht dem durchschnittlichen Einkommensteuersatz, mit dem die Einkünfte der Grenzinvestition $\left(X_{t+n} - Ab_{t+n}\right)$, die auch negative Werte annehmen können, belastet sind und wird im folgenden als Differenzsteuersatz bezeichnet.

Bisher wurde für die Differenzsteuersätze s_{ESt} bzw. $s_{ESt,O}$ jeweils $s_{ESt} = s_{ESt,O}$ unterstellt, allerdings muß der Differenzsteuersatz im Nenner der Bewertungsgleichung nicht unbedingt dem im Zähler entsprechen. Dies liegt zum einen an dem progressiven Einkommensteuertarif, zum anderen daran, daß die Alternativinvestition und damit k_{t+j} in anderem Umfang durch die Einkommensteuer belastet sein kann.

Dabei kann in Bewertungsmodellen, die die Berechnung eines Marktwerts zum Ziel haben, immer nur der Steuersatz eines typisierten Anlegers zur Anwendung gelangen. Hier müssen immer Annahmen über die Höhe des Einkommens bzw. Steuersatzes eines solchen Anlegers getroffen werden. Soll hingegen der Grenzpreis für eine Immobilie aus Sicht eines spezifischen Investors ermittelt werden, ist eine konkrete Bestimmung von s_{ESt} bzw. $s_{ESt,O}$ unter Berücksichtigung des progressiven Einkommensteuertarifs durchaus möglich. Der Differenzsteuersatz $s_{ESt,O}$ für die Alternativanlage steht dabei nur dann von vornherein fest, wenn das z.v.E. vor und nach gedanklicher Realisierung der Opportunität mehr als 120041 DM[632] beträgt. Wird dieser Betrag jedoch unterschritten, kann der Steuersatz ermittelt werden, indem die der Opportunität zuzurechnenden Steuerzahlungen durch die

[632] Bei Verheirateten verdoppelt sich dieser Betrag.

aus ihr fließenden zusätzlichen Cashflows geteilt werden. Zur Veranschaulichung soll folgendes Beispiel dienen:

Angenommen die beste verdrängte Alternative besteht aus einer Anlage in festverzinsliche Staatsanleihen, die sich mit 5 % verzinsen. Der Anlagebetrag beläuft sich auf 400 TDM. Das z.v.E. beträgt vor der Anlageentscheidung 70 TDM. Investiert der Anleger in die Staatsanleihen, erzielt er ein zusätzliches z.v.E. von 20 TDM.[633] *Diesem zusätzlichen Einkommen sind Steuerzahlungen i.H.v.* $\int_{69984}^{89964} \frac{303,86}{10.000^2} \cdot Y + 0,1654 Y dY = 8.160$ *zuzurechnen. Die Kapitalerträge werden folglich mit einem Differenzsteuersatz von* $\frac{8.160}{20.000} = 40,80\%$ *belastet. Der Steuersatz für die Alternativrendite* $s_{ESt,O}$ *bzw. für den Diskontierungsfaktor beträgt somit 40,80 %.*

Die Auswirkungen unterschiedlich hoher Steuersätze auf den Wert eines Investitionsobjekts wurden bereits in den vorangegangenen Kapiteln untersucht. Allerdings waren hier die Einkommensteuersätze s_{ESt} bzw. $s_{ESt,O}$ vorgegeben. Außerdem wurde unterstellt, daß der Diskontierungsfaktor, der den Opportunitätskosten entspricht, demselben Einkommensteuersatz unterliegt, wie die aus der Immobilie fließenden Erträge. Es hat sich jedoch gezeigt, daß diese Annahme nur dann haltbar ist, wenn das z.v.E. vor und nach Realisation des Investitionsobjekts über 120041 DM[634] liegt. Sollte dies nicht der Fall sein, müssen die Steuersätze für das Investitionsprojekt und für die Opportunitätskosten separat ermittelt werden.

8.2.2.4 Progressiver Steuertarif und Einkünfteverlagerung

Der progressive Steuertarif kann weitere bewertungsrelevante Konsequenzen haben, sofern es dem Investor möglich ist, seine Einkünfte teilweise in andere Perioden zu verlagern.

---

[633] Der Sparer-Freibetrag gem. § 20 Abs. 4 EStG und die Werbungskostenpauschale gem. § 9a Nr. 1b EStG werden im Beispiel vernachlässigt.

Kann der Investor z.B. die Höhe der periodischen Abschreibungen selbst beeinflussen, ist es ihm teilweise möglich, sein periodisches Einkommen und damit seine Steuerzahlungen zu beeinflussen. Je nach Inanspruchnahme der Abschreibungen kommt es zu einer möglichen Änderung des Immobilienwerts. Zum einen könnte sich dieser erhöhen, wenn Abschreibungen möglichst bald vorgenommen werden, da hierdurch deren Barwert steigt, zum anderen könnte deren Wert auch sinken, wenn das z.v.E. so beeinflußt wird, daß sich der bewertungsrelevante Steuersatz zwischen den Perioden ändert.

Der Investor muß also entscheiden, ob er Abschreibungen sofort vornimmt und dadurch evtl. einen geringeren Differenzsteuersatz $s_{ESt,t+n}$ in der aktuellen Periode akzeptiert, dafür aber in den folgenden Perioden mit einem höheren Differenzsteuersatz rechnen muß (Fall 1), oder ob er die Abschreibungen so verteilt, daß der Steuersatz konstant bleibt, dafür die Abschreibungen aber teilweise zu einem späterem Zeitpunkt anfallen (Fall 2). Problemlos ist die Entscheidung, wenn der Investor vor und nach Realisierung des Investitionsprojekts über ein z.v.E. von mindestens 120041 DM verfügt. Der bewertungsrelevante Differenzsteuersatz liegt dann immer bei 53 %. Der Investor sollte unter dem Gesichtspunkt der Steuerstundung bzw. Barwertmaximierung die Abschreibungen möglichst bald im höchst möglichen Rahmen vornehmen. Fällt Steuersatz unter 53%, stellt sich die Frage, wann die Abschreibungen am besten vorzunehmen sind.

Zur Verdeutlichung des Problems soll folgendes Beispiel dienen:

Ein Investor verfügt vor Realisation des Investitionsobjekts über ein z.v.E. von 130.000 DM. Aus dem Objekt erzielt er zwei Jahre[635] lang Mieteinnahmen i.H.v. 10.000 DM, gleichzeitig kann er in der ersten Periode entweder Abschreibungen i.H.v. 40.000 DM vornehmen (Fall 1) oder diese auf zwei aufeinanderfolgende Perioden verteilen (Fall 2). Setzt man $k_1 \cdot \left(1 - s_{ESt,0}\right) = 0{,}05$, *resultiert für Fall 1 folgender Wert:*

---

[634] Bei Verheirateten verdoppelt sich dieser Betrag.

[635] Das Beispiel könnte auf beliebig viele Perioden erweitert werden, die Kernaussage, daß der Wert fallabhängig errechnet werden muß, bleibt jedoch erhalten.

$$V_{t,s}=\sum_{n=1}^{N}\frac{X_{t+n}-s_{ESt,t+n}\left(X_{t+n}-Ab_{t+n}\right)}{\prod_{j=1}^{n}\left[1+k_{t+j}\cdot\left(1-s_{ESt,O}\right)\right]}=$$

$$V_{0,s}=\frac{10.000-0,51\cdot(10.000-40.000)}{1,05}+\frac{10.000\cdot(1-0,53)}{1,05^2}\approx 28358$$

Hierbei ist zu beachten, daß der Differenzsteuersatz $s_{ESt,t+n}$ für die erste Periode nur rund 51 % beträgt. Dieser wird wie in Kapitel 8.2.2.3 beschrieben bzw. mit Hilfe der Tabelle aus Anhang VIII ermittelt.

Verteilt der Investor die Abschreibungen gleichmäßig auf zwei Perioden (Fall 2), resultiert ein Wert von:

$$V_{t,s}=\sum_{n=1}^{N}\frac{X_{t+n}-s_{ESt,t+n}\left(X_{t+n}-Ab_{t+n}\right)}{\prod_{j=1}^{n}\left[1+k_{t+j}\cdot\left(1-s_{ESt,O}\right)\right]}=$$

$$V_{0,s}=\frac{10.000-0,53\cdot(10.000-20.000)}{1,05}+\frac{10.000-0,53\cdot(10.000-20.000)}{1,05^2}$$

$$V_{0,s}\approx 27.333$$

Obwohl also im Fall 1 insgesamt die Steuerersparnis wegen des in Periode 1 sinkenden Steuersatzes geringer ausfällt als im Fall 2, ist Option 1 aus Barwertgesichtspunkten vorzuziehen.

Soll nun die Frage nach der besten Abschreibungsstrategie generell beantwortet werden, sind die gegensätzlich verlaufenden Progressions- und Zinseffekte abzuwägen. Dabei wird das Optimum dann erreicht, wenn die in der einen Periode eingesparten Steuerbeträge und die aus ihnen resultierenden zusätzlichen Zinseinnahmen (nach Steuern) die zusätzlichen Ausgaben durch die erhöhten Steuerzahlungen in den Folgeperioden erreichen.[636]

[636] Zur Lösung dieses Optimierungsproblems vgl. Siegel, T., Steuerplanung, 1980, S. 266 - 271, hier insbesondere, S. 267f.; Dedner, M. / Günther, R. / Rünger, R., Ertragsteuerplanung, 1980, S. 164 - 185.

8.2.2.5 Vermögenswertänderungen

Die Abschreibungssätze des § 7 Abs. 4, 5 EStG haben nichts oder nur wenig mit den tatsächlichen Werteinbußen der Immobilie durch Abnutzung zu tun.[637] Zwar können gem. § 7 Abs. 1 Satz 6 EStG für Gebäude im Privatvermögen auch außerplanmäßige Abschreibungen vorgenommen werden,[638] Teilwertabschreibungen sind jedoch nicht möglich. Das bedeutet, Wertminderungen von Immobilien im Privatvermögen können ausschließlich im Rahmen des § 7 EStG berücksichtigt werden, während für Immobilien im Betriebsvermögen bei dauernder Wertminderung auch Teilwertabschreibungen möglich sind,[639] sofern diese nach § 4 Abs. 1 oder § 5 EStG als Betriebsvermögen anzusetzen sind[640].

Eine Werterhöhung hingegen war bis zum Ende des Wirtschaftsjahres 1998 für Immobilien im Betriebsvermögen steuerlich unbeachtlich, solange diese Werterhöhung nicht tatsächlich durch einen Verkauf realisiert wurde. Diese Rechtslage ändert sich teilweise ab dem Wirtschaftsjahr 1999. Gem. § 6 Abs. 1 Nr. 1 Satz 4, Nr. 2 Satz 3 EStG sind Zuschreibungen für Wirtschaftsgüter, die sich bereits zum Schluß des letzten Wirtschaftsjahres im Betriebsvermögen befunden haben, bis zu den fortgeführten Herstellungs- / Anschaffungskosten vorzunehmen, falls der Nachweis nicht gelingt, daß nach wie vor ein niedrigerer Teilwert angesetzt werden kann.

In jedem Fall ist bei Verkauf einer Immobilie im Betriebsvermögen der Differenzbetrag aus Verkaufspreis und Buchwert zu versteuern.

Gehört die Immobilie zum Privatvermögen, handelt es sich um einen steuerlich unbeachtlichen Vorgang. Der „Veräußerungsgewinn" bleibt unversteuert.[641] Diese Regelung führt zu einer nicht unerheblichen Privilegierung von Immobilieninvestitionen im Privatbereich. Einerseits können Immobilien, die sich im Privatvermögen befinden, abgeschrieben werden. Hierdurch verrin-

---

[637] Vgl. Plückebaum, R., u.a., Einkommensteuer, 1996, S. 379; Haaresträubend sind hingegen Meinungen wie z.B. von Platz, J., Immobilienmamagement,1991, S. 71, der offensichtlich glaubt, die Abschreibungssätze des § 7 Abs. 4, 5 EStG hätten etwas mit der tatsächlichen Abnutzung zu tun.

[638] Vgl. auch R 44 Abs. 13 EStR.

[639] Vgl. §§ 253 Abs. 2, 3 HGB, 6 Abs. 1 Nr. 2 Satz 2 EStG neue Fassung.

[640] Vgl. § 6 Abs. 1 Satz 1 EStG.

[641] Natürlich nur außerhalb der Spekulationsfrist.

gern sich die Steuerzahlungen. Andererseits bleibt ein „Veräußerungsgewinn" steuerfrei, so daß für Immobilien im Privatvermögen folgende Bewertungsformel resultiert:

$$V_{t,s}=\sum_{n=1}^{N}\frac{X_{t+n}\cdot\left(1-s_{ESt,t+n}\right)}{\prod_{j=1}^{n}\left[1+k_{t+j}\cdot\left(1-s_{ESt,O,t+j}\right)\right]}+\sum_{n=1}^{N}\frac{s_{ESt,t+n}\cdot Ab_{t+n}}{\prod_{j=1}^{n}\left[1+k_{t+j}\cdot\left(1-s_{ESt,O,t+j}\right)\right]}+\frac{RVE_{t+N}}{\prod_{j=1}^{N}\left[1+k_{t+j}\cdot\left(1-s_{ESt,O,t+j}\right)\right]} \qquad (8.13)$$

RVE_{t+N}: *Restveräußerungserlös am Ende der Periode t+N*

Die Abschreibungen führen zu einer endgültigen Steuerminderung und damit zu einer Werterhöhung der Immobilie.

Befindet sich die Immobilie hingegen im Betriebsvermögen, ist der Veräußerungsgewinn steuerlich zu berücksichtigen. Die stillen Reserven bleiben in jedem Fall steuerverhaftet.[642]

Abschreibungen führen zwar zunächst zu Steuerminderzahlungen, liegt jedoch der Veräußerungserlös über dem Restbuchwert der Immobilie, ist der hieraus resultierende Gewinn zu versteuern. Die Bewertungsformel sieht bei Vernachlässigung des Teilwertabschreibungs- bzw. Zuschreibungsproblems wie folgt aus:[643]

$$V_{t,s}=\sum_{n=1}^{N}\frac{X_{t+n}\cdot\left(1-s_{ESt,t+n}\right)}{\prod_{j=1}^{n}\left[1+k_{t+j}\cdot\left(1-s_{ESt,O,t+j}\right)\right]}+\sum_{n=1}^{N}\frac{s_{ESt,t+n}\cdot Ab_{t+n}}{\prod_{j=1}^{n}\left[1+k_{t+j}\cdot\left(1-s_{ESt,O,t+j}\right)\right]}+\frac{RVE_{t+N}-s_{ESt,t+N}\cdot(RVE_{t+N}-RBW_{t+N})}{\prod_{j=1}^{N}\left[1+k_{t+j}\cdot\left(1-s_{ESt,O,t+j}\right)\right]} \qquad (8.14)$$

mit:

[642] Hieran kann auch § 6b EStG, der eine Neutralisierung des Veräußerungsgewinns durch Rücklagenbildung erlaubt, nichts ändern, vgl. auch Siepe, G., Unternehmensbewertung, 1998, S. 332.

[643] Die Gewerbesteuer wird in dieser Formel aus didaktischen Gründen noch nicht berücksichtigt. Sie wird erst in Kapitel 8.2.4 in die Betrachtung integriert.

$$RBW_{t+N} = AK - \sum_{n=1}^{N} Ab_{t+n}$$

RBW_{t+N}: *Restbuchwert am Ende der Periode t+N*

AK: *Anschaffungskosten*

Die Abschreibungen führen nicht mehr zu einer endgültigen Steuerminderung, sondern nur noch zu einer Steuerstundung. Diese Steuerstundung wirkt sich auf den Wert der Immobilie dann positiv aus, wenn die aus ihr resultierenden Cashflows immer dem gleichen oder einem sinkenden Steuersatz unterliegen. Dies läßt sich mit Hilfe folgender Überlegung verdeutlichen. Die Summe der Abschreibungen mindert den Restbuchwert und entspricht bei vollkommener Ausnutzung den Anschaffungs- / Herstellungskosten. Bei einer Veräußerung erhöht sich folglich die steuerliche Bemessungsgrundlage um die Summe der bisher vorgenommenen Abschreibungen $\sum_{n=1}^{N} Ab_n$. Die Steuerbelastung in der Veräußerungsperiode steigt durch die vorher vorgenommenen Abschreibungen um $s_{ESt,N} \cdot \sum_{n=1}^{N} Ab_n$. Gleichzeitig wurden durch die bisher vorgenommenen Abschreibungen die Steuerzahlungen jährlich um $s_{ESt,n} \cdot Ab_n$ gemindert. Absolut gesehen entsprechen somit bei konstantem Steuersatz die durch die Abschreibungen ersparten Steuerminderzahlungen den in der Veräußerungsperiode mit einem Mal anfallenden zusätzlichen Steuermehrzahlungen. Erstere fallen zeitlich jedoch früher an. Daher gilt:

$$\sum_{n=1}^{N} \frac{s_{ESt,t+n} \cdot Ab_{t+n}}{\prod_{j=1}^{n}\left[1 + k_{t+j} \cdot (1 - s_{ESt,O,t+j})\right]} \geq \frac{s_{ESt,N} \cdot \sum_{n=1}^{N} Ab_{t+n}}{\prod_{j=1}^{N}\left[1 + k_{t+j} \cdot (1 - s_{ESt,O,t+j})\right]}.$$

Durch die Steuerstundung erhöht sich folglich auch hier der Wert der Immobilie.

Dieses Ergebnis kann jedoch nicht verallgemeinert werden. Zum einen ist es möglich, daß sich während der Betrachtungsperiode der Steuertarif ändert.

Die Absolutbeträge aus Steuerminder- und Steuermehrzahlung würden sich dann, wenn überhaupt, nur noch zufällig entsprechen. Zum anderen muß der progressive Steuertarif berücksichtigt werden. So variiert der Steuersatz je nach Gesamteinkommen. Dieses kann sich im Zeitablauf verändern und insbesondere beim steuerpflichtigen Verkauf relativ werthaltiger Immobilien in der Verkaufsperiode stark ansteigen. Die Aussage, Abschreibungen führten zu einer Werterhöhung der Immobilie, kann daher nur dann getroffen werden, wenn das gesamte z.v.E. im Zeitablauf konstant bleibt oder sinkt, und sich der Steuertarif nicht zuungunsten des betreffenden Investors ändert.

8.2.2.6 Berücksichtigung von Negativsteuern

In den ersten Jahren nach Anschaffung- / Herstellung einer Immobilie übersteigen die aus der Immobilie stammenden Werbungskosten bzw. Betriebsausgaben häufig die Einnahmen. Aus der Immobilieninvestition resultieren dann temporär negative Einkünfte. Diese Tatsache kann Auswirkungen auf die folgende bisher zugrunde gelegte Bewertungsgleichung haben:

$$V_{t,s} = \sum_{n=1}^{N} \frac{X_{t+n} - s_{ESt,t+n} \cdot \left(X_{t+n} - Ab_{t+n}\right)}{\prod_{j=1}^{n}\left[1 + k_{t+j} \cdot (1 - s_{ESt,0,t+j})\right]} \qquad (8.12)$$ [644]

Offensichtlich unterstellt die Bewertungsgleichung eine Negativsteuer.[645] Nehmen die der Immobilie zuzurechnenden Einkünfte $\left(X_{t+n} - Ab_{t+n}\right)$ negative Werte an, erhält der Investor nach der Bewertungsformel in jedem Fall Zahlungen i.H.v. $\left(X_{t+n} - Ab_{t+n}\right) \cdot (-s_{ESt,t+n})$.

Das deutsche Steuersystem kennt eine solche Negativsteuer nicht. Allerdings besteht die Möglichkeit, negative Einkünfte einer Periode mit anderen

[644] Hier kann auf die explizite Berücksichtigung der Restveräußerungserlöse verzichtet werden, da sich bei einer Beachtung derselben an den folgenden Aussagen nichts ändern würde.

[645] Es handelt sich hier um eine gängige Vereinfachung des Bewertungsproblems in der investitions- und finanzierungstheoretischen Literatur, vgl. z.B. Volpert, V., Kapitalwert, 1989, S. 22.

positiven Einkünften der gleichen Periode durch horizontalen und vertikalen Verlustausgleich zu egalisieren. Dabei ist der horizontale Verlustausgleich innerhalb der jeweiligen Einkunftsart unbeschränkt möglich, während der vertikale Verlustausgleich zwischen den Einkunftsarten gem. § 2 Abs. 3 EStG nach dem „Steuerentlastungsgesetz 1999/2000/2002" nur noch beschränkt durchführbar ist.[646] So können negative Einkünfte aus einer Einkunftsart nur noch bis zur Höhe von 100 TDM unbeschränkt mit positiven Einkünften aus anderen Einkunftsarten verrechnet werden. Sollte der Betrag von 100 TDM überschritten werden,[647] sind die negativen Einkünfte nur bis zur Höhe von 50 % der übrigen positiven Einkünfte abzugsfähig. Verbleiben nach dem Verlustausgleich negative Einkünfte bzw. sind diese auf Grund gesetzlicher Beschränkungen[648] nicht möglich, können sie gem. § 10d EStG[649] auf den unmittelbar vorangegangenen Veranlagungszeitraum zurückgetragen bzw. unbeschränkt vorgetragen werden.[650]

Sowohl der horizontale und vertikale Verlustausgleich als auch der Verlustrücktrag bzw. -vortrag weisen Elemente einer Negativsteuer auf. Durch beide Regelungen werden negative Einkünfte aus einem Investitionsobjekt mit positiven Einkünften, die derselben oder einer anderen Einkunftsart entspringen bzw. die zu einem früheren oder späteren Zeitpunkt anfallen, saldiert. Die aus der Verrechnung resultierende Steuerersparnis kann wirtschaftlich dem Bewertungsobjekt zugerechnet werden. Wenngleich es sich also um ersparte Aus- und nicht um zusätzliche Einzahlungen handelt, gilt dann die

[646] Vgl. auch Günkel, M. / Fenzl, B., Steuerentlastungsgesetz, 1999, S. 658.

[647] Bei zusammen zur ESt veranlagten Ehegatten verdoppelt sich dieser Betrag, gem. § 2 Abs. 3 Satz 6, 7 EStG.

[648] Auf die Erörterung von Verlustausgleichsbeschränkungen wie z.B. §§ 2b, 15a, 13 Abs. 5, 18 Abs. 4, 20 Abs. 1 Nr. 4 Satz 2, 21 Abs. 1 Satz 2 EStG kann hier verzichtet werden. Sie wurden bereits in Kapitel 3.2.1 behandelt.

[649] Vgl. § 10d Abs. 1, 2 EStG, negative Einkünfte sind wie Sonderausgaben vom Gesamtbetrag der Einkünfte vor Sonderausgaben, außergewöhnlichen Belastungen und sonstigen Abzugsbeträgen abzuziehen. § 10d Abs. 1, 2 EStG läßt einen Verlustrücktrag von maximal 2 Mio. DM über den Zeitraum von einem Jahr (ab Veranlagungszeitraum 2001 nur noch i.H.v. 1 Mio. DM vgl. § 52 Abs. 52 EStG) und einen zeitlich sowie betragsmäßig unbegrenzten Verlustvortrag zu. Hierbei sind allerdings die einschränkenden Vorschriften der §§ 2b, 15a, 13 Abs. 5, 18 Abs. 4, 20 Abs. 1 Nr. 4 Satz 2, 21 Abs. 1 Satz 2 EStG sowie die Verlustausgleichsbeschränkungen des § 10d Abs. 1 und 2 zu beachten.

[650] Zur näheren Erläuterung mit Berechnungsbeispiel, vgl. Korn, K. / Strahl, M., Steuerentlastungsgesetz, 1999, S. 11974.

Bewertungsformel (8.12) auch im deutschen Steuersystem, sofern ein vollständiger horizontaler oder vertikaler Verlustausgleich möglich ist.

Können die negativen Einkünfte aus dem Investitionsobjekt nicht ausgeglichen werden, verbleibt die Möglichkeit eines Verlustrück- oder -vortrages. Dabei scheint die Annahme einer Negativsteuer am ehesten mit der Gesetzeslage vor dem Steuerentlastungsgesetz 1999/2000/2002 kompatibel. Allerdings führt selbst hier die Bewertungsformel (8.12) zu falschen Ergebnissen, was anhand der Systematik zur Ermittlung des z.v.E.[651] verdeutlicht werden kann.

1	Summe der Einkünfte aus den Einkunftsarten
2	+ nachzuversteuernder Betrag
3	+ Hinzurechnungsbetrag
4	- ausländische Verluste bei DBA
5	= Summe der Einkünfte
6	- Altersentlastungsbetrag
7	- Abzug für Land- und Forstwirte
8	= Gesamtbetrag der Einkünfte
9	- Sonderausgaben (§§ 10, 10b, 10c EStG)
10	- außergewöhnliche Belastungen (§§ 33 -33c EStG)
11	- diverse Steuerbegünstigungen
12	- Verlustabzug (§§ 10d, 2a Abs. 3 Satz 2 EStG)
13	+ zuzurechnendes Einkommen gem. § 15 Abs. 2 AStG
14	= Einkommen
15	- Kinderfreibetrag
16	- Haushaltsfreibetrag
17	- Härteausgleich
18	= z.v.E.

Abb. 8.9: Systematik zur Ermittlung des z.v.E.

In Perioden, in denen negative Einkünfte aus dem Investitionsprojekt nicht vollständig durch positive Einkünfte der gleichen Periode ausgeglichen werden konnten, nahm der Gesamtbetrag der Einkünfte (Abb. 8.9, Pos. 8) einen negativen Wert an. Bisher wurde unterstellt, daß das z.v.E. vor Berücksichtigung des Investitionsprojekts eine externe bzw. gegebene Größe ist, und sich diese bei Realisierung des Investitionsprojekts um $\left(X_{t+n} - Ab_{t+n}\right)$ ändert. Betrachtet man jedoch die Systematik zur Ermittlung des z.v.E., ist diese Sichtweise nicht korrekt. War bereits der Gesamtbetrag der Einkünfte negativ, oder nahm dieser einen Wert von Null an, gingen für den Investor steuerlich relevante Sonderausgaben und außergewöhnliche Belastungen sowie sämtliche Freibeträge verloren, denn diese sind nicht vor- oder rücktragsfähig.[652] Teile des Verlustausgleichspotentials wurden deshalb, sofern der Ge-

[651] Vgl. R 3 EStR; Abb. 8.9.

[652] Vgl. § 10d Abs. 1, Satz 1, „Negative Einkünfte, die bei der Ermittlung des Gesamtbetrags der Einkünfte nicht ausgeglichen werden...", Sonderausgaben und außergewöhnliche Belastungen des Verlustjahres sind folglich nicht vor- und rücktragsfähig.

samtbetrag der Einkünfte negativ oder Null war, verbraucht, ohne daß hierdurch positive Effekte für den Investor entstanden sind.[653]
Dies galt gem. §10d EStG alte Fassung[654] für die Jahre, in denen die Verluste vorgelagerter Jahre mit positiven Einkünften des aktuellen Wirtschaftsjahres verrechnet wurden, nur für die Freibeträge, sofern das Einkommen (Pos. 14) bei Berücksichtigung des Verlustvortrags bereits ein z.v.E. von 0 bedingt.[655]
Seit der Novellierung des Steuergesetzes durch das Steuerentlastungsgesetz 1999/2000/2002 wurde die Gefahr einer Einbuße von Sonderausgaben und Freibeträgen für Bezieher höherer Einkommen eingeschränkt, da die Verlustausgleichsbeschränkung des § 2 Abs. 3 EStG nur noch einen unbeschränkten Verlustausgleich in Höhe von 100.000 DM zuläßt. Dafür müssen jetzt nach § 10d EStG neue Fassung[656] Verluste im Falle eines Vor- oder Rücktrags vorrangig vor Sonderausgaben und außergewöhnlichen Belastungen berücksichtigt werden, so daß diese Beträge steuerlich ins Leere laufen.[657] Dies ist insbesondere bei Verlustvorträgen zu befürchten, da sie im Gegensatz zu Verlustrückträgen nicht ihrer Höhe nach beschränkt werden können[658]. Zudem führt die an den § 2 Abs. 3 EStG anknüpfende Neuregelung des § 10d EStG dazu, daß der Zeitraum, der zum Verlustausgleich benötigt wird, tendenziell wächst.
Beide Aspekte senken den Wert der Steuerersparnis durch Verluste, ersterer wegen der Einbuße diverser Abzugsbeträge, letzterer, weil der Barwert des Verlustausgleichspotentials mit zunehmender Dauer seiner vollständigen Inanspruchnahme abnimmt. Die obige Bewertungsgleichung (8.12) würde somit im Verlustfall selbst bei konstanten Steuersätzen zur Überschätzung des Werts eines Investitionsobjekts führen.

---

[653] Vgl. Anhang IX.
[654] Gesetzeslage vor Inkrafttreten des Steuerentlastungsgesetzes 1999/2000/2002.
[655] Vgl. Anhang IX; R 115 Abs. 2 EStR; Im Fall eines Verlustrücktrags gingen die genannten Beträge bei Antragstellung gem. § 10d Abs. 1 Satz 4,5 EStG alte Fassung nicht verloren, sofern die Höhe des Verlustrücktrags so gewählt wurde, daß die genannten Freibeträge trotz Verlustrücktrag ausgeschöpft werden konnten.
[656] Gesetzeslage nach Inkrafttreten des Steuerentlastungsgesetzes 1999/2000/2002.
[657] Vgl. Anhang IX.
[658] Vgl. § 10d Abs. 1 Satz 7, 8.

Berücksichtigt man das Schema zur Ermittlung des z.v.E. und die Tatsache, daß bei Verlustvorträgen der Kapitalwert der Verluste in der Bewertungsformel höher suggeriert wird, als er tatsächlich ist, kommt man zu dem Schluß, daß die Bewertungsformel nur dann Gültigkeit haben kann, wenn ein vollständiger horizontaler oder vertikaler Verlustausgleich möglich ist, und der Gesamtbetrag der Einkünfte der Höhe nach mindestens den Sonderausgaben, außergewöhnlichen Belastungen und Freibeträgen[659] entspricht.
Sollten also nur Verlustvor- oder Rückträge möglich sein, müßte dies bei der Bewertung explizit berücksichtigt werden. Ist hingegen ein horizontaler oder vertikaler Verlustausgleich möglich, kann die Annahme einer Negativsteuer durchaus vertreten werden.

8.2.3 Kirchensteuer und Solidaritätszuschlag

Der Solidaritätszuschlag und die Kirchensteuer wirken auf den Wert der Vorsteuercashflows wie eine Erhöhung der Einkommensteuer. Bemessungsgrundlage für beide Steuern ist die Einkommensteuer. Die Belastung durch den Solidaritätszuschlag ergibt sich bei natürlichen Personen i.d.R. aus

$$S_{SolZ} = S_{ESt} \cdot s_{SolZ}\,.^{660} \qquad (8.15)$$

S_{SolZ}: *Solidaritätszuschlag*

S_{ESt}: *Einkommensteuer*

s_{SolZ}: *Solidaritätszuschlagssatz*

---

[659] Vgl. Abbildung 8.9.
[660] Vgl. § 3 SolZG, i.V.m. § 51a EStG.

Bezieht der Anleger Einkünfte aus den Ausschüttungen einer Kapitalgesellschaft, weicht die Effektivbelastung, also die kumulierte Belastung auf Gesellschafts- und Gesellschafterebene, von der obigen Belastung ab.[662] So zählt der Solidaritätszuschlag gem. § 10 Nr. 2 KStG zu den nichtabziehbaren Aufwendungen. Dies wirkt sich wie folgt aus. Zum einen wird der Solidaritätszuschlag auf Gesellschaftsebene fällig (Abb. 8.10, Zeile 3). Der Zugang zum EK 40 verringert sich entsprechend um den Solidaritätszuschlag. Wegen des verringerten EK 40 fällt die Körperschaftsteuerminderung bei Herstellung der Ausschüttungsbelastung entsprechend um $\frac{10}{60}$ des Solidaritätszuschlags geringer aus. Die geringere Ausschüttung führt auf Anteilseignerebene zu einer verminderten Körperschaftsteueranrechnung in Höhe von $\left(1+\frac{10}{60}\right)\cdot SolZ\cdot\frac{3}{7}=0{,}5\cdot SolZ$. Das z.v.E. fällt somit um den Solidaritätszuschlag und seinen Schatteneffekt in Höhe von $\frac{40}{60}=66{,}67\%$.

	Gesellschaftsebene	
1	KSt-pflichtiges Einkommen	100,00
2	- Tarifbelastung 40 %	40,00
3	- Solidaritätszuschlag	1,67[661]
4	Zugang EK 40	58,33
5	Körperschaftsteuerminderung $\frac{10}{60}$	9,72
6	Ausschüttung	68,05
	Gesellschafterebene	
7	Bardividende	68,05
8	Anrechenbare KSt	29,17
9	z.v.E.	97,22
10	Einkommensteuer 50 %	48,61
11	Cashposition nach ESt	48,61
12	Körperschaftsteueranrechnung	29,17
13	Solidaritätszuschlag (10-12)x0,055	1,07
14	Cashposition nach Steuern	47,54

Abb. 8.10: Wirkung des Solidaritätszuschlags im körperschaftsteuerlichen Anrechnungsverfahren

Zum anderen verringert sich durch die gesunkene Ausschüttung die Einkommensteuerbelastung und durch die Anrechnung der Körperschaftsteuer

[661] Berechnung des Solidaritätszuschlags bei Vollausschüttung $SolZ=\frac{G\cdot 0{,}055\cdot\left(0{,}4-\frac{10}{60}\cdot 0{,}6\right)}{1-0{,}055\cdot\frac{10}{60}}$ mit G = Gewinn. Zur Berechnung mit alten Steuersätzen vgl. z.B. Kußmaul, H., Steuerlehre, 1998, S. 306.

[662] Vgl. hierzu Kempka, B., Solidaritätszuschlag, 1995, S. 6; Rüter, M., Belastungswirkung, 1994, S. 1024.

die Bemessungsgrundlage für den Solidaritätszuschlag[663]. Die Effektivbelastung durch den Solidaritätszuschlag hängt somit letztendlich vom persönlichen Einkommensteuersatz ab. Vergleicht man dabei die kumulierte ESt- und SolZ-Belastung des in Abbildung 8.10 dargestellten Falls mit dem Fall, daß Einkünfte direkt, also z.B. aus Vermietung und Verpachtung, erzielt werden, ist festzustellen, daß sich die kumulierte Steuerbelastung nur bei einem persönlichen Einkommensteuersatz von 40 % gleicht. Sie beträgt hier $40\% + 5{,}5\% \cdot 40\% = 42{,}2\%$. Fällt der Einkommensteuersatz, verringert sich die Effektivbelastung im Beispielfall weniger stark als in dem Fall, in dem der Anleger Einkünfte aus Vermietung und Verpachtung erzielen würde und umgekehrt.[664] Im Beispielfall beträgt die Effektivbelastung $100\% - 47{,}54\% = 52{,}46\%$. Würden hingegen dieselben Einkünfte ohne „Zwischenschaltung" einer Kapitalgesellschaft generiert, wäre mit einer Belastung in Höhe von $50\% + 5{,}5\% \cdot 50\% = 52{,}75\%$ zu rechnen. Diese Abweichungen seien nur der Vollständigkeit halber genannt. Sie dürften in den meisten Fällen kaum zu signifikanten Wertänderungen führen und sollen daher im folgenden außer Acht gelassen werden.

Unterstellt man zur Vereinfachung, daß die Kirchensteuer noch im Jahr ihrer Entstehung von der Einkommensteuerbemessungsgrundlage im Rahmen der Sonderausgaben nach § 10 Abs. 1 Nr. 4 EStG abgezogen werden kann,[665] ergibt sich die Effektivbelastung durch die Kirchensteuer aus der Formel

$$S_{KiSt} = s_{KiSt} \cdot S_{ESt} = s_{ESt} \cdot s_{KiSt} \cdot \left(X - S_{KiSt}\right).^{666} \qquad (8.16)$$

Die Belastung durch die Einkommensteuer sieht wie folgt aus:

[663] Vgl. § 3 Abs. 1 Nr. 1 SolZG.

[664] Beispiele hierzu mit den alten KST- und SolZ-Sätzen vgl. Rüter, M., Belastungswirkung, 1994, S. 1024.

[665] Dies gilt eigentlich nur für die im Veranlagungsjahr *gezahlte* Kirchensteuer.

[666] Vgl. § 51a Abs. 2 EStG, die erwähnten Kinderfreibeträge seien ausgeklammert. Nach dem Zu- / Abflußprinzip gem. § 11 EStG wird die Bemessungsgrundlage der Einkommensteuer durch die Kirchensteuer in dem Jahr verkürzt, in dem sie tatsächlich gezahlt wird.

$$S_{ESt} = s_{ESt} \cdot \left(X - S_{KiSt}\right) \tag{8.17}$$

Durch Umformung von Gleichung (8.16) erhält man[667]

$$S_{KiSt} = \frac{s_{ESt} \cdot s_{KiSt}}{1 + s_{ESt} \cdot s_{KiSt}} \cdot X. \tag{8.18}$$

Wird S_{KiSt} in Gleichung (8.17) durch (8.18) ersetzt, resultiert

$$S_{ESt} = \frac{s_{ESt}}{1 + s_{ESt} \cdot s_{KiSt}} \cdot X. \tag{8.19}$$

Somit folgt, daß sich die gesamte Steuerbelastung aus

$$S_{ESt} + S_{KiSt} + S_{SolZ} = \left[\frac{s_{ESt} \cdot \left(1 + s_{KiSt} + s_{SolZ}\right)}{1 + s_{ESt} \cdot s_{KiSt}}\right] \cdot X \tag{8.20}$$

ergibt.[668]

Das Netto-Einkommen beläuft sich somit nach Berücksichtigung der persönlichen Ertragsteuern auf

$$X_s = X \cdot \left[1 - \frac{s_{ESt} \cdot \left(1 + s_{KiSt} + s_{SolZ}\right)}{1 + s_{ESt} \cdot s_{KiSt}}\right]. \tag{8.21}$$

Der Solidaritätszuschlag und die Kirchensteuer wirken folglich wie eine Erhöhung des Einkommensteuersatzes. Vereinfachend kann daher ein kombinierter persönlicher Ertragsteuersatz, der die Einkommen-, Kirchensteuer sowie den Solidaritätszuschlag beinhaltet, gebildet werden. Er soll im folgenden vereinfachend s_i heißen, wobei gilt:

---

[667] Vgl. auch Rose, G., Steuerlehre, 1992, S. 47.
[668] Vgl. auch Schmidt, U., Besteuerung, 1998, S. 202.

$$s_I = s_{ESt} \cdot \left[\frac{\left(1 + s_{KiSt} + s_{SolZ}\right)}{1 + s_{ESt} \cdot s_{KiSt}} \right]. \tag{8.22}$$

8.2.4 Gewerbesteuer

Die Gewerbesteuer ist eine sogenannte Objektsteuer. Besteuert wird hier nicht eine Person, sondern das Objekt Gewerbebetrieb.[669] Die Gewerbesteuer kann daher grundsätzlich für Immobilien nur bewertungsrelevant sein, wenn sich diese im Betriebsvermögen eines Gewerbebetriebs befinden.[670] Nachdem der Bundesrat dem „Gesetz zur Fortsetzung der Unternehmenssteuerreform" am 5.9.1997 zugestimmt hat, wurde die Gewerbekapitalsteuer ab dem 1.1.1998 abgeschafft.[671] Die Gewerbekapitalsteuer ist daher zum heutigen Zeitpunkt weder für die Ermittlung des Unternehmenswerts noch für die Ermittlung des Werts einer Immobilie relevant.

Im Gegensatz hierzu wirkt sich die Gewerbeertragsteuer auf den Wert einer Immobilie dann aus, wenn die Kürzungsvorschrift des § 9 Nr. 1 Satz 2 GewStG nicht greift. Diese führt u.a. dazu, daß Grundstücksunternehmen, die allein wegen ihrer Rechtsform gewerbesteuerpflichtig sind, gewerbesteuerfreien Grundstücksunternehmen gleichgestellt werden, die reine Vermögensverwaltung betreiben.[672] Von der Regelung sind jedoch nur Grundstücksunternehmen betroffen, die den Rahmen einer echten Vermögensverwaltung nicht überschreiten,[673] deren Tätigkeit also keinen gewerblichen Charakter hat.[674] Sind Unternehmen kraft ihrer Tätigkeit gewerbesteuerpflichtig, greift § 9 Nr. 1 Satz 2 GewStG nicht.[675] In diesem Fall kann zwar immerhin noch die allgemeine Kürzung gem. § 9 Nr. 1 Satz 1 GewStG vorgenommen werden, sie beträgt 1,2 % des Einheitswerts des Grundstücks,

[669] Vgl. z.B. Kußmaul, H., Steuerlehre, 1998, S. 312.

[670] Vgl. Fall 3 und 4 Kapitel 8.2.1.

[671] Vgl. Deutscher Bundestag, Drucksache, 13/8325, 13/901, 13/7000.

[672] Vgl. Spangemacher, G. / Spangemacher, K. Gewerbesteuer, 1995, S. 332.

[673] Außer der Verwaltung und Nutzung des eigenen Grundbesitzes ist gem. § 9 Nr. 1 Satz 2 GewStG auch die Verwaltung und Nutzung des eigenen Kapitalvermögens erlaubt, daneben wird auch die Betreuung von Wohnungsbauten oder die Errichtung von Ein- bzw. Zweifamilienhäusern oder Eigentumswohnungen gestattet.

[674] Vgl. auch Fuchs, M., Kürzung, 1990, S. 2238; Neyer, W., Behandlung, 1991, S. 537.

[675] Vgl. Spangemacher, G. / Spangemacher, K. Gewerbesteuer, 1995, S. 332.

da diese jedoch nur zufälligerweise mit dem aus den Immobilien erzielten erzielten Gewerbeertrag übereinstimmen dürfte, ist die Gewerbeertragsteuer i.d.R. nicht bewertungsneutral.

Greift § 9 Nr. 1 Satz 2 GewSt nicht und vernachlässigt man aus Vereinfachungsgründen die Kürzungsmöglichkeit des § 9 Nr. 1 Satz 1 GewStG, ist festzustellen, daß für Grundstücke im Betriebsvermögen neben die Einkommensteuer eine weitere Belastung in Höhe der zu erwartenden Gewerbeertragsteuer tritt. Hierdurch verringern sich unmittelbar die Erträge, die aus einer solchen Immobilie fließen, wodurch deren Wert im Vergleich zu Immobilien im Privatbesitz tendenziell sinkt. Der Bewertungskalkül des Investors stellt sich dann unter der Geltung einer Negativsteuer vereinfacht wie folgt dar:[676]

$$V_{t,s} = \sum_{n=1}^{N} \frac{X_{t+n} - s_{I,t+n} \cdot \left[X_{t+n} - Ab_{t+n} - s_{GE,t+n} \cdot \left(X_{t+n} - Ab_{t+n}\right)\right] - s_{GE,t+n} \cdot \left(X_{t+n} - Ab_{t+n}\right)}{\prod_{j=1}^{n}\left[1 + k_{t+j} \cdot \left(1 - s_{I,O,t+j}\right)\right]}$$
$$+ \frac{RVE_{t+N} - s_{I,t+N} \cdot \left[\left(RVE_{t+N} - RBW_{t+N}\right) \cdot \left(1 - s_{GE,t+N}\right)\right] - s_{GE,t+N} \cdot \left(RVE_{t+N} - RBW_{t+N}\right)}{\prod_{j=1}^{N}\left[1 + k_{t+j} \cdot \left(1 - s_{I,O,t+j}\right)\right]}$$

(8.23)

Nun muß die Annahme einer Negativsteuer, die den gängigen Bewertungsformeln zugrunde liegt, im Zusammenhang mit der Gewerbeertragsteuer verneint werden. Zwar ist hier im Rahmen des § 10a GewStG, unter der Voraussetzung der Unternehmens- und Unternehmergleichheit,[677] ein unbegrenzter gewerbesteuerlicher Verlustvortrag möglich. Im Gegensatz zum Einkommensteuergesetz ist allerdings im Gewerbesteuergesetz, auf Grund des Objektcharakters der Gewerbesteuer,[678] weder ein horizontaler noch vertikaler Verlustausgleich vorgesehen. Ebensowenig ist ein gewerbesteuerlicher Verlustrücktrag möglich. Sollte die Immobilieninvestition daher gewer-

[676] Sofern bei Kapitalgesellschaften unterstellt wird, daß die Cashflows aus der Immobilie sofort ausgeschüttet werden, vgl. zu dieser Problematik Kapitel 7.2.1 und 8.2.5.

[677] Vgl. zur Erläuterung der Begriffe R 68 Abs. 5 - 7 GewStR.

[678] Vgl. hierzu auch § 10a GewStG i.V.m. § 8 Abs. 4 KStG.

besteuerliche Verluste evozieren, müßte dies in der Bewertungsgleichung (8.23) entsprechend gewürdigt werden. Die gewerbesteuerlichen Verluste werden schließlich erst mit zukünftigen gewerbesteuerlichen Gewinnen verrechnet, so daß die für den Anleger, aus dem Verlustvortrag resultierenden, positiven gewerbesteuerlichen Wirkungen, die der Immobilieninvestition zuzurechnen sind, erst zu einem späteren Zeitpunkt anfallen und daher entsprechend abdiskontiert werden müssen. Treten also zeitweise Verluste auf, die durch andere Einnahmen des Unternehmens nicht ausgeglichen werden können, führt die Gleichung (8.23) zu einer Überschätzung des Immobilienwerts.

Natürlich können sich die zahlreichen Detailvorschriften, wie Freibetragsregelungen gem. § 11 Abs. 1 Satz 3 Nr. 1, 2 GewStG und die Anwendung gestaffelter Steuermeßzahlen gem. § 11 Abs. 2 Nr. 1 GewStG auf den Immobilienwert auswirken. Diese Randprobleme werden jedoch selbst in der Literatur zur Unternehmensbewertung üblicherweise ausgeklammert, da sie Darstellungen nur unnötig verkomplizieren, im Kern allerdings zu keinen neuen Erkenntnissen führen. Aus diesem Grund wird auch im Rahmen dieser Arbeit auf deren explizite Erörterung verzichtet.

8.2.5 Körperschaftsteuer

Die Körperschaftsteuerpflicht ist in den §§ 1 - 6 KStG geregelt. Betroffen sind hiervon u.a. Kapitalgesellschaften, „die ihre Geschäftsleitung oder ihren Sitz im Inland haben“[679]. Natürlich ist die Körperschaftsteuer nur für Immobilien im Betriebsvermögen von Körperschaften relevant.[680] Sie spielt bei der Bewertung von Immobilien eine untergeordnete Rolle, da sie i.d.R. im Zuge der Ausschüttung auf die individuelle Körperschaft- oder Einkommensteuer der Anteilseigner angerechnet wird[681] und daher als Vorauszahlung auf die individuelle Einkommensteuer interpretiert werden kann[682]. Eine endgültige Be-

[679] § 1 Abs. 1 KStG.
[680] Vgl. Fall 4 Kapitel 8.2.1.
[681] Vgl. § 36 Abs. 2 Nr. 3 EStG i.V.m. § 49 Abs. 1 KStG.
[682] Vgl. Schwetzler, B., Ausschüttungssperrvorschriften, 1998, S. 700.

lastung durch die Körperschaftssteuer entsteht deshalb nur in Ausnahmefällen[683].

Vernachlässigt man diese, kann sich die Körperschaftsteuer nur dann auf den Wert einer Immobilie auswirken, wenn die aus ihr fließenden Cashflows nicht vollständig ausgeschüttet werden, da thesaurierte und ausgeschüttete Cashflows unterschiedlich besteuert werden.

So errechnet sich bei einem derzeitigen Körperschaftsteuersatz von 40 % und einem Solidaritätszuschlag von 5,5 % ein „kumulierter Körperschaftsteuersatz" von $s_{KSt} + s_{KSt} \cdot s_{Sol} = 0{,}40 + 0{,}40 \cdot 0{,}055 = 0{,}422$. Thesaurierte Gewinne werden also mit 42,2 % „kumulierter Körperschaftsteuer" belastet. Der maximale persönliche Grenzertragsteuersatz beträgt hingegen unter Einbeziehung von 8 % Kirchensteuer

$$s_I = s_{ESt,max} \cdot \left[\frac{(1 + s_{KiSt} + s_{SolZ})}{1 + s_{ESt,max} \cdot s_{KiSt}} \right] = 0{,}53 \cdot \left[\frac{(1 + 0{,}08 + 0{,}055)}{1 + 0{,}53 \cdot 0{,}08} \right] = 0{,}57708.$$ [684]

Auf ausgeschüttete Cashflows entfallen somit maximal rund 57,71 % Ertragsteuern. Von insgesamt 100 DM nach Gewerbesteuer verbleiben nach Berücksichtigung von Körperschaftsteuer bei Thesaurierung 57,8 DM, bei Ausschüttung nach persönlicher Ertragsteuer 42,29 DM.

Um nun eine Aussage über die Vorteilhaftigkeit von Ausschüttung und Thesaurierung treffen zu können, müssen die Reinvestitionsmöglichkeiten betrachtet werden. Hierzu wird angenommen, daß sowohl thesaurierte als auch ausgeschüttete Cashflows in festverzinsliche Wertpapiere zum gleichen Zinssatz i reinvestiert werden können.

Die Anteilseigner können, sofern die Zinserträge auf den angelegten Betrag ausgeschüttet werden, im Thesaurierungsfall mit folgenden periodischen Nachsteuerzahlungen rechnen:

---

[683] Z.B. im Rahmen nicht abzugsfähiger Aufwendungen, § 10 KStG, oder wenn der Anteilseigner nicht anrechnungsberechtigt ist, wie dies grundsätzlich bei beschränkt Steuerpflichtigen der Fall ist, vgl. § 50 Abs. 5 Satz 2 EStG, bea. hierzu aber auch § 36e EStG i.V.m. § 52 KStG.

[684] Zur Problematik der Belastungswirkung des Solidaritätszuschlags bei Ausschüttung, die hier ausgeklammert wird, vgl. Kapitel 8.2.3.

$$CF_{Thesaurierung} = \underbrace{\left[\left(1 - s_{KSt}\right) - s_{KSt} \cdot s_{Sol}\right] \cdot CF}_{Anlagebetrag} \cdot i \cdot \left(1 - s_{GE}\right) \cdot \left(1 - s_I\right), \tag{8.24}$$

im Fall ausgeschütteter Cashflows:

$$CF_{Ausschüttung} = \underbrace{\left(1 - s_I\right) \cdot CF}_{Anlagebetrag} \cdot i \cdot \left(1 - s_I\right) \tag{8.25}$$

Subtrahiert man Ausdruck (8.25) von Ausdruck (8.24), resultiert:

$$\left(1 - s_I\right) \cdot i \cdot CF \cdot \left\{\left[\left(1 - s_{KSt}\right) - s_{KSt} \cdot s_{Sol}\right] \cdot \left(1 - s_{GE}\right) - \left(1 - s_I\right)\right\} \tag{8.26}$$

Thesaurierungen sind vorteilhaft, wenn Gleichung (8.26) positive Werte annimmt. Bei einem Spitzengrenzsteuersatz $s_I = 57{,}71\ \%$, einem Körperschaftsteuersatz $s_{KSt} = 40\ \%$ und einem Solidaritätszuschlag $s_{Sol} = 5{,}5\ \%$ tritt dieser Fall ein, sobald der Gewerbeertragsteuersatz s_{GE} unter 26,83 % liegt. Dies entspricht einem Hebesatz von rund 733 %. Thesaurierung ist also zu präferieren, wenn der Hebesatz die kritische Grenze von 733 % unterschreitet. Da dieser Satz zur Zeit in keiner deutschen Stadt überschritten wird, kann für Anteilseigner, die dem Spitzensteuersatz s_I unterliegen und kirchensteuerpflichtig sind, pauschal die Aussage getroffen werden, daß für sie eine Thesaurierung immer von Vorteil ist.

Liegt der persönliche Ertaggrenzsteuersatz s_I bei höchstens 42,2 %, dominiert hingegen immer die Option Ausschüttung. Liegt er zwischen 42,2 % und 57,71 %, müssen die einzelnen Kombinationen aus Gewerbeertrag-, Körperschaft-, Einkommensteuersatz sowie Solidaritätszuschlag untersucht werden, um die Vorteilhaftigkeit von Ausschüttung bzw. Thesaurierung feststellen zu können, was in der folgenden Tabelle 8.2 anhand einiger Hebesatz- Ertragsteuersatz-Kombinationen dargestellt wird. „Th“ steht hier für die Vorteilhaftigkeit von Thesaurierung, „Aus“ für die Vorteilhaftigkeit von Ausschüttung.

	Hebesatz											
s_I	300	320	340	360	380	400	420	440	460	480	500	520
42%	Aus	Aus	Aus	Aus	Aus	Aus	Aus	Aus	Aus	Aus	Aus	Aus
44%	Aus	Aus	Aus	Aus	Aus	Aus	Aus	Aus	Aus	Aus	Aus	Aus
46%	Aus	Aus	Aus	Aus	Aus	Aus	Aus	Aus	Aus	Aus	Aus	Aus
48%	Aus	Aus	Aus	Aus	Aus	Aus	Aus	Aus	Aus	Aus	Aus	Aus
50%	Th	Aus	Aus	Aus	Aus	Aus	Aus	Aus	Aus	Aus	Aus	Aus
52%	Th	Th	Th	Th	Th	Th	Aus	Aus	Aus	Aus	Aus	Aus
54%	Th	Th	Th	Th	Th	Th	Th	Th	Th	Th	Th	Aus
56%	Th	Th	Th	Th	Th	Th	Th	Th	Th	Th	Th	Th
58%	Th	Th	Th	Th	Th	Th	Th	Th	Th	Th	Th	Th

Tab 8.2: Vergleich der Vorteilhaftigkeit von Ausschüttung bzw. Thesaurierung bei verschiedenen Hebesatz-Ertragsteuersatz-Kombinationen

Die Ausschüttungspolitik eines Unternehmens kann sich also durchaus auf den Wert eines durch die Immobilie generierten Cashflows auswirken. Soll die Ausschüttungspolitik im Einzelfall mit in das Bewertungskalkül eingehen, müssen zusätzlich bilanzielle Ausschüttungssperrvorschriften, die evtl. eine Ausschüttung von nur Teilen des Cashflows aus der Immobilie zulassen, berücksichtigt werden.[685] Diese Ausschüttungssperrvorschriften sind dann gegebenenfalls bei der Optimierung der Ausschüttungspolitik als Nebenbedingung zu beachten.

8.2.6 Vermögen- / Erbschaftsteuer

Obwohl die VStG nicht abgeschafft worden ist, ist sie zum 1.1.97 auf Grund des Beschlusses des BVerfG vom 22.6.95[686] ausgelaufen. Dieser Beschluß forderte unter anderem für die Substanzbesteuerung eine umfassende Neuregelung der Bewertung der einzelnen Vermögensarten. Da diese Neuregelung nicht wie vom BVerfG bis zum 31.12.96 gefordert, getroffen worden ist, fehlt für die Anwendung des VStG die Rechtsgrundlage. Die Anwendbarkeit ist somit spätestens seit dem 1.1.97 nicht mehr gegeben. Die Vermögensteuer muß daher zum derzeitigen Zeitpunkt nicht berücksichtigt werden.

[685] Vgl. hierzu §§ 58 Abs. 4, 174 Abs. 1 AktG, der bei AGs die Ausschüttungen auf den Bilanzgewinn beschränkt; Zur Ermittlung des Bilanzgewinns vgl. § 158 AktG; Für GmbHs vgl. § 29 Abs. 1 GmbHG.

[686] Vgl. 2 BvL 37/91 BStBl. II, 1995, S. 655ff.

Die Erbschaftsteuer hingegen könnte durchaus Auswirkungen auf den Grenzpreis einer Immobilien haben. Soll eine Immobilie sozusagen generationsübergreifend bewertet werden, kann ihr Wert auch durch die steuerlich unterschiedliche Bewertung des Grund- im Gegensatz zu anderen Vermögensarten determiniert werden. Zwar ist zu vermuten, daß sich die steuerlichen Werte von Immobilien für den Zweck der Erbschaft- und Schenkungsteuer durch die neue Bedarfsbewertung zumindest den Marktpreisen[687] von Immobilien angenähert haben, dennoch bleiben die steuerlichen Werte i.d.R. unter denselben.[688] Sie sind somit aus erbschaftsteuerlicher Sicht zumindest gegenüber Geldvermögen privilegiert. Diese Priviligierung gälte es im Falle einer anstehenden Erbschaft / Schenkung zu quantifizieren, was allerdings auf Grund des Umfangs dieses Themenkomplexes eine eigene Arbeit rechtfertigen würde. Die Diskussion der Auswirkungen einer unterschiedlichen steuerlichen Bewertung verschiedener Vermögensgegenstände im Erbfall auf den Wert einer Immobilie wird daher im folgenden unterlassen, zumal die erbschaftsteuerliche Bevorzugung von Immobilienvermögen unter Barwertgesichtspunkten vermutlich nur dann signifikante Grenzpreisänderungen evoziert, wenn die potentielle Vererbung bzw. Schenkung in naher Zukunft geplant ist.

8.2.7 Umsatzsteuer

8.2.7.1 Einfluß der Umsatzsteuer auf die Anschaffungskosten

Vermieter sind im Sinne des § 2 Abs.1 UStG auf Grund einer nachhaltigen Tätigkeit, die zur Erzielung von Einnahmen dient, Unternehmer, somit sind die Umsätze aus der Vermietung steuerbar. Es handelt sich hierbei um sonstige Leistungen im Sinne des § 1 Abs.1 Satz 1 UStG. Fallen diese Umsätze unter das Grunderwerbssteuergesetz, sind sie gem. § 4 Nr. 9a UStG von der Umsatzsteuer befreit. Sämtliche Erwerbsvorgänge im Sinne des § 1 GrEStG, also insbesondere entgeltliche Grundstücksgeschäfte, unterliegen somit

[687] "'Marktpreis' ist der Preis, der am Markt für die betreffenden Ertragserwartungen gezahlt zu werden pflegt", Moxter, A., Grundsätze, 1983, S. 132.

nicht der Umsatzsteuer. Diese Regelung hat für den Investor den Nachteil, daß er die Umsatzsteuer, die in Zusammenhang mit dem Erwerb oder der Errichtung eines Gebäudes entstehen, gem. § 15 Abs. 2 UStG nicht als Vorsteuer abziehen kann. Die Anschaffungs- / Herstellungskosten müssen in diesem Fall immer zu Bruttopreisen veranschlagt werden.[689] Bei einem derzeitigen Steuersatz von 16 %[690] stellt dies eine nicht unerhebliche Preisdifferenz dar, die jedoch vermieden werden kann, indem der Investor auf die Steuerbefreiung gem. § 9 UStG verzichtet und die Umsätze des § 4 Nr. 9 UStG als steuerpflichtig behandelt. Ein solcher Verzicht ist möglich, „soweit der Leistungsempfänger das Grundstück ausschließlich[691] für Umsätze verwendet oder zu verwenden beabsichtigt, die den Vorsteuerabzug nicht ausschließen"[692]. Somit stellt sich im Rahmen der Immobilienbewertung die Frage, ob die potentiellen Mieter nur Umsätze tätigen, die den Vorsteuerabzug nicht ausschließen. Hiervon hängt es ab, ob die Anschaffungs- / Herstellungskosten zu Netto- oder Bruttopreisen in das Bewertungskalkül einfließen.

Verwendet der Leistungsempfänger das Grundstück auch für Umsätze, die den Vorsteuerabzug ausschließen, wird die gezahlte Umsatzsteuer Bestandteil der Anschaffungs- / Herstellungskosten[693] und erhöht damit die Abschreibungsbasis um 16 %.

Sollte hingegen zulässigerweise zur Umsatzsteuer optiert werden, gehören die bezahlten Vorsteuern gem. § 9b Abs.1 EStG nicht zu den Anschaffungs- / Herstellungskosten. Sie gelten im Rahmen der Haushalteinkunftsarten als sofort abzugsfähige Werbungskosten im Sinne des § 9 Abs.1 Satz 1 EStG. Die Erstattung der Vorsteuer wird als Einnahme im Sinne des § 8 Abs.1 EStG im Rahmen der Einkünfte aus Vermietung und Verpachtung gem. § 21 EStG qualifiziert.[694] Dieselbe Vorgehensweise gilt bei der Gewinnermittlung

[688] Vgl. Zimmermann, P. / Heller, R.E / Kronthaler, L., Bewertung, 1997, S. 34.
[689] Hierdurch wird natürlich die Abschreibungsbasis vergrößert, vgl. auch R 86 Abs.1 EStR.
[690] Vgl. § 12 Abs.1 UStG.
[691] Umsätze, die den Vorsteuerabzug ausschließen, werden in geringem Maße, bis zu 5 % der Gesamtumsätze, vom Finanzamt geduldet (Bagatellgrenze), vgl. R 148a Abs.3 UStR.
[692] § 9 Abs.2 Satz 1 2.Halbsatz UStG, auf Besonderheiten, die durch die Anwendung der §§ 19 Abs. 1 und 24 Abs.1 UStG entstehen, soll hier nicht näher eingegangen werden.
[693] Vgl. R 86 Abs. 1 EStR.
[694] Vgl. FG Saarland Urteil vom 31.05.89, EFG 1989, S. 454; BFH-Urteil vom 29.06.82, VIII R

nach § 4 Abs. 3 EStG, wobei die bezahlten Vorsteuern als Betriebsausgaben gelten und die vereinnahmten Vorsteuern als Betriebseinnahmen qualifiziert werden.
Wird der Gewinn hingegen durch Betriebsvermögensvergleich ermittelt, stellt die Umsatzsteuer einen einkommensteuerlich durchlaufenden Posten dar. Die abziehbaren Vorsteuerbeträge / Vergütungsansprüche, die gegenüber dem Finanzamt entstehen, sind bis zu ihrer Erfüllung zu aktivieren. Der Vorgang ist somit de facto erfolgsneutral.

8.2.7.2 Einkommensteuerliche Auswirkungen des Verzichts auf die Umsatzsteuerbefreiung

Im Rahmen der Bewertung sind außer rein umsatzsteuerlichen Aspekten insbesondere die durch die Umsatzsteuer hervorgerufenen einkommensteuerlichen Auswirkungen auf den Wert eines Objekts zu berücksichtigen. Neben der bereits erwähnten veränderten Abschreibungsbasis, die verteilt über die Nutzungsdauer des Objekts mittelbar die Werbungskosten des Investors beeinflußt, kann es im Rahmen der Haushaltseinkunftsarten und im Rahmen der Gewinnermittlung nach § 4 Abs. 3 EStG auf Grund des einkommensteuerlichen Prinzips der Abschnittsbesteuerung[695] zu progressionsbedingten Wertverschiebungen kommen, falls die Umsatzsteuer nicht in dem Jahr gezahlt wird, in dem der Investor die Vorsteuer vom Finanzamt erstattet bekommt. Dies resultiert aus der Tatsache, daß die bezahlte Umsatzsteuer in dem Jahr vom z.v.E. / Gewinn nach § 4 Abs. 3 EStG abzusetzen ist, in dem sie geleistet wurde und die vereinnahmte Vorsteuer zum z.v.E. / Gewinn des Jahres zu addieren ist, in dem sie zugeflossen ist.[696]
Erläutert sei die Problematik anhand des folgenden Beispiels:

Eine alleinstehende Person verfügt vor Berücksichtigung des Immobilieninvestments im Veranlagungszeitraum 1 und 2 über ein z.v.E. von 160.000

6/79, BStBl. II, 1982, S. 755.
[695] Vgl. § 11 EStG.
[696] Vgl. Meyer, B., Verpachtung, 1985, vgl. auch BFH-Urteil vom 17.3.1992, IX R 55/90 BStBl. II, 1993, S. 17.

DM. Die Herstellungskosten des Objekts betragen Netto 1.000.000 DM, die Umsatzsteuer 160.000 DM. Nach Realisation des Immobilieninvestments, verfügt der Investor, bei Vernachlässigung von Abschreibungen, Sonderausgaben und sonstigen Abzugsbeträgen, über ein z.v.E. von

160.000 DM - 160.000 DM = 0 DM.

Die Einkommensteuer beträgt somit im Veranlagungszeitraum 1 0 DM.[697] *Im Veranlagungszeitraum 2 wird die Vorsteuer erstattet, hieraus resultiert ein z.v.E. von:*

160.000 DM + 160.000 DM = 320.000 DM.

Die Einkommensteuer beträgt 146.687 DM.[698]
Wird die Umsatzsteuer hingegen im selben Veranlagungszeitraum erstattet, in dem sie bezahlt worden ist, hat dies auf die Einkommensteuer der jeweiligen Veranlagungszeiträume keine Auswirkungen. Die Gesamtpositionen des Investors belaufen sich somit über den Betrachtungszeitraum von 2 Jahren auf:

		Fall 1	Fall 2	Differenz
Veranlagungszeitraum 1	z.v.E. alt	160.000	160.000	0
	zu zahlende USt	-160.000	-160.000	0
	erstatteteVorsteuer	0	160.000	-160.000
	z.v.E. neu	0	160.000	-160.000
	ESt	0	-61.886	61.886
	Cashposition 1	0	98.114	-98.114
Veranlagungszeitraum 2	z.v.E. alt	160.000	160.000	0
	erstattete Vorsteuer	160.000	0	160.000
	z.v.E. neu	320.000	160.000	160.000
	ESt	-146.687	-61.886	-84.801
	Cashposition 2	173.313	98.114	75.199
	Cashposition gesamt	173.313	196.228	-22.915

Die Vermögensposition des Investors variiert in dem Beispiel um rund 2,29 % der Nettoherstellungskosten. Folglich können die Zahlungs- und Er-

[697] Vgl. ESt-Grundtabelle 1999.
[698] Vgl. § 32a Abs.1 Nr. 4.

stattungszeitpunkte allein auf Grund von Progressionseffekten Einfluß auf den Wert des Objekts haben. Auf eine Barwertbetrachtung wurde verzichtet, da sie die Aussage im Kern nicht beeinträchtigt. Da dem Investor jedoch die Zahlungen im Fall 2 eher zufließen als im Fall 1, nimmt die Vorteilhaftigkeit von Fall 2 bei einem Barwertvergleich weiter zu. Diese Aussage gilt jedoch nicht generell. Sie muß daher fallabhängig geprüft werden. Hierbei ist insbesondere die zeitliche Verteilung des z.v.E. vor Realisation des Investments ausschlaggebend.

Der dargestellte Progressionseffekt verringert sich bei gleichbleibenden USt-Beträgen und steigendem ursprünglichen z.v.E. Er verschwindet schließlich endgültig, wenn das z.v.E. alleine zu veranlagender Personen nach Berücksichtigung der Umsatzsteuer bzw. Vorsteuer in beiden Veranlagungszeiträumen mindestens 120.042 DM[699] beträgt. Bei verheirateten Personen, die gem. § 26 EStG in Verbindung mit § 26b EStG zusammen zur Einkommensteuer veranlagt werden, verdoppelt sich dieser Betrag gem. § 32a Abs. 5 EStG auf 240.084 DM.

Verdeutlicht sei dies durch eine Abwandlung des obigen Beispiels.

Das ursprüngliche z.v.E einer alleine zu veranlagenden Person beträgt 280.042 DM. Die anderen Variablen sollen konstant bleiben. Hieraus ergibt sich folgende Rechnung:

		Fall 1	Fall 2	Differenz
Veranlagungszeitraum 1	z.v.E. alt	280.042	280.042	0
	zu zahlende USt	-160.000	-160.000	0
	erstatteteVorsteuer	0	160.000	-160.000
	z.v.E. neu	120.042	280.042	-160.000
	ESt	-40.736	-125.508	84.772
	Cashposition 1	79.306	154.534	-75.228
Veranlagungszeitraum 2	z.v.E. alt	280.042	280.042	0
	erstattete Vorsteuer	160.000	0	160.000
	z.v.E. neu	440.042	280.042	160.000
	ESt	-210.309	-125.508	-84.801
	Cashposition 2	229.733	154.534	75.199
	Cashposition gesamt	309.039	309.068	-29[700]

[699] Z.v.E., bei dem der Spitzengrenzsteuersatz von 53 % beginnt, vgl. § 32a Abs.1 Nr. 4 EStG.

[700] Die Differenz resultiert aus den Rundungsvorschriften des § 32a Abs. 2 EStG.

8.2.7.3 Berichtigung des Vorsteuerabzugs

Ändern sich bei Grundstücken und aufstehenden Gebäuden die Verhältnisse, die in dem Kalenderjahr maßgebend waren, in dem der Vorsteuerabzug geltend gemacht worden ist, so ist dieser gemäß § 15 a UStG anteilig rückgängig zu machen, sofern die Änderung innerhalb von 10 Jahren seit Beginn der ersten Verwendung eintritt.[701] Jedes Jahr, in dem eine Änderung der ursprünglichen Verhältnisse vorliegt, sind die Vorsteuerbeträge um ein Zehntel zu berichtigen,[702] wobei eine evtl. kürzere Verwendung der Immobilie zu berücksichtigen wäre. In diesem Fall müßte die jährliche Berichtigung höher ausfallen.[703] Die Regelung, den Vorsteuerabzug bei Änderung der Verhältnisse berichtigen zu müssen, betrifft insbesondere zwei Investorengruppen. Zum einen die Gruppe, die die Immobilie innerhalb der ersten 10 Jahre nach Erwerb / Herstellung wieder verkauft,[704] zum anderen die, die durch Vermietung an einen anderen Mieter nun zur USt optieren darf bzw. jetzt den Vorsteuerabzug nicht mehr geltend machen kann.[705]

Werden z.B. Büroräume, die seit dem 1.1.01 (Ann. Zeitpunkt der erstmaligen Nutzung) an einen Notar steuerpflichtig vermietet worden sind, zum 1.1.06 an einen Mieter, z.B. eine Bank, vermietet, der nicht ausschließlich Umsätze tätigt, die den Vorsteuerabzug zulassen, wird der Vorsteuerabzug für das jeweilige Jahr, in dem die Option gem. § 9 UStG nicht gegeben ist, berichtigt.[706] Im Jahr 6 ist der Vorsteuerabzug um 10 % zu korrigieren, sofern die Bank Mieter[707] bleibt. Selbiges gilt für alle Folgejahre, bis einschließlich dem Jahr 10. Sollte die Vorsteuer also im Jahr 01 160.000 DM betragen haben, ergeben sich im Rahmen dieses Beispiels folgende Zahlungen:

---

[701] Bea. jedoch die Vereinfachungsregeln des § 44 UStDV, R 218 UStR.
[702] Tritt die Änderung während eines Kalenderjahres ein, ist die Berichtigung je nach Dauer der Verwendung während des Kalenderjahres zeitanteilig vorzunehmen, vgl. hierzu auch R 215 Abs. 4 UStR und § 45 UStDV.
[703] Vgl. § 15a Abs. 2 UStG.
[704] Vgl. § 15a Abs. 4 UStG.
[705] Zu weiteren Fällen vgl. R 215 UStR.
[706] Zum Berichtigungszeitraum vgl. auch R 216 UStR.
[707] Sofern die Bank nicht auf die Steuerbefreiung gem. § 9 Abs.1 UStG verzichtet.

Jahr	1	2	3	4	5	6	7	8	9	10
gezahlte Vorsteuer in 1000	-160									
erstattete Vorsteuer in 1000	+160									
berichtigte Vorsteuer in 1000	0	0	0	0	0	-16	-16	-16	-16	-16

Der Investor hat also in obigem Fall ab dem Jahr 6 mit sicheren Auszahlungen von 16.000 DM pro Jahr zu rechnen, sofern kein erneuter Mieterwechsel stattfindet. Der Wert der Immobilie sinkt folglich, bei sonst gleichbleibenden Rahmenbedingungen, allein auf Grund des Mieterwechsels um den abdiskontierten Betrag der jährlich zu berichtigenden Vorsteuer nach Einkommensteuern[708].

Fände der Mieterwechsel in umgekehrter Reihenfolge statt, so daß zunächst die Bank Mieter gewesen wäre und im Anschluß der Notar, könnte der Wert der Immobilie durch den Verzicht auf die Steuerbefreiung spiegelbildlich zu obigem Beispiel erhöht werden.

Liegt eine Geschäftsveräußerung im Ganzen vor,[709] ist dieser Vorgang ausnahmsweise nicht umsatzsteuerbar. Hier greift § 1 Abs. 1a Satz 3 UStG, der dafür sorgt, daß der Erwerber in die Rechtsstellung des Veräußerers eintritt.[710] Mangels Umsatzsteuerbarkeit einer Geschäftsveräußerung im Ganzen liegt beim Veräußerer keine Pflicht zur Vorsteuerberichtigung nach § 15a Abs. 4 UStG vor. Der maßgebliche Berichtigungszeitraum wird gem. § 15a Abs. 6a UStG durch die Geschäftsveräußerung nicht unterbrochen. Dieser Umstand kann sich für den Erwerber positiv oder negativ auswirken. Steigt beim Erwerber - im Vergleich zum Veräußerer - der maßgebende Anteil für umsatzsteuerpflichtige Umsätze, erhält er die Umsatzsteuer, die der Veräußerer für diesen Anteil bezahlt hat, zurück. Verringert sich dieser An-

---

[708] Zur einkommensteuerlichen Behandlung der zu berichtigenden Vorsteuer vgl. Kapitel 8.2.7.4.

[709] Vgl. § 1 Abs. 1a UStG; Zur Diskussion um die Frage wann bei Immobilien eine Geschäftsveräußerung im Ganzen vorliegt vgl. Schönborn, N., Risiken, 1999, S. 438f.

[710] Vgl. auch Schönborn, N., Risiken, 1999, S. 440.

teil, muß der Erwerber Vorsteuer zurückzahlen, die dem Veräußerer erstattet wurde.[711]

Handelt es sich um eine steuerfreie Veräußerung eines bisher steuerpflichtig vermieteten Objekts, bei dem keine Geschäftsveräußerung im Ganzen vorliegt, wird die Vorsteuer nicht sukzessive, sondern gem. § 44 Abs.4 UStDV auf einmal berichtigt. Würden also die bisher steuerpflichtig vermieteten Büroräume aus obigem Beispiel am 1.1.06 steuerfrei veräußert, müßte der Veräußerer gem. § 44 Abs. 4 UStDV für den Veräußerungszeitraum einen Vorsteuerrückforderungsbetrag anmelden[712] und somit bereits im Veranlagungszeitraum 06[713] 80.000 DM an das Finanzamt abführen.

Ist der Erwerber zum Vorsteuerabzug berechtigt, so stellt die USt bei ihm zunächst nur einen mehr oder minder durchlaufenden Posten dar.

Bei der Grundstücksveräußerung selbst steht die Entscheidung, ob auf die Steuerbefreiung verzichtet wird, allein dem Verkäufer zu.[714] Der Erwerber wird jedoch i.d.R. nicht gewillt sein, den Kaufpreis plus Umsatzsteuer, trotz der potentiellen Steuerneutralität, unentgeltlich zu akzeptieren. Zum einen erhöht die USt die Bemessungsgrundlage der Grunderwerbsteuer,[715] die üblicherweise vom Käufer und Verkäufer zu gleichen Teilen oder vom Käufer alleine[716] getragen wird. Zum anderen könnte die Vorsteuerabzugsberechtigung für den Käufer möglicherweise in Zukunft entfallen. Dieses Problem nimmt jedoch mit zunehmender zeitlicher Distanz vom ursprünglichen Erwerbszeitpunkt des jetzigen Veräußerers ab. Schließlich verringert sich der zu berichtigende Vorsteuerbetrag jährlich um 10 %, so daß spätestens nach zehn Jahren für den Verkäufer kein Interesse bestehen dürfte, den Verkauf als umsatzsteuerpflichtig zu behandeln.[717]

---

[711] Vgl. auch Schönborn, N., Risiken, 1999, S. 440; Beispiele hierfür liefern u.a. Nieskens, H., Umsatzsteuer, 1994, S. 257f.; Rondorf, H.-D., Umsatzbesteuerung, 1995, S. 533.

[712] Vgl. auch Eder, U., Umsatzsteuer, 1994, S. 1670.

[713] Bea. hierzu § 18 UStG.

[714] Vgl. Eder, U., Umsatzsteuer, 1994, S. 1669.

[715] Vgl. BFH-Urteil vom 18.10.1972 II R 124/69, BStBl. II, 1973, S. 126.

[716] Sollte der Erwerber die Grunderwerbsteuer alleine tragen, zählt die Hälfte der Grunderwerbsteuer zum Entgelt der Grundstücksveräußerung. Die Bemessungsgrundlage für die Umsatzsteuer erhöht sich um den hälftigen Betrag der Grunderwerbsteuer. Zur näheren Begründung vgl. Eder, U., Umsatzsteuer, 1994, S. 1671.

[717] Vorausgesetzt es entstehen keine nachträglichen Herstellungskosten, vgl. § 15a Abs. 3 Nr. 1 UStG.

Sollte die Immobilie dagegen innerhalb von 10 Jahren weiterveräußert werden und verzichtet der Verkäufer auf eine Umsatzsteuerbefreiung, verringert sich der Grenzpreis des Käufers, sofern er die Grunderwerbsteuer trägt, um mindestens

16 % (UStsatz)[718] x 3,5 % (GrEStsatz)[719] = 0,56 %.[720]

8.2.7.4 Einkommensteuerliche Auswirkungen der Berichtigung des Vorsteuerabzugs

Wird der Vorsteuerabzug nachträglich berichtigt, müßten sich konsequenterweise die einkommensteuerlich wirksamen Anschaffungs- / Herstellungskosten ändern. Dem wirkt jedoch § 9b Abs. 2 EStG entgegen, der die Beträge, die durch die Berichtigung des Vorsteuerabzugs entstehen, als Betriebseinnahmen / Einnahmen bzw. Betriebsausgaben / Werbungskosten qualifiziert. Die Anschaffungs- / Herstellungskosten werden folglich nachträglich nicht berichtigt. Nun stellt sich die Frage, ob die zu berichtigenden Vorsteuerbeträge auch dann wie Einnahmen oder Werbungskosten zu behandeln sind, wenn eine Veräußerung des Objekts stattfindet. Befindet sich die Immobilie im Privatvermögen, hängt deren Wert unter anderem von der Beantwortung dieser Frage ab. Wird sie bejaht, sind die vereinnahmten / verausgabten, zu berichtigenden Vorsteuerbeträge den Einnahmen bzw. Werbungskosten zuzuordnen. Wird sie hingegen verneint, sind die entsprechenden Vorsteuerbeträge den Veräußerungserlösen / -kosten zuzuordnen. Somit läge eine einkommensteuerlich irrelevante Vermögensmehrung / -minderung im Privatbereich vor.

Folgt man dem Wortlaut von § 9b Abs. 2 EStG, lägen jeweils Betriebseinnahmen / Einnahmen bzw. Betriebsausgaben / Werbungskosten vor. Diesem Wortlaut schließt sich der BFH in seinem Urteil vom 8.12.1992, mit dem

[718] Vgl. § 12 Abs.1 UStG.

[719] Vgl. § 11 Abs.1 GrEStG

[720] Da es sich bei der GrESt um Anschaffungsnebenkosten handelt, wird die Abschreibungsbasis für den Käufer erhöht, wodurch sich zukünftige Einkommensteuerzahlungen verringern. Dieser Effekt führt zwar zu einer geringfügigen Steigerung des Grenzpreises, verändert den Kern der Aussage jedoch nicht.

Hinweis auf den eindeutigen Wortlaut des § 9b EStG, an.[721] Die Finanzverwaltung, die dem Urteil bis 1993 durch einen Nichtanwendungserlaß entgegengetreten ist, hat diesen 1993 aufgehoben,[722] so daß, obwohl in der Literatur vielfach angezweifelt,[723] nach dem derzeitigen Stand der Dinge die zu berichtigenden Vorsteuerbeträge als Betriebseinnahmen / Einnahmen bzw. Betriebsausgaben / Werbungskosten zu qualifizieren sind.
Die Zahlungen, die durch die zu berichtigenden Vorsteuerbeträge entstehen, werden also je nach persönlichem Grenzsteuersatz relativiert. Die durch die Umsatzsteuer bedingten Wertschwankungen des Objekts werden somit verringert.

8.2.8 Zusammenfassendes Beispiel zur Ermittlung des Grenzpreises einer Immobilie und Vergleich mit dem Ertragswert nach der WertV 88

In einem stark vereinfachtem abschließenden Beispiel wird der Grenzpreis einer Immobilie unter Berücksichtigung der Einkommensteuer ermittelt. Zwar wurde bereits in Kapitel 5.2.2 festgestellt, daß der nach der WertV 88 ermittelte Wert keine Verwendung als Grenzpreis finden kann, nichts desto trotz soll der Grenzpreis mit dem Ertragswert, der sich bei einer Berechnung nach der WertV 88 ergeben würde, verglichen werden, um so die Mangelhaftigkeit des Ertragswertverfahrens gem. WertV 88 in Hinblick auf die Grenzpreisermittlung zu veranschaulichen.
Um das Beispiel möglichst einfach zu halten, werden zum einen umsatzsteuerliche Aspekte vernachlässigt, zum anderen wird die Unsicherheit zukünftiger Erträge ausgeklammert. Auch bei Nichtberücksichtigung beider Gesichtspunkte kann eindrucksvoll demonstriert werden, wie Grenzpreis und Ertragswert nach WertV 88 divergieren können.

[721] Vgl. BFH-Urteil vom 8.12.1992 IX R 105/89 BStBl. II, 1993, S. 656, i.V.m. BFH-Urteil vom 17.5.92 IX R 55/90, BStBl. II, 1993, S. 17f.
[722] Vgl. BMF vom 23.8.1993, BStBl. I, 1993, S. 698.
[723] Vgl. z.B. Meyer, B., Verpachtung, 1985; Littmann, E. / Bitz, H. / Hellwig, P., Das Einkommensteuerrecht, 1995, § 9b, 1995, RN 25.

Das zu bewertende dreistöckige Gebäude liegt im Altstadtkern der Stadt Erfurt und wurde im 16. Jahrhundert errichtet. Es liegt in einem förmlich festgelegten Sanierungsgebiet und wurde vollständig renoviert. Die Anschaffungskosten des Objekts betrugen 1,2 Mio. DM. Die Sanierungskosten beliefen sich auf weitere 2,4 Mio, die gem. § 7h EStG abgeschrieben werden können. Der Wert des Grund und Bodens (Gesamtfläche 459 qm) wurde mit Hilfe des Vergleichswertverfahrens ermittelt und beträgt 700 DM/qm. Der Eigentümer des Gebäudes ist alleinstehend und verfügt ohne Berücksichtigung der Mieterträge über ein z.v.E. von 240 TDM pro Jahr. Das Gebäude konnte komplett vermietet werden. Die Reinerträge belaufen sich auf jährlich 160 TDM und können als im Sinne der WertV 88 nachhaltig angesehen werden. Der Liegenschaftszinssatz beträgt 6,5 %. Das Gebäude hat nach seiner Sanierung eine Restnutzungsdauer von 50 Jahren. Der Wiederverkaufswert wird nach 50 Jahren auf rund 1,6 Mio. geschätzt.
Nach der WertV 88 errechnet sich der Wert des Gebäudes wie folgt:

1	Jährlicher Reinertrag		160.000,00 DM
2	Reinertragsanteil des Bodens	700DM/qm x 459 qm x 6,5 %	- 20.884,50 DM
3	Ertrag der baulichen Anlage	Zeile 1 - Zeile 2	139.115,50 DM
4	Vervielfältiger	Wiedergewinnungsfaktor für i = 6,5 %, n = 50	14,73
5	Ertragswert der baulichen Anlage	Zeile 3 x Zeile 4	2.048.475,74 DM
6	Bodenwert	700DM/qm x 459qm	321.300,00 DM
7	Grundstücksertragswert	Zeile 5 + Zeile 6	2.369.775,74 DM

Geht man davon aus, daß die angegebenen Daten die tatsächlichen Gegebenheiten hinreichend erfassen, insbesondere also die als nachhaltig betrachteten Reinerträge einen guten Näherungswert der zukünftig zu erwartenden Vorsteuer Cashflows aus der Immobilie darstellen, sich der Steuersatz für das Investitionsobjekt und die Anlagealternative gleichen und der Liegenschaftszinssatz einen verwertbaren Vorsteuer Diskontierungsfaktor liefert, errechnet sich unter Berücksichtigung der ESt folgender Grenzpreis:

Erträge der Jahre 1 - 10			
1	Jährlicher Reinertrag		160.000,00 DM
2	Abschreibungen auf das Altgebäude	2,5 %[724] x (1.200.000 DM - 321.300 DM[725])	21.967,50 DM
3	Abschreibungen auf Sanierungskosten[726]	10 % x 2.400.000 DM	240.000,00 DM
4	Einkünfte aus Vermietung und Verpachtung	Zeile 1 - Zeile 2 - Zeile 3	- 96.700,48 DM
5	„Steuerbelastung", die durch das Objekt entsteht	Zeile 4 x (- 0,53)	51.251,25 DM
6	Jährlicher Nachsteuercashflow Jahr 1 - 10	Zeile 1 + Zeile 5	211.251,25 DM
7	Nachsteuerdiskontierungsfaktor	6, 5 % x (1-0,53)	3,055%
8	Barwert (1) aus den Erträgen der Jahre 1- 10		1.820.714,11 DM

Erträge der Jahre 11 - 40			
1	Jährlicher Reinertrag		160.000,00 DM
2	Abschreibungen auf das Altgebäude	2,5 % x (1.200.000 DM - 321.300 DM)	21.967,50 DM
3	Abschreibungen auf Sanierungskosten		- DM
4	Einkünfte aus Vermietung und Verpachtung	Zeile 1 - Zeile 3	143.299,52 DM
5	„Steuerbelastung", die durch das Objekt entsteht	Zeile 4 x (- 0,53)	- 75.948,75 DM
6	Jährlicher Nachsteuercashflow Jahr 11 - 40	Zeile 1 + Zeile 5	84.051,25 DM
7	Nachsteuerdiskontierungsfaktor	6, 5 % x (1-0,53)	3,055%
8	Barwert (2) aus den Erträgen der Jahre 11 - 40		1.250.911,40 DM

Erträge der Jahre 41 - 50			
1	Jährlicher Reinertrag		160.000,00 DM
2	Abschreibungen auf das Altgebäude		- DM
3	Abschreibungen auf Sanierungskosten		- DM
4	Einkünfte aus Vermietung und Verpachtung	Zeile 1	160.000,00 DM
5	„Steuerbelastung", die durch das Objekt entsteht	Zeile 4 x (- 0,53)	- 84.800,00 DM
6	Jährlicher Nachsteuercashflow Jahr 41 - 50	Zeile 1 + Zeile 5	75.200,00 DM
7	Nachsteuerdiskontierungsfaktor	6, 5 % x (1-0,53)	3,055%
8	Barwert (3) aus den Erträgen der Jahre 41 - 50		191.953,63 DM

1	Veräußerungserlös im Jahr 50		1.600.000,00 DM
2	Barwert (4)		355.358,41 DM

[724] Vgl. § 7 Abs. 4 Nr. 2b EStG.
[725] Der Betrag von 321300 DM entspricht dem Bodenanteil.
[726] Vgl. 7h EStG.

Barwerte	
Barwert (1)	1.820.714,11 DM
Barwert (2)	1.250.911,40 DM
Barwert (3)	191.953,63 DM
Barwert (4)	355.358,41 DM
Barwert Gesamt	3.618.937,55 DM

Der Grenzpreis unter Berücksichtigung der Einkommensteuer übersteigt den Ertragswert, der anhand der WertV 88 ermittelt wird, um gut 1,25 Mio. DM bzw. um rund 50 %.

Die obige Grenzpreisermittlung weist drei gravierende Mängel auf.

- Erstens wurde unterstellt, daß sich der Steuersatz auf die Anlage und die Alternativanlage gleichen, was nicht unbedingt der Fall sein muß.
- Zweitens wurde die Unsicherheit, mit denen zukünftige Erträge aus dem Bewertungsobjekt behaftet sind, vernachlässigt.
- Drittens setzt die obige Grenzpreisermittlung voraus, daß die Anschaffungs- bzw. Herstellungskosten des Gebäudes bekannt sind. Bei der Grenzpreisermittlung ist aber i.d.R. die Obergrenze derselben festzustellen, so daß man zur Grenzpreisermittlung ein iteratives Vorgehen wählen muß, da die Abschreibungen durch die Höhe der Anschaffungs- bzw. Herstellungskosten et vice versa beeinflußt werden.

Diese drei Mängel werden in den nächsten Kapiteln beseitigt.

8.3 Die Berücksichtigung der Unsicherheit und Risikopräferenzen des Anlegers

8.3.1 Herstellung der Risikoäquivalenz

Zur Berücksichtigung der Risikos werden in der entscheidungstheoretischen Literatur mehrere Verfahren herangezogen, so u.a. das μ-Prinzip und das (μ,σ)-Prinzip.[727] „Das bisher überzeugendste theoretische Konzept für die

[727] Vgl. hierzu z.B. Bitz, M., Entscheidungstheorie, 1981, S. 90 - 105; Laux, H., Entschei-

Entscheidung bei Risiko stellt [jedoch][728] das Bernoulli-Kriterium dar."[729] Mit seiner Hilfe gelingt es dem Bewerter, auf Grund individuell ermittelter Risikonutzenfunktionen, sogenannte Erwartungsnutzen zu ermitteln, die in quasi sichere Zahlungen bzw. sicherheitsäquivalente Zahlungen transformiert werden können. Sie stehen nach der Risikonutzentheorie für den richtigen Stellvertreterwert einer Wahrscheinlichkeitsverteilung.[730]

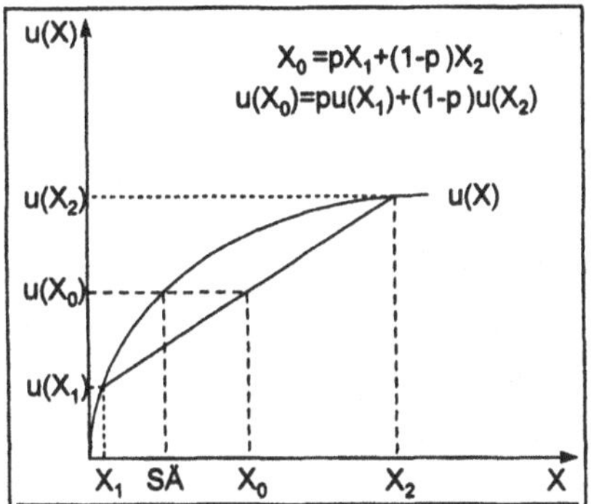

Abb. 8.11: Risikonutzenfunktion eines risikoscheuen Investors[731]

Wie hoch diese sicherheitsäquivalenten Zahlungen sind, hängt von der individuellen Risikonutzenfunktion ab. Ist der Anteilseigner risikoneutral, verläuft sie linear. Das Sicherheitsäquivalent entspricht dann dem Erwartungswert der Zahlungen. Ist er hingegen, wie in der investitions- und finanzierungstheoretischen Literatur gemeinhin angenommen, risikoscheu,[732] weist die Risikonutzenfunktion, wie in Abbildung 8.11 dargestellt, einen konkaven Verlauf auf.

Mit Hilfe der Risikonutzenfunktion kann aus der Verteilung der Nettoeinzahlungen ein Sicherheitsäquivalent gebildet werden. Das ist der sichere Betrag, „zu dem der Investor eine Verteilung von Nettoeinzahlungen abgibt, also verkauft."[733] Hierbei gilt, je risikoscheuer der Eigentümer ist, desto kleiner wird das Sicherheitsäquivalent im Verhältnis zum Erwartungswert der Nettoeinzahlungen. Die Differenz aus dem Erwartungswert der Nettoeinzahlungen und dem Sicherheitsäquivalent kann als individueller Risikoabschlag des

dungsstheorie, 1982, S. 149 - 166; Saliger, E., Entscheidungstheorie, 1993, S. 59 - 62.

[728] Vom Autor eingefügt.

[729] Laux, H. / Liermann, F., Grundlagen, 1993, S. 47; ähnlich auch Grob, H.L., Investitionsrechnung, 1999, S. 424; zum Bernoulli-Kriterium vgl. z.B. auch Laux, H., Entscheidungstheorie, 1982, S. 167 - 197; Franke, G. / Hax, H., Finanzwirtschaft, 1990, S. 236 - 239.

[730] Vgl. Ballwieser, W., Steuern, 1997, S. 2393.

[731] In Anlehnung an Saliger, E., Entscheidungstheorie, 1993, S. 56, X steht für die Nettoeinzahlungen.

[732] Vgl. z.B. Busse v. Colbe, W., Gesamtwert, 1992, S. 56; Schneider, D., Investition, 1992, S. 458; Drukarczyk, J., Unternehmensbewertung, 1998, S. 67.

Eigners bezeichnet werden, der aus seiner Risikoscheu resultiert. Das Sicherheitäquivalent $SÄ(\tilde{X}_n)$ weist dieselbe Unsicherheitsdimension auf wie der quasi sichere Zinssatz i. Die Sicherheitsäquivalente der folgenden Perioden lassen sich daher mit dem quasi sicheren Zinssatz i zum Ertragswert EW verdichten.[734]

$$EW = \sum_{n=1}^{N} \frac{SÄ(\tilde{X}_n)}{(1+i)^n} \quad (8.27)$$ [735]

EW : *Ertragswert*

i : *Diskontierungsfaktor*

$SÄ(\tilde{X}_n)$ *Das Sicherheitsäquivalent der Wahrscheinlichkeitsverteilung über die unsicheren Nettoeinzahlungsüberschüsse* $\tilde{X}_n$ *am Ende der Periode n*

n: *Periode*

Die Unsicherheit kann statt in Form eines Sicherheitsäquivalents auch durch einen Risikozuschlag z zum sicheren Zinssatz i im Diskontierungsfaktor berücksichtigt werden.[736] Mit dem so modifizierten Kapitalisierungszinsfuß läßt sich der Erwartungswert zukünftiger Erträge auf den Bewertungsstichtag abdiskontieren.[737] Laut BALLWIESER ist der Risikozuschlag z jedoch nur dann begründbar, wenn das Sicherheitsäquivalent des Bewerters bekannt ist. Eine Ermittlung beider Größen erfolgt simultan.[738] Die Risikozuschlagsmethode hat somit gegenüber der Sicherheitsäquivalenzmethode keine Vorteile. Zur Ableitung von z ist die Kenntnis über die Höhe des Sicherheitsäquivalents Voraussetzung.[739]

[733] Drukarczyk, J., Unternehmensbewertung, 1998, S. 67.

[734] Vgl. Moxter, A., Grundsätze, 1983, S. 146 - 149, der darauf hinweist, daß der Kapitalzins nie absolut, sondern eben nur quasi sicher sein kann, da es keine Schuldner von absoluter Bonität gibt, was eigentlich dazu führen müßte, daß auch *i* mehrwertig dargestellt werden müßte, worauf aber üblicherweise verzichtet wird. Im folgenden werden daher die Ausdrücke risikoloser Zinssatz, quasi sicherer Zinssatz und sicherer Zinssatz synonym verwendet.

[735] Wie der Diskontierungsfaktor *i* konkret zu ermitteln ist, wird erst in Kapitel 8.3.2 diskutiert, hier sollen nur die grundsätzlichen Überlegungen veranschaulicht werden.

[736] Vgl. Ballwieser, W., Unternehmensbewertung, 1993, S. 157f.

[737] Vgl. Ballwieser, W., Risiko, 1981, S. 101.

[738] Vgl. Ballwieser, W., Risiko, 1981, S. 102f.

[739] Drukarczyk, J., Theorie, 1993, S. 115.

Ist dasselbe nicht bekannt, kann nur mit mehr oder minder willkürlich gewählten Risikozuschlägen gearbeitet werden. Diese Vorgehensweise ist jedoch durch eine ähnliche Fehlerhaftigkeit gekennzeichent, wie das Rechnen mit unbegründet ermittelten Sicherheitsäquivalenten. Liegt allerdings der kleinste Wert *M* der Verteilung vor, der mindestens realisierbar ist, kann der Risikozuschlag zumindest auf seine Plausibilität hin überprüft werden,[740] was den Bewerter vor besonders gravierenden Fehlern schützt[741]. Schließlich stellt *M* das kleinst mögliche Sicherheitsäquivalent eines risikoscheuen Investors dar.[742] So muß im Fall einer unendlichen Rente folgende Beziehung gelten:

$$\frac{M}{i} = \frac{E(\tilde{X})}{i + z_{max}} \Leftrightarrow z_{max} = \frac{i \cdot (E(\tilde{X}) - M)}{M}.^{743} \qquad (8.28)$$

M: *Mindesteinzahlung*

$E(\tilde{X})$: *Erwartungswert der Wahrscheinlichkeitsverteilung über die unsicheren Überschüsse* $\tilde{X}$

D.h., je größer die Differenz $(E(\tilde{X}) - M)$ ausfällt, desto höher ist der maximale Risikozuschlag z_{max}. Dieser Gedanke beruht auf der Überlegung, daß sich mit zunehmender Differenz von $(E(\tilde{X}) - M)$ auch die Bandbreite möglicher Zahlungen vergrößert, was wiederum zu einem größeren Risiko und damit zu einem höheren Risikozuschlag führen muß. Aus diesem Grund gelangt BALLWIESER zu dem Schluß, daß sich *z* auch ohne konkrete Kenntnis des Sicherheitäquivalents und damit nutzentheoretisch nicht exakt, sondern nur annäherungsweise durch folgende lineare Beziehung darstellen läßt:

[740] Vgl. Ballwieser, W, Komplexitätsreduktion, 1990, S. 171 - 173.
[741] Vgl. Siegel, T., Unternehmensbewertung, 1994, S. 467; Wildgruber, J., Prognoseproblem, 1998, S. 71.
[742] Vgl. Ballwieser, W., Unternehmensbewertung, 1993, S 160.
[743] Vgl. Ballwieser, W., Unternehmensbewertung, 1995, S. 1873.

$$z_{max} = \frac{i \cdot \left(E(\tilde{X}) - M\right)}{E(\tilde{X})}.\text{[744]} \quad (8.29)$$

Die Überlegung BALLWIESERS scheint zunächst vernünftig. Zum einen wird anhand der Differenz $\left(E(\tilde{X}) - M\right)$ das Risiko in plausibler Weise berücksichtigt, zum anderen kann z_{max} nicht überschritten werden. Ein solch pragmatisches Vorgehen impliziert allerdings eine extreme Risikoscheu des Investors.[745]

Verlässt man das Rentenmodell, taucht selbst bei Beibehaltung eines konstanten sicheren Zinssatzes i ein weiteres Problem auf. So muß hier die Beziehung[746]

$$EW = \sum_{n=1}^{N} \frac{SÄ(\tilde{X}_n)}{(1+i)^n} = \sum_{n=1}^{N} \frac{E(\tilde{X}_n)}{\left(1+i+z_n\right)^n} \quad (8.30)$$

gelten.

Um eindeutige Risikozuschläge bestimmen zu können, reicht die Identität der beiden Barwerte nicht,[747] vielmehr müßte für jede Periode folgende Zusatzbedingung gefordert werden:

$$\frac{E(\tilde{X}_n)}{\left(1+i+z_n\right)^n} = \frac{SÄ(\tilde{X}_n)}{(1+i)^n}. \quad (8.31)$$

Durch Umformung der Gleichung erhält man:

$$\left[\left(\frac{E(\tilde{X}_n)}{SÄ(\tilde{X}_n)}\right)^{\frac{1}{n}} - 1\right] \cdot (1+i) = z_n \quad (8.32)$$

[744] Vgl. Ballwieser, W., Unternehmensbewertung, 1993, S. 160; Ballwieser, W., Unternehmensbewertung, 1995, S. 1873.
[745] Vgl. hierzu Drukarczyk, J., Unternehmensbewertung, 1996, S. 241f.
[746] Vgl. Ballwieser, W., Unternehmensbewertung, 1995, S. 1873.
[747] Vgl. Ballwieser, W., Unternehmensbewertung, 1993, S 157f.

Bei gleichbleibenden periodischen Nettoentnahmeverteilungen muß z_n wegen $(\ )^{\frac{1}{n}}$ mit zunehmendem n sinken.[748] Oder anders ausgedrückt: Wird z_n konstant gehalten, unterstellt man, daß die Sicherheitsäquivalente im Zeitablauf sinken und das Risiko folglich zunimmt,[749] was im Endeffekt aus der Annahme resultiert, daß die zeitlich aufeinanderfolgenden Cashflows voneinander stochastisch abhängig sind[750].
Da eine Berücksichtigung des Risikos im Diskontierungsfaktor keine Vorteile bringt, wird im folgenden ein Bewertungsmodell mit Hilfe von Sicherheitsäquivalenten erstellt. Hierzu ist zunächst der Diskontierungsfaktor zu ermitteln.

8.3.2 Die Bestimmung des Diskontierungsfaktors

Zur Bestimmung des Ertragswerts sind die sicherheitsäquivalenten Zahlungen mit dem quasi sicheren Zinssatz abzudiskontieren. Dabei herrscht in der Literatur Einigkeit darüber, daß dieser mit der Rendite festverzinslicher Wertpapiere von Schuldnern erster Bonität übereinstimmen muß.[751] Unklar bleibt jedoch, welche Restlaufzeiten die entsprechenden Papiere besitzen sollten. Sofern hierzu Angaben gemacht werden, divergieren die Meinungen erheblich und reichen von der Rendite für Tagesgeld[752] bis hin zur Umlaufrendite langfristiger Bundesanleihen[753].

[748] Vgl. Ballwieser, W., Unternehmensbewertung, 1993, S. 158.
[749] Vgl. auch Siegel, T., Unternehmensbewertung, 1994, S. 468, mit einem entsprechenden Zahlenbeispiel.
[750] Vgl. Schwetzler, B., Unternehmensbewertung, 1999, S. 7 und S. 11; Ballwieser, W., Steuern, 1997, S. 2393, spricht hier von einer Vermengung eines Risiko- und Zeitaspekts.
[751] Vgl. z.B. Moxter, A., Grundsätze, 1983, S. 146; Schmidt, J.G., Ertragswertmethode, 1995, S. 1096f.; Behringer, S., Unsicherheit, 1999, S. 734, der feststellt: „Der risikolose Zinssatz entspricht näherungsweise der Verzinsung von Anleihen der öffentlichen Hand"; ähnlich auch Böcking, H.-J. / Nowak, K., Typisierungsproblematik, 1998, S. 687f.
[752] Vgl. z.B. Ross, S.A. / Westerfield, R.W. / Jaffe, J.F., Corporate Finance, 1990, S. 244; Decain, P.F., CAPM, 1994, S. 34; Morawietz, M., Rentabilität, 1994, S. 139; Brealey, R.A. / Myers, S.C., Principles, 1996, S. 179f., die ein Portfolio aus treasury bills mit einer Restlaufzeit von höchstens einem Jahr wählen, vgl. hierzu S. 144.
[753] Vgl. z.B. Weber, M. / Schiereck, D., Kapitalkosten, 1993, S. 141f.; Jonas, M., Unternehmensbewertung, 1995, S. 87f.; Serfling, K. / Pape, U., Ertragswertverfahren, 1995, S. 944; Weiland, H., Unternehmensbewertung, 1996, S. 251; Volkart, R., Shareholder, 1998, S. 187, der empfiehlt einen „langfristig orientierten Zinssatz zu verwenden.

Welche Rendite Verwendung finden soll, wird nun mit Hilfe der auf MODIGLIANI/SUCHT[754] zurückgehenden Habitat-Theory, die explizit Laufzeit und Entnahmepräferenzen berücksichtigt, beurteilt. Das Risiko einer Anleihe ist nach dieser Theorie direkt von den jeweiligen Entnahmepräferenzen des Investors abhängig, was durch folgende Beispiele verdeutlicht werden soll.

Angenommen es existiert derzeit eine Nullkuponanleihe mit einer Laufzeit von 3 Jahren, einem Kurs von 100 % und einem Nominalzins von 10 %. Gleichzeitig will ein Investor Entnahmen in Höhe von 133,10 GE zum Zeitpunkt 3 tätigen. Durch den Kauf der genannten Nullkuponanleihe verwirklicht er genau seine Entnahmepräferenz. Die Nullkuponanleihe stellt für ihn somit die risikolose Anlagealternative dar.

Existiert neben der genannten Nullkuponanleihe mit 3-jähriger Restlaufzeit eine weitere Nullkuponanleihe mit 5-jähriger Laufzeit, einem Kurs von 100 % und einem nominalen Zinssatz von $_t i_n = {}_0 i_5 = 11\%$*,*[755] *so ist diese Anleihe aus Sicht des Investors risikobehaftet. Erwirbt der Anleger diese Anleihe im Zeitpunkt 0, und steigt der Marktzins vor Verkauf der Anleihe auf 15 %, so kann der Investor die Anleihe am Ende von Zeitpunkt 3 nur zu einem Preis von* $100 \cdot \frac{1{,}11^5}{1{,}15^2} = 127{,}41$ *veräußern.*

Wählt der Investor statt der Anleihe mit 3-jähriger Restlaufzeit eine Nullkuponanleihe mit 1-jähriger Restlaufzeit, einem Nominalzinssatz von 10 % und einem Kurs von 100 %, muß er die jeweils fälligen Beträge revolvierend anlegen. Fällt der Zinssatz in Periode 2 und 3 auf z.B. 9 %, erzielt der Investor in Periode 3 nur einen Entnahmebetrag i.H.v. $100 \cdot 1{,}10 \cdot 1{,}09 \cdot 1{,}09 = 130{,}69$.

Aus den obigen Beispielen kann gefolgert werden, daß sich für den Investor aus der Laufzeitstruktur einer Anlage nur dann Risiken ergeben, wenn seine Entnahmepräferenzen nicht mit den Fälligkeiten der entsprechenden Anlage übereinstimmen, wobei das Risiko derselben um so größer ist, je stärker die

[754] Vgl. Modigliani, F. / Sucht, R., Innovations, 1966, S. 178 ff.
[755] *t* steht hier für die aktuelle Periode *n* für die Laufzeit der Anlage.

zeitliche Struktur der Zahlungen aus der Anlage von den gewünschten Entnahmepräferenzen des Investors abweicht[756].

Dieses Ergebnis steht in Widerspruch zu den Aussagen einiger deutscher und amerikanischer Autoren.

So fordert MORAWIETZ[757] für die risikolose Anlage die Eigenschaften

1. Sicherheit bzw. Bonität erster Qualität,
2. extrem leichte Realisierbarkeit,
3. einen fest vereinbarten Zinssatz und
4. hohe Affinität zu Bargeld

und kommt deshalb zu dem Schluß, daß diese Bedingungen am besten vom sogenannten Tagesgeld erfüllt werden, welches innerhalb von 24 Stunden einschließlich Zinsen ohne Kündigung fällig ist und nur von Schuldnern erster Bonität in Anspruch genommen werden darf. Während längerfristige Anleihen Kursschwankungen unterliegen, die sich aus Abweichungen des aktuellen vom nominalen Zinssatz ergeben, bleibt Tagesgeld wegen seiner extrem kurzfristigen Laufzeit von diesen Kursschwankungen praktisch befreit. Solche Kursschwankungen werden nun von einigen Autoren als Risiko der Anlage aufgefaßt, weshalb wohl auch in der anglo - amerikanischen Literatur häufig kurzfristige treasury bills als Substitut für den risikolosen Zinssatz gewählt werden.[758] Der Argumentation kann jedoch nicht ohne weiteres gefolgt werden. Die Autoren implizieren mit dieser Feststellung, daß die Anleger eine Vorliebe für kurzfristige Anlagezeiträume haben und folgen damit der Liquiditätsprämientheorie, die auf JOHN HICKS zurückgeht. Er unterstellt, daß Kapitalanbieter eine Präferenz für Kapitalanlagen kurzer Bindungsdauer haben.[759] Deshalb erheben Anleger für Kapitalanlagen mit längerer Bindungsdauer Laufzeitprämien, die mit zunehmender Laufzeit wegen des sich erhöhenden Kursrisikos der Anleihe wachsen.

---

[756] Vgl. hierzu auch Schwetzler, B., Zinsänderungsrisiko, 1994, S. 328, der diese Aussage auf ein Fonds-Portefeuille aus Anleihen bezieht.

[757] Vgl. Morawietz, M., Rentabilität, 1994, S. 139.

[758] Vgl. z.B. Ross, S.A. / Westerfield, R.W. / Jaffe, J.F., Corporate Finance, 1990, S. 244; Decain, P.F., CAPM, 1994, S. 34; Brealey, R.A. / Myers, S.C., Principles, 1996, S. 179f., die ein Portfolio aus treasury bills mit einer Restlaufzeit von höchstens einem Jahr wählen und feststellen, daß selbst diese auf Grund der Restlaufzeit nicht vollständig risikofrei sind, vgl. hierzu S. 144.

[759] Vgl. Hicks, J., Value, 1946, S. 146.

Da nicht davon auszugehen ist, daß Anleger prinzipiell eine Präferenz für bestimmte Laufzeiten haben und i.d.R. keine flache Zinsstruktur vorliegt, scheint die pauschale Verwendung von kurz-, lang- oder durchschnittlichen Zinssätzen zur Bewertung sicherheitsäquivalenter Zahlungen aus der Immobilieninvestition nicht geeignet.[760] Zudem steht der Investor im Kaufzeitpunkt vor der Entscheidung, entweder einen sicherheitsäquivalenten Zahlungsstrom mit Hilfe einer Immobilie oder einen quasi sicheren Zahlungsstrom durch festverzinsliche Wertpapiere herzustellen. Letzterer könnte gemäß dem „Law-of-one-Price"[761] mit sämtlichen Arten von Anleihen zum selben Preis hergestellt werden. Die einfachste Methode besteht jedoch darin, ihn mit Hilfe von Nullkuponanleihen zu generieren.

Diese Vorgehensweise führt dann zu Problemen, wenn die zeitliche Verteilung des Zahlungsstroms aus der Immobilie nicht den Präferenzen des Investors entspricht. Dann sind beide Zahlungsströme nicht mehr vergleichbar. Aus diesem Grund wird hier den Überlegungen SCHWETZLERS[762] gefolgt, der zur Lösung dieses Problems eine zweistufige Vorgehensweise vorschlägt.

In einem ersten Schritt wird zu dem aus der Immobilie stammenden sicherheitsäquivalenten Zahlungsstrom ein laufzeitäquivalenter Zahlungsstrom aus Nullkuponanleihen gebildet. Die beiden Zahlungsströme sind dann sowohl risiko- als auch laufzeitäquivalent und damit vergleichbar. Der Preis für die benötigten Nullkuponanleihen ist bekannt und kann als vorläufiger Grenzpreis der Immobilie gedeutet werden.

Gleichen die Zahlungsströme nicht den Entnahmepräferenzen des Investors, ist in einem zweiten Schritt vom ermittelten vorläufigen Grenzpreis wegen des Wiederanlage- bzw. Zinsänderungsrisikos ein zusätzlicher Abschlag auf den vorläufig ermittelten Grenzpreis vorzunehmen. Folgender Gedankengang soll zur Erläuterung dienen.

---

[760] Vgl. hierzu auch Rolfes, B., Investitionsrechnung, 1993, S. 697, der in diesem Zusammenhang die Vernachlässigung laufzeitabhängiger Renditeunterschiede für den „wohl *schwersten Mangel der klassischen Investitionstheorie*" hält; Kritisch zur Verwendung laufzeitdifferenzierter Diskontierungsfaktoren Volkart, R. / Nadig, L., Investitionsrechnung, 1995, hier insbesondere S. 135.

[761] Zur Begründung des „Law-of-one-Price" vgl. Uhlir, H. / Steiner, P., Wertpapieranalyse, 1994, S. 33 - 37.

[762] Vgl. Schwetzler, B., Basisizinsfuß, 1996, S. 1081 - 1101.

Präferiert der Anleger eine bestimmte Laufzeitstruktur, kann er diese am einfachsten mit Hilfe eines Portefeuilles aus Nullkuponanleihen kosten- und risikolos herstellen. Die aus dem Investitionsobjekt fließenden Zahlungen hingegen müssen erst mittels zukünftiger Wiederanlage bzw. Verschuldung in die gewünschte Laufzeitstruktur transformiert werden.[763] Da die Wiederanlage bzw. Verschuldung nur zum zukünftigen unsicheren Zinssatz möglich ist, muß das Zinsänderungsrisiko mittels Hedgingmaßnahmen ausgeschaltet werden. Entsprechend sind die Hedgingkosten vom vorläufig ermittelten Grenzpreis zu subtrahieren.[764]
Das Vorgehen soll im folgenden Beispiel verdeutlicht werden.

Angenommen der Anleger steht vor der Entscheidung, eine Immobilie zu erwerben, die in den nächsten 5 Jahren folgende, sicherheitsäquivalente Einzahlungen generiert:

Jahr	1	2	3	4	5
Einzahlung	20	10	10	10	100

Dieser Zahlungsstrom entspricht seinen Entnahmepräferenzen. Der Anleger hat daher, um den Ertragswert der obigen Zahlungsreihe zu ermitteln, ein Portefeuille aus Anleihen zu bilden, die eben einen solchen Zahlungsstrom garantieren. Dies geschieht praktischerweise durch ein Portefeuille aus Nullkuponanleihen. Da aber Anleihen mit unterschiedlicher Fristigkeit i.d.R. unterschiedlich hohe Zinssätze (Spot Rates) versprechen, sollen sich die Zinssätze in Abhängigkeit von der Laufzeit der Anleihen wie folgt darstellen:

Laufzeit ${}_0i_n$	1	2	3	4	5
Zinssatz	5 %	5,5 %	6 %	6,5 %	7 %

Somit ergibt sich folgender Ertragswert:

---

[763] Diese Aussage gilt natürlich nur, wenn Nullkuponanleihen mit entsprechend langen Laufzeiten vorhanden sind. Ist dies nicht der Fall, ist auch ein Risikoabschlag denkbar.
[764] Vgl. Schwetzler, B., Basisizinsfuß, 1996, S. 1087f.

$$EW_0 = \sum_{n=1}^{N} \frac{X_{0+n}}{\left(1+{}_0i_n\right)^n} = \frac{20}{1{,}05} + \frac{10}{1{,}055^2} + \frac{10}{1{,}06^3} + \frac{10}{1{,}065^4} + \frac{100}{1{,}07^5} = 115{,}50$$

D.h., mit einem Anlagebetrag i.H.v. 115,50 kann ein Portefeuille aus Nullkuponanleihen gebildet werden, welches genau die vom Investor in den jeweiligen Zeitpunkten gewünschten, sicheren Entnahmen generiert.

Restlaufzeit	0		1	2	3	4	5
	19,05	$\cdot(1+0{,}05)^1$ →	20				
	8,98	$\cdot(1+0{,}055)^2$ →		10			
	8,40	$\cdot(1+0{,}06)^3$ →			10		
	7,77	$\cdot(1+0{,}065)^4$ →				10	
	71,30	$\cdot(1+0{,}7)^5$ →					100
	$\sum 115{,}50$						

Entspräche die obige Zahlungsreihe nicht den Entnahmepräferenzen des Investors, müßten jetzt die Kosten für die entsprechenden Hedgingmaßnahmen ermittelt und vom vorläufigen Grenzpreis subtrahiert werden.

Will der Investor seine Entnahmen ausschließlich am Laufzeitende tätigen, müßte er die Cashflows aus dem Investitionsobjekt zu den dann geltenden, heute nicht bekannten Spot Rates ${}_ti_n$ reinvestieren. Um diese bereits zum heutigen Zeitpunkt festzuschreiben und damit für die Wiederanlage Sicherheit herzustellen, sind entsprechende Termingeschäfte abzuschließen. Sollten hierdurch beispielsweise zusätzliche Auszahlungen i.H.v. 10 verursacht werden, beträgt der endgültige Grenzpreis 105,50.

Wird eine Bewertung mit Hilfe von Nullkuponanleihen durchgeführt, müssen diese auf dem Rentenmarkt mit der entsprechenden Fristigkeitsstruktur vorhanden sein. Hiermit konnte bis Mitte 1997 nicht gerechnet werden, da die Anzahl der gehandelten Nullkuponanleihen in Deutschland relativ gering war. Auf Grund der Entscheidung des Bundesfinanzministeriums dürfen ab dem 4. Juli 1997 10- und 30-jährige Anleihen gestript werden. Durch das sogenannte Bond-Stripping wird eine Kuponanleihe in ihre Bestandteile zerlegt. Diese können unabhängig gehandelt werden, so daß wirtschaftlich gesehen jeder Strip einer Nullkuponanleihe entspricht.[765]
Da Nullkuponanleihen bzw. stripbare Bonds mit einer längeren Laufzeit als 30 Jahre nicht zu finden sind,[766] wird in Anlehnung an die häufig pragmatische Vorgehensweise in der betriebswirtschaftlichen Literatur[767] vorgeschlagen, zur Abdiskontierung derselben die Rendite der langfristigsten Nullkuponanleihe zu verwenden.[768] Dies würde bedeuten, daß die sicherheitsäquivalenten Zahlungsströme aus einer Immobilie bei Gelten der in Anhang X berechneten Renditen für Nullkuponanleihen und bei Vernachlässigung von Steuern ab dem Jahr 2028 mit 6,17 % abzudiskontieren sind.[769]
In jedem Fall sorgen stripbare Nullkuponanleihen dafür, daß die tatsächliche Renditestruktur für einen Zeitraum von bis zu 30 Jahren auf dem Anleihemarkt beobachtbar ist. Aus diesem Grund kann für diesen Zeitraum in Zukunft auf Näherungslösungen verzichtet werden. So scheint es zum heutigen Zeitpunkt selbst unter pragmatischen Gesichtspunkten nicht mehr notwendig, wie noch von SCHWETZLER vorgeschlagen, auf die von der Deutschen

[765] Vgl. hierzu Weiss, T., Bondstripping, 1997, S. 338; van Aubel, P. / Riddermann, F., Bundesanleihen, 1998, S. 611; Vogt, J., Kupon-Stripping, 1998, S. 424.
[766] Vgl. Deutsche Bundesbank, Markt, 1998, S.81f., 1998 existierte lediglich eine stripbare Bundesanleihe mit einer Laufzeit bis 4.1.2028.
[767] Vgl. z.B. Schwetzler, B., Basisizinsfuß, 1996, S. 1091, der allerdings noch von zehn Jahren spricht.
[768] Zum Zeitpunkt der Erstellung der Arbeit konnte nur eine Anleihe bzw. ein Strip mit einer Laufzeit bis 4.1.2028 gefunden werden.
[769] Bei Verwendung der vorgestellten „Nullkuponanleihen ist allerdings zu Vermerken, daß Zins- und Tilgungstermine einheitlich auf den 4. Januar bzw. 4. Juli gelegt werden, vgl. Deutsche Bundesbank Stripping, 1997, S. 18. Dieses Problem soll aber vernachlässigt werden.

Bundesbank mit Hilfe eines Schätzverfahrens ermittelte Zinsstruktur[770] zurückzugreifen.[771]

8.3.3 Eignung des Ertragswerts als Grenzpreis

In Kapitel 8.3.1 wurde eine Vorgehensweise vorgestellt, bei der die aus dem Investitionsobjekt fließenden, periodischen Zahlungen zunächst in sicherheitsäquivale Zahlungen zu transformieren waren. Diese wurden anschließend mit Hilfe des sicheren Zinssatzes *i* zu einem Ertragswert verdichtet. Die Berechnung des Immobiliengrenzpreises durch ein solches Verfahren scheint problematisch, da man hier die einzelnen Investments unabhängig vom individuellen Portefeuille des jeweiligen Anlegers bewertet. Diese Komplexitätsreduktion führt zum einen zur Negierung von Erfolgs-, Risiko- und Bewertungsverbund,[772] zum anderen werden steuerrechtliche Rahmenbedingungen nur unzureichend erfasst.

Die Vernachlässigung der genannten Verbundwirkungen ist selbst in einer Welt ohne Steuern nur dann problemlos, wenn „Sicherheitsäquivalente aus den gegebenen Überschußverteilungen unabhängig von dem sonstigen Vermögen des relevanten Investors und dessen Erträgen wären"[773]. In einer Welt mit Steuern führt die Nichtbeachtung von steuerlichen Regelungen nahezu zwangsläufig zu falschen Grenzpreisen.

Obwohl also im Rahmen des in Kapitel 8.3.1 erläuterten Ertragswertverfahrens seit langem bekannte, entscheidungstheoretische Konzepte in Form von Risikonutzenfunktionen auf die Bewertung übertragen werden, kann die vorgeschlagene Ertragswertmethode auf Grund der genannten Mängel nur zu suboptimalen Ergebnissen führen. Sollen diese Mängel überwunden werden, ist eine Programmbetrachtung notwendig. Eine solche ist jedoch üblicherweise durch eine relativ hohe Komplexität gekennzeichnet.[774] Schließlich

[770] Vgl. Schwetzler, B., Basiszinsfuß, 1996, S. 1095.
[771] Zu dem genannten Schätzverfahren vgl. Deutsche Bundesbank, Kapitalmarktstatistik, 1999, S. 64f.
[772] Vgl. Drukarczyk, J., Unternehmensbewertung, 1998, S. 358 - 360; Zu den Begriffen vgl. Laux, H. / Liermann, F., Grundlagen, 1993, S. 210f.
[773] Drukarczyk, J., Unternehmensbewertung, 1998, S. 358.
[774] Vgl. Adam, D., Investitionscontrolling, 1994, S. 44 und S. 208f.

setzt sich das optimale Investitionsprogramm aus einer Menge von sich teilweise gegenseitig ausschließenden Investitionsprojekten zusammen, die jeweils durch eine Zeitreihe unsicherer Zahlungsströme charakterisiert sind.[775]

Es scheint daher gerechtfertigt, ein Modell zu entwickeln, welches zum einen die Komplexität einer Programmbetrachtung in angemessenem Maße reduziert und zum anderen die steuerlichen Wirkungen internalisiert.

8.3.4 Wertermittlung durch einen Vergleich von Basis- und Bewertungsprogramm

8.3.4.1 Annahmen

Weil es „Aufgabe betriebswirtschaftlicher Theorie ist ... , nach sinnvollen Vereinfachungen zu suchen"[776], wird für die Grenzpreisermittlung von Immobilien eine modifizierte Sicherheitsäquivalenzmethode vorgestellt, in der insbesondere die persönliche Steuersituation des Anlegers berücksichtigt wird. Letztere hängt nicht nur vom Investitionsobjekt Immobilie, sondern von der gesamten Einkommenssituation des Investors ab. Es scheint daher geboten, jeweils die gesamte steuerliche Position des Investors vor und nach Realisation des Objekts zu betrachten, um so zu konsistenten, bewertungsrelevanten Steuersätzen bzw. Grenzpreisen zu gelangen.

Ausgangspunkt ist die Vorstellung, daß ein Investor über ein Basis- bzw. ein Bewertungsprogramm sowie einen evtl. frei disponiblen Betrag verfügt. Das Basisprogramm wird dabei durch das laufende Einkommen des Investors repräsentiert (Annahme 1). Vermögenseinkommen bzw. Einkommen aus irgendwelchen Investitionsobjekten sollen in diesem Basisprogramm keine Berücksichtigung finden. Sollte der Investor über solche Einkommen verfügen, stammen diese aus dem disponiblen Betrag (Annahme 2). Dieser zur Verfügung stehende (disponible) Betrag wird im Fall einer Immobilieninvestition vollständig in die Immobilie investiert (Annahme 3).

[775] Vgl. Franke, G. / Hax, H., Finanzwirtschaft, 1990, S. 234.
[776] Schneider, D., Investition, 1992, S. 72.

Wird die Immobilieninvestition realisiert, resultiert das Bewertungsprogramm, welches sich nun aus dem ursprünglichen Basisprogramm und den Zahlungen aus der Immobilie zusammensetzt (Annahme 4).
Darüber hinaus wird ein vollkommener und vollständiger Kapitalmarkt unterstellt (Annahme 5).

8.3.4.2 Vorgehensweise in einer Welt ohne Steuern

Durch die Gegenüberstellung des Basis- und Bewertungsprogramms ergibt sich der Grenzpreis der Immobilie. Es gilt:

Wert des Bewertungsprogramms
- Wert des Basisprogramms
= Grenzpreis der Immobilie

Der Gedankengang soll mit Hilfe der folgenden Überlegung, die von einem einperiodigen Investitionsobjekt ausgeht, verdeutlicht werden.

Ein Investor treffe seine Entscheidungen mit Hilfe der Risikonutzenfunktion $u(X) = \ln X$. Gleichzeitig soll er über ein Basisprogramm verfügen, welches ihm unter Berücksichtigung der gegebenen Wahrscheinlichkeiten p_j für das Eintreten eines bestimmten Umweltzustandes j in Periode 1 die Zahlungen aus Tabelle 8.3 verspricht. Aus den unsicheren Zahlungen resultiert der Erwartungswert:

$p_{j,1}$	$X_{Bas,j,1}$
0,2	10000
0,3	40000
0,4	60000
0,1	90000

Tab. 8.3: erwartete Zahlungen aus dem Basisprogramm

$$E\left(\tilde{X}_{Bas,1}\right) = 0{,}2 \cdot 10000 + 0{,}3 \cdot 40000 + 0{,}4 \cdot 60000 + 0{,}1 \cdot 90000 = 47000\,.$$

Der Erwartungsnutzen berechnet sich wie folgt:

$$E\left[u\left(\tilde{X}_{Bas,1}\right)\right] = 0{,}2 \cdot \ln 10000 + 0{,}3 \cdot \ln 40000 + 0{,}4 \cdot \ln 60000 + 0{,}1 \cdot \ln 90000 = 10{,}56$$

Dieser Nutzenwert entspricht einer sicherheitsäquivalenten Zahlung i.H.v.:

$$SÄ\left(\tilde{X}_{Bas,1}\right) = e^{10{,}56} = 38664.$$

Auf Grund seiner Risikoscheu nimmt der Bewerter vom Erwartungswert der unsicheren Einzahlungen einen Bewertungsabschlag i.H.v.

$$E\left(\tilde{X}_{Bas,1}\right) - SÄ\left(\tilde{X}_{Bas,1}\right) = 47000 - 38664 = 8336$$

vor. Unabhängig davon kann das Sicherheitsäquivalent mit dem sicheren Zinssatz i,[777] *der annahmegemäß 10 % betragen soll, abdiskontiert werden. Somit resultiert für das Basisprogramm ein Wert i.H.v.:*

$$EW_{Bas} = \sum_{n=1}^{1} \frac{SÄ(\tilde{X}_{Bas,n})}{(1+i)^n} = \frac{38664}{1{,}1} = 35149.$$

$p_{j,1}$	$X_{iso,j,1}$
0,2	35000
0,3	20000
0,4	10000
0,1	30000

Tab. 8.4: erwartete Zahlungen aus der Immobilieninvestition

Steht der Investor vor der Entscheidung, ob er eine Immobilie erwerben soll, die ihm die zusätzlichen Zahlungen aus Tabelle 8.4 verspricht, und wird die Immobilie isoliert bewertet, entsprechen die Zahlungen, die in Periode 1 mit der Wahrscheinlichkeit $p_{j,1}$ *eintreten, einem Sicherheitsäquivalent von* $SÄ\left(\tilde{X}_{iso,1}\right) = 17654$. *Hieraus errechnet sich folgender Wert:*

$$EW_{iso} = \sum_{n=1}^{1} \frac{SÄ(\tilde{X}_{iso,n})}{(1+i)^n} = \frac{17654}{1{,}1} = 16049.$$

[777] Zum sicheren Zinssatz vgl. die Ausführungen in Kapitel 8.3.2.

Geht man dagegen davon aus, daß die Immobilie nicht isoliert, sondern in Zusammenhang mit dem ursprünglichen Basisprogramm bewertet werden soll, muß die obige Überlegung modifiziert werden, da jetzt der Wert des Bewertungsprogramms zu ermitteln ist. Dieses ist in der nebenstehenden Tabelle 8.5 abgebildet. Der

$P_{j,1}$	$X_{Bew,j,1}$
0,2	45000
0,3	60000
0,4	70000
0,1	120000

Tab. 8.5: erwartete Zahlungen aus dem Bewertungsprogramm

sicherheitsäquivalente Wert der Zahlungen beträgt $SÄ\left(\tilde{X}_{Bew,1}\right) = 64572$. *Stellt man das abdiskontierte Sicherheitsäquivalent,*

$$EW_{Bew} = \sum_{n=1}^{1} \frac{SÄ(\tilde{X}_{Bew,n})}{(1+i)^n} = \frac{64572}{1,1} = 58702,$$

des Bewertungsprogramms dem des Basisprogramms gegenüber, errechnet sich eine Differenz, die als Grenzpreis für die Immobilie interpretiert werden kann.

$$GP = EW_{Bew} - EW_{Bas} = 58702 - 35149 = 23553.$$

Vergleicht man den im obigen Beispiel berechneten Grenzpreis mit dem vorher ermittelten Ertragswert, ist festzustellen, daß letzterer um

23553 - 16049 = 7504

Geldeinheiten überschritten wird.

Hierfür liegen zwei Gründe vor. Zum einen hat ist das Risiko des gesamten Bewertungsprogramms geringer als die Summe der Risiken der ihm enthaltenen einzelnen Investitionsobjekte, zum anderen sorgt die spezifische Risikonutzenfunktion des Investors für einen höheren Grenzpreis.

Risikonutzenfunktionen sind bei risikoscheuen Investoren durch abnehmende, konstante oder zunehmende Risikoaversion gekennzeichnet. Um zu entscheiden, zu welcher Klasse von Riskonutzenfunktionen die jeweils gewählte gehört, wird das Arrow-Prattsche Risikoeinstellungsmaß

$$r(x) = -\frac{u''(x)}{u'(x)}$$

verwendet.[778] Hierbei gilt:[779]

$$\frac{\partial r(x)}{\partial x} < 0 \text{ abnehmende Risikoaversion}$$
$$\frac{\partial r(x)}{\partial x} = 0 \text{ konstante Risikoaversion}$$
$$\frac{\partial r(x)}{\partial x} > 0 \text{ zunehmende Risikoaversion}$$

Die gewählte Funktion $u(X) = \ln X$ impliziert wegen $\frac{\partial r(x)}{\partial x} = -\frac{1}{x^2} < 0$ abnehmende Risikoaversion. Verfügt der Investor ohnehin über einen Sockelbetrag von Einzahlungen (reicher Investor) und sind diese Einzahlungen nicht vollständig positiv mit denen des Investitionsobjekts korreliert, ist sein Sicherheitsäquivalent für ein identisches Investitionsobjekt höher als das Sicherheitsäquivalent eines armen Investors.[780] Dies gilt selbst dann, wenn beide über dieselbe Risikonutzenfunktion verfügen. Soll unter diesen Prämissen ein- und dasselbe Investitionsobjekt bewertet werden, wird der Reiche einen höheren Grenzpreis als der Arme errechnen,[781] was leicht anhand des folgenden Beispiels verdeutlicht werden kann.

Verfügt ein armer Investor mit der Risikonutzenfunktion $u(X) = \ln X$ ausschließlich über ein Investitionsobjekt, das ihm die in Tabelle 8.3 abgebildeten Zahlungen verspricht, resultiert für ihn ein Wert i.H.v.

---

[778] Vgl. Eisenführ, F. / Weber, M., Entscheiden, 1993, S. 221.
[779] Vgl. Bitz, M., Entscheidungstheorie, 1981, S. 171.
[780] Vgl. Ballwieser, W., Komplexitätsreduktion, 1990, S. 166, der allerdings eine andere Risikonutzenfunktion verwendet; Laux, H. / Liermann, F., Grundlagen, 1993, S. 211f.; Drukarczyk, J., Unternehmensbewertung, 1998, S. 358f., der darauf hinweist, daß das bereits vorhandene Vermögen bewertungsrelevant wird.
[781] Vgl. auch Wildgruber, J., Prognoseproblem, 1998, S. 96f.

$$GP_{arm} = \frac{SÄ_{arm}(\tilde{X})}{1+i} = \frac{38664}{1,1} = 35149.$$

Verfügt der Investor hingegen bereits über zustandsunabhängige Zahlungen i.H.v. 20000, bewertet er das Investitionsobjekt mit

$$GP_{reich} = \frac{SÄ_{reich}(\tilde{X}) - 20000}{1+i} = \frac{62265 - 20000}{1,1} = \frac{42265}{1,1} = 38423.$$

Der Grenzpreis des reichen liegt folglich mit 38423 über dem Grenzpreis des armen Investors, der für dasselbe Objekt nur 35149 zahlen würde.

Dieselben Überlegungen lassen sich natürlich auch für Risikonutzenfunktionen mit konstanter und absolut abnehmender Risikoaversion anstellen.[782] Hierbei bewirkt konstante absolute Risikoaversion, daß der Risikoabschlag und mithin das Sicherheitsäquivalent bei zu- bzw. abnehmendem Reichtum gleich bleibt,[783] während zunehmende Risikoaversion bei steigendem Reichtum höhere Risikoabschläge evoziert.
Neben diesen Reichtumswirkungen sind offensichtlich auch risikovernichtende Wirkungen zu berücksichtigen. Diese können jedoch nicht isoliert werden,[784] was auch nicht unbedingt notwendig erscheint, da der Grenzpreis in dem vorgestellten Modell durch die Gegenüberstellung von Bewertungs- und Basisprogramm ermittelt wird.
In jedem Fall führt die Sicherheitsäquivalenzmethode bei isolierter Bewertung der Investitionsobjekte i.d.R. zu wenig plausiblen Ergebnissen. Bei Vorliegen einer anfänglichen Vermögensausstattung ist diese bei der Berechnung des Erwartungsnutzens miteinzubeziehen.[785]

---

782 Es ist jedoch unplausibel, daß Entscheider in der Realität über solche Risikonutzenfunktionen verfügen. Vgl. Leuthier, R., Unternehmensbewertung, 1988, S. 194, der eher davon ausgeht, daß die Risikoabneigung mit zunehmendem Reichtum abnimmt.

783 Die einzige Risikonutzenfunktion, die konstante Risikoaversion impliziert, ergibt sich aus der Gleichung $u(X) = \alpha + \beta \cdot e^{-c \cdot X}$ mit $c > 0$ und $\beta < 0$ und deren linearer Transformation, vgl. Bitz, M., Entscheidungstheorie, 1981, S. 175; Schneider, D., Investition, 1992, S. 494.

784 Vgl. Leuthier, R., Unternehmensbewertung, 1988, S. 185.

785 Vgl. Gerke, W. / Bank, M., Finanzierung, 1998, S. 57f.

Eine Ausnahme bildet hier lediglich die Nutzenfunktion mit konstant absoluter Risikoaversion.[786]

$$u(X) = \alpha + \beta \cdot e^{-c \cdot X} \quad \text{mit} \quad c > 0 \text{ und } \beta < 0$$

Hier ist zumindest das Anfangsvermögen zur Ableitung des Sicherheitsäquivalents irrelevant.[787] Es herrscht kein Bewertungsverbund.[788]
Die Bewertung mit Hilfe von Sicherheitsäquivalenten wird nun teilweise dahingehend kritisiert, daß der Wert des Bewertungsprogramms wie gezeigt von der ursprünglichen Vermögensposition bzw. vom Basisprogramm abhängt.[789] Diese Kritik ist jedoch aus meiner Sicht nicht gerechtfertigt. So scheint die Annahme, die Risikoeinstellung des Investors verändere sich mit unterschiedlich hohem Vermögen, durchaus legitim, wobei wohl am ehesten von abnehmender absoluter Risikoaversion ausgegangen werden kann[790].
Schwerer wirkt hingegen die Kritik, daß die Risikonutzenfunktionen der einzelnen Investoren in der Realität nicht bekannt sind.[791] Diese müßten erst empirisch ermittelt werden,[792] was aber nach Auffassung einiger Autoren nur sehr bedingt sinnvoll ist, da sich menschliche Wertvorstellungen kaum in die Form mathematischer Funktionen übertragen lassen[793]. Liegen jedoch keine Risikonutzenfunktionen vor, könnten in der Praxis Sicherheitsäquivalente festgestellt werden, indem verschiedene Bandbreiten unsicherer Zahlungen den entsprechenden Sicherheitsäquivalenten gegenübergestellt werden,[794]

---

786 Vgl. Bitz, M., Entscheidungstheorie, 1981, S. 175; Eisenführ, F. / Weber, M., Entscheiden, 1993, S. 227.
787 Vgl. Eisenführ, F. / Weber, M., Entscheiden, 1993, S. 227.
788 Vgl. Laux, H., Entscheidungstheorie, 1997, S. 229f.
789 Vgl. Drukarczyk, J., Unternehmensbewertung, 1998, S. 358f.
790 Vgl. z.B. Drukarczyk, J., Finanzierungstheorie, 1980, S. 133; Bitz, M., Entscheidungstheorie, 1981, S. 173; Leuthier, R., Unternehmensbewertung, 1988, S. 194; Drukarczyk, J., Theorie, 1993, S. 109; Weil, P., assets, 1994, S. 914; Wildgruber, J., Prognoseproblem, 1998, S. 96.
791 Vgl. z.B. Ballwieser, W., Unternehmensbewertung, 1993, S. 156.
792 Zur Ermittlung von Risikonutzenfunktionen, vgl. z.B. Drukarczyk, J., Finanzierungstheorie, 1980, S. 120 - 123; Bitz, M., Entscheidungstheorie, 1981, S. 158 - 162; Eisenführ, F. / Weber, M., Entscheiden, 1993, S. 218 - 228; Saliger, E., Entscheidungstheorie, 1993, S. 52 - 57; Kruschwitz, L., Investitionsrechnung, 1995, S. 260 - 264; Laux, H., Entscheidungstheorie, 1997, S. 164 - 169.
793 Vgl. z.B. Bretzke, W.-R., Prognoseproblem, 1975, S. 32; Bretzke, W.-R., Unternehmungsbewertung, 1976, S. 163; ähnlich auch Grob, H.L., Investitionsrechnung, 1999, S. 440f.
794 Vgl. z.B. Siegel, T., Unternehmensbewertung, 1992, S. 23; Ballwieser, W., Unternehmens-

oder indem eine Risikoanalyse vorgenommen wird, bei der man das Risiko zukünftiger Einzahlungen durch ein sogenanntes Risikoprofil visualisiert,[795] um dem Investor die Bestimmung eines sicherheitsäquivalenten Betrags zu erleichtern. Eine Nutzenmessung über individuelle Risikonutzenfunktionen scheint daher für praktische Bewertungsprobleme überhaupt nicht erforderlich,[796] schließlich ist es methodisch völlig unerheblich, wie Wahrscheinlichkeitsverteilungen auf Sicherheitsäquivalente hin verdichtet werden[797].
Dennoch soll bei der Erörterung der folgenden Überlegungen, die die Integration von persönlichen Ertragsteuern beinhaltet, aus didaktischen Gründen auf die bereits bekannte Methodik zurückgegriffen werden, und weiterhin die Risikonutzenfunktion $u(X) = ln X$ gelten.

8.3.4.3 Vorgehensweise in einer Welt mit persönlichen Ertragsteuern

8.3.4.3.1 Prinzipielle Überlegung

In Kapitel 8.2 wurde bereits die Notwendigkeit der Berücksichtigung persönlicher Ertragsteuern bewiesen. Hier wurde allerdings die Frage der Unsicherheit zukünftiger Zahlungsströme noch nicht mit einbezogen.
Nun kam schon LEUTHIER zu dem Schluß, daß bei Unsicherheit selbst im Rentenfall die Beziehung

$$EW = \frac{(1 - s_{ESt}) \cdot SÄ[\tilde{X}]}{i \cdot (1 - s_{ESt})} = \frac{SÄ[\tilde{X} \cdot (1 - s_{ESt})]}{i \cdot (1 - s_{ESt})}$$

bewertung, 1993, S. 157.

[795] Zur Risikoanalyse vgl. z.B. Götze, U., Risikoanalyse, 1993, S. 209 - 215; Adam, D., Investitionscontrolling, 1994, S. 335 - 340; Grob, H.L., Investitionsrechnung, 1999, S. 448 - 455.

[796] Vgl. Bretzke, W.-R., Unternehmungsbewertung, 1976, S. 163f.; Auch wenn einige Autoren der Auffassung sind, daß die Anwendung der Sicherheitsäquivalenzmethode die Kenntnis individueller Risikonutzenfunktionen voraussetzen würde, vgl. hierzu z.B. Siepe, G., Unternehmensbewertung, 1998, S. 61; Behringer, S., Unsicherheit, 1999, S. 732.

[797] Vgl. Siegel, T., Unternehmensbewertung, 1994, S. 466.

keine Gültigkeit mehr besitzt,[798] so daß die Steuerbelastung, die in den verschiedenen, prognostizierten Umweltzuständen eintritt, explizit zu erfassen ist.

Sollen gleichzeitig die in Kapitel 8.3.4.2 beschriebenen Verbundwirkungen Berücksichtigung finden, ist eine isolierte Zurechnung der Steuerbelastung auf das Investitionsobjekt, wie dies im Kapitel 8.2.2.3 geschehen ist, weder notwendig noch erforderlich. Vielmehr sind Basis- und Bewertungsprogramm in ihrer Gesamtheit zu bewerten, was im folgenden demonstriert wird.

Der Investor soll über das bereits bekannte Basisprogramm aus Tabelle 8.3 verfügen, das ihm bei Eintreten der Umweltzustände j im Zeitpunkt 1 die Vorsteuer- bzw. Nachsteuerzahlungen $X_{Bas,j,1}$ bzw. $X_{Bas,j,1,nSt}$ verspricht. Gleichzeitig kann er eine Immobilieninvestition realisieren, die ihm die aus Tabelle 8.4 bekannten Zahlungen verspricht, dann resultieren für ihn, bei Berücksichtigung der Einkommensteuer, die in Tabelle 8.6 und 8.7 abgebildeten Programme. Das Basisprogramm nach Einkommensteuern ist dem Bewertungsprogramm nach Einkommensteuern gegenüberzustellen.

$p_{j,1}$	$X_{Bas,j,1}$	Steuer[799]	$X_{bas,j,1,nSt}$
0,2	10000	0	10000
0,3	40000	7672	32328
0,4	60000	14359	45641
0,1	90000	26164	63836

Tab. 8.6: erwartete Nachsteuerzahlungen aus dem Basisprogramm

$p_{j,1}$	$X_{Bew,j,1}$	Steuer	$X_{Bew,j,1,nSt}$
0,2	45000	9272	35728
0,3	60000	14359	45641
0,4	70000	18004	51996
0,1	120000	40707	79293

Tab. 8.7: erwartete Nachsteuerzahlungen aus dem Bewertungsprogramm

Gilt weiterhin die Nutzenfunktion der Form $u(X) = \ln X$, folgt für das Nachsteuerbasisprogramm eine sicherheitsäquivalente Zahlung i.H.v.

$$SÄ\left[\tilde{X}_{1,nSt}\right] = SÄ\left[X_{Bas,j,1} \cdot \left(1 - s_{ESt,Bas,j,1}\right)\right] = 31414,$$

[798] Vgl. Leuthier, R., Besteuerung, 1988, S. 518f.; Leuthier, R., Unternehmensbewertung, 1988, S. 169f.

[799] Vgl. Einkommensteuergrundtabelle 1999.

für das Nachsteuerbewertungsprogramm:

$$SÄ\left[\tilde{X}_{1,nSt}\right] = SÄ\left[X_{Bew,j,1} \cdot \left(1 - s_{ESt,Bew,j,1}\right)\right] = 48386.$$

D.h., der Immobilieninvestition können sicherheitsäquivalente Nachsteuerzahlungen i.H.v.

48386 - 31414 = 16972

zugerechnet werden.

Da es sich bei dem im obigen Beispiel errechneten Betrag um einen sicherheitsäquivalenten Nachsteuerbetrag handelt, ist er entsprechend mit einem Nachsteuerdiskontierungsfaktor abzuzinsen. Hierzu ist der quasi sichere Nachsteuerzinssatz i_s zu verwenden.

Dieser resultiert aus der Nachsteuerrendite laufzeitäquivalenter Nullkuponanleihen. So müßte ein Investor, der in einer bestimmten Periode *n* einen sicherheitsäquivalenten Nachsteuerbetrag $SÄ\left[\tilde{X}_{n,nSt}\right]$ erwirtschaften will, alternativ heute einen Betrag *A* in eine Nullkuponanleihe zum quasi sicheren Zinssatz *i* investieren, um denselben Betrag in eben dieser Periode *n* zu erzielen.

Hierbei sind folgende Probleme zu berücksichtigen.

- Der Zinssatz kann bei nicht flacher, also normaler oder inverser Zinsstruktur[800] in Abhängigkeit von der Laufzeit der jeweiligen Anleihe variieren.
- Die Zahlungen aus dem Basis- bzw. Bewertungsprogramm fallen über einen längeren Zeitraum i.d.R. in unterschiedlicher Höhe an.
- Sowohl die Erträge aus dem Basis- bzw. Bewertungsprogramm als auch die Erträge aus der sicheren Alternativanlage (Nullkuponanleihe) sind jetzt

[800] Vgl. Betsch, O. / Groh, A.P. / Lohmann, L.G.E., Corporate Finance, 1998, S. 14f. Die

mit dem durchschnittlichen Steuersatz $\bar{s}_{I,O,n}$ zu versteuern, da nun ein Vergleich zwischen zwei Nachsteuer-Programmen stattfindet. Der durchschnittliche Steuersatz $\bar{s}_{I,O,n}$ errechnet sich dabei aus dem deutschen Steuertarif.

Zur Bewältigung der drei Probleme könnte man ein Portefeuille aus Nullkuponanleihen bilden, so daß für jede zukünftige Periode, in der sicherheitsäquivalente Zahlungen zu erwarten sind, folgende Beziehung gilt:

$$\underbrace{(1+i_{Bas})^n \cdot A}_{\text{Zahlung bei Fälligkeit der Anleihe}} - \underbrace{\bar{s}_{I,O,n} \cdot \left[(1+i_{Bas})^n \cdot A - A\right]}_{\text{Steuer auf den Zinsertrag}} = \underbrace{SÄ\left[X_{Bas,j,n} \cdot (1 - s_{I,Bas,j,n})\right]}_{\text{sicherheitsäquivalente Nachsteuerzahlung}} \qquad (8.33a)$$

bzw.

$$(1+i_{Bew})^n \cdot A - \bar{s}_{I,O,n} \cdot \left[(1+i_{Bew})^n \cdot A - A\right] = SÄ\left[X_{Bew,j,n} \cdot (1 - s_{I,Bew,j,n})\right] \qquad (8.33b)$$

A: Anlagebetrag; Preis

Dabei steht A für denjenigen Betrag, den ein Anleger zum heutigen Zeitpunkt in eine Nullkuponanleihe investieren muß, um im Zeitpunkt n eine Einzahlung in Höhe des sicherheitsäquivalenten Nachsteuerbetrags $SÄ\left[\tilde{X}_{n,nSt}\right]$ zu erhalten.

Gesucht ist nun die Summe der Anlagebeträge A, die dazu notwendig ist, einen laufzeitäquivalenten Nachsteuerzahlungsstrom herzustellen. Diese stellt den vorläufigen Grenzpreis der Immobilie dar.

Hierbei ist der persönliche Ertragsteuersatz $\bar{s}_{I,O,n}$ auf die Alternativanlage zu endogenisieren. Schließlich resultiert dieser aus einer Funktion des z.v.E $(1+i)^n \cdot A - A$. Es gilt $\bar{s}_{I,O,n} = f\left((1+i)^n \cdot A - A\right)$. Vernachlässigt man die Kirchensteuer und den Solidaritätszuschlag[801] sowie evtl. Freibeträge und geht

normale Zinsstruktur ist dadurch gekennzeichnet, daß langfristige Zinssätze höher als kurzfristige sind. Dieses Verhältnis kehrt sich bei der inversen Zinsstruktur um.

[801] Sollen diese berücksichtigt werden, sind die durchschnittlichen Steuersätze um den

vereinfachend von der Annahme aus, daß das z.v.E. den Nettoeinzahlungen entspricht,[802] ergeben sich für den Steuersatz $\bar{s}_{I,O,n}$ unter Berücksichtigung des Einkommensteuertarifs 1999 die in Abbildung 8.12 dargestellten, durchschnittlichen Steuersätze. Dabei steht die Nennergröße jeweils für die Nettoeinzahlungen bzw. das z.v.E. aus der Anlage und die Zählergröße für die hierauf entfallende Steuer.

Faktor $\left[\frac{\left(1 + s_{KiSt} + s_{SolZ}\right)}{1 + s_{ESt} \cdot s_{KiSt}}\right]$ zu erhöhen, vgl. hierzu Kapitel 8.2.3.

[802] An den grundlegenden Ergebnissen würde sich bei Einbeziehung dieser Aspekte nichts ändern.

Steuersatz $\overline{s}_{I,O,n} = f\left((1+i)^n \cdot A - A\right)$	Intervall
0	$0 \leq (1+i)^n \cdot A - A \leq 13.067$
$\dfrac{\left[350{,}35 \cdot \left(\dfrac{\left((1+i)^n \cdot A - A\right) - 13.014}{10.000}\right) + 2.390\right] \cdot \left(\dfrac{\left((1+i)^n \cdot A - A\right) - 13.014}{10.000}\right)}{\left((1+i)^n \cdot A - A\right)}$	$13.068 \leq (1+i)^n \cdot A - A \leq 17.063$
$\dfrac{\left[101{,}31 \cdot \left(\dfrac{\left((1+i)^n \cdot A - A\right) - 17.010}{10.000}\right) + 2.670\right] \cdot \left(\dfrac{\left((1+i)^n \cdot A - A\right) - 17.010}{10.000}\right) + 1.011}{\left((1+i)^n \cdot A - A\right)}$	$17.064 \leq (1+i)^n \cdot A - A \leq 66.365$
$\dfrac{\left[151{,}93 \cdot \left(\dfrac{\left((1+i)^n \cdot A - A\right) - 66.312}{10.000}\right) + 3669\right] \cdot \left(\dfrac{\left((1+i)^n \cdot A - A\right) - 66.312}{10.000}\right) + 16.637}{\left((1+i)^n \cdot A - A\right)}$	$66.366 \leq (1+i)^n \cdot A - A \leq 120.041$
$\dfrac{0{,}53 \cdot \left((1+i)^n \cdot A - A\right) - 22.886}{\left((1+i)^n \cdot A - A\right)}$	$(1+i)^n \cdot A - A \geq 120.041$

Abb. 8.12: Durchschnittliche Steuerbelastung 1999 in Abhängigkeit vom z.v.E. $(1+i)^n \cdot A - A$

Ersetzt man $\bar{s}_{I,O,n}$ aus Gleichung (8.33a) bzw. (8.33b) durch $\bar{s}_{I,O,n} = f\left((1+i)^n \cdot A - A\right)$, folgt:

$$SÄ\left[\tilde{X}_{Bas,n,nSt}\right] = (1+i)^n \cdot A_{Bas} - f\left((1+i)^n \cdot A_{Bas} - A_{Bas}\right) \cdot \left[(1+i)^n \cdot A_{Bas} - A_{Bas}\right]$$

(8.34a)

bzw.

$$SÄ\left[\tilde{X}_{Bew,n,nSt}\right] = (1+i)^n \cdot A_{Bew} - f\left((1+i)^n \cdot A_{Bew} - A_{Bew}\right) \cdot \left[(1+i)^n \cdot A_{Bew} - A_{Bew}\right]$$

(8.34b)

Löst man die Gleichung (8.34a) bzw. (8.34b) nach A auf,[803] resultieren für die einzelnen Intervalle des deutschen Steuertarifs die in Abbildung 8.13 dargestellten Ergebnisse.[804] Werden die Anlagebeträge A mit Hilfe der Formeln aus Abbildung 8.13 bestimmt, ist zu berücksichtigen, daß A wegen der Rundungsvorschrift des § 32a Abs. 2 EStG, die in den Formeln nicht berücksichtigt wird, tendenziell etwas zu hoch ausgewiesen wird. Diese Abweichung kann jedoch wegen ihrer Geringfügigkeit vernachlässigt werden.

[803] Zur Berechnung vgl. Anhang XI.

[804] Dabei steht $SÄ$ für $SÄ\left[\tilde{X}_{n,nSt}\right]$.

$A_{1,2} =$	**Intervall**
$\frac{S\breve{A}}{(1+i)^n}$	$\frac{0}{(1+i)^n-1} \le A \le \frac{13.067}{(1+i)^n-1}$
$\frac{-\left(0{,}8521\cdot(1+i)^n+0{,}1478\right)\pm\sqrt{\left[0{,}8521\cdot(1+i)^n+0{,}1478\right]^2+\frac{1.401{,}4}{10.000^2}\cdot\left[(1+i)^n-1\right]^2\cdot(2.516-S\breve{A})}}{-\frac{700{,}7}{10.000^2}\cdot\left[(1+i)^n-1\right]^2}$	$\frac{13.068}{(1+i)^n-1} \le A \le \frac{17.063}{(1+i)^n-1}$
$\frac{-\left(0{,}7675\cdot(1+i)^n+0{,}2325\right)\pm\sqrt{\left[0{,}7675\cdot(1+i)^n+0{,}2325\right]^2+\frac{405{,}24}{10.000^2}\cdot\left[(1+i)^n-1\right]^2\cdot(3.238-S\breve{A})}}{-\frac{202{,}62}{10.000^2}\cdot\left[(1+i)^n-1\right]^2}$	$\frac{17.064}{(1+i)^n-1} \le A \le \frac{66.365}{(1+i)^n-1}$
$\frac{-\left(0{,}8345\cdot(1+i)^n+0{,}1654\right)\pm\sqrt{\left[0{,}8345\cdot(1+i)^n+0{,}1654\right]^2+\frac{607{,}72}{10.000^2}\cdot\left[(1+i)^n-1\right]^2\cdot(1.012-S\breve{A})}}{-\frac{303{,}86}{10.000^2}\cdot\left[(1+i)^n-1\right]^2}$	$\frac{66.366}{(1+i)^n-1} \le A \le \frac{120.041}{(1+i)^n-1}$
$\frac{S\breve{A}-22.886}{0{,}47\cdot(1+i)^n+0{,}53}$	$\frac{120.042}{(1+i)^n-1} \le A$

Abb. 8.13: Benötigter Anlagebetrag A zur Erzielung einer sicherheitsäquivalenten Nachsteuerzahlung im Zeitpunkt n nach dem Einkommensteuertarif 1999

Um zu verdeutlichen, wie der Preis des Nachsteuerbewertungs- bzw. basisprogramms ermittelt werden kann, wird ein Beispiel konstruiert:

Ein Investor rechnet in den nächsten 5 Perioden jeweils ausschließlich mit folgenden sicherheitsäquivalenten Nachsteuerzahlungen

Periode	1	2	3	4	5
$SÄ\left[\tilde{X}_{n,nSt}\right]$	250.000 DM	210.000 DM	230.000 DM	300.000 DM	400.000 DM

während sich Nullkuponanleihen mit einer Restlaufzeit von 1 - 5 Perioden zum gegenwärtigen Zeitpunkt wie folgt verzinsen:

Restlaufzeit	1	2	3	4	5
Zinssatz	7%	8%	8%	9%	10%

Um einen laufzeitäquivalenten Nachsteuerzahlungsstrom mit Hilfe von Nullkuponanleihen herstellen zu können, benötigt der Investor einen Betrag A in Höhe von 1.127.601 DM, was im folgenden veranschaulicht wird.[805]

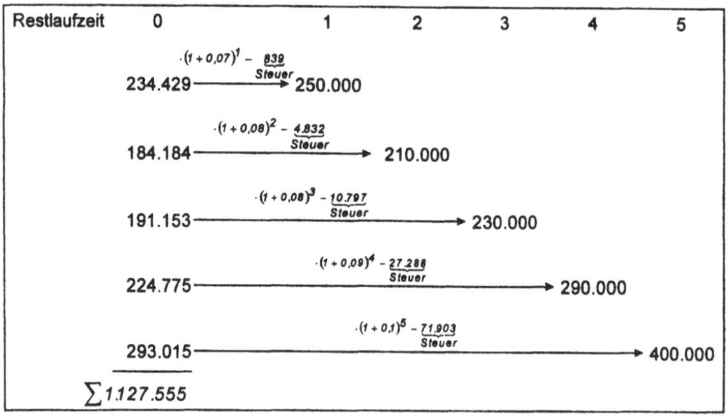

[805] Da i.d.R. mit relativ langen Zahlungsreihen zu rechnen ist und sich die Berechnung als relativ komplex erweist, scheint es ratsam das Problem mit Hilfe eines Tabellenkalkulationsprogramms zu lösen.

Entsprechen die sicherheitsäquivalenten Zahlungen in ihrer zeitlichen Struktur den Präferenzen des Anlegers, stellt der ermittelte Betrag 1.127.601 DM den Grenzpreis des jeweiligen Programms dar. Sollte keine Präferenzkonformität gegeben sein, ist zur Herstellung derselben ein weiterer Risikoabschlag in Höhe der notwendigen Hedgingmaßnahmen vorzunehmen.
Will der Investor z.B. alle Entnahmen erst im Zeitpunkt 5 tätigen, muß er die periodisch anfallenden, sicherheitsäquivalenten Zahlungen zum dann gültigen Zinssatz reinvestieren. Da derselbe zum heutigen Zeitpunkt nicht bekannt ist, sind die Reinvestitionszinssätze mit Unsicherheit behaftet. Um Sicherheit herzustellen und damit die Zinsstruktur für den Anleger festzuschreiben, müssen Hedgingmaßnahmen in Form von Termingeschäften ergriffen werden. Die hierdurch entstehenden Kosten verringern den vorläufigen Grenzpreis der Investition.
In einem solchen Fall sollte ein weiteres Aufblähen des Bewertungskalküls vermieden werden. Es scheint sinnvoll, die Bewertung der benötigten Terminkontrakte dem Markt zu überlassen. Die Hedgingkosten entsprechen dann dem Marktpreis der Terminkontrakte plus eventuell entstehenden Nebenkosten. Dabei wird zwar unterstellt, daß der Marktpreis des Terminkontrakts dem individuellen Grenzpreis des Investors für diesen Kontrakt entspricht, was nur ausnahmsweise der Fall sein dürfte. Alternativ müßte der Investor jedoch eine explizite Optionspreisbewertung unter Berücksichtigung von Steuern durchführen, was auf Grund der Komplexität des Bewertungsverfahrens ökonomisch wenig sinnvoll erscheint, zumal nicht damit zu rechnen ist, daß signifikant divergierende Ergebnisse resultieren.

Die Notwendigkeit zur Bestimmung des Steuersatzes für die Opportunitätskosten erübrigt sich bei der beschriebenen Vorgehensweise. Soll er dennoch ermittelt werden, sind die jeweiligen Steuerzahlungen durch die entsprechenden Zinseinkünfte $\left[(1+i)^n \cdot A - A\right]$ zu dividieren.

Nun wurde bereits in Kapitel 8.3.2 festgestellt, daß ein laufzeitäquivalenter Zahlungsstrom mit jeglicher Art von Anleihen hergestellt werden kann. D.h., die oben vorgeschlagene Vorgehensweise führt bei Einbeziehung von persönlichen Steuern und hier insbesondere bei Berücksichtigung des progressiven Einkommensteuertarifs nur zufälligerweise zum exakten Ergebnis, da die gewünschte Zahlungsstruktur zum einen mit jeglicher Art von Anleihen kopiert werden kann, und zum anderen der Barwert der Steuerzahlungen durch eine geschickte Zusammenstellung des Anleiheportefeuilles zu minimieren ist, was im Endeffekt den Grenzpreis für diese Zahlungsreihe senkt. DEDNER/GÜNTHER/RÜNGER[806] haben in diesem Zusammenhang folgende Steuerbarwertminimierungsregel hergeleitet:

$$\left[1+i\cdot\left(1-s'_{n+1}\right)\right]\cdot s'_n = s'_{n+1}.^{807} \qquad (8.35)$$

s'_n: *Grenzsteuersatz im Zeitpunkt n*

s'_{n+1}: *Grenzsteuersatz im Zeitpunkt n+1*

Soll Steuerbarwertminimierung betrieben werden, muß der Grenzsteuersatz und damit das z.v.E. im Zeitablauf steigen.[808]
Wird der sicherheitsäquivalente Zahlungsstrom mit Hilfe von Nullkuponanleihen dupliziert, ist die Bedingung (8.35) höchstens zufällig erfüllt. Zur Bestimmung des exakten Grenzpreises wäre die laufzeitäquivalente Zahlungsreihe unter der Nebenbedingung (8.35) nachzubilden.
Da jedoch ein solches Vorgehen sehr aufwendig ist, solche Portefeuilles mangels passender Anleihen in der Realität, wenn überhaupt, nur schwer herstellbar sind, und ein Portefeuille aus Nullkuponanleihen ohnehin dafür sorgt, daß das z.v.E. und damit der Grenzsteuersatz[809] im Zeitablauf zunimmt, wird vorgeschlagen, auf eine exakte Ermittlung zu verzichten. Dies geschieht auch unter dem Aspekt, daß zukünftige Steuerzahlungen auf Grund der Prognoseunsicherheit nur näherungsweise vorhergesagt werden können. Dies dürfte weit mehr ins Gewicht fallen, als eine der Analyse kaum

[806] Vgl. Dedner, M. / Günther, R. / Rünger, R., Ertragsteuerplanung, 1980.
[807] Vgl. Dedner, M. / Günther, R. / Rünger, R., Ertragsteuerplanung, 1980, S. 171; zur anschaulichen Begründung dieser Beziehung vgl. Siegel, T., Steuerplanung, 1980, S. 269f.
[808] Zwar steigen hierdurch absolut gesehen die Steuerzahlungen, allerdings fallen diese erst in einem späteren Zeitpunkt an, so daß sich deren Barwert verringert.
[809] Natürlich nur bis maximal 53 %.

angemessene „Scheingenauigkeit“, die durch die Zusammenstellung eines steueroptimalen Anleiheportefeuilles suggeriert wird.

8.3.4.3.2 Berücksichtigung von Abschreibungen

Werden zusätzlich Abschreibungen einbezogen, ändert sich die Zusammensetzung der sicherheitsäquivalenten Zahlungen. Bisher wurde angenommen, die Zahlungen aus der Immobilie seien voll steuerpflichtig. Bei der Berücksichtigung von Abschreibungen ist darauf zu achten, daß Teile der Einzahlungsüberschüsse in Höhe der periodischen Abschreibungen steuerfrei sind. Somit bestehen die sicherheitsäquivalenten Zahlungen aus einem steuerpflichtigen und einem steuerfreien Teil. Es gilt also generell:

$$SÄ\left[X_{j,n} - \left(X_{j,n} - Ab_n\right) \cdot s_{i,j,n}\right] = (1+i)^n \cdot A - f\left((1+i)^n \cdot A - A\right) \cdot \left[(1+i)^n \cdot A - A\right]$$

Dieser Aspekt kann problemlos in die Überlegung integriert werden. Allerdings ist zu beachten, daß sich die Abschreibungen aus den Anschaffungskosten ergeben. Nun sollen aber gerade die maximal zulässigen Anschaffungskosten bzw. der Grenzpreis ermittelt werden, so daß zur Lösung dieses Problems ein iteratives Vorgehen notwendig ist. Darüber hinaus können Abschreibungen nur für das Gebäude und nicht für den Grund und Boden geltend gemacht werden. Zur Bestimmung des Gebäudeanteils, der die Abschreibungen determiniert, ist daher vom Gesamtkaufpreis der Anteil für Grund und Boden abzuziehen. Sollte in der notariellen Kaufurkunde die Aufteilung des Kaufpreises festgelegt sein, ist dieser zu folgen, soweit sie den wirtschaftlichen Gegebenheiten entspricht.[810] Liegt keine Aufteilung vor, ist diese für Grundstücke im Privatvermögen nach dem Verhältnis der Verkehrswerte und für Grundstücke im Betriebsvermögen nach dem Verhältnis der Teilwerte durchzuführen,[811] wobei der BFH davon ausgeht, daß letztere

[810] Vgl. BFH-Urteil vom 17.9.87 III R 272/83, BStBl. II, 1988, S. 441. Zum Zeitpunkt der Ermittlung des Grenzpreises wird allerdings eine solche Kaufurkunde i.d.R. nicht vorliegen.

[811] Vgl. BFH-Urteil vom 15.2.89 X R 97/87, BStBl. II, 1989, S. 604; BFH-Urteil vom 15.1.85 IX R 81/83, BStBl. II, 1985, S. 252; BFH-Urteil vom 16.12.81 I R 131/78, BStBl. I, 1982, S. 320.

weitgehend mit den Verkehrswerten übereinstimmen.[812] Diese wiederum können laut BFH mit Hilfe der Wertermittlungsverordnung bestimmt werden.[813]

Zur Ermittlung der Höhe des prozentualen Grund- bzw. Gebäudeanteils am Gesamtkaufpreis wäre dann gegebenenfalls eine Bewertung mit Hilfe der Wertermittlungsverordnung durchzuführen.

8.4 Implementierung

8.4.1 Prognose der wertbeeinflussenden Größen

8.4.1.1 Wertbeeinflussende Faktoren

Zur Implementierung des obigen Bewertungsverfahrens müssen die wertrelevanten Variablen prognostiziert werden. Im wesentlichen hängen die Einzahlungen, die aus einer Immobilieninvestition stammen von den in der Abbildung 8.14 dargestellten Größen ab.

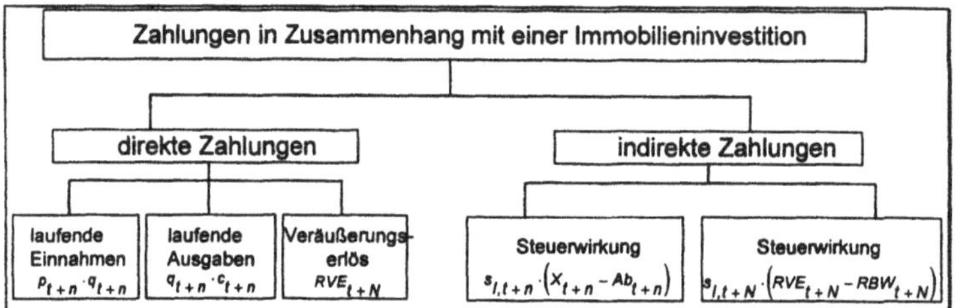

p_{t+n}: *Mietpreis je Flächeneinheit* — RVE_{t+N}: *Restveräußerungserlös*

q_{t+n}: *Vermietete Flächeneinheiten* — RBW_{t+N}: *Restbuchwert*

c_{t+n}: *Auszahlungen je vermietete Flächeneinheit* — s_I: *Ertragsteuersatz*

Abb. 8.14: Zahlungen in Zusammenhang mit einer Immobilieninvestition

[812] Vgl. BFH-Urteil vom 16.12.81 I R131/78 BStBl. II, 1982, S. 320; BFH-Urteil vom 7.12.1978 I R 142/76 BStBl. II, 1979, S. 729; BFH-Urteil vom 21.1.71 IV 123/65 BSTBl. II, 1971, S. 682.

[813] Vgl. BFH-Urteil vom 15.1.85 IX R 81/83, BStBl. II, 1985, S. 252; BGBl. I, 1972, S. 1416; Daß es bei Ermittlung der Werte des Gebäudes bzw. Grundstücks zu Konflikten zwischen Finanzbehörde und Eigentümer kommt, ist dabei offensichtlich. Vgl. hierzu auch Biergans, E., Einkommensteuer, 1992, S. 390f.

Neben diesen Größen ist zusätzlich $\tilde{X}_{Bas,t+n}$ zu ermitteln. Auf die Prognose der Abschreibungen Ab_{t+n} kann i.d.R. verzichtet werden. Diese ergeben sich aus der aktuellen Steuergesetzgebung und können daher für die Zukunft mehr oder minder sicher vorhergesagt werden. Die Diskontierungsfaktoren ${}_t i_n$, die für Renditen laufzeitäquivalenter Nullkuponanleihen stehen, können für Laufzeiten bis zu 30 Jahren relativ problemlos bestimmt werden.[814]
Prognoseprobleme tauchen bei den Größen $\tilde{X}_{Bas,t+n}$ und den übrigen in der Abbildung dargestellten Variablen auf. Für die Prognose von $\tilde{X}_{Bas,t+n}$ scheinen pauschale Vorschläge für ein spezifisches Verfahren wenig sinnvoll, da sich das Basisprogramm je nach Investor individuell verschieden zusammensetzt und somit unterschiedliche Prognoseverfahren sinnvoll anmuten. Zur Bestimmung der in der Abbildung 8.14 dargestellten Variablen können jedoch durchaus Tendenzaussagen über Sinn und Unsinn von einzelnen Prognosemethoden getroffen werden.
Weil die persönlichen Steuersätze $\bar{s}_{I,t+n}$ bzw. $\bar{s}_{I,O,t+n}$ vom z.v.E. des Basis- bzw. Bewertungsprogramm abhängen, sind diese ebenso schwer zu prognostizieren wie das z.v.E. dieser Programme selbst. Hinzu tritt allerdings noch das Problem, daß sich der Steuertarif selbst verändern kann. Dieser Aspekt müßte somit explizit berücksichtigt werden.
In jedem Fall ist bei der Prognose der zukünftigen Daten festzulegen, ob reale also inflationsbereinigte oder nominale Größen prognostiziert werden sollen. Schließlich macht es nur Sinn reale Cashflowgrößen mit Hilfe von realen Diskontierungsfaktoren bzw. nominale Cashflowgrößen mittels nominaler Diskontierungsfaktoren zu bewerten. Da die zu verwendenden Diskontierungsfaktoren durch die Renditen von Nullkuponanleihen in dem vorgestellten Modell bis zu Laufzeiten von 30 Jahren vorgegeben sind und es sich hierbei um nominale Diskontierungsfaktoren handelt, müssen konsistenterweise alle anderen Größen ebenfalls auf nominaler Basis prognostiziert werden. Dies gilt zumindest zwingend für den Zeitraum, den die am längsten laufende Nullkuponanleihe abdeckt.

[814] Vgl. hierzu auch Kapitel 8.3.2.

Um dem Leser einen Eindruck zu vermitteln, wie er bei der Prognose zukünftiger Einzahlungen vorgehen könnte, werden im folgenden einige Prognoseverfahren vorgestellt.

8.4.1.2 Univariate Prognoseverfahren

Univariate Prognoseverfahren leiten den zukünftigen Wert einer Zeitreihe aus den Vergangenheitswerten derselben Zeitreihe (Zeitreihenverfahren), ohne Berücksichtigung sonstiger kausaler Zusammenhänge, ab[815]. Die Prognosevariable resultiert folglich aus einer einzigen Variablen, deren Erklärungswert gleich Null ist.[816]
Es wird unterstellt, daß die in den Zeitreihen aufgedeckten Gesetzmäßigkeiten auch für die Zukunft gelten (Zeitstabilitätshypothese).[817] Folgt man dieser Annahme, können Strukturbrüche und Trendumkehrungen typischerweise weder erkannt noch vorhergesagt werden. Univariate Prognoseverfahren sind daher mit äußerster Skepsis zu betrachten.[818] Schließlich ist niemand in der Lage, zukünftige Entwicklungen mit Sicherheit vorherzusagen. Eine Fortschreibung historischer Daten birgt deshalb immer die Gefahr in sich, daß vergangene Entwicklungen unkritisch auf die Zukunft projeziert werden und somit sowohl Chancen als auch Risiken unerkannt bleiben. Dennoch können solche Verfahren eine Basis für weitere Zukunftsschätzungen[819] darstellen und unter Beachtung der obigen Einwendungen erste Anhaltspunkte über mögliche zukünftige Entwicklungen liefern, sofern sich das Umfeld der Immobilie nur wenig gegenüber der Vergangenheit ändert[820].
Mit einer kurzfristigen Änderung des Umfelds auf einem örtlichen Immobilienmarkt ist i.d.R. nicht zu rechnen. Seine Entwicklungen unterliegen, wie die meisten ökonomischen Prozesse, einem gewissen Trägheitsmoment, so daß eine Extrapolation vergangener Daten für die nahe Zukunft nicht zu einem zu

[815] Vgl. Corsten, H., Betriebswirtschaftslehre, 1995, S. 808ff.
[816] Vgl. Bretzke, W.-R., Prognoseproblem, 1975, S. 156.
[817] Vgl. Hansmann, K.-W., Prognose, 1995, S. 269.
[818] Vgl. Rußig, V., Bauvolumen, 1997, S. 5f.
[819] Vgl. Drukarczyk, J., Unternehmensbewertung, 1996, S. 221.
[820] Vgl. Terhürne, M., Bewertung, 1998, S. 40, der diese Aussage in Bezug auf die Unternehmensbewertung trifft.

großen Prognosefehler führen dürfte[821]. Gestützt wird diese These durch die Tatsache, daß sowohl der Wohnungsmarkt[822] als auch der Markt für Gewerbeimmobilien auf Grund seiner Besonderheiten im Fall von Angebotsüberhängen bei leerstehenden Gebäuden erst mittelfristig mit sinkenden Preisen reagiert, worauf es im vermieteten Bestand mit einer weiteren Verzögerung zu ebenfalls sinkenden Preisen kommt. Größere Nachfrageänderungen sind, wegen der durch Umzüge entstehenden hohen Kosten, kurzfristig nicht zu erwarten.[823] Die Belegungsquoten und der vereinbarte Mietpreis[824] vermieteter Gebäude wird sich daher wegen eines Angebotsüberhangs kurzfristig nicht verändern. Verstärkt wird diese Tendenz durch die Heterogenität und mangelnde Transparenz des Marktes,[825] die bei der Suche nach Wohn- oder Gewerbeflächen zu hohen Informationskosten führt.

Bei Nachfrageüberhängen hingegen kann es kurz- bis mittelfristig wegen des relativ unelastischen Angebots zu Mietpreiserhöhungen kommen,[826] die jedoch im vermieteten Wohnbestand wegen der relativ strengen rechtlichen Normen nicht zu hoch ausfallen dürften.[827] Dieselbe Aussage trifft weitgehend auch für gewerblich vermietete Objekte zu. Deren Mietpreise sind fast ausschließlich an den Index der Lebenshaltungskosten geknüpft,[828] wobei in solchen Indexklauseln eine Mietpreisanpassung in regelmäßigen Abständen festgelegt ist bzw. diese dann vorgenommen wird, wenn z.B. eine Indexveränderung von zehn Prozentpunkten vorliegt.[829]

Es scheint daher sinnvoll, kurzfristige Entwicklungen von Mietpreisen und Belegungsquoten in Abhängigkeit von den vertraglichen Vereinbarungen zu

---

[821] Vgl. Bretzke, W.-R., Prognoseproblem, 1975, S. 155.

[822] Vgl. Bison, J., Regulierung, 1996, S. 162.

[823] Vgl. Behring, K. Wohnungsnachfrageprognose, 1988, S. 47, die Aussage wird zwar nur in Bezug auf die Wohnungsnachfrage getroffen, ist jedoch auch für die Nachfrage nach Gewerbeimmobilien zutreffend.

[824] Ähnlicher Auffassung ist auch Bison, J., Regulierung, 1996, S. 162, die konstatiert, „kurzfristig reagieren weder Mengen noch Preise von Mietwohnungsnutzungsleistungen".

[825] Vgl. Väth, A. / Hoberg, W., Immobilieninvestition, 1998, S. 116; Kapitel 2.1.

[826] Vgl. hierzu Kapitel 2.4.

[827] Vgl. hierzu insbesondere § 2 MiethöheG.

[828] Vgl. BVI, Investment 90, 1990, S. 70; Hieronymus, J. / Schwatlo, W., Immobilienvermögen, 1994, S. 323; Waldmann, K., Bewertung, 1994, S. 113; zur Mietzinsanpassung sind bei mittel- und langfristigen Mietverträgen neben der Indexklausel auch Staffelmietvereinbarungen, Leistungsvorbehaltsklauseln und Spannungsklauseln als Anpassungsklauseln üblich, vgl. Väth, A. / Hoberg, W., Immobilieninvestition, 1998, S. 111f.; Schulte, K.W. / Ropeter,S.-E., Investitionsanalyse, 1998, S. 135.

[829] Vgl. Vielberth, J., Handbuch, 1999, S. 359ff.

prognostizieren. In naher Zukunft kann dabei i.d.R. mit relativ konstanten Belegungsquoten gerechnet werden. Zur Prognose des Mietpreises scheinen insbesondere vertragliche Vereinbarungen relativ gute Anhaltspunkte zu liefern. Wird der Mietpreis an bestimmte Indizes, wie an den Index der Lebenshaltungskosten, geknüpft, ist hierfür das einfache Mittelwertverfahren, welches zukünftige Werte auf Grund von Durchschnittsbildung vergangener Werte ermittelt, nicht sinnvoll, da der Index der Lebenshaltungskosten bisher einem steigenden Trend gefolgt ist. Dieser wird kurzfristig wohl eher beibehalten, so daß das einfache Mittelwertverfahren „nahezu zwangsläufig zu einer systematischen Über- oder Unterbewertung der zukünftigen Entwicklung der Prognosevariablen"[830] Mietpreis führt. Besser geeignet ist in einem solchen Fall die Prognose des kurzfristigen Mietpreises anhand einer Trendextrapolation. Die gleiche Aussage gilt meines Erachtens auch im Mietwohnungsbau, da eher ein steigender als fallender Mietpreistrend vorliegt.[831] Dennoch dürfen selbst kurzfristige Prognosen nicht einwertig ausfallen, da hierdurch Risiken, die sich aus der Investition in eine Immobilie ergeben, vernachlässigt würden.

8.4.1.3 Multivariate Prognoseverfahren

Multivariate Prognoseverfahren stellen eine Kausalbeziehung zwischen den zu prognostizierenden endogenen und exogenen Variablen her. Sie werden daher in der Literatur den univariaten Verfahren vorgezogen.[832] Vereinfacht sieht diese Kausalbeziehung wie folgt aus:

$$y = f(x_1, x_2, \ldots, x_n).$$

Die exogenen Variablen dürfen dabei nicht aus einer Zeitreihe gewonnen werden, sonst wäre die Prognosevariable erneut zeitabhängig,[833] und das Prognoseverfahren hätte sich, im Vergleich zu univariaten Verfahren, nicht

[830] Bretzke, W.-R., Prognoseproblem, 1975, S. 135.
[831] Vgl. auch Tabelle 5.2.
[832] Vgl. Diedrich, R., Methoden, 1993, S. 61.

verbessert. Die exogenen Variablen müssen, statt auf Zeitreihen zu basieren, den endogenen Variablen entweder zeitlich vorgelagert oder leichter zu prognostizieren sein.[834] Dabei ist es durchaus denkbar, daß die exogenen Variablen nur einen indirekten Zusammenhang mit den endogenen Variablen haben. Aus diesem Grund könnte die Notwendigkeit entstehen, einen oder mehrere Zwischenschritte einzuführen, wodurch eine Kette von Regressionen entsteht. Beispielsweise ist es denkbar, daß die Wohnungsnachfrage „y" u.a. von den Wohnungskosten x_1, die Wohnungskosten u.a. von der allgemeinen Preissteigerung „z_1" usw. abhängig ist. Formal könnte die Wohnungsnachfrage „y" dann wie folgt bestimmt werden:

$$y = f(x_1, x_2, \ldots, x_n)$$

mit

1. Stufe : $x_1 = g(z_1, z_2, \ldots, z_n)$, $x_2 = h(a_1, a_2, \ldots, a_n)$, ..., $x_n = j(b_1, b_2, \ldots, b_n)$

usw.
so, daß

2. Stufe: $y = f(g(z_1, z_2, \ldots, z_n), h(a_1, a_2, \ldots, a_n), \ldots j(b_1, b_2, \ldots, b_n))$

gilt.

Dieses simple zweistufige Beispiel zeigt, daß die Grenzen eines solchen Vorgehens wegen des schnell steigenden Rechenaufwands bald erreicht sind. Ist etwa „y" von 10 Einflußgrößen abhängig, die selbst von je 10 Einflußgrößen abhängen, so sind $1 + 10 = 11$ Regressionsgleichungen und $10 \cdot 10 = 100$ unabhängige Variablen zu ermitteln.

Allein der Rechenaufwand könnte durch entsprechenden EDV-Einsatz bewältigt werden. Multivariate Prognoseverfahren sind jedoch auch wegen ih-

[833] Vgl. Bretzke, W.-R., Prognoseproblem, 1975, S. 168.
[834] Vgl. Corsten, H., Betriebswirtschaftslehre, 1995, S. 810.

res Annahmekranzes mit Skepsis zu betrachten. So setzen sie neben der Konstanz ökonomischer Strukturen voraus, daß sich wirtschaftliche Zusammenhänge durch Funktionen darstellen lassen, keine Interdependenzen zwischen den unabhängigen Variablen bestehen, wobei nur ein einseitiger Zusammenhang zwischen abhängigen und unabhängigen Variablen existiert und die zu prognostizierenden Variablen nur von quantitativen Größen, jedoch nicht von qualitativen Faktoren beeinflußt werden. Die Regressionsgleichung kann folglich nur ein verzerrtes Bild der Realität wiedergeben.[835] Dies resultiert allein schon aus der in der Realität vorliegenden Komplexität ökonomischer Zusammenhänge und den damit verbundenen Schwierigkeiten, das System in einem Modell abzubilden.

An eben diesem Komplexitätsproblem dürften multivariate quantitative Cashflowprognosen letztendlich scheitern. Sollen gerade die in der Realität vorliegenden komplexen Zusammenhänge bei der Prognose Berücksichtigung finden, könnte dieselbe mittels Neuronaler Netze vorgenommen werden. Hierauf soll im folgenden jedoch nicht näher eingegangen werden, da die Anwendung Neuronaler Netze in Bezug auf die Cashflowprognose von Immobilien eine eigene Arbeit rechtfertigen würde.[836]

8.4.1.4 Qualitative Prognoseverfahren

Eine Alternative zu den multivariaten Prognoseverfahren scheint in jedem Fall die Anwendung qualitativer Vorhersagen darzustellen[837], zumal diese nicht unbedingt auf eine Strukturkonstanz fixiert sind. Qualitative Verfahren sind vor allem durch eine entweder schwach ausgeprägte Theorie oder durch subjektive, nicht nachprüfbare Elemente gekennzeichnet. Darüber hinaus ist das statistisch mathematische Instrumentarium von untergeord-

[835] Vgl. Diedrich, R., Methoden, 1993, S. 60f.

[836] Einen Überblick über die Funktionsweise Neuronaler Netze und deren praktische Leistungsfähigkeit in Hinblick auf Prognosen liefert z.B. Rehkugler, H., Neuronale Netze, 1996; Eher Kritisch zur Überlegenheit von Neuronalen Netzen im Vergleich zu herkömmlichen Prognoseverfahren, vgl. z.B. Rieß, M., Prognose, 1996, hier insbesondere S. 77 und S. 92f.

[837] Vgl. Hansmann, K.-W., Prognose, 1995, S. 272; Schwinn, R., Betriebswirtschaftslehre, 1993, S. 114.

neter Bedeutung und der Einsatz von Experten dominant.[838] Zu nennen sind in diesem Zusammenhang insbesondere die Szenariotechnik sowie die Delphi-Methode. Vergangenheitsdaten spielen auch hierbei eine wichtige Rolle. Durch ihre eingehende Analyse können die wichtigsten Einflußfaktoren auf Mietpreisentwicklungen erkannt werden[839] und somit konsistente Szenarien entwickelt werden.

Vorgestellt wird hier nur die Szenariotechnik. Sie scheint für den einzelnen Investor am ehesten geeignet, da er sie eigenständig entwickeln kann.

Ein Szenario „beschreibt nicht, was passieren wird, sondern was passieren könnte"[840] und berücksichtigt dabei explizit unterschiedliche Rahmenbedingungen[841]. Durch ein Szenario wird ein mögliches Zukunftsbild geschaffen, das aus der Abfolge hypothetisch, in sich konsistenter, aufeinander folgender Ereignisse entsteht. Indem nun bei der Prognose alternative Rahmenbedingungen berücksichtigt werden, resultiert in Abhängigkeit von den unterschiedlichen hypothetischen Umweltzuständen eine Vielzahl verschiedener Szenarien.

Jedes Szenario geht vom Zeitpunkt t_0 aus. Je nachdem, welche zukünftigen Umweltbedingungen unterstellt werden, lassen sich unterschiedliche Bilder für die Zukunft entwickeln. Szenarien sind zwar hypothetischer Natur, müssen aber dennoch in sich schlüssig sein und dürfen nicht jeglicher Realität entbehren.

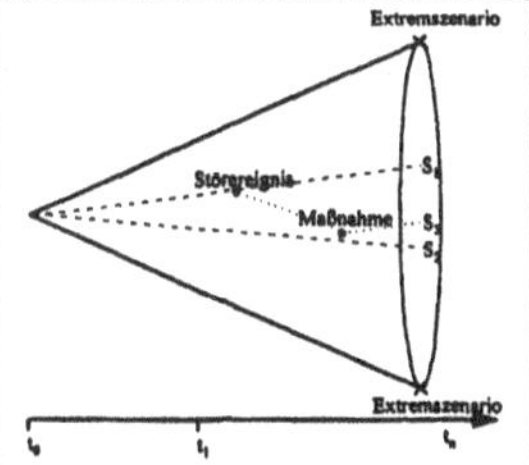

Abb .8.15: Szenariotrichter

Je weiter bei einem potentiellen Szenario die Zeit voranschreitet, desto unsicherer und damit vielfältiger fallen zukünftige Entwicklungsmöglichkeiten aus. Dies wird in Abbildung 8.15 verdeutlicht, in der der sogenannte Szenariotrichter zu sehen ist. Dieser wird durch zwei Extremszenarien begrenzt. Der Trichter soll dabei sämtliche denkbare Entwicklungspfade

---

[838] Vgl. Schwinn, R., Betriebswirtschaftslehre, 1993, S. 114.

[839] Vgl. Drukarczyk, J., Unternehmensbewertung, 1996, S. 221, der diese Aussage im Rahmen der Unternehmensbewertung trifft.

[840] Kahn, H., Zukunft, 1972, S. 274.

[841] Vgl. Kreikebaum, H., Unternehmensplanung, 1993, S. 95.

beinhalten. Der Querschnitt steht für die jeweiligen Bilder, die zum Zeitpunkt t_n aus den Entwicklungspfaden resultieren.
Es scheint nun wenig sinnvoll, jeden denkbaren Entwicklungspfad zu betrachten. In der Literatur wird daher vorgeschlagen, nicht mehr als zwei[842] bis drei[843] Szenarien auszuwählen.[844]

8.4.2 Pragmatische Vorgehensweise bei der Prognose der wertbeeinflussenden Größen

8.4.2.1 Vorgehensweise in der Unternehmensbewertung

Nachdem klar ist, von welchen Determinanten der zu bewertende Cashflow einer Immobilie abhängt, und welche Prognoseverfahren grundsätzlich zur Vorhersage zukünftiger Entwicklungen geeignet sind, gilt es, ein möglichst praktikables Prognoseverfahren zu implementieren.
In der betriebswirtschaftlichen Literatur wird üblicherweise ein Phasenkonzept vorgeschlagen, welches den gesamten Prognosezeitraum in verschiedene Perioden aufteilt.[845] Je nach Phase sollen genaue oder nur plausible Prognosen abgegeben werden. Hierbei nimmt der Exaktheitsgrad der Prognose mit zunehmender zeitlicher Distanz vom Progosezeitpunkt ab. Während für die nähere Zukunft eine explizite Planung der Cashflows erfolgt, werden für die weiter entfernt liegenden Zeiträume pauschale Annahmen über die Entwicklung des zu erwartenden Cashflows getroffen,[846] was sich darin äußert, daß hier uniforme Zahlungsreihen oder Zahlungsreihen, die einer vorgegebenen Wachstumsrate unterliegen, verwendet werden.[847]
Da über die Länge des Prognosezeitraums keine allgemeingültige Aussage getroffen werden kann,[848] wird unter anderem vorgeschlagen, den Prognosezeitraum in Abhängigkeit vom zu erwartenden Investitions- bzw. Produkt-

[842] Vgl. v. Reibnitz, U., Szenario, 1991, S. 52.
[843] Vgl. Teichmann, U., Szenariotechnik, 1990, S. 43.
[844] Vgl. v. Reibnitz, U., Optionen, 1987, S. 51; Beck, P.W., Planning, 1982, S. 18.
[845] Vgl. z.B. Copeland, T. / Koller, T. / Murrin, J., Unternehmenswert, 1993, S. 156; Siepe, G., Die Unternehmensbewertung, 1998, S. 52.
[846] Ähnlich auch Mag, W., Zeitprobleme, 1990, S. 697.
[847] Vgl. z.B. Siepe, G., Die Unternehmensbewertung, 1998, S. 58, 74f.
[848] Vgl. Teichmann, H., Planungshorizont, 1975, S. 299.

lebenszyklus festzulegen.[849] Sollte das Unternehmen stark konjunkturabhängig sein, wird für eine Vorhersage, die den vollständigen Konjunkturzyklus abdeckt, plädiert.[850] Konkrete Angaben über die exakte Länge des Zeitraums hingegen fallen i.d.R relativ vage aus. Sie liegen zwischen drei[851] und zwanzig[852] Jahren.[853]

Die Anzahl der Phasen schwankt zwischen zwei und vier.[854] Dabei wird vorgeschlagen, den Detailprognosezeitraum so zu wählen, daß das Unternehmen an dessen Ende einen stabilen Zustand erreicht hat, was aus mikroökonomischer Sicht bei wettbewerbsoffenen Märkten dann der Fall ist, wenn die zu erwartenden Renditen den Kapitalkosten entsprechen.[855]

8.4.2.2 Prognose zukünftiger direkter Zahlungen (Phase I)

Um zu einer weitgehend standardisierten Abschätzung zukünftiger Nettoeinzahlungsüberschüsse gelangen zu können, schlage ich eine Einteilung in zwei Prognosephasen vor, wobei am Ende des zweiten Progosezeitraums von einer uniformen Zahlungsreihe oder einer Zahlungsreihe mit vorgegebenem Wachstumspfad ausgegangen wird.

Phase I betrifft die nahe Zukunft. Die Mieteinnahmen $p_{t+n} \cdot q_{t+n}$ können bei bestehenden Mietverträgen, für die Dauer des Mietvertrags, relativ detailliert prognostiziert werden. Abgesehen vom Konkursrisiko des Mieters sollte es

---

849 Vgl. Bühner, R., Shareholder, 1997, S. 14; Kritisch zu dieser Vorgehensweise Ballwieser, W., Komplexitätsreduktion, 1990, S. 116f.

850 Vgl. z.B. Copeland, T. / Koller, T. / Murrin, J., Unternehmenswert, 1993, S. 158.

851 Vgl. Day, G.S., Market, 1990, S. 336.

852 Vgl. Gooch, L.B. / Grabowski, R.J., Valuation, 1976, S. 29; Weiland, H., Unternehmensbewertung, 1996, S. 250.

853 Vgl. auch Jung, W., Praxis, 1993, S. 267f, 316f; Jonas, M., Unternehmensbewertung, 1995, S. 93; Copeland, T. / Koller, T. / Murrin, J., Unternehmenswert, 1993, S. 158, die nur in begründeten Ausnahmefällen Prognosezeiträume unter sieben Jahren für sinnvoll halten.

854 Vgl. Copeland, T. / Koller, T. / Murrin, J., Unternehmenswert, 1993, S. 156, die zwei Phasen vorschlagen; Dirrigl, H., Konzepte, 1994, S. 416, der zwei Phasen vorschlägt; Weiland, H., Unternehmensbewertung, 1996, S. 250, der drei Phasen vorschlägt; Siepe, G., Die Unternehmensbewertung, 1998, S. 52. Im neuesten WP-Handbuch wird im Gegensatz zu früheren Jahren nur noch eine Einteilung in zwei statt bisher drei Prognosephasen vorgenommen. Zum bisherigen Vorgehen vgl. IdW, HFA 2/1983, 1983, S. 468, 471; Englbrecht, B., Immobilienbewertung, 1998, der vier Phasen vorschlägt.

855 Vgl. z.B. Copeland, T. / Koller, T. / Murrin, J., Unternehmenswert, 1993, S. 158; ähnlich auch Jung, W., Praxis, 1993, S. 316f.

dem Vermieter möglich sein, die im Mietvertrag vereinbarten Zahlungen während der Dauer des Mietverhältnisses zu vereinnahmen.
Dieselbe Aussage gilt für die laufenden Auszahlungen sowie für die Entwicklung der gesamten Einkommensituation, durch die $\bar{s}_{l,t+n}$ und damit die Zahlungen, welche aus dem Term $s_{l,t+n} \cdot (X_{t+n} - Ab_{t+n})$ resultieren, maßgeblich beeinflußt werden.
Wenig sinnvoll scheint es, die zeitliche Ausdehnung der ersten Prognosephase in Abhängigkeit von den konjunkturellen Schwankungen bzw. den Wachstums- oder Schrumpfungspfaden der Bauwirtschaft zu bestimmen. So sind „weder die Perioden noch die Amplituden im zyklischen 'Auf und Ab der Bautätigkeit' konstant“[856]. Die Fortdauer der aktuellen Phase kann folglich kaum bestimmt werden.
Aus diesem Grund wird für die Bestimmung der Länge der ersten Prognosephase bei Gewerbebauten die Dauer der abgeschlossenen Mietverträge vorgeschlagen. Hier werden die Hauptkomponenten der zukünftigen Nettoeinzahlungen vermieteter Raum- und Mietpreise festgeschrieben. Da gewerbliche Mietverträge teilweise recht lange Laufzeiten haben, kann die erste Phase auch entsprechend lange ausfallen. Bei vermieteten Wohnimmobilien hingegen schlage ich für die erste Phase einen kürzeren Prognosezeitraum vor. Die Mieter sind hier i.d.R. nicht durch langfristige Mietverträge an ihre Wohnung gebunden.[857] Andererseits kann der Vermieter kurzfristig die Höhe des Wohnungsangebots und der Wohnungsnachfrage relativ gut abschätzen. So ist in einem Zeitraum von ca. 2 - 3 Jahren auf Grund der Planungs- und Herstellungsdauer von neuen Wohnungen kaum mit einer kurzfristigen, unerwarteten, drastischen Erhöhung des Angebots zu rechnen.[858] Ebenso scheint eine kurzfristige Verringerung des Gebäudebestands unwahrscheinlich.[859] Entsprechend können die Bestandsmieten, sollten keine größeren Wohnungsbauprojekte kurz vor ihrem Abschluß stehen, über diesen Zeitraum aus der Vergangenheit extrapoliert werden.

---

[856] Rußig, V., Bauvolumen, 1997, S. 4.
[857] Vgl. Väth, A. / Hoberg, W., Immobilieninvestition, 1998, S. 112.
[858] Vgl. Väth, A. / Hoberg, W., Immobilieninvestition, 1998, S. 96.
[859] Vgl. Kapitel 2.4.

Kosten-Nutzen-Überlegungen folgend wäre es denkbar, hier in einem ersten Schritt die einfach zu handhabenden, univariaten Prognoseverfahren zu verwenden,[860] die zumindest eine Basis für die Vorhersage der Größe X_{t+n} liefern könnten.

Die Verwendung eines solchen Verfahrens darf dabei nicht zu dem Schluß verleiten, es handle sich um sichere Größen. Vielmehr sollten auch für kurzfristige Prognosezeiträume bereits mehrere Szenarien entworfen werden, um so der Unsicherheit zukünftiger Entwicklungen Ausdruck zu verleihen. Hierbei sollte in Phase I zumindest ein Worst-Case-Szenario entwickelt werden, in dem mit einem Totalausfall der Miete wegen Zahlungsunfähigkeit und anschließender Unvermietbarkeit der Immobilie gerechnet wird. Univariate Prognoseverfahren würden dann nur eine mögliche Entwicklung aufzeigen.

8.4.2.3 Prognose zukünftiger indirekter Zahlungen (Phase I)

Die indirekten Zahlungen werden von den direkten Zahlungen X_{t+n}, den Abschreibungen und vom persönlichen Ertragsteuersatz $\bar{s}_{i,t+n}$ beeinflußt. Letzterer hängt, wie bereits im Kapitel 8.3.4.3.1 erläutert, vom z.v.E. vor und nach Realisation des Objekts ab. Entsprechend ist zum einen das z.v.E. ohne Berücksichtigung der Immobilieninvestition und zum anderen das z.v.E. unter Einbeziehung derselben zu prognostizieren. Die Einkommenssituation ohne Berücksichtigung der Investition sollte dabei in der ersten Prognosephase, also in der nahen Zukunft, i.d.R. keine größeren Probleme bereiten, so daß auch hier eine Extrapolation vergangener bzw. aktueller Werte in den meisten Fällen ausreichend erscheint. Können die zukünftigen Einkommensverhältnisse weitgehend bestimmt werden, ist auch eine Vorhersage bezüglich der potentiellen Nutzbarkeit der im Steuergesetz kodifizierten Abschreibungsbeträge möglich, so daß die Ermittlung indirekter Zahlungsgrößen dann zu keinen größeren Problemen führt, wenn sich der Steuertarif in naher Zukunft nicht unerwartet ändert.[861]

---

[860] Vgl. Schwinn, R., Betriebswirtschaftslehre, 1993, S. 114, der feststellt, quantitative Verfahren werden hauptsächlich für kurz- bis mittelfristige Prognosen eingesetzt.

[861] Dieser wurde im Steuerentlastungsgesetz1999/2000/2002 vom 4. März 1999 bis ein-

8.4.2.4 Prognose zukünftiger direkter Zahlungen (Phase II)

Phase II der Prognose beginnt mit dem Ende der ersten Phase. Wann letztere endet, sollte bei Gewerbeimmobilien vom Mieter abhängig gemacht werden.

Ist der Mieter nachweislich solvent, handelt es sich z.B. um einen ertragskräftigen Großkonzern, scheint eine Extrapolation vergangener Daten mit Hilfe von univariaten Prognoseverfahren eine gute Ausgangsbasis zur Prognose zukünftiger Mieteinnahmen bis zum Ende des Mietvertrags darzustellen. In jedem Fall sollte auch hier zumindest ein Extremszenario gebildet werden, das einen totalen Mietausfall wegen Insolvenz beinhaltet. Aufbauend auf der Annahme eines solchen Totalausfalls kann dieses Szenario weiter entwickelt werden. Hier müssen insbesondere die Wahrscheinlichkeit einer erneuten Vermietbarkeit und die erzielbaren Mieterträge abgeschätzt werden. Dabei ist sicherlich zu berücksichtigen, daß bei Neuvermietungen i.d.R. höhere Mietpreise erzielt werden, als bei lange bestehenden Mietverträgen.[862]

Ist die Solvenz eines Mieters nicht bekannt, kann zwar die Extrapolation vergangener Daten einen Ausgangspunkt zur Ermittlung zukünftiger Mieteinnahmen liefern. Hier scheint allerdings eine sorgfältige Entwicklung von Extremszenarien auch bei langfristig bestehenden Mietverträgen bereits nach Ablauf eines relativ kurzen Zeitraums geboten. Ich schlage 2 - 3 Jahre vor.

In jedem Fall sollten in Phase II qualitative Vorhersagen[863] zur Anwendung kommen, zumal diese nicht unbedingt auf eine Strukturkonstanz fixiert sind. Wird in diesem Rahmen die Szenariotechnik verwendet, müssen insbesondere ökonomische, demographische, soziale sowie räumliche Einflußfaktoren berücksichtigt werden. Dies zumindest ergab eine Analyse der Gesamtwohnungsnachfrage im Zeitraum 1968 - 1987, die folgende Determinanten als für die Wohnungsnachfrage relevant identifizierte:[864]

---

schließlich zum Veranlagungszeitraum 2002 verabschiedet.

[862] Vgl. Bison, J., Regulierung, 1996, S. 156ff.; Leopoldsberger, G., Wertermittlung, 1998, S. 199 - 201.

[863] Vgl. Hansmann, K.-W., Prognose, 1995, S. 272; Schwinn, R., Betriebswirtschaftslehre, 1993, S. 114.

[864] Vgl. Häpke, U., Nachfrageverhalten, 1994, S. 98; zu einem teilweise ähnlichen Ergebnis

- als demographische Determinante, die Entwicklung der Bevölkerungs- und Haushaltsstruktur,
- als ökonomische Determinante, die Entwicklung der Einkommen und Wohnkosten,
- als soziale Determinante, die soziale Stellung und Staatszugehörigkeit,
- als räumliche Determinante, regionale, standortbezogene Faktoren, hier insbesondere das Arbeitsplatzangebot und Präferenzen hinsichtlich der Siedlungsstruktur und des Wohnungsumfelds.

Für einen Investor scheint es daher empfehlenswert, insbesondere diese zu analysieren. Hilfreich sind hier statistische Jahrbücher von Städten, Gemeinden und Landkreisen, aus denen z.B. die Altersstruktur der Bevölkerung entnommen werden kann oder Daten über Wirtschafts- und Arbeitsmarkt ermittelbar sind.[865]

Das Ende der Prognosephase II kann nicht pauschal festgelegt werden. Letztendlich scheint jedoch eine konkrete Bestimmung dieses Zeitpunkts nicht notwendig. Schließlich sollte der Investor insbesondere in Prognosephase II dafür sensiblisiert werden, daß zukünftige Cashflows unsicher sind. Eben diese Sensibilisierung erfolgt durch das Erstellen verschiedener Szenarien.

8.4.2.5 Prognose zukünftiger indirekter Zahlungen (Phase II)

Die indirekten Zahlungen der zweiten Prognosephase werden durch die gleichen Einflußgrößen determiniert wie die der ersten. Da jedoch die direkten Zahlungen mit Hilfe von verschiedenen Szenarien entwickelt werden, müssen die indirekten Zahlungen auf denselben aufbauen. Dabei scheint es insbesondere sinnvoll, explizit auch das zukünftige z.v.E. zu prognostizieren, falls dieses voraussichtlich, während der Nutzungsdauer der Immobilie, star-

gelangen Behring, K., u.a., Wohnungsnachfrageprognose, 1988, S. 15; natürlich sind weitere Determinanten denkbar, so stellt z.B. Nachtkamp, H.H., Wohnungsmarkt, 1994, S. 55 fest, daß der Mietpreis und die Wohnungsnachfrage durch die Vermieter-Mieter Beziehung beeinflußt werden kann. So z.B. durch persönliche Sympathien oder Antipathien.

[865] So werden z.B. im Statistischen Jahrbuch der Stadt Regensburg konkrete Angaben über die Bevölkerungsentwicklung, das Bau- und Wohnungswesen sowie Wirtschaft und Arbeitsmarkt gemacht. Vgl. hierzu z.B. Stadt Regensburg, Jahrbuch, 1998.

ken Änderungen unterliegt, was z.B. regelmäßig der Fall sein dürfte, wenn der Investor in Rente bzw. Pension geht.

8.4.2.6 Festlegung der Einzahlungsüberschüsse nach dem Planungshorizont

Wegen der Langlebigkeit von Immobilien wird am Ende von Phase II auf eine detaillierte Prognose verzichtet. Vielmehr werden vereinfachende Annahmen über die zu erwartenden Cashflows getroffen. Hierbei kann entweder von einem während der Restnutzungsdauer der Immobilie konstanten oder mit einem bestimmten Prozentsatz wachsenden Cashflow ausgegangen werden.[866] Für letzteren spricht die Tatsache, daß die Mietpreise in der Vergangenheit zumindest kontinuierlich angestiegen sind.[867] Natürlich müssen die unterstellten Cashflows ökonomisch sinnvoll sein. Diese könnten sich aus der Rendite vergleichbarer Objekte ergeben, schließlich ist damit zu rechnen, daß sich langfristige Investitionsrenditen an die Marktrenditen bzw. an die Rendite vergleichbarer Objekte angleichen.[868] Die Marktrendite kann jedoch insbesondere auf Grund der individuellen steuerlichen Situation weit von der individuellen Rendite abweichen. Da es sich bei den Marktrenditen um Vorsteuerrenditen handelt, könnten diese einen Anhaltspunkt für die zu erwartenden Vorsteuercashflows liefern, welche dann durch eine explizite Prognose der steuerlichen Gesamtsituation in Nachsteuercashflows zu transformieren sind.

Das vorgestellte Phasenkonzept ist eine Möglichkeit die Prognose zukünftiger Cashflows zu standardisieren, um sie in Sicherheitsäquivalente zu transformieren und anschließend abzudiskontieren. Soll dieses Verfahren zur Anwendung kommen, ist zu bedenken, daß nicht nur Prognosen für die zu bewertende Immobilie zu erstellen sind sondern vielmehr für die gesamten Cashflows, die aus dem Basis- bzw. Bewertungsprogramms stammen.

---

866 Dieselbe Vorgehensweise wird für die Unternehmensbewertung im WP Handbuch 1998 gewählt, vgl. Siepe, G., Die Unternehmensbewertung, 1998, S. 58.

867 Vgl. auch Tabelle 5.2.

868 Ähnlich auch Moxter, A., Grundsätze, 1983, S. 81, der allerdings auf Kapitalkostensätze verweist; Rappaport, A., Shareholder Value, 1986, S. 60.

Schließlich resultiert der Grenzpreis der Immobilie im vorgestellten Bewertungskonzept aus der Wertdifferenz beider Programme.

9 Zusammenfassung

In der Arbeit galt es, Methoden zur Marktwertermittlung von Immobilien kritisch zu analysieren, die Übertragung von kapitalmarkttheoretischen Modellen auf die Immobilienbewertung zu diskutieren sowie ein Modell zu entwikkeln, das die Grenzpreisberechnung von Immobilien zuläßt.

Dabei mußte zunächst in Kapitel 2 der Immobilienmarkt charakterisiert und dessen Spezifika aufgezeigt werden. In diesem Zusammenhang stellte sich insbesondere heraus, daß der Immobilienmarkt im Vergleich zu verschiedenen anderen Märkten, wie z.B. dem Aktienmarkt durch relativ hohe Informations- und Transaktionskosten gekennzeichnet ist, was die in Kapitel 6 vorgestellte Übertragung kapitalmarkttheoretischer Modelle auf die Immobilienbewertung zumindest problematisch erscheinen läßt. Diesem Nachteil steht auf dem Immobilienmarkt der eher praktische Vorteil gegenüber, daß in der nahen Zukunft die zu erwartenden Cashflows aus einer Immobilie verhältnismäßig gut prognostiziert werden können, da sich das Immobilienangebot kurzfristig als relativ unelastisch erweist.

Für einen potentiellen Investor existieren nun zahlreiche Möglichkeiten, in eine Immobilie zu investieren. Aus diesem Grund wurden in Kapitel 3 die gängisten Formen von Immobilienanlagen vorgestellt. Hierbei richtete sich das Hauptaugenmerk auf steuerliche Rahmenbedingungen, die sich auf den Wert einer spezifischen Immobilienanlage auswirken können. So stellte sich heraus, daß die verschiedenen Anlageformen zum einen unterschiedliche Steuerbelastungen evozieren, und zum anderen steuerliche Spezialregelungen existieren, die der in der investitionstheoretischen Literatur gängigen Annahme einer Negativsteuer widersprechen.

Nach der Beschreibung des Immobilienmarktes sowie der Erläuterung der steuerrechtlicher Aspekte, die bei verschiedenen Immobilieninvestments zu beachten sind, galt es in Kapitel 4 den Bewertungszweck zu bestimmen, der in der vorliegenden Arbeit darin bestand, den Grenzpreis bzw. Marktwert einer Immobilie zu ermitteln. Da in der investitionstheoretischen Literatur weitgehend Einigkeit darüber herrscht, daß der Wert eines Investitionsobjekts durch seine zukünftig zu erwartenden Zahlungsströme determiniert wird, wurde dafür plädiert, zur Feststellung des Grenzpreises bzw. des Marktwertes auf den Ertragswert einer Immobilie zurückzugreifen. Letzterer kann in Abhängigkeit von den verwendeten Zahlungsgrößen bzw. Diskontierungsfaktoren unterschiedliche Werte annehmen. Dabei stellte sich heraus, daß zur Marktwertermittlung die Verwendung eines durch den Markt objektivierten Diskontierungsfaktors sinnvoll scheint, während bei der Grenzpreisermittlung individuelle Risikopräferenzen miteinfließen müssen, deren Berücksichtigung insbesondere durch die Bildung von Sicherheitsäquivalenten gelingt.

Anknüpfend an die investitionstheoretischen Bewertungsgrundlagen wurden in Kapitel 5 die in Deutschland wohl populärsten Immobilienbewertungsverfahren dargestellt und auf ihre Brauchbarkeit bezüglich des angestrebten Bewertungszwecks untersucht. Besondere Beachtung fanden hierbei die drei in der WertV 88 festgelegten Bewertungsverfahren sowie die Maklermethode. Dabei stellte sich heraus, daß das in der WertV 88 enthaltene Vergleichswertverfahren, das im übrigen der Maklermethode stark ähnelt, zwar prinzipiell zur Marktwertermittlung von Immobilien geeignet ist, jedoch spätestens bei bebauten Grundstücken mangels Vergleichbarkeit der Objekte an seine Grenzen stößt. Genauso unbrauchbar schien das Sachwertverfahren, was allerdings nicht auf praktische, sondern eher theoretische Bedenken zurückzuführen ist. Letzteres mußte, ebenso wie das aus der Betriebswirtschaftslehre bekannte Substanzwertverfahren, mangels Zukunftsorientiertheit verworfen werden. Die mangelnde Zukunftsorientiertheit war auch einer der Hauptkritikpunkte an dem in der WertV 88 kodifizierten Ertragswertverfahren. So wird hier zwar rein formal ein Ertragswert errechnet, die dazu verwendeten Daten werden jedoch vergangenheits- bzw. gegenwartsorientiert ermittelt. Risiko wird durch den Rückgriff auf „nachhaltige Erträge" mehr oder minder negiert, steuerliche Rahmenbedingungen vernachlässigt. Sollte daher in Zukunft versucht werden, zumindest das Ertragswertverfahren der WertV 88 auf ein investitionstheoretisches Fundament zu stellen, sind insbesondere die genannten Mängel zu korrigieren. Aber selbst, wenn ein solches Unterfangen durch Erfolg gekrönt sein sollte, bleibt zu bedenken, daß mit

Hilfe der in der WertV 88 genannten Verfahren ex definitione nur der Marktwert einer Immobilie, nie aber deren Grenzpreis ermittelt werden kann.
Die aufgezeigten Mängel, aber auch die zunehmende Popularität kapitalmarkttheoretischer Modelle in der Unternehmensbewertung warf schließlich in Kapitel 6 die Frage auf, ob diese auch zur Marktwertermittlung von Immobilien herangezogen werden können. Zur Klärung dieser Frage galt es zunächst die zwei wohl populärsten kapitalmarkttheoretischen Modelle, namentlich das CAPM und die APT, zu beschreiben und vor dem Hintergrund der Spezifika des Immobilienmarktes zu analysieren. Hierbei stellte sich heraus, daß zahlreiche Annahmen des CAPM mit den tatsächlichen Gegebenheiten auf dem Immobilienmarkt kollidieren. Da diese Divergenz zwischen theoretischem Modell und Praxis, wenngleich häufig in geringerem Maße, auch bei der Unternehmensbewertung zu beobachten ist, andererseits das CAPM auch in Deutschland immer mehr in Mode zu kommen scheint, wurde für die Bewertung von Immobilien eine pragmatische Vorgehensweise auf Basis des CAPM vorgeschlagen. Dieser Pragmatismus führt zwar dazu, daß die Annahmen des CAPM teilweise verletzt werden, er ist jedoch für die praktische Anwendung des CAPM zur Marktwertermittlung notwendig. Ob mit Hilfe des CAPM die potentiellen Marktpreise besser abgebildet werden können als mit Hilfe der traditionellen Bewertungsmethoden, bleibt letztendlich offen. Hier bedarf es eingehender empirischer Forschungen. In jedem Fall verleiht das CAPM dem Leser Einblick in portefeuilletheoretisches Gedankengut und vermittelt ihm eine Ahnung, wie Diskontierungsfaktoren auch für die Bewertung von Immobilien auf Basis eines kapitlamarttheoretischen Modells abgeleitet werden können. Eben aus diesem Grund wird auch die APT dahingehend geprüft, ob sie als Grundlage zur Ermittlung eines Immobilienmarktwertes dienen kann. Da die APT an die analytischen Fähigkeiten des Bewerters jedoch wesentlich höhere Ansprüche stellt als das CAPM, außerdem erstere in Hinblick auf die Kapitalkostenermittlung in der finanzierungstheoretischen Literatur mindestens genauso umstritten ist wie das CAPM und zudem die Marktwertermittlung insbesondere von Praktikern durchgeführt wird, wird sich wohl die APT in Bezug auf die Immobilienbewertung ungleich schwerer durchsetzten als das CAPM.

Nachdem die Anwendbarkeit des CAPM bzw. der APT zur Ermittlung eines kapitalmarkttheoretisch fundierten Marktwerts geprüft wurde, schien es angebracht, in Kapitel 7 den Einfluß der Finanzierung auf den Wert einer Immobilie zu prüfen. Hierbei wurde insbesondere zwischen Immobilien im Privat- und Betriebsvermögen unterschieden. Bei Immobilien im Betriebsvermögen wiederum konnte danach differenziert werden, ob sich diese im Eigentum einer Personen- oder Kapitalgesellschaft befinden. Während sich unter den gesetzten Annahmen durch Fremdfinanzierung der Wert von Immobilien in Kapitalgesellschaften im Vergleich zu Eigenfinanzierung erhöhen läßt, wirkt sich die Fremdfinanzierung bei Personengesellschaften meist wertsenkend aus. Befinden sich die Immobilien hingegen im Privatvermögen, kann durch deren Fremdfinanzierung zunächst keine Wertveränderung erzielt werden. Dies gilt allerdings nur, wenn keine Maßnahmen ergriffen werden, die es dem Investor erlauben, mit den durch die Fremdfinanzierung frei werdenden Mitteln steuerfreie Einnahmen zu erzielen, was insbesondere mit Hilfe des Einsatzes kapitalbildender Lebensversicherung gelingt.

Im Kapitel 8 wurde der Versuch unternommen den Grenzpreis einer Immobilie unter Berücksichtigung des steuerlichen Umfelds eines spezifischen Investors zu ermitteln. Dabei wurde zunächst die Notwendigkeit der Einbeziehung steuerlicher Vorschriften bei der Bewertung bewiesen. Die eigentliche Schwierigkeit bestand jedoch darin, sowohl steuerliche Regelungen und hier insbesondere den progressiven Steuertarif als auch Unsicherheit in die Bewertung zu integrieren. Dies gelang letztendlich mit Hilfe eines Modells, in dem der Grenzpreis einer Immobilie aus der Differenz eines Bewertungs- und Basisprogramms zu ermitteln ist. In diesem Zusammenhang galt es zunächst, die aus den beiden Programmen genannten sicherheitsäquivalenten Zahlungsströme zu ermitteln, die mittels Nullkuponanleihen dupliziert wurden. Der Preis für die benötigten Nullkuponanleihen stellte dann den vorläufigen Grenzpreis der Immobilie dar. Dieser mußte in einem zweiten Schritt gegebenenfalls um Auszahlungen für Hedgingmaßnahmen angepaßt werden, die dann zu ergreifen waren, wenn der sicherheitsäquivalente Zahlungsstrom in seiner zeitlichen Struktur nicht den Präferenzen des Anlegers entsprach.

Zur Implementierung dieses Bewertungsansatzes mußten schließlich die einzelnen bewertungsrelevanten Daten prognostiziert werden, was prinzipiell mit Hilfe verschiedener quantitativer und qualitativer Prognoseverfahren geschehen kann. Aus diesem Grund wurden zunächst einige solcher Verfahren vorgestellt, um dann eine pragmatische Vorgehensweise vorzuschlagen, die es dem Bewerter erlaubt, in einem Phasenkonzept die zu prognostizierenden Daten zu ermitteln.

Anhang I: Vervielfältigertabellen der Jahre 1996 und 1997[1]

VDM-Preisspiegel für Wohn- und Anlage-Immobilien 1996 Teil 2

Ort	Vielfaches der Jahresnetto-kaltmiete		Ort	Vielfaches der Jahresnetto-kaltmiete	
	Mehrfamilien Haus	Wohn-Geschäftshaus		Mehrfamilien Haus	Wohn-Geschäftshaus
Aachen	10,0 - 14,0	10,0 - 15,0	Kiel	11,0 - 15,0	13,0 - 16,0
Aschaffenburg	13,0 - 15,0	14,0 - 16,0	Koblenz	11,0 - 15,0	11,0 - 15,0
Augsburg	10,0 - 15,0	10,0 - 18,0	Köln	10,0 - 14,0	14,0 - 17,0
Baden-Baden	14,0 - 18,0	14,0 - 19,0	Königstein/Ts.	13,0 - 17,0	14,0 - 17,0
Berlin	10,0 - 15,0	12,0 - 15,0	Konstanz	14,0 - 18,0	13,0 - 19,0
Bielefeld	10,0 - 13,0	10,0 - 14,0	Leipzig	11,0 - 14,0	11,0 - 14,0
Bochum	10,0 - 13,0	11,0 - 13,0	Leverkusen	10,0 - 12,0	12,0 - 14,0
Bonn	12,0 - 14,0	18,0	Ludwigsburg	14,0 - 15,0	13,0 - 16,0
Braunschweig	11,0 - 13,0	12,0 - 14,0	Ludwigshafen	12,0 - 15,0	12,0 - 15,0
Bremen	10,0 - 13,0	10,0 - 13,0	Lübeck	10,0 - 12,0	10,0 - 12,0
Bremerhaven	9,0 - 12,0	9,0 - 12,0	Magdeburg	10,0 - 12,0	10,0 - 12,0
Celle	10,0 - 12,0	9,0 - 11,0	Mainz	12,0 - 15,0	13,0 - 16,0
Chemnitz	10,0 - 13,0	10,0 - 15,0	Mannheim	11,0 - 15,0	12,0 - 16,0
Cottbus	11,0 -	11,0 -	Marburg	10,0 - 14,0	12,0 - 14,5
Cuxhaven	11,0 - 13,0	11,0 - 13,0	Meißen	11,0 - 13,0	10,0 - 15,0
Darmstadt	12,0 - 16,0	12,0 - 14,0	Mönchen-gladbach	9,0 - 14,0	9,0 - 14,0
Dortmund	12,0 - 16,0	12,0 - 16,0	München	14,0 - 19,0	14,0 - 18,0
Dresden	12,0 - 14,0	12,0 - 16,0	Münster	14,0 - 17,0	14,0 - 15,0
Düsseldorf	12,0 - 15,0	12,0 - 17,0	Neubrandenburg	8,0 - 12,0	11,0 - 14,0
Duisburg	9,0 - 13,0	9,0 - 13,0	Neuss	12,5 - 18,0	10,0 - 16,0
Erfurt	12,0 - 13,0	12,0 - 15,0	Nürnberg	14,0 - 16,0	12,0 - 15,0
Essen	10,0 - 12,0	10,0 - 14,0	Offenbach	12,0 - 14,0	12,0 - 14,0
Flensburg		14,0 - 16,0	Oldenburg	12,0 - 14,0	12,0 - 14,0
Frankfurt/Main	13,0 - 17,0	12,0 - 17,0	Passau	13,0 - 15,0	13,0 - 15,0
Freiburg/Br.	14,0 - 20,0	14,0 - 21,0	Plauen	10,0 - 12,0	11,0 - 12,0
Fulda	10,0 -		Potsdam		
Gelsenkirchen	10,0 - 12,0	10,0 - 12,0	Recklinghausen	10,0 - 13,0	10,0 - 13,0
Gera	10,0 - 12,0	10,0 - 12,0	Regensburg	13,0 - 16,0	13,0 - 16,0
Görlitz	9,0 - 12,0	9,5 - 12,0	Reutlingen	14,0 - 18,0	13,0 - 16,0
Göttingen	12,0 - 15,0	12,0 - 14,0	Rostock	8,0 - 10,0	9,0 - 11,0
Gotha	9,0 - 11,0	10,0 - 11,0	Rügen	11,0 - 12,0	12,0 - 14,0
Greifswald	11,0 - 13,0	13,0 - 14,0	Saarbrücken	10,0 - 11,0	10,0 - 11,0
Halle/Saale	10,0 - 14,0	10,0 - 15,0	Schwerin	9,0 - 14,0	10,0 - 15,0
Hamburg	12,0 - 16,0	12,0 - 16,0	Siegburg	10,0 - 12,0	11,0 - 13,0
Hannover	12,0 - 14,0	11,0 - 13,0	Stendal	10,0	10,0 - 12,0
Heidelberg	12,0 - 16,0	10,0 - 16,0	Stralsund	10,0 - 14,0	10,0 - 15,0
Heilbronn	13,0 - 16,0	12,0 - 17,0	Stuttgart	16,0 - 30,0	14,0 - 26,0
Hildesheim	10,0 - 12,5	10,0 - 14,0	Trier	12,0 - 16,0	13,0 - 18,0
Homburg/Saar	11,0 - 13,0	11,0 - 13,0	Ulm	15,0 - 18,0	13,0 - 16,0
Ilmenau			Weimar	10,0 - 14,0	12,0 - 15,0

[1]Vgl. http://www.vdm.de/vdmneu/finfopool.htm, Verband Deutscher Makler, im September 1996; http://www.vdm.de/vdmneu/finfopool.htm, Verband Deutscher Makler, im September 1997, Abrufdatum, 18.01.99.

Ort	Vielfaches der Jahresnetto-kaltmiete		Ort	Vielfaches der Jahresnetto-kaltmiete	
	Mehrfamilien Haus	Wohn-Geschäftshaus		Mehrfamilien Haus	Wohn-Geschäftshaus
Ingolstadt	12,0 - 15,0	11,0 - 14,0	Wiesbaden	13,0 - 15,0	12,0 - 14,0
Jena	12,0 - 13,0	10,5 - 11,5	Wolfsburg	10,0 - 14,0	10,0 - 14,0
Kaiserslautern	11,0 - 14,0	11,0 - 14,0	Worms	12,0 - 15,0	12,0 - 16,0
Karlsruhe	12,0 - 18,0	12,0 - 18,0	Würzburg	16,0 - 20,0	16,0 - 20,0
Kassel	10,0 - 12,0	10,0 - 12,0	Wuppertal	12,0 - 14,0	12,0 - 14,0

Die vorliegende Vervielfätiger aus 90 bzw. 93 deutschen Städten geben die Situation am Immobilienmarkt zur Jahresmitte 1996 bzw. 1997 wieder. Sie liefern nach Angaben des Verbands Deutscher Makler nur eine ungefähre Übersicht über die Preissituation in der jeweiligen Stadt.

VDM-Preisspiegel für Wohn- und Anlage-Immobilien 1997 Teil 2

Ort	Vielfaches der Jahresnetto-kaltmiete		Ort	Vielfaches der Jahresnetto-kaltmiete	
	Mehrfamilien Haus	Wohn-Geschäftshaus		Mehrfamilien Haus	Wohn-Geschäftshaus
Aachen	10,0 - 15,0	10,0 - 14,0	Kiel	11,0 - 15,0	13,0 - 16,0
Aschaffenburg	15,0 - 18,0	13,0 - 18,0	Koblenz	11,0 - 14,0	11,0 - 14,0
Augsburg	11,0 - 17,0	14,0 - 20,0	Köln	10,0 - 14,0	14,0 - 18,0
Baden-Baden	14,0 - 18,0	14,0 - 18,0	Königstein/Ts.	14,0 - 17,0	14,0 - 17,0
Berlin	10,0 - 15,0	12,0 - 15,0	Konstanz	12,0 - 17,0	11,0 - 18,0
Bielefeld	10,0 - 13,0	10,0 - 14,0	Leipzig	11,0 - 14,0	11,0 - 15,0
Bochum	9,0 - 13,0	10,0 - 13,0	Leverkusen	10,0 - 12,0	12,0 - 14,0
Bonn	12,0 - 14,0	13,0 - 18,0	Ludwigsburg	12,0 - 15,0	11,0 - 16,0
Brandenburg	10,0 - 12,0	10,0 - 14,0	Ludwigshafen	12,0 - 15,0	12,0 - 15,0
Braunschweig	12,0 - 14,0	12,0 - 14,0	Lübeck	10,0 - 12,0	10,0 - 12,0
Bremen	10,0 - 12,5	10,0 - 13,5	Magdeburg	9,0 - 11,0	10,0 - 12,0
Bremerhaven	9,0 - 12,0	9,0 - 12,0	Mainz	12,0 - 14,0	12,0 - 15,0
Celle	10,0 - 12,0	9,0 - 11,0	Mannheim	11,0 - 15,0	10,0 - 16,0
Chemnitz	10,0 - 13,0	10,0 - 15,0	Marburg	10,0 - 14,0	11,0 - 14,0
Cottbus	10,0 - 12,0	10,0 - 14,0	Meißen	11,0 - 15,0	10,0 - 17,0
Cuxhaven	10,0 - 13,0	10,0 - 13,0	Mönchen-Gladbach	12,0 - 14,0	12,0 - 15,0
Darmstadt	12,0 - 16,0	12,0 - 14,0	München	14,0 - 16,0	15,0 - 18,0
Delmenhorst	9,0 - 12,0	9,0 - 12,0	Münster	14,0 - 17,0	14,0 - 15,0
Dortmund	12,0 - 16,0	11,0 - 15,0	Neubrandenburg	8,0 - 12,0	10,0 - 12,0
Dresden	12,0 - 18,0	12,0 - 16,0	Neuss	12,0 - 18,0	10,0 - 16,0
Düsseldorf	11,0 - 16,0	11,0 - 16,0	Nürnberg	13,0 - 16,0	13,0 - 16,0
Duisburg	9,0 - 14,0	9,0 - 14,0	Offenbach	12,0 - 14,0	12,0 - 14,0
Erfurt	10,0 - 12,0	10,0 - 13,0	Oldenburg	12,0 - 13,5	12,0 - 13,5
Essen	10,0 - 12,0	10,0 - 14,0	Passau	10,0 - 15,0	15,0 - 20,0
Flensburg	10,0 - 13,0	10,0 - 13,0	Plauen	9,0 - 11,0	9,0 - 11,0
Frankfurt/Main	13,0 - 17,0	12,0 - 17,0	Potsdam	10,0 - 14,0	10,0 - 16,0
Freiburg/Br.	14,0 - 20,0	14,0 - 21,0	Recklinghausen	10,0 - 12,0	10,0 - 12,0
Fulda	10,0 - 14,0	10,0 - 13,0	Regensburg	13,0 - 16,0	13,0 - 16,0
Gelsenkirchen	10,0 - 12,0	10,0 - 12,0	Reutlingen	13,0 - 18,0	12,0 - 18,0
Gera	9,0 - 12,0	9,0 - 12,5	Rostock	8,0 - 10,0	9,0 - 11,0
Görlitz	9,0 - 12,0	9,5 - 11,0	Rügen	11,0 - 12,0	12,0 - 15,0
Göttingen	12,0 - 14,0	13,0 - 15,0	Saarbrücken	10,0 - 13,5	11,0 - 14,5
Gotha	9,0 - 12,5	10,0 - 13,0	Schwerin	10, 0 - 14,0	10,0 - 15,0
Greifswald	11, 0 - 13,0	13,0 - 14,0	Siegburg	13,0 - 15,0	12,0 - 16,0
Halle/Saale	9,0 - 11,0	10,0 - 11,0	Stendal	8,0 - 10,0	9,0 - 11,0
Hamburg	12,5 - 18,0	13,0 - 20,0	Stralsund	10,0 - 12,0	10,0 - 13,0
Hannover	12,0 - 15,0	12,0 - 16,0	Stuttgart	16,0 - 28,0	14,0 - 26,0
Heidelberg	11,0 - 16,0	10,0 - 16,0	Templin	10,0 - 12,0	12,0 - 17,0
Heilbronn	11,0 - 16,0	10,0 - 17,0	Trier	11,0 - 16,0	10,5- 17,0
Hildesheim	11,0 - 13,0	11,0 - 13,0	Ulm	13,0 - 18,0	12,0 - 16,0
Homburg/Saar	11.0 - 13,0	11,0 - 13,0	Weimar	10,0 - 14,0	9,0 - 12,0
Ilmenau	9,0 - 11,0	9,0 - 12,0	Wiesbaden	13,0 - 15,0	12,0 - 15,0
Ingolstadt	12,0 - 15,0	11,0 - 15,0	Wolfsburg	10,0 - 12,0	10,0 - 12,0
Jena	10,0 - 13,0	10,0 - 13,5	Worms	12,0 - 15,0	12,0 - 16,0
Kaiserslautern	11,0 - 15,0	11,0 - 14,0	Würzburg	16,0 - 20,0	16,0 - 20,0
Karlsruhe	12,0 - 18,0	11,0 - 18,0	Wuppertal	11,0 - 14,0	11,0 - 14,0
Kassel	10,0 - 12,0	10,0 - 12,0			

Anhang II: Bewertungsmethoden offener Immobilienfonds

Fondsname	Kapitalanlagegesellschaft	Bewertungsverfahren
Aachner Grundfonds Nr. 1[2]	Aachner Grundvermögen Kapitalanalagegesellschaft mbH	keine Angaben
BfG Immoinvest	BfG Immobilien-Investment Gesellschaft mbH	Ertragswertverfahren in Anlehnung an die Wertermittlungsverordnung
CS-Euroreal	Credis Immobilienfonds GmbH	Ertragswertverfahren in Anlehnung an die Wertermittlungsverordnung
CS-WV Immofonds	Credis Immobilienfonds GmbH	Ertragswertverfahren in Anlehnung an die Wertermittlungsverordnung
Despa Europa	Despa Deutsche Sparkassen Immobilien-Anlage-Ges. mbH	Ertragswertverfahren in Anlehnung an die Wertermittlungsverordnung
DespaFonds	Despa Deutsche Sparkassen Immobilien-Anlage-Ges. mbH	Ertragswertverfahren in Anlehnung an die Wertermittlungsverordnung
DIFA-Fonds Nr. 1	DIFA Deutsche Immobilienfonds AG	Ertragswertverfahren in Anlehnung an die Wertermittlungsverordnung
DIFA-Grund	DIFA Deutsche Immobilienfonds AG	Ertragswertverfahren in Anlehnung an die Wertermittlungsverordnung
Grundbesitz-Invest	Deutsche Grundbesitz-Investmentgesellschaft mbH	Ertragswertverfahren in Anlehnung an die Wertermittlungsverordnung
Grundwert-Fonds	DEGI Deutsche Gesellschaft für Immobilienfonds GmbH	Ertragswertverfahren in Anlehnung an die Wertermittlungsverordnung
Hansaimmobilia	HANSAINVEST Hanseatische Investment GmbH	Ertragswertverfahren in Anlehnung an die Wertermittlungsverordnung
Haus-Invest	Commerz Grundbesitz-Investment GmbH	Ertragswertverfahren in Anlehnung an die Wertermittlungsverordnung
iii-Fonds 1	Internationales Immobilieninstitut GmbH	Ertragswertverfahren in Anlehnung an die Wertermittlungsverordnung
iii-Fonds 2	Internationales Immobilieninstitut GmbH	Ertragswertverfahren in Anlehnung an die Wertermittlungsverordnung
iii-Fonds 3	Internationales Immobilieninstitut GmbH	Ertragswertverfahren in Anlehnung an die Wertermittlungsverordnung
Westinvest 1	WestInvest GmbH	Ertragswertverfahren in Anlehnung an die Wertermittlungsverordnung

Die Auswertung beruht auf den Rechenschaftsberichten bzw. Verkaufsprospekten der entsprechenden Fonds. Erfaßt wurden alle Publikumsfonds, deren Anlagegesellschaften Mietglieder des Bundesverbands deutscher Investmentgesellschaften (BVI) sind. Die Bewertungsmethoden, die bei Spezialfonds angewandt wurden, konnten nicht erfasst werden, da die entsprechenden Anlagegesellschaften kein Material zur Verfügung stellten. Spezialfonds sind im Regelfall nur für institutionelle Anleger zugänglich. Das KAGG definiert sie als Fonds, die für nicht mehr als 10 nicht natürliche Personen aufgelegt werden.

[2] Hier handelt es sich zwar um einen offenen Immobilienfonds. Er ist jedoch nur für Vermögensträger der katholischen Kirche zugänglich.

Anhang III: Wertabweichung bei Nicht-Berücksichtigung der Einkommensteuer unter Berücksichtigung verschiedener Steuersätze

	Steuersatz				
ND	10%	20%	30%	40%	50%
1	9,17%	18,52%	28,04%	37,74%	47,62%
10	6,00%	12,64%	19,99%	28,13%	37,17%
20	3,50%	7,74%	12,89%	19,16%	26,81%
30	1,92%	4,46%	7,86%	12,39%	18,47%
40	1,00%	2,45%	4,57%	7,68%	12,27%
50	0,50%	1,29%	2,56%	4,62%	7,94%
60	0,24%	0,66%	1,40%	2,71%	5,04%
70	0,11%	0,33%	0,75%	1,57%	3,16%
80	0,05%	0,16%	0,40%	0,90%	1,97%
90	0,02%	0,08%	0,21%	0,51%	1,22%
100	0,01%	0,04%	0,11%	0,29%	0,75%

Beispielrechnung

$N = 50$

$k = 10\%$

$s_{ESt} = 40\%$

$$\frac{V_t - V_{t,s}}{V_t} = \frac{\left\{\frac{1}{\left[1 + k \cdot (1 - s_{ESt})\right]^N \cdot k} - \frac{1}{(1+k)^N \cdot k}\right\}}{\frac{(1+k)^N - 1}{(1+k)^N \cdot k}} =$$

$$\frac{\left\{\frac{1}{\left[1 + 0{,}1 \cdot (1 - 0{,}4)\right]^{50} \cdot 0{,}1} - \frac{1}{(1+0{,}1)^{50} \cdot 0{,}1}\right\}}{\frac{(1+0{,}1)^{50} - 1}{(1+0{,}1)^{50} \cdot 0{,}1}} =$$

$$\frac{0{,}543 - 0{,}0852}{9{,}915} = 4{,}62\%$$

Anhang IV: Berechnung von $\frac{\partial(V_t - V_{t,s})}{\partial k}$

$$V_t - V_{t,s} = \frac{X}{\left[1 + k \cdot (1 - s_{ESt})\right]^N \cdot k} - \frac{X}{(1+k)^N \cdot k}$$

$$V_t - V_{t,s} = \frac{X}{k} \cdot \frac{1}{\left[1 + k \cdot (1 - s_{ESt})\right]^N} - \frac{X}{k} \cdot \frac{1}{(1+k)^N}$$

$$\frac{\partial(V_t - V_{t,s})}{\partial k} = -\frac{X}{k^2} \cdot \frac{1}{\left[1 + k \cdot (1 - s_{ESt})\right]^N} - \frac{X}{k} \cdot \frac{N \cdot \left[1 + k \cdot (1 - s_{ESt})\right]^{N-1} \cdot (1 - s_{ESt})}{\left[1 + k \cdot (1 - s_{ESt})\right]^{2N}} +$$
$$\frac{X}{k^2} \cdot \frac{1}{(1+k)^N} + \frac{X}{k} \cdot \frac{N \cdot (1+k)^{N-1}}{(1+k)^{2N}}$$

$$\frac{\partial(V_t - V_{t,s})}{\partial k} = \frac{X}{k} \cdot \left\{ \left[\frac{1}{k \cdot (1+k)^N} + \frac{N}{(1+k)^{N+1}} \right] - \left[\frac{1}{k \cdot \left[1 + k \cdot (1 - s_{ESt})\right]^N} + \frac{N \cdot (1 - s_{ESt})}{\left[1 + k \cdot (1 - s_{ESt})\right]^{N+1}} \right] \right\}$$

$$\frac{\partial(V_t - V_{t,s})}{\partial k} = \frac{X}{k} \cdot \left\{ \frac{1}{(1+k)^N} \cdot \left[\frac{1}{k} + \frac{N}{(1+k)} \right] - \frac{1}{\left[1 + k \cdot (1 - s_{ESt})\right]^N} \cdot \left[\frac{1}{k} + \frac{N \cdot (1 - s_{ESt})}{1 + k \cdot (1 - s_{ESt})} \right] \right\}$$

Anhang V: Wertabweichung bei Nicht-Berücksichtigung der Einkommensteuer unter Berücksichtigung verschiedener Diskontierungsfaktoren

	Diskontierungsfaktor				
ND	0%	5%	10%	15%	20%
1	50,00%	48,78%	47,62%	46,51%	45,45%
10	50,00%	43,33%	37,17%	31,62%	26,72%
20	50,00%	37,45%	26,81%	18,57%	12,58%
30	50,00%	31,92%	18,47%	10,06%	5,33%
40	50,00%	26,85%	12,27%	5,19%	2,14%
50	50,00%	22,32%	7,94%	2,60%	0,84%
60	50,00%	18,36%	5,04%	1,28%	0,33%
70	50,00%	14,96%	3,16%	0,63%	0,13%
80	50,00%	12,10%	1,97%	0,31%	0,05%
90	50,00%	9,72%	1,22%	0,15%	0,02%
100	50,00%	7,76%	0,75%	0,07%	0,01%

Beispielrechnung

$N = 30$

$k = 15\%$

$s_{ESt} = 50\%$

$$\frac{V_t - V_{t,s}}{V_t} = \frac{\left\{\frac{1}{\left[1+k\cdot(1-s_{ESt})\right]^N \cdot k} - \frac{1}{(1+k)^N \cdot k}\right\}}{\frac{(1+k)^N - 1}{(1+k)^N \cdot k}} =$$

$$\frac{\left\{\frac{1}{\left[1+0{,}15\cdot(1-0{,}5)\right]^{30} \cdot 0{,}15} - \frac{1}{(1+0{,}15)^{30} \cdot 0{,}15}\right\}}{\cdot\frac{(1+0{,}15)^{30} - 1}{(1+0{,}15)^{30} \cdot 0{,}15}} =$$

$$\frac{0{,}761 - 0{,}100}{6{,}566} = 10{,}06\%$$

Anhang VI: Wertabweichung bei Nicht-Berücksichtigung der Einkommensteuer unter Berücksichtigung verschiedener Steuersätze und Abschreibungen

	Steuersatz				
ND	10%	20%	30%	40%	50%
10	-2,47%	-5,04%	-7,70%	-10,47%	-13,34%
20	0,84%	1,85%	3,06%	4,50%	6,18%
30	1,10%	2,51%	4,29%	6,50%	9,23%
40	0,80%	1,95%	3,55%	5,70%	8,57%
50	0,41%	1,16%	2,35%	4,16%	6,78%
60	0,06%	0,40%	1,17%	2,53%	4,75%
70	-0,22%	-0,21%	0,15%	1,06%	2,81%
80	-0,42%	-0,68%	-0,67%	-0,17%	1,11%
90	-0,55%	-1,02%	-1,28%	-1,15%	-0,31%
100	-0,64%	-1,24%	-1,72%	-1,89%	-1,46%

Beispielrechnung

$A_0 = 1000$

$Ab_t = 25$

$N = 40$

$k = 5\%$

$s_{ESt} = 30\%$

$X = 100$

$$\frac{V_t - V_{t,s}}{V_t} = \frac{\left\{\frac{X}{\left[1+k\cdot(1-s_{ESt})\right]^N\cdot k} - \frac{X}{(1+k)^N\cdot k} - s_{ESt}\cdot Ab\cdot\frac{\left[1+k\cdot(1-s_{ESt})\right]^N - 1}{\left[1+k\cdot(1-s_{ESt})\right]^N\cdot k\cdot(1-s_{ESt})}\right\}}{X\cdot\frac{(1+k)^N-1}{(1+k)^N\cdot k}} =$$

$$\frac{\left\{\frac{100}{\left[1+0{,}05\cdot(1-0{,}3)\right]^{40}\cdot 0{,}05} - \frac{100}{(1+0{,}05)^{40}\cdot 0{,}05} - 0{,}3\cdot 25\cdot\frac{\left[1+0{,}05\cdot(1-0{,}3)\right]^{40}-1}{\left[1+0{,}05\cdot(1-0{,}3)\right]^{40}\cdot 0{,}05\cdot(1-0{,}3)}\right\}}{100\cdot\frac{(1+0{,}05)^{40}-1}{(1+0{,}05)^{40}\cdot 0{,}05}} =$$

$$\frac{505{,}14 - 284{,}09 - 160{,}16}{171{,}6} = 0{,}0355$$

Anhang VII: Wertabweichung bei Nicht-Berücksichtigung der Einkommensteuer unter Berücksichtigung verschiedener Diskontierungsfaktoren und Abschreibungen

	Diskontierungsfaktor				
ND	20%	15%	10%	5%	0%
10	-46,56%	-36,77%	-25,67%	-13,34%	0,00%
20	-31,12%	-22,15%	-9,79%	6,18%	25,00%
30	-26,22%	-19,91%	-8,71%	9,23%	33,33%
40	-22,32%	-18,52%	-9,67%	8,57%	37,50%
50	-18,99%	-16,88%	-10,48%	6,78%	40,00%
60	-16,29%	-15,17%	-10,78%	4,75%	41,67%
70	-14,14%	-13,57%	-10,67%	2,81%	42,86%
80	-12,45%	-12,18%	-10,28%	1,11%	43,75%
90	-11,09%	-10,95%	-9,76%	-0,31%	44,44%
100	-9,99%	-9,92%	-9,17%	-1,46%	45,00%

Beispielrechnung

$A_0 = 1000$
$Ab_t = 16,67$
$N = 60$
$k = 10\%$
$s_{ESt} = 50\%$
$X = 100$

$$\frac{V_t - V_{t,s}}{V_t} = \frac{\left\{\frac{X}{[1+k\cdot(1-s_{ESt})]^N \cdot k} - \frac{X}{(1+k)^N \cdot k} - s_{ESt}\cdot Ab \cdot \frac{[1+k\cdot(1-s_{ESt})]^N - 1}{[1+k\cdot(1-s_{ESt})]^N \cdot k \cdot (1-s_{ESt})}\right\}}{X \cdot \frac{(1+k)^n - 1}{(1+k)^n \cdot k}} =$$

$$\frac{\left\{\frac{100}{[1+0,1\cdot(1-0,5)]^{60}\cdot 0,1} - \frac{100}{(1+0,1)^{60}\cdot 0,1} - 0,5\cdot 16,67\cdot \frac{[1+0,1\cdot(1-0,5)]^{60}-1}{[1+0,1\cdot(1-0,5)]^{60}\cdot 0,1\cdot(1-0,5)}\right\}}{100\cdot\frac{(1+0,1)^{60}-1}{(1+0,1)^{60}\cdot 0,1}} =$$

$$\frac{53,54 - 3,28 - 157,78}{996,72} = -10,78\%$$

Anhang VIII: Steuerentlastung durch negative Einkünfte aus dem Investitionsobjekt gemäß ESt-Tarif 99

negative Einkünfte aus dem negative Einkünfte aus dem Investitionsobjekt							
z.v.E. vor Investitionsobjekt	10000	20000	30000	40000	50000	60000	70000
10000	0	0	0	0	0	0	0
30000	2829	4641	4641	4641	4641	4641	4641
50000	3233	6264	9092	10905	10905	10905	10905
70000	3645	7100	10332	13363	16192	18005	18005
90000	4232	8160	11805	15260	18493	21523	24352
110000	4865	9400	13632	17560	21205	24660	27893
130000	5294	10437	15303	19837	24069	27998	31643
150000	5295	10589	15884	21027	25892	30427	34659
170000	5323	10618	15913	21207	26502	31645	36510
190000	5295	10589	15913	21207	26502	31797	37091
210000	5295	10589	15884	21179	26502	31797	37092
230000	5295	10618	15913	21207	26502	31797	37120
250000	5295	10589	15884	21207	26502	31797	37092
270000	5323	10618	15913	21207	26502	31825	37120
290000	5295	10589	15913	21207	26502	31797	37092

Beispielrechnung

$$\int_{79974}^{109998} \frac{303{,}86}{10000^2} \cdot Y + 0{,}1654 Y dY =$$

$$\frac{303{,}86}{2 \cdot 10000^2} \cdot \left(109998^2 - 79974^2\right) + 0{,}1654 \cdot (109998 - 79974) =$$

$$8665{,}66 + 4965{,}97 = 13632$$

Anhang IX: Verlust von Verlustausgleichspotential

Verlust von Verlustausgleichspotential im Verlustjahr

1	Summe der Einkünfte aus den Einkunftsarten	
2	+ nachzuversteuernder Betrag	
3	+ Hinzurechnungsbetrag	
4	- ausländische Verluste bei DBA	
5	= Summe der Einkünfte	
6	- Altersentlastungsbetrag	
7	- Abzug für Land- und Forstwirte	
8	= Gesamtbetrag der Einkünfte	
9	- Sonderausgaben (§§ 10, 10b, 10c EStG)	Geht im Verlustjahr verloren
10	- außergewöhnliche Belastungen (§§ 33 -33c EStG)	
11	- diverse Steuerbegünstigungen	
12		
13	+ zuzurechnendes Einkommen gem. § 15 Abs. 2 AStG	
14	= Einkommen	
15	- Kinderfreibetrag	
16	- Haushaltsfreibetrag	
17	- Härteausgleich	
18	= z.v.E.	

Verlust von Verlustausgleichspotential bei Verlustvortrag im Verrechnungsjahr nach § 10d EStG alte Fassung[3]

1	Summe der Einkünfte aus den Einkunftsarten	
2	+ nachzuversteuernder Betrag	
3	+ Hinzurechnungsbetrag	
4	- ausländische Verluste bei DBA	
5	= Summe der Einkünfte	
6	- Altersentlastungsbetrag	
7	- Abzug für Land- und Forstwirte	
8	= Gesamtbetrag der Einkünfte	
9	- Sonderausgaben (§§ 10, 10b, 10c EStG)	
10	- außergewöhnliche Belastungen (§§ 33 -33c EStG)	
11	- diverse Steuerbegünstigungen	
12	- Verlustabzug (§§ 10d, 2a Abs. 3 Satz 2 EStG)	
13	+ zuzurechnendes Einkommen gem. § 15 Abs. 2 AStG	
14	= Einkommen	
15	- Kinderfreibetrag	Geht im Verrechnungsjahr verloren
16	- Haushaltsfreibetrag	
17	- Härteausgleich	
18	= z.v.E.	

[3] Gesetzeslage vor Inkrafttreten des Steuerentlastungsgesetzes 1999/2000/2002.

Verlust von Verlustausgleichspotential bei Verlustvortrag im Verrechnungsjahr nach § 10d EStG neue Fassung[4]

1	Summe der Einkünfte aus den Einkunftsarten	
2	+ nachzuversteuernder Betrag	
3	+ Hinzurechnungsbetrag	
4	- ausländische Verluste bei DBA	
5	= Summe der Einkünfte	
6	- Altersentlastungsbetrag	
7	- Abzug für Land- und Forstwirte	
8	= Gesamtbetrag der Einkünfte	
9	- Sonderausgaben (§§ 10, 10b, 10c EStG)	Geht im Verrechnungsjahr verloren
10	- außergewöhnliche Belastungen (§§ 33 -33c EStG)	
11	- diverse Steuerbegünstigungen	
12		
13	+ zuzurechnendes Einkommen gem. § 15 Abs. 2 AStG	
14	= Einkommen	
15	- Kinderfreibetrag	
16	- Haushaltsfreibetrag	
17	- Härteausgleich	
18	= z.v.E.	

[4] Gesetzeslage nach Inkrafttreten des Steuerentlastungsgesetzes 1999/2000/2002.

Anhang X: Kurse und Renditen für Kupons mit Fälligkeitsdatum 1.4.2000 - 1.4.2028[5]

Name	WKN	Kurs zum 29.9.99	Rendite pro Jahr
BUNDESREP.DEUTSCHLAND KUPONS PER 4.1.2028	114261	18,40	6,17%
BUNDESREP.DEUTSCHLAND KUPONS PER 4.1.2027	114260	19,72	6,13%
BUNDESREP.DEUTSCHLAND KUPONS PER 4.1.2026	114259	21,12	6,09%
BUNDESREP.DEUTSCHLAND KUPONS PER 4.1.2025	114258	22,62	6,05%
BUNDESREP.DEUTSCHLAND KUPONS PER 4.1.2024	114257	24,22	6,01%
BUNDESREP.DEUTSCHLAND KUPONS PER 4.1.2023	114256	25,92	5,97%
BUNDESREP.DEUTSCHLAND KUPONS PER 4.1.2022	114255	27,72	5,93%
BUNDESREP.DEUTSCHLAND KUPONS PER 4.1.2021	114254	29,64	5,88%
BUNDESREP.DEUTSCHLAND KUPONS PER 4.1.2020	114253	31,66	5,84%
BUNDESREP.DEUTSCHLAND KUPONS PER 4.1.2019	114252	33,82	5,78%
BUNDESREP.DEUTSCHLAND KUPONS PER 4.1.2018	114251	36,09	5,73%
BUNDESREP.DEUTSCHLAND KUPONS PER 4.1.2017	114250	38,49	5,68%
BUNDESREP.DEUTSCHLAND KUPONS PER 4.1.2016	114249	41,03	5,63%
BUNDESREP.DEUTSCHLAND KUPONS PER 4.1.2015	114248	43,70	5,57%
BUNDESREP.DEUTSCHLAND KUPONS PER 4.1.2014	114247	46,50	5,51%
BUNDESREP.DEUTSCHLAND KUPONS PER 4.1.2013	114246	49,47	5,44%
BUNDESREP.DEUTSCHLAND KUPONS PER 4.1.2012	114245	52,29	5,42%
BUNDESREP.DEUTSCHLAND KUPONS PER 4.1.2011	114244	55,86	5,30%
BUNDESREP.DEUTSCHLAND KUPONS PER 4.1.2010	114243	59,29	5,22%
BUNDESREP.DEUTSCHLAND KUPONS PER 4.1.2009	114242	62,88	5,13%
BUNDESREP.DEUTSCHLAND KUPONS PER 4.1.2008	114241	66,67	5,02%
BUNDESREP.DEUTSCHLAND KUPONS PER 4.1.2007	114240	70,61	4,90%
BUNDESREP.DEUTSCHLAND KUPONS PER 4.1.2006	114239	74,72	4,76%
BUNDESREP.DEUTSCHLAND KUPONS PER 4.1.2005	114238	78,98	4,58%
BUNDESREP.DEUTSCHLAND KUPONS PER 4.1.2004	114237	83,34	4,36%
BUNDESREP.DEUTSCHLAND KUPONS PER 4.1.2003	114236	87,72	4,09%
BUNDESREP.DEUTSCHLAND KUPONS PER 4.1.2002	114235	92,02	3,73%
BUNDESREP.DEUTSCHLAND KUPONS PER 4.1.2001	114234	95,98	3,29%
BUNDESREP.DEUTSCHLAND KUPONS PER 4.1.2000	114233	99,29	2,72%

[5] Vgl. Internetseite, http://informer2.comdirect.de:9004/de/quick/frame_kursabfrage.html?searchfor=114200&x=17&y=14, Abrufdatum, 29.9.1999 und eigene Berechnungen. Die Kurse wurden an der Börse Frankfurt festgestellt.

Anhang XI:

Berechnung des Anlagebetrags, der zur Erzielung einer sicherheitsäquivalenten Nachsteuerzahlung im Zeitpunkt n bei Berücksichtigung des Einkommensteuertarifs 1999 benötigt wird

Intervall II

$$\left.\begin{array}{l}
(1+i)^n \cdot A - \left\{ \dfrac{\left[350{,}35 \cdot \left(\dfrac{\left((1+i)^n \cdot A - A\right) - 13014}{10.000}\right) + 2390\right] \cdot \left(\dfrac{\left((1+i)^n \cdot A - A\right) - 13014}{10.000}\right)}{\left((1+i)^n \cdot A - A\right)} \cdot \left((1+i)^n \cdot A - A\right) \right\} = SÄ \\
(1+i)^n \cdot A - 350{,}35 \cdot \left(\dfrac{\left((1+i)^n \cdot A - A\right)^2 - 26028 \cdot \left((1+i)^n \cdot A - A\right) + 13014^2}{10.000^2}\right) - 0{,}239 \cdot \left((1+i)^n \cdot A - A\right) + 3110 = SÄ \\
(1+i)^n \cdot A - \dfrac{350{,}35}{10000^2} \cdot \left((1+i)^n \cdot A - A\right)^2 + 0{,}091189 \cdot \left((1+i)^n \cdot A - A\right) - 0{,}239 \cdot \left((1+i)^n \cdot A - A\right) + 2516{,}63 = SÄ \\
(1+i)^n \cdot A - \dfrac{350{,}35}{10000^2} \cdot \left((1+i)^n \cdot A - A\right)^2 - 0{,}1478109 \cdot \left((1+i)^n \cdot A - A\right) + 2516{,}63 = SÄ \\
\underbrace{-\dfrac{350{,}35}{10000^2} \cdot \left((1+i)^n - 1\right)^2}_{a} \cdot A^2 + \underbrace{\left[0{,}8521891 \cdot (1+i)^n + 0{,}1478109\right]}_{b} \cdot A + \underbrace{2516{,}63 - SÄ}_{c} = 0
\end{array}\right\} \text{für } \frac{13068}{(1+i)^n \cdot -1} \le A \le \frac{17063}{(1+i)^n \cdot -1}$$

$$A_{1,2} = \frac{-\left(0{,}8521 \cdot (1+i)^n + 0{,}1478\right) \pm \sqrt{\left[0{,}8521 \cdot (1+i)^n + 0{,}1478\right]^2 + \frac{1401{,}4}{10000^2} \cdot \left[(1+i)^n - 1\right]^2 \cdot (2516{,}63 - SÄ)}}{-\frac{700{,}7}{10000^2} \cdot \left[(1+i)^n - 1\right]^2}$$

Intervall III

$$\left.\begin{array}{l}
(1+i)^n \cdot A - \left\{ \dfrac{\left[101{,}31 \cdot \left(\dfrac{((1+i)^n \cdot A - A) - 17010}{10.000} \right) + 2670 \right] \cdot \left(\dfrac{((1+i)^n \cdot A - A) - 17010}{10.000} \right)}{((1+i)^n \cdot A - A)} \cdot ((1+i)^n \cdot A - A) + 1011 \right\} = SÄ \\[2ex]
(1+i)^n \cdot A - 101{,}31 \cdot \left(\dfrac{((1+i)^n \cdot A - A)^2 - 34020 \cdot ((1+i)^n \cdot A - A) + 17010^2}{10.000^2} \right) - 0{,}267 \cdot ((1+i)^n \cdot A - A) + 3237{,}54 = SÄ \\[2ex]
(1+i)^n \cdot A - \dfrac{101{,}31}{10000^2} \cdot ((1+i)^n \cdot A - A)^2 + 0{,}0344656 \cdot ((1+i)^n \cdot A - A) - 0{,}267 \cdot ((1+i)^n \cdot A - A) + 3237{,}54 = SÄ \\
(1+i)^n \cdot A - \dfrac{101{,}31}{10000^2} \cdot ((1+i)^n \cdot A - A)^2 - 0{,}2325343 \cdot ((1+i)^n \cdot A - A) + 3237{,}54 = SÄ \\
\underbrace{-\dfrac{101{,}31}{10000^2} \cdot ((1+i)^n - 1)^2}_{a} \cdot A^2 + \underbrace{\left[0{,}7674656 \cdot (1+i)^n + 0{,}2325343\right]}_{b} \cdot A + \underbrace{3237{,}54 - SÄ}_{c} = 0
\end{array}\right\} \text{für } \frac{17064}{(1+i)^n - 1} \le A \le \frac{66365}{(1+i)^n - 1}$$

$$A_{1,2} = \frac{-\left(0{,}7675 \cdot (1+i)^n + 0{,}2325\right) \pm \sqrt{\left[0{,}7675 \cdot (1+i)^n + 0{,}2325\right]^2 + \dfrac{405{,}24}{10000^2} \cdot \left[(1+i)^n - 1\right]^2 \cdot (3237{,}54 - SÄ)}}{-\dfrac{202{,}62}{10000^2} \cdot \left[(1+i)^n - 1\right]^2}$$

Intervall IV

$$(1+i)^n \cdot A - \left\{ \frac{\left[151{,}93 \cdot \left(\frac{((1+i)^n \cdot A - A) - 66312}{10.000} \right) + 3669 \right] \cdot \left(\frac{((1+i)^n \cdot A - A) - 66312}{10.000} \right)}{((1+i)^n \cdot A - A)} \cdot ((1+i)^n \cdot A - A) + 16637 \right\} = SÄ$$

$$(1+i)^n \cdot A - 151{,}93 \cdot \left(\frac{((1+i)^n \cdot A - A)^2 - 132624 \cdot ((1+i)^n \cdot A - A) + 66312^2}{10.000^2} \right) - 03669 \cdot ((1+i)^n \cdot A - A) + 1012{,}08 = SÄ$$

$$(1+i)^n \cdot A - \frac{151{,}93}{10000^2} \cdot ((1+i)^n \cdot A - A)^2 + 0{,}2014956 \cdot ((1+i)^n \cdot A - A) - 0{,}3669 \cdot ((1+i)^n \cdot A - A) + 1012{,}08 = SÄ$$

$$(1+i)^n \cdot A - \frac{151{,}93}{10000^2} \cdot ((1+i)^n \cdot A - A)^2 - 0{,}1654043 \cdot ((1+i)^n \cdot A - A) + 1012{,}08 = SÄ$$

$$\underbrace{-\frac{151{,}93}{10000^2} \cdot ((1+i)^n - 1)^2}_{a} \cdot A^2 + \underbrace{[0{,}8345956 \cdot (1+i)^n + 0{,}1654043]}_{b} \cdot A + \underbrace{1012{,}08 - SÄ}_{c} = 0$$

$$\text{für } \frac{66366}{(1+i)^n - 1} \le A \le \frac{120041}{(1+i)^n - 1}$$

$$A_{1,2} = \frac{-(0{,}8345 \cdot (1+i)^n + 0{,}1654) \pm \sqrt{[0{,}8345 \cdot (1+i)^n + 0{,}1654]^2 + \frac{607{,}72}{10000^2} \cdot [(1+i)^n - 1]^2 \cdot (1012{,}08 - SÄ)}}{-\frac{303{,}86}{10000^2} \cdot [(1+i)^n - 1]^2}$$

Intervall V

$$\left.\begin{array}{l}(1+i)^n \cdot A - \left[0{,}53 \cdot \left((1+i)^n \cdot A - A\right) - 22886\right] = SÄ \\ 0{,}47 \cdot (1+i)^n \cdot A + 0{,}53 \cdot A + 22886 = SÄ \\ A = \dfrac{SÄ - 22886}{0{,}47 \cdot (1+i)^n + 0{,}53}\end{array}\right\} \text{für } \frac{120042}{(1+i)^n - 1} \leq A$$

Quellenverzeichnis

Bundesgerichtshof

BGH-Urteil vom 25.6.64 - III ZR 11/64, ZMR 1965, S. 233 - 237

BGH-Urteil vom 4.3.82 - III ZR 156/80, MDR 1982, S. 734

Bundesfinanzhof

BFH-Urteil vom 17.1.1961 I 53/60 S BStBl. III, 1961, S. 233

BFH-Urteil vom 21.1.1971 IV 123/65 BSTBl. II, 1971, S. 682

BFH-Urteil vom 18.10.1972 II R 124/69 BStBl. II, 1973, S. 126

BFH-Urteil vom 7.12.1978 I R 142/76 BStBl. II, 1979, S. 729

BFH-Urteil vom 16.12.1981 I R131/78 BStBl. II, 1982, S. 320

BFH-Urteil vom 29.6.1982 VIII R 6/79 BStBl. II, 1982, S. 755

BFH-Urteil vom 28.6.1984 IV R 150/82 BSTBl. II, 1985, S. 211

BFH-Urteil vom 15.1.1985 IX R 81/83 BStBl. II, 1985, S. 252

BFH-Urteil vom 17.9.1987 III R 272/83 BStBl. II, 1988, S. 441

BFH-Urteil vom 15.2.1989 X R 97/87, BStBl. II, 1989, S. 604

BFH-Urteil vom 21.8.1990, VIII R 271/84, BStBl. II, 1991, S. 126

BFH-Urteil vom 17.3.1992 IX R 55/90, BStBl. II, 1993, S. 17

BFH-Urteil vom 8.12.1992 IX R 105/89 BStBl. II, 1993, S. 656

Finanzgericht

FG Saarland Urteil vom 31.05.1989 1K 230/88, EFG 1989, S. 454

Verwaltungsanweisung

BMF vom 23.8.1993, BStBl. I, 1993, S. 698

Sonstige Quellen

Bekanntmachung der Neufassung der Verordnung über Grundsätze für die Ermittlung des Verkehrswertes von Grundstücken (Wertermittlungsverordnung - WertV) Vom 15. August 1972, BGBl. 1972 I, S. 1416

2 BvL 37/91 BStBl. II, 1995, S. 655ff.

Deutscher Bundestag, Drucksache, 13/8325, 13/901, 13/7000

Literaturverzeichnis

Adam, D., [Investitionscontrolling, 1994]: Investitionscontrolling, München, 1994

Albert, H., [Wissenschaftstheorie, 1976]: Wissenschaftstheorie, in: Grochla, E. / Wittmann, W. (Hrsg.), Handwörterbuch der Betriebswirtschaft, 4. Auflage, Stuttgart, 1976, Sp. 4674 - 4692

Albrecht, T., [Marktrisikoprämie, 1997]: Was wissen wir über die Höhe der Marktrisikoprämie bei Aktien, in: BFuP, 1997, S. 567 - 579

Altrogge, G., [Investition, 1994]: Investition, 3. Auflage, München, Wien, Oldenbourg, 1994

Arbeitskreis „Finanzierung" der Schmalenbach Gesellschaft - Deutsche Gesellschaft für Betriebswirtschaft e.V., [Kapitalkosten, 1996]: Wertorientierte Unternehmenssteuerung mit differenzierten Kapitalkosten, in: ZfbF, 1996, S. 543 - 578

Aristoteles, [Ethik, 1967]: Die Nikomachische Ethik, 2. Auflage neu übersetzt mit einer Einleitung und erklärenden Anmerkungen versehen von Gigon, O., Zürich, Stuttgart, 1967

Assmann, H.-D. / Schütze, R.A., [Handbuch, 1990]: Handbuch des Kapitalanlagerechts, München, 1990

Bach, S. / Bartholmai, B., [Immobilienvermögen, 1998]: Immobilienvermögen privater Haushalte in Deutschland 1995, in: DIW Wochenberichte 35/98, 1998, S. 630 - 642

Backhaus, K., u.a., [Analysemethoden, 1996]: Multivariante Analysemethoden, 8. Auflage, Berlin, u.a., 1996

Baetge, J. / Krause, C., [Berücksichtigung, 1994]: Die Berücksichtigung des Risikos bei der Unternehmensbewertung, in: BFuP, 1994, S. 433 - 456

Ballwieser, W., [Komplexitätsreduktion, 1990]: Unternehmensbewertung und Komplexitätsreduktion, 3. Auflage, Wiesbaden, 1990

Ballwieser, W., [Aspekte, 1995]: Aktuelle Aspekte der Unternehmensbewertung, in: WPg, 1995, S. 119 - 129

Ballwieser, W., [Möglichkeiten, 1980]: Möglichkeiten der Komplexitätsreduktion bei einer prognoseorientierten Unternehmensbewertung, in: ZfbF 1980, S. 50 - 73

Ballwieser, W., [Multiplikatoren, 1991]: Unternehmensbewertung mit Hilfe von Multiplikatoren, in: Dieter, R. (Hrsg.), Aktuelle Fragen der Finanzwirtschaft und der Unternehmensbesteuerung, Wien, 1991, S. 47 - 66

Ballwieser, W., [Risiko, 1981]: Die Wahl des Kalkulationszinsfußes bei der Unternehmensbewertung unter Berücksichtigung von Risiko und Geldentwertung, in: BFuP 2/81, S. 97 - 114

Ballwieser, W., [Steuern, 1997]: Kalkulationszinsfuß und Steuern, in: DB, 1997, S. 2393 - 2396

Ballwieser, W., [Unternehmensbewertung, 1993]: Methoden der Unternehmensbewertung, in: Gebhardt, G. / Gerke, W. / Steiner, M. (Hrsg.), Handbuch des Finanzmanagements Instrumente und Märkte der Unternehmensfinanzierung, München, 1993, S. 151 - 176

Ballwieser, W., [Unternehmensbewertung, 1995]: Unternehmensbewertung, in: Gerke, W. (Hrsg.), Handwörterbuch des Bank- und Finanzwesens, Stuttgart, 1995, S. 1868 - 1882

Ballwieser, W., [Unternehmensbewertung, 1997]: Eine neue Lehre der Unternehmensbewertung, in: DB, 1997, S. 185 - 191

Bals, W., [Immobilienfonds, 1994]: Die ökonomische Position von Anteilsinhabern offener Immobilienfonds, Frankfurt am Main, u.a., 1994, (zugl. Diss. Univ. Regensburg, 1993)

Barkham, R. / Geltner, D., [Price, 1995]: Price Discovery in American and British Property Markets, in: Real Estate Economics, 1995, S. 21 - 44

Barthel, C.W., [Bewertungsverfahren, 1996]: Unternehmenswert: Die vergleichsorientierten Bewertungsverfahren, in: DB, 1996, S. 149 - 163

Bauer, C., [Risiko, 1992]: Das Risiko von Aktienanlagen. Die fundamentale Analyse und Schätzung von Aktienkursen, Köln, 1992

Beck, P.W., [Planning, 1982]: Corporate planning for an uncertain future, in: LRP, Nr. 4, Vol. 1982, S. 12 - 21

Becker, W. / Bur, H., [Lebensversicherungen, 1998]: Der Einsatz von Lebensversicherungen zu Finanzierungszwecken, in: Die steuerliche Betriebsprüfung, 1998, S. 120 - 123

Behring, K., u.a., [Wohnungsnachfrageprognose, 1988]: Behring, K., Wohnungsnachfrageprognose 1995, Berlin, München, 1988

Behringer, S., [Unsicherheit, 1999]: Unsicherheit und Unternehmensbewertung, in: DStR 1999, S. 731 - 736

Beiker, H., [Risiken, 1993]: Überrenditen und Risiken kleiner Aktiengesellschaften, Köln, 1993, (zugl. Diss. Univ. Münster, 1992)

Bender, J. / Lorson, P., [Unternehmensbewertung, 1997]: Verfahren der Unternehmensbewertung (IV): Discounted-Cash-flow Verfahren und Anmerkungen zu Shareholder-Value-Konzepten, in: BuW 1/1997, S. 1 - 9, Unternehmensbewertung, 1997

Berens, W. / Hoffjan, A., [Immobilien, 1995]: Wertermittlung von Immobilien auf Basis vollständiger Finanzpläne, in: ZfbF, 1995, S. 373 - 395

Betsch, O. / Groh, A.P. / Lohmann, L.G.E., [Corporate Finance, 1998]: Corporate Finance, Unternehmensbewertung, M&A und innovative Kapitalmarktfinanzierung, München, 1998

Biergans, E., [Einkommensteuer, 1992]: Einkommensteuer, 6. Auflage, München, 1992

Bimberg, L.H., [Renditeberechnung, 1991]: Langfristige Renditeberechnung zur Ermittlung von Risikoprämien, 2. Auflage, Frankfurt am Main, 1991

Bison, J., [Regulierung, 1996]: Die Regulierung des Mietwohnungsmarktes in der Bundesrepublik Deutschland, Frankfurt am Main, u.a., 1996, (zugl. Diss. Münster, 1996)

Bitz, M., [Entscheidungstheorie, 1981]: Entscheidungstheorie, München, 1981

Blohm, L. / Lüder, K., [Investition, 1991]: Investition, 7. Auflage, München, 1991

Blume, M., [Betas, 1975]: Betas and their Regression Tendencies, in: JoF, 1975, S. 785 - 795

Böcking, H.-J. / Nowak, K., [Typisierungsproblematik, 1998]: Der Beitrag der Discounted Cash Flow-Verfahren zur Lösung der Typisierungsproblematik bei Unternehmensbewertungen, in: DB, 1998, S. 685 - 690

Bofinger, P. / Reischle, J. / Schächter, A., [Geldpolitik, 1996]: Geldpolitik, Ziele, Institutionen, Strategien und Instrumente, München, 1996

Bogue, M.C. / Roll, R.R., [Capital Budgeting, 1974]: Capital Budgeting, 1974, S. 601 - 612 of Risky Projekts with „Imperfect Markets for Physical Capital, in: JoF, 1974, S. 601- 613

Bohr, K., [Verhältnis, 1988]: Zum Verhältnis von klassischer Investitions- und entscheidungsorientierter Kostenrechnung, in: ZfB, 1988, S. 1171 - 1180

Bohr, K., [Wertbegriff, 1985]: Betriebswirtschaftlicher Wertbegriff und seine Anwendung, in: Stöppler S. (Hrsg.), Information und Produktion, Stuttgart, 1985, S. 59 - 81

Bone-Winkel, S. / Sotelo, R., [Büroflächen, 1995]: Warum werden Büroflächen (nicht) vermietet?, in: GuG, 1995, S. 199 - 205

Boquist, J.A. / Moore, W.T., [Systematik Risk, 1983]: Estimating the Systematik Risk of an Industry Segment: A Mathematical Programming Approach, in: FM, No. 4, 1983, S. 11 - 18

Born, K., [Kritische Überlegungen, 1997]: Kritische Überlegungen zur Discounted Cash Flow-Methode - Anmerkungen, in: ZfB, 1997, S. 509 - 518

Bössmann, E., [Transaktionskosten, 1983]: Unternehmungen, Märkte, Transaktionskosten: Die Koordination ökonomischer Aktivitäten, in: WiSt, 11. Jg. 1983, S. 105 - 111.

Braun, H., [Kunde, 1999]: Sind Sie ein guter Kunde?, in: Capital Nr. 10, Oktober 1999, S. 276 - 286.

Braunschweig, C., [Investitionsrechnung, 1998]: Investitionsrechnung, Einführung mit einer Darstellung der Unternehmensbewertung, München, Wien, 1998

Brealey, R.A. / Myers, S.C., [Principles, 1996]: Principles of Corporate Finance, 5. Auflage, New York, u.a., 1996

Breid, V., [Erfolgspotentialrechnung, 1994]: Erfolgspotentialrechnung, Konzeption im System einer finanzierungstheoretisch fundierten, strategischen Erfolgsrechnung, Stuttgart, 1994

Breid, V., [Risikoberücksichtigung, 1997]: Marktorientierte Risikoberücksichtigung in den Ansätzen der neoklassischen Finanzierungstheorie, in: BFuP, 1997, S. 308 - 321

Bretzke, W.-R., [Prognoseproblem, 1975]: Das Prognoseproblem bei der Unternehmensbewertung, Regensberg, Münster, 1975

Bretzke, W.-R., [Unternehmungsbewertung, 1976]: Zur Berücksichtigung des Risikos bei der Unternehmungsbewertung, in: ZfbF, 1976, S. 153 - 165

Bretzke, W.-R., [Unternehmungsbewertung, 1988]: Risiken in der Unternehmungsbewertung, in: ZfbF, 1988, S. 813 - 823

Brösse, U., [Volkswirtschaftslehre, 1997]: Einführung in die Volkswirtschaftslehre, Mikroökonomie, München, Wien, Oldenburg, 1997

Bufka, J. / Schiereck, D. / Zinn, K., [Kapitalkostenbestimmung, 1999]: Kapitalkostenbestimmung für diversifizierte Unternehmen, in: ZfB, 1999, S. 115 - 131

Bühner, R., [Shareholder, 1997]: Worauf es beim Shareholder Value ankommt, in: Technologie und Management, 2/97, 1997, S. 12 - 15

Busse v. Colbe, W., [Gesamtwert, 1992]: Gesamtwert der Unternehmung, in: Busse v. Colbe, W. / Coenenberg, A.G. (Hrsg.), Unternehmensaquisition und Unternehmensbewertung, Stuttgart, 1992, S. 55 - 65

Busse von Colbe, W. / Laßmann, G., [Betriebswirtschaftstheorie, 1989]: Betriebswirtschaftstheorie, 3. Band, Investitionstheorie, 3. Auflage, Berlin, u.a., 1989

BVI Bundesverband Deutscher Investment-Gesellschaften e.V. (Hrsg.), [Investment 90, 1990]: „Investment 90 - Daten, Fakten, Entwicklungen", Frankfurt am Main, 1990

BVI Bundesverband Deutscher Investment-Gesellschaften e.V., [Investment, 1997]: Investment, Steuer Information, Frankfurt am Main, 1997

Canner, N. / Mankiw, N.G. / Weil, D.N., [Allocation, 1997]: An Asset Allocation Puzzle, in: AER, March 1997, S. 181 - 191

Chan, K.C. / Hendershott, P.H. / Sanders, A.B., [Risk, 1990]: Risk and Return on Real Estate: Evidence from Equity REITs, NBER Working Paper Series, No. 3311, 1990

Chen, K.C. / Tzang, D.D., [Interest Rate, 1988]: Interest Rate Sensitivity of Real Estate Investment Trusts, in: Journal of Real Estate Research, Vol. 3 No. 3, S. 13 - 22, 1988

Chen, N.F. / Roll, R. / Ross, S.A., [Economic Forces, 1986]: Economic Forces and the Stock Market, in: The Journal of Business, Vol. 59, No. 31, 1986, S. 383 - 403

Chen, S.-J. / Cheng-Ho, H. / Bradford, J.D., [Real Estate,1997]: Real Estate and the Arbitrage Pricing Theory: Macrovariables vs. Derived Factors, in: Real Estate Economics, Vol. 25, No. 3, 1997, S. 505 - 523

Coenenberg, A.G. / Sautter, M.T., [Bewertung, 1988]: Strategische und finanzielle Bewertung von Unternehmensaquisitionen, in: DBW, 1988, S. 691 - 710

Coenenberg, A.G., [Hochschule, 1992]: Unternehmensbewertung aus der Sicht der Hochschule, in: Busse v. Colbe, W. / Coenenberg, A.G. (Hrsg.), Unternehmensaquisition und Unternehmensbewertung, Stuttgart, 1992, S. 89 - 108

Conen, R. / Väth, H., [Risikoprämien, 1993]: Risikoprämien am deutschen Kapitalmarkt, in: Die Bank, 1993, S. 642 - 647

Conen, R. / Hartmann, S., [Asset-Allocation, 1995]: Asset-Allocation-Entscheidungen im Investmentprozeß, in: Cramer, J.-E. / Rudolph, B. (Hrsg.), Handbuch für Anlageberatung und Vermögensverwaltung, Methoden und Instrumente des Portfoliomanagements, Frankfurt am Main, 1995, S. 365 - 383

Copeland, T. / Koller, T. / Murrin, J., [Unternehmenswert, 1993]: Unternehmenswert, Frankfurt am Main, New York, 1993

Copeland, T. / Koller, T. / Murrin, J., [Valuation, 1994]

Copeland, T.E. / Weston, F.J., [Financial Theory, 1988]: Financial Theory and Corporate Policy, 3. Auflage, Reading: Addison-Wesley, 1988

Cornel, B. / Roll, R., [Strategies, 1981]: Strategies for Pairwise Competitions in Markets and Organizations, in: Bell Journal of Economics, 12 (1981), S. 201 - 213

Corsten, H., [Betriebswirtschaftslehre, 1995]: Lexikon der Betriebswirtschaftslehre, 3. Auflage, München, u.a., 1995

Day, G.S., [Market, 1990]: Market Driven Strategy. Process for Creating Value, New York, u.a., 1990

Decain, P.F., [CAPM, 1994]: Determining The Discount Rate from a CAPM Equitation, in: Real Estate Review, 1994, S. 33 - 35

Dedner, M. / Günther, R. / Rünger, R., [Ertragsteuerplanung, 1980]: Die Berücksichtigung der Planungsabhängigkeit von Nettozinssatz und Steuerbilanzgewinn bei der Ertragsteuerplanung, in: ZfB 1980, S. 164 - 185

Deutsche Bundesbank (Hrsg.), [Stripping, 1997]: Stripping von Bundesanleihen, Monatsberichte Juli 1997, S. 17- 22

Deutsche Bundesbank (Hrsg.), [Kapitalmarktstatistik, 1998]: Kapitalmarktstatistik August 1998, Statistische Beihefte zum Monatsbericht 2, 1998

Deutsche Bundesbank (Hrsg.), [Markt, 1998]: Der Markt für deutsche Bundeswertpapiere, 2. Auflage, Frankfurt am Main, 1998

Deutsche Bundesbank (Hrsg.), [Finanzierungsströme, 1999]: Die gesamtwirtschaftlichen Finanzierungsströme im Jahr 1998, Monatsberichte, Juni 1999, S. 15 - 39

Deutsche Bundesbank (Hrsg.), [Kapitalmarktstatistik, 1999]: Kapitalmarktstatistik Juni 1999, Statistische Beihefte zum Monatsbericht 2, 1999

Diedrich, R., [Methoden, 1993]: Methoden der künstlichen Intelligenz zur Lösung des Prognoseproblems bei der Unternehmensbewertung, Berlin, 1993, (zugl. Diss., Köln, 1992)

Dirrigl, H., [Konzepte, 1994]: Konzepte, Anwendungsbereiche und Grenzen einer strategischen Unternehmensbewertung, in: BFuP, 1994, S. 409 - 432

Döhrmann, A., [Underpricing, 1990]: Underpricing oder Fair Value, Wiesbaden, 1990, (zugl. Diss. Univ. Hamburg, 1989)

Draper, D.W. / Chapman, F.M., [Real Estate, 1982]: Capital Asset Pricing and Real Estate Valuation, in: Journal of American Real Estate & Urban Economics, 10:2, 1982, S. 152 - 183

Drukarczyk, J., [DCF-Methoden, 1995]: DCF-Methoden und Ertragswertverfahren - einige klärende Anmerkungen, in: WPg, 1995, S. 320 - 334

Drukarczyk, J., [Finanzierungstheorie, 1980]: Finanzierungstheorie, München, 1980

Drukarczyk, J., [Theorie, 1993]: Theorie und Politik der Finanzierung, 2. Auflage, München, 1993

Drukarczyk, J., [Unternehmensbewertung, 1996]: Unternehmensbewertung, Regensburg, 1996

Drukarczyk, J., [Unternehmensbewertung, 1998]: Unternehmensbewertung, 2. Auflage, München, 1998

Dybvig, P.H. / Ross, S.A., [APT, 1985]: The APT is Testable, in: JoF, 1985, S. 1173 - 1188

Eder, U., [Umsatzsteuer, 1994]: Die Behandlung der Umsatzsteuer im Grundstückskaufvertrag, in: ZIP, 1994, S. 1669 - 1675

Eekhoff, J., [Bauwirtschaft, 1989]: Anmerkungen zur zyklischen Entwicklung der Wohnungs- und Bauwirtschaft, in: ifo-Schnelldienst, 1989, S. 21 - 28

Egner, T., [Investmentfonds, 1998]: Performancemessung bei Wertpapier-Investmentfonds, Heidelberg, 1998

Eichholtz, P.M.A., [Diversification, 1996]: Does International Diversification Work Better for Real Estate than for Stocks and Bonds, in: Financial Analysts Journal, January / February, 1996

Eisenführ, F. / Weber, M., [Entscheiden, 1993]: Rationales Entscheiden, Berlin, Heidelberg, 1993

Engels, W., [Bewertungslehre, 1962]: Betriebswirtschaftliche Bewertungslehre im Lichte der Entscheidungstheorie, Köln, Opladen, 1962

Englbrecht, B., [Immobilienbewertung, 1998]: Grundsätze und Techniken ordnungsmäßiger Immobilienbewertung, Heidelberg, 1998

Ennis, R.M. / Burik, P., [Investment, 1991]: Pension Fund Real Estate Investment Under a Simple Equilibrium Pricing Model, in Financial Analysts Journal / May-June 1991, 1991, S. 20 - 30

Erhardt, M.C. / Bhagwat, Y.N., [Betas, 1991]: A Full-Information Approach for Estimating Divisional Betas, in: FM, No. 2, 1991, S. 60 - 69

Faff, R.W. / Brook, R.D., [Stability, 1997]: Further Evidence On The Relationship Between Beta Stability And The Length Of The Estimation Period, in: Advances in Investment Analysis and Portfolio Management, Vol. 4, 1997, S. 95 - 111

Fama, E.F. / Mac Beth, J.D., [Equilibrium, 1973]: Risk, Return and Equilibrium: Empirical Tests, in: Journal of Political Economy, Vol. 71, 1973, S. 607 - 636

Fama, E.F. / Miller, M.H., [Theory, 1972]: The Theory of Finance, New York, u.a., 1972

Fama, E.F., [Discount Rate, 1977]: Risk-Adjusted Discount Rate and Capital Budgeting under Uncertainty, in: JoFE, 5 Jg. S. 3 - 24, 1977

Fama, E.F. / French, K.R., [CAPM, 1996]: The CAPM is Wanted, Dead or Alive, in: JoF, 1996, S. 1947 - 1958

Fama, E.F. / French, K.R., [Returns, 1989]: Business Conditions and Expected Returns on Stocks and Bonds, in: Journal of Financial Economics, Vol. 25, S. 24 - 49

Fama, E.F., [Capital Markets, 1970]: Effizient Capital Markets, in: A Review of Theorie and Empirical Work, 1970, 383 - 414

Fama, E.F., [Efficient, 1991]: Efficient Capital Markets: II, in Journal of Finance 46, 1991, S.1575 - 1617

Fischer, E.O., [Bewertung, 1999]: Die Bewertung riskanter Investitionen mit dem risikolosen Zinsfuß, in: ZfB-Ergänzungsheft, 1/99, S. 25 - 42

Fisher, I., [Interest, 1896]: Appreciation and Interest, in: Publications of the American Economic Association, 1986, S. 23 - 29 und S. 88 - 92

Fisher, I., [Theory, 1930]: The Theory of Interest, Reprint, New York, 1965

Franke, G. / Hax, H., [Finanzwirtschaft, 1990]: Finanzwirtschaft des Unternehmens und Kapitalmarkt, 2. Auflage, Berlin, u.a., 1990

Frantzmann, H.-J., [Messung, 1990]: Zur Messung des Marktrisikos deutscher Aktien, in: ZfbF, 1990, S. 67 - 83

Freisleben, B. / Ripper, K., [Renditeschätzung, 1997]: Neuronale Netze zur Renditeschätzung von Aktien nach dem CAPM Kapitalmarktmodell, in: ZfB Ergänzungsheft, 2/97, 1997, S.51 - 64

Freygang, W., [Kapitalallokation, 1993]: Kapitalallokation in diversifizierten Unternehmen, Wiesbaden, 1993, (zugl. Diss. Univ. Köln, 1993)

Froot, K.A., [Real Assets, 1995]: Hedging Portfolios with Real Assets, in: The Journal of Portfolio Management, Vol. 21, No. 4, 1995, S. 60 - 77

Fuchs, M., [Kürzung, 1990]: Erweiterte Kürzung des Gewerbeertrags bei gewinnlosen Geschäften, in: DB, 1990, S. 2236 - 2239.

Fuller, R.J. / Kerr, H.S., [Pure-Play, 1981]: Estimating the Divisional Cost of Capital: An Analysis of the Pure-Play Technique, in: JoF, 1987, S. 997 - 1009

Gast, G., [Immobilienfonds, 1997]: Die Problematik der Fremdfinanzierung von Anteilen an geschlossenen Immobilienfonds, Hamburg, 1997, (zugl. Diss. Univ. Erlangen, Nürnberg, 1997)

Gatzlaff, D.H. / Tirtiroglu, D., [Real Estate, 1995]: Real Estate Market Effiziency: Issues and Evidence, in: Journal of Real Estate Literature 3, 1995, S. 157 - 189

Gau, G.W., [Real Estate, 1987]: Efficient Real Estate Markets Paradox or Paradigm, in: Journal of Real Estate and Urban Economics Association 15, 1987, S.1-15

Gehr, A., [Tests, 1978]: Some tests of the Arbitrage Pricing Theory, in: Journal of the Midwest Finance Association, Vol. 7, S. 91 - 105

Gerke, W. / Bank, M., [Finanzierung, 1998]: Finanzierung, Grundlagen für die Investitions- und Finanzierungsentscheidungen in Unternehmen, Stuttgart, Berlin, Köln, 1998

Gerling, C., [Unternehmensbewertung, 1985]: Unternehmensbewertung in den USA, Bergisch Gladbach, 1985

Geurts, T.G. / Jaffe, A.J., [Real Estate, 1996]: Risk and Real Estate Investment: An International Perspective, in: The Journal of Real Estate, Vol. 11, Nr. 2, 1996, S. 117 - 130

Geyer, A. / Hauer, S., [ARCH-Modelle, 1991]: ARCH-Modelle zur Messung des Marktrisikos, in: ZfbF, 1991, S. 65 - 74

Glatzel, C., [Wohnungsmarkt, 1995]: Der Wirkungszusammenhang zwischen Bestands- und Stromgrößen auf dem westdeutschen Wohnungsmarkt in einem dynamischen Investitionsmodell, Berlin, u.a., 1996, (zugl. Diss., Univ. Freiburg (Breisgau), 1995)

Goetzmann, W.N. / Wachter, S.M., [Real Estate, 1995]: The Global Real Estate Crash: Evidence From an International Database, in: Working Paper, Yale School of Management, 1995

Goll, H.P. / Gilbert, W. / Steinhaus, H.-J., [Handbuch, 1992]: Handbuch der Lebensversicherung, 11. Auflage, Karlsruhe, 1992

Gooch, L.B. / Grabowski, R.J., [Valuation, 1976]: Advanced Valuation Methods in Mergers and Acquisitions, in: M&A, Vol. 11, 1976, Nr. 2, S. 15 - 30

Göppl, H., u.a, [Risk, 1996]: Risk Book, German Stocks 1976 - 1995, Frankfurt am Main ,1996

Götze, U., [Risikoanalyse, 1993]: Sensitive Risikoanalyse zur Vorbereitung von Investitionsentscheidungen bei Unsicherheit, in: Managementorientiertes Rechnungswesen, Wiesbaden, 1993, S. 201 -227

Graff, R. / Cashdan, D., [Real Estate, 1990]: Some Ideas in Real Estate Finance, in: Journal of Applied Corporate Finance, Vol. 3 No. 1, spring, 1990, S. 77 - 89.

Grissom, T.V. / Diaz, J., [Valuation, 1991]: Real Estate Valuation: Guide to Investment Strategies, 1991

Grob, H.L., [Investitionsrechnung, 1999]: Einführung in die Investitionsrechnung, 3. Auflage, München, 1999

Grossmann, S.J. / Stiglitz, J.E., [Efficient Markets, 1980]: On the impossibility of informational efficient markets, in: AER, Vol. 70, No. 3, S. 393 - 408, 1980

Günkel, M. / Fenzl, B., [Steuerentlastungsgesetz, 1999]: Ausgewählte Fragen zum Steuerentlastungsgesetz: Bilanzierung und Verlustverrechnung, in: DStR, 1999, S. 649 - 660

Guntermann, K.L. / Norrbin, S.C, [Market Efficiency]: Empirical Tests of Real Estate Market Efficiency, in: Journal of Real Estate Finance and Economics, 1991, S. 297 - 313

Guntermann, K.L. / Smith, R.L., [Real Estate, 1987]: Efficiency of the Market for Residential Real Estate, in: Land Economics, Vol. 63, No.1, Feb. 1987, S. 34 - 45

Günther, R., [Unternehmensbewertung, 1997]: Zur Berücksichtigung der persönlichen Einkommensteuer bei der Unternehmensbewertung nach der Ertragswertmethode, Düsseldorf, 1997

Gyourko, J. / Linneman, P., [Homes, 1988]: Owner-occupied Homes, Income Producing Properties and REITs as Inflation Hedges: Empirical Findings, in: Journal of Real Estate Finance and Economics Vol. 1, No. 4, S. 347 - 372

Gyourko, J. / Keim, D.B., [Real Estate, 1993]: Risk an Return in Real Estate: Evidence from a Real Estate Stock Index, in: Financial Analysts Journal, September - Oktober, 1993, S. 39 - 46

Hachmeister, D., [Cash Flow, 1995]: Der Discounted Cash Flow als Maß der Unternehmenswertsteigerung, Frankfurt am Main, 1995, (zugl. Diss. Univ. München, 1994)

Hachmeister, D., [Finanzierung, 1996]: Die Abbildung der Finanzierung im Rahmen verschiedener Discounted Cash Flow-Verfahren, in: ZfbF, 1996, S. 251 - 277

Haley, C.W. / Schall, L.D., [Theory, 1979]: The Theory of Financial Decisions, 2. Auflage, New York, 1979

Hamerle, A. / Rösch, D., [CAPM, 1995]: Das Surrogatproblem bei CAPM-Tests, Konsequenzen der Nichtbeobachtbarkeit des Marktportefeuilles bei empirischen Validierungen des CAPM, Regensburger Diskussionsbeiträge, 1995

Hamerle, A. / Rösch, D., [Risikofaktoren, 1998]: Zur empirischen Identifikation von Risikofaktoren bei Modellen der Arbitrage Pricing Theory, in: OR Spektrum, 1998, S. 123 - 134

Hansmann, K.-W., [Prognose, 1995]: Prognose und Prognoseverfahren, in: BFuP 1995, S. 269 - 286

Häpke, U., [Nachfrageverhalten, 1994]: Nachfrager und Nachfrageverhalten auf Wohnungsmärkten, in: Kühne-Büning, Heuer, J.H.B. (Hrsg.), Grundlagen der Wohnungs- und Immobilienwirtschaft, 1994, S. 97 - 123

Hartzell, D.J. / Pittman, R.H. / Downs, D.H., [Real Estate, 1993]: An Updated Look at the Size of the U.S. Real Estate Market Portfolio, in: The Journal of Real Estate Research, 1993, S. 197 - 212

Haugen, R.A., [Theory, 1986]: Modern Investment Theory, Englewood Cliffs, 1986

Hawlitzky, J., [Bewertung, 1998]: Kapitalmarktorientierte Bewertung von Finanzierungstiteln unter besonderer Berücksichtigung der Besteuerung auf Anlegerebene, Frankfurt am Main, u.a., 1998, (zugl. Diss. Univ. Bochum, 1997)

Hax, H., [Kalkulationszinsfuß, 1964]: Der Kalkulationszinsfuß in der Investitionsrechnung bei unsicheren Erwartungen, in: ZfbF, 1964, S. 187 - 194

Hax, H., [Investitionstheorie, 1985]: Investitionstheorie, 5. Auflage, Würzburg, Wien, 1985

Hax, H. / Neus, W., [Kapitalmarktmodelle, 1995]: Kapitalmarktmodelle, in: Gerke, W. / Steiner, M. (Hrsg.), Handwörterbuch des Bank- und Finanzwesens, 2. Auflage, Stuttgart, 1995, Sp., 1165 - 1178

Hecht, M., [Wohnungswirtschaft, 1978]: Subventionsformen in der Wohnungswirtschaft, Schriftenreihe Wirtschaftswissenschaftliche Forschung und Entwicklung, Band 20, München, 1978

Helbing, C., [Unternehmensbewertung, 1989]: Unternehmensbewertung und Steuern, 5. Auflage, Düsseldorf, 1989

Helmer, S., [Immobilien-KG, 1997]: Die vermögensverwaltende Immobilien-KG mit Genußschein: ein kapitalmarktorientierter Ansatz zur Lösung der Bewertungs- und Liquiditätsproblematik offener Immobilienfonds, Frankfurt, u.a., (zugl. Diss., Univ., Frankfurt am Main, 1997), 1997

Hens, M., [Shareholder, 1998]: Der immobilienspezifische Einsatz des Shareholder Value-Konzepts, in: Hens, M. / Haub, C. / Meyer, T.J., Shareholder Value und Immobilien, Köln, 1998, S. 25 - 121

Heuer, J.H.B., [Wohnungsmärkte, 1991]: Die Wohnungsmärkte im gesamtwirtschaftlichen Gefüge, in: Kompendium der Wohnungswirtschaft, Jenkis, H.W. (Hrsg.), München, Wien, 1991, S. 22 - 40

Hicks, J., [Value, 1946]: Value and Capital, 2. Auflage, Oxford, 1946

Hieronymus, J. / Schwatlo, W., [Immobilienvermögen, 1994]: Management von Immobilienvermögen, Rentabilität und Fungibilität, in: Gerlach, H., u.a. (Hrsg.), Die Gewerbeimmobilie als Kapitalanlage, 4. Auflage, Freiburg, 1994

Hudson-Wilson, S. / Elbaum, B.L., [Benefits, 1995]: Diversification Benefits for Investors in Real Estate, in: The Journal of Portfolio Management, Vol. 21, No. 3, 1995, S. 92 - 99

Hupe, M. / Ritter, G., [Kalkulationszinsfüße, 1997]: Der Einsatz risikoadjustierter Kalkulationszinsfüße bei Investitionsentscheidungen - eine theoretische Grundlage und empirische Untersuchung, in: BFuP, 1997, S. 593 - 612

Ibbotson Associates, Inc., [Stocks, 1995]: Stocks, Bonds, Bills and Inflation, 1995 Yearbook, Ibbotson Associates, Chicago, 1995

Ibbotson, R.G. / Siegel, L.B., [Real Estate, 1984]: Ibbotson, R.G. / Siegel, L.B., Real Estate Returns: A Comparison with other Investments, in: AREUEA, Vol. 12, No. 3, S. 219 - 242

Ibbotson, R.G. / Siegel, L.B. / Love, K.S., [World Wealth, 1985]: World Wealth: Market values and returns, in: The Journal of Portfolio Management, Heft, 12, 1985, S. 4 - 23

IdW, [HFA 2/1983, 1983]: Stellungnahme HFA 2/1983: Grundsätze zur Durchführung von Unternhemensbewertungen, in: WPg, 1983, S. 468 - 480

Jaeckel, U., [Basiszinsfuß, 1988]: Zur Bestimmung des Basiszinfußes bei der Ertragswertermittlung, in: BFuP, 1988, S. 553 - 563

Jaensch, G., [Kalkulationszinsfuß, 1966]: Ein einfaches Modell der Unternehmungsbewertung ohne Kalkulationszinsfuß, in: ZfbF, 1966, S. 660 - 679

Jensen, M.C., [Efficiency, 1978]: Some anomalous evidence regarding market efficiency, in: Journal of financial economics 6, 1978, S.95 - 101

Jung, W., [Praxis, 1993]: Praxis des Unternehmenskaufs, 2. Auflage, Stuttgart, 1993

Jonas, M., [Unternehmensbewertung, 1995]: Unternehmensbewertung: Zur Anwendung der Discounted-Cash-flow-Methode in Deutschland, in: BFuP, 1995, S. 83-98

Kaden, J., u.a., [Überlegungen, 1996]: Kritische Überlegungen zur Discounted Cash Flow-Methode, in: ZfB, 1996, S. 499 - 508

Kahn, H., [Zukunft, 1972]: Angriff auf die Zukunft - Die 70er und 80er Jahre: So werden wir leben, München, 1972

Kallberg, J.G. / Liu, C.H. / Greig, D.W., [Portfolio, 1996]: The Role of Real Estate in the Portfolio Allocation Process, in: Real Estate Economics, Vol. 24, 1996, S. 359 - 377

Kandel, S. / Stambaugh, R.F., [Inefficiency, 1995]: Portfolio Inefficiency and the Cross-section of Expected Returns, in: JoF, S. 157 - 184

Kaplan, P.D. / Peterson, J.D., [Betas, 1998]: Full Information Industry Betas, in: FM, Vol. 27, Number 2, 1998, S. 85 - 93

Kaplan, S.N. / Ruback, R.S., [Valuation, 1995]: The Valuation of Cash Flow Forecasts: An Empirical Analysis, in: JoF, Vol. L. No. 4, 1995, S. 1059 - 1093

Kaplan, S.N., [Market Pricing, 1995]: Market Pricing of Cash Flow Forecasts: Discounted Cash Flow vs. the Method of „Comparables", in: Journal of Applied Corporate Finance, Vol. 8 Nr. 4 Winter 1996, S. 46 - 60

Kempka, B., [Solidaritätszuschlag, 1995]: Die Wirkung des Solidaritätszuschlags im körperschaftsteuerlichen Anrechnungsverfahren, in: DB, 1995, S. 4 - 6

Keunecke, K.P., [Immobilienbewertung, 1994]: Immobilienbewertung, Entscheidungsorientierte Ansätze bei Grundstücks und Gebäudebewertung, Berlin, u.a., 1994

**Kleiber, W., u.a. [WertV`88, 1990]**: WertV`88, 2. Auflage, Köln, 1990

Klemkosky, R. / Martin, J., [Forecasts, 1975]: The Adjustment of Beta Forecasts, in: JoF, 1975, S. 1123 - 1128

Kloster, U., [Kapitalkosten, 1988]: Kapitalkosten und Investitionsentscheidung, Frankfurt am Main, u.a., 1988, (zugl. Diss. Univ. Essen, 1988)

Knappe, E. / Funk, L., [Preisbildung, 1994]: Besonderheiten der Preisbildung auf Vermögensmärkten, in: WISU 2/94, 1994, S. 1025 - 1031

Köddermann, R., [Bubbles, 1993]: Chartisten, Bubbles und Handelsvolumen, Drei Essays zur Kapitalmarkttheorie Münster, New York, 1993, (zugl. Diss. Freie Univ. Berlin, 1993)

Kolb, R.W., [Principles, 1988]: Principles of Finance, Glenview, u.a., 1988

König, W., [Unternehmensbewertung, 1996]: Die Behandlung von Steuern bei der Unternehmensbewertung, in: DStR, 1996, S. 1098 - 1103

Korn, K. / Strahl, M., [Steuerenlastungsgesetz, 1999]: „Steuerentlastungsgesetz 1999/2000/2002“: Übersicht über erste Beratungserkenntnisse, in KÖSDI, 5-1999, 1999, S. 11964 - 11988

Kreikebaum, H., [Unternehmensplanung, 1993]: Strategische Unternehmensplanung, 5. Auflage, Stuttgart, Berlin, Köln, 1993.

Kress, S., [Kapitalmarktregulierung, 1995]: Effizienzorientierte Kapitalmarktregulierung, Wiebaden, 1996, (zugl. Diss, Univ. Frankfurt, 1995)

Kruschwitz, L. / Löffler, A., [Unternehmensbewertung, 1998]: Unendliche Probleme bei der Unternehmensbewertung, in: DB 1998, S. 1041 - 1043

Kruschwitz, L., [Investitionsrechnung, 1995]: Investitionsrechnung, 6. Auflage, Berlin, New York, 1995

Kruschwitz, L., [Kalkulationszinsfuß, 1995]: Kalkulationszinsfuß, 1995, Sp. 1050-1057

Kühne-Büning, L., [Besonderheiten, 1994]: Besonderheiten des Wirtschaftsgutes Wohnung und seiner Nutzungsleistung, in: Kühne-Büning, L. / Heuer, J.H.B. (Hrsg.), Grundlagen der Wohnungs- und Immobilienwirtschaft, 3. Auflage, Frankfurt am Main, 1994, S. 6 - 17

Kurzendörfer, V., [Lebensversicherung, 1996]: Einführung in die Lebensversicherung, 2. Auflage, Karlsruhe, 1996

Küpper, H.-U., [Controlling, 1997]: Controlling, Konzeption, Aufgaben und Instrumente, 2. Auflage , Stuttgart, 1997

Kussmann, M., u.a. [Einkommensteuer, 1997]: Lehrbuch der Einkommensteuer, 9. Auflage, Herne, Berlin, 1997

Kußmaul, H., [Investitionsprogrammentscheidungen, 1996]: Investitionsprogrammentscheidungen, in: Der Steuerberater, 1996, S. 151 - 154, 189 - 195, 223 - 230

Kußmaul, H., [Steuerlehre, 1998]: Betriebswirtschaftliche Steuerlehre, Arbeitsbuch, München, Wien, Oldenbourg, 1998

Laux, H., [Entscheidungstheorie, 1982]: Entscheidungstheorie, Berlin, Heidelberg, New York, 1982

Laux, H., [Entscheidungstheorie, 1997]: Entscheidungstheorie, Berlin, u.a., 1997

Laux, H., [Risikoteilung, 1998]: Risikoteilung, Anreiz und Kapitalmarkt, Berlin, u.a., 1998

Laux, H. / Liermann, F., [Grundlagen, 1993]: Grundlagen der Organisation, 3. Auflage, Berlin, u.a., 1993

Le Roy, S., [Capital Markets, 1989]: Efficient Capital Markets and Martingales, in: Journal of Economic Literature 27, 1989, S. 1583 - 1621

Leopoldsberger, G., [Wertermittlung, 1998]: Kontinuierliche Wertermittlung von Immobilien, 1998, (zugl. Diss., Europ. Business Schoool, Oestrich-Winkel, 1997)

Leopoldsberger, G., [Bewertung, 1998]: Bewertung von Immobilien, in: Schulte, K.-W. / Bone-Winkel, S. / Thomas, M. (Hrsg.), Handbuch Immobilieninvestition, Köln, 1998, S. 171 - 211

Leuthier, R., [Besteuerung, 1988]: Zur Berücksichtigung der Besteuerung bei der Unternehmensbewertung, in: BFuP, 1988, S. 505 - 521

Leuthier, R., [Unternehmensbewertung, 1988]: Das Interdependenzproblem bei der Unternehmensbewertung, Frankfurt am Main, u.a., 1988

Levy, M. / Levy, H., [Danger, 1996]: The Danger of Assuming Homogenous Expectations, in: Financial Analysts Journal, May/June, 1996, S. 65 - 70

Licher, T. / Stein, G., [Mehrwert, 1998]: Mehrwert bei Eintracht, in: Capital, 2/98, S. 128, 1998

Littmann, E. / Bitz, H. / Hellwig, P., [Das Einkommensteuerrecht, 1995]: Band 2 § 7 - 15a EStG, 15. Auflage, Stuttgart 1988, (Loseblatt), Stand: April 1999

Liu, C.H. / Grissom, T.V. / Hartzell, D.J., [Imperfections, 1990]: The Impact of Market Imperfections on Real Estate Returns and Optimal Investor Portfolios, in: AREUEA, 1990, S. 453 - 478

Liu, C.H. / Hartzell, D.J. / Grissom, T.V., [Composition, 1990]: The Composition of the Market Portfolio and Real Estate Investment Performance, in: AREUEA, Vol. 18, No. 1, 1990, S. 49 - 75

Lockert, G., [Risikofaktoren, 1996]: Risikofaktoren und Preisbildung am deutschen Aktienmarkt, Heidelberg, 1996, (zugl. Diss. Univ. Essen 1995)

Löhr, D., [Grenzen, 1994]: Die Grenzen des Ertragswertverfahrens, Kritik und Perspektiven, Frankfurt am Main, 1994, (zugl. Diss., Univ. Bochum, 1993)

Loipfinger, S. / Nickl, L. / Richter, U., [Immobilienfonds, 1994]: Geschlossene Immobilienfonds, Stuttgart, 1994

Lücke, W., [Investitionsrechnungen, 1955]: Investitionsrechnungen auf der Grundlage von Ausgaben oder Kosten, in: ZfbF, 1955, S. 310 - 324

Luehrman, T.A., [General, 1997]: What's It Worth? A General Manager's, in: Harvard Business Review, May-June, 1997, S. 132 - 142

Lusht, K.M., [Valuation, 1997]: Real Estate Valuation, Principles and Applications, Chicago, u.a., 1997

Mag, W., [Zeitprobleme, 1990]: Zeitprobleme in der Unternehmensplanung, in: WISU, 1990, S. 694 - 699

Makmin, D., [Valuation, 1989]: The Valuation and Sale of Residential Property, London, 1989

Markowitz, H.M., [Portfolio, 1952]: Portfolio Selection, in: JoF 7, 1952, S. 77- 92

Markowitz, H.M., [Portfolio, 1959]: Portfolio Selection. Efficient Divesification of Investment, New York, London, Sydney, 1959

Marx, A., [Betriebswirtschaft, 1958]: Der Wert in der Betriebswirtschaft, in: ZfB 28, 1958, S. 65-74

Maurer, R. / Stephan, T.G., [Immobilien-Benchmark, 1996]: Konstruktion einer Immobilien-Benchmark und deren Anwendung im Investment-Management, in: ZfB 1996, S. 1527 - 1546

Meyer, B., [Verpachtung, 1985]: Zur Behandlung umsatzsteuerlicher Vorgänge im Rahmen der Einkünfte aus Vermietung und Verpachtung unter besonderer Berücksichtigung des § 9 b Abs. 2 EStG, in DStZ, 1985, S. 195 - 204

Meyer-Scharenberg, D., [Finanzierung, 1996]: Finanzierung mit Lebensversicherungen, 2. Auflage, München, 1996

Modigliani, F. / Sucht, R., [Innovations, 1966]: Innovations in Interest Rate Policy, in: AER, Vol. 56, S. 178 - 197, 1966

Modigliani, F. / Miller, M.H., [Capital, 1958]: Modigliani, F. / Miller, M.H., The Cost of Capital, Corporation Finance and the Theory of Investment, in: AER, Vol. 53, 1958, S. 261 - 297

Modigliani, F. / Miller, M.H., [Taxes, 1963]: Modigliani, F. / Miller, M.H., Corporated Income Taxes and the Cost of Capital: A Correction, in: AER, Vol. 53, 1963, S. 433 - 443

Mohr, R.M., [Operating Beta, 1985]: The Operating Beta of a U.S. Multi-Activity Firm: An Empirical Investigation, 1985

Möller, H.P., [Bilanzkennzahlen, 1986]: Bilanzkennzahlen und Ertragsrisiken des Kapitalmarkts, Stuttgart, 1986

Möller, H.P., [Informationseffizienz, 1985]: Die Informationseffizienz des deutschen Aktienmarktes - eine Zusammenfassung und Analyse empirischer Untersuchungen, in: ZfbF, 37 Jg., S. 500 - 518, S. 501

Morawietz, M., [Rentabilität, 1994]: Rentabilität und Risiko deutscher Aktien- und Rentenanlagen seit 1870, Wiesbaden, 1994, (zugl. Diss. Univ. Darmstadt, 1994)

Moxter, A., [Grundsätze, 1983]: Grundsätze ordnungsmäßiger Unternehmensbewertung, 2. Auflage, Wiesbaden, 1983

Moxter, A., [Unternehmensbewertung, 1980]: Die Bedeutung der Grundsätze ordnungsmäßiger Unternehmensbewertung, in: ZfbF, 1980, S. 454 - 459.

Müller, P., [Kapitalisierungszinssatz, 1993]: Die Bedeutung des Kapitalisierungszinssatzes bei der Bewertung von Renditeliegenschaften in der Schweiz, in: GuG, S. 348 - 350

Müller, W., [Aktienbewertung, 1992]: Bilanzinformation und Aktienbewertung, Frankfurt am Main, 1992

Myers, S.C., [Financing, 1974]: Myers, S.C., Interactions of Financing and Investment Decisions - Implications for Capital Budgeting, in: JoF, 1974, S. 1 - 25

Nachtkamp, H.H., [Wohnungsmarkt, 1994]: Wohnungsmarkt im System der Marktwirtschaft, in: Kühne-Büning, L. / Heuer, J.H.B. (Hrsg.), Grundlagen der Wohnungs- und Immobilienwirtschaft, 3. Auflage, Frankfurt am Main, 1994, S. 27 - 55

Nesbitt, S.L., / Reynolds, H.W., [Investments, 1997]: Benchmarks for Private Market Investments, in: The Journal of Portfolio Management, 1997, S. 85 - 90

Neyer, W., [Behandlung, 1991]: Gewerbesteuerliche Behandlung der grundstücksverwaltenden GmbH: Laufende Besteuerung und Sonderfälle, in: DStR, 1991, S. 537 - 540

Nieskens, H., [Umsatzsteuer, 1994]: Umsatzsteuer und kein Ende, in: BB, 1994, S. 256 - 262

Nowak, T., [Faktormodelle, 1994]: Faktormodelle in der Kapitalmarkttheorie, Köln, 1994, (zugl. Diss. Univ. Münster, 1994)

o.V., [Bauwirtschaft (Ost), 1998]: Bauwirtschaft (Ost): Verstärkter Preisrückgang, in: ifo Wirtschaftskonjunktur, 50. Jahrgang, November 1998, S. T21 - T24

o.V., [Bauwirtschaft (West), 1998]: Bauwirtschaft (West): Auftragsreserven nehmen weiter zu, in: ifo Wirtschaftskonjunktur, 50. Jahrgang, November 1998, S. T5 - T8

o.V., [Benchmarking, 1995]: Benchmarking für Immobilienaktien: Ellwanger & Geiger stellt den E&G-DIMAX Immobilienaktienindex vor, in: Immobilienzeitung, 16.5.1995, 1995, S. 12

o.V., [Grundstücksbewertung, 1991]: Grundstücksbewertung bei offenen Immobilienfonds, in: Bundesverband Deutscher Investment-Gesellschaften e.V. (Hrsg.), Investment 90, 1991, S 67 - 72

o.V., [Wohnungsmieten, 1997]: Wohnungsmieten in Deutschland im Jahr 1996, DIW Wochenbericht 21/97, 1997

o.V., [Geldvermögen, 1998]: Geldvermögen und Vermögenseinkommen privater Haushalte 1997, in: DIW Wochenbericht, 30/98, 1998, S. 541 - 550

Pauk, H., [Analyse, 1994]: Analyse des Immobilienmaklers, Münster, 1994, (zugl. Diss. Univ. Münster, 1994)

Pensel, J., [Bewertung, 1993]: Bemerkungen zur Bewertung von Grundstücksunternehmen, in: WPg, 1993, S. 365 - 374

Perridon, L. / Steiner, M., [Finanzwirtschaft, 1997]: Finanzwirtschaft der Unternehmung, 9. Auflage, München, 1997

Peters, H.-W., [Kapitalmarkttheorie, 1987]: Kapitalmarkttheorie und Aktienanalyse, Frankfurt am Main, 1987

Petersen, H., [Immobilienbewertung, 1996]: Marktorientierte Immobilienbewertung, 3. Auflage, Stuttgart, München, u.a., 1996

Platz, J., [Immobilienmanagement, 1991]: Immobilienmanagement Prüfkriterien zu Lage, Substanz, Rendite, 2. Auflage, Wiesbaden, 1991

Plückebaum, R., u.a., [Einkommensteuer, 1996]: Einkommensteuer, 18. Auflage, Achim bei Bremen, 1996

Porterfield, J.T.S., [Investment, 1965]: Investment Decisions and Capital Costs, Englewood Cliffs, 1965

Puxty, A.G. / Dodds, C.J., [Financial Management, 1988]: Financial Management - Method and meaning, London: VNR, 1988

Quan, D.C. / Titman, S., [Real Estate, 1997]: Commercial Real Estate Prices and Stock Market Returns: An International Analysis, in: Financial Analysts Journal, Vol. 53, No. 3, 1997, S. 21 - 34

Rappaport, A., [Shareholder Value, 1986]: Creating Shareholder Value, New York, 1986

Reichling, P., [Wertpapierkennlinie, 1995]: Warum ist die Wertpapierkennlinie zu flach?, in: Finanzmarkt und Portfolio Management, 9. Jahrgang 1995, Nr.1, 1995, S. 96 - 110

Reilly, F.K. / Akhtar, R.A., [Benchmark, 1995]: The Benchmark Error Problem with Global Capital Markets, in: The Journal of Portfolio Management, 1995, S. 33 - 52

Rehkugler, H., [Neuronale Netze, 1996]: Neuronale Netze in der Ökonomie, in: WiSt, 1996, S. 572 - 576

Renner, U., [Immobilienfonds, 1993]: Die Bedeutung des Sachverständigengutachtens beim offenen Immobilienfonds, in: GuG, Heft 3/93, 1993, S. 139 - 143

Richter, F., [Konzeption, 1996]: Konzeption eines marktwertorientierten Steuerungs- und Monitoringsystems, Frankfurt am Main, u.a., (zugl. Diss. Univ. Regensburg, 1996), 1996

Richter, R. / Simon-Keuenhof, K., [Kapitalkostensätze, 1996]: Bestimmung durchschnittlicher Kapitalkostensätze deutscher Industrieunternehmen - eine empirische Untersuchung -, in: BFuP, 1996, S. 698 - 705

Riebel, V. / Hubbert, E.-M., [Wohnung, 1998]: Die Wohnung als ökonomisches Gut - eine Betrachtung aus mikroökonomischer Sicht, in: Hüpen, R. / Werbeck, T. (Hrsg.), Wirtschaftslehre zwischen Modell und Realität, Stuttgart, 1998, 179 - 190

Rieger, G., [Realsteuerhebesätze, 1998]: Entwicklung der Realsteuerhebesätze der Gemeinden mit 50000 und mehr Einwohnern in 1998 gegenüber 1997, Bonn, 1998

Rieß, M., [Prognose, 1996]: Die Eignung Neuronaler Netze zur Prognose in der Ökonomie, in: Corsten, H. / May, C., (Hrsg.), Neuronale Netze in der Betriebswirtschaft, 1996, S. 57 - 99

Rolfes, B., [Investitionsrechnung, 1993]: Marktzinsorientierte Investitionsrechnung, in: ZfB, 1993, S. 691 - 712

Roll, R. / Ross, S.A., [Betas, 1994]: On the Cross-sectional Relation between Expected Returns and Betas, in: JoF, 1994, S. 101 - 121

Roll, R. / Ross, S.A., [Investigation, 1980]: An Empirical Investigation of the Arbitrage Pricing Theory, in: JoF, 1980, S. 1073 - 1103

Rondorf, H.-D., [Umsatzbesteuerung, 1995]: Umsatzbesteuerung und Vorsteuerabzug bei Erwerb von Immobilien und Errichtung von Gebäuden (II), in: BuW, 1995, S. 526 - 533

Rose, G., [Die Ertragsteuern, 1997]: Die Ertragsteuern, 15. Auflage, Wiesbaden, 1997,

Rose, G., [Steuerlehre, 1992]: Betriebswirtschaftliche Steuerlehre, 3. Auflage, Wiesbaden, 1992

Rosenberg, B. / Rudd, A., [Beta, 1986]: The Corporate Use of Beta, in: Stern, J.M. / Chew, D.H. (Hrsg.), The Revolution in Corporate Finance, 1986, S. 58 - 68

Ross, S.A., [Arbitrage Theory, 1976]: The Arbitrage Theory of Capital Asset Pricing, in: Journal of Economic Theory 13, 1976, S. 341 - 360

Ross, S.A., [Return, 1977]: Return, Risk, and Arbitrage, in: Friend, I. / Bicksler, J.L. (Hrsg.), Risk and Return in Finance, Vol. 1, Cambridge/Mass., 1977, S. 189 - 218

Ross, S.A. / Westerfield, R.W., [Corporate Finance, 1988]: Corporate Finance, St. Louis, Toronto, Santa Clara, 1988

Ross, S.A. / Westerfield, R.W. / Jaffe, J.F., [Corporate Finance, 1990]: Corporate Finance, Second Edition, Boston, 1990

Rössler, R., u.a., [Schätzung, 1990]: Schätzung und Ermittlung von Grundstückswerten, 6. Auflage, Neuwied, Frankfurt am Main, 1990

Rudolph, B., [Kapitalkostenkonzepte, 1986]: Klassische Kapitalkostenkonzepte zur Bestimmung des Kalkulationszinsfußes für die Investitionsrechnung, in: ZfbF, 1986, S. 608 - 617

Rudolph, B., [Kapitalkostenkonzepte, 1986]: Neuere Kapitalkostenkonzepte auf der Grundlage der Kapitalmarkttheorie, in: ZfbF, 1986, S. 892 - 898

Rudolph, B., [Theorie, 1979]: Zur Theorie des Kapitalmarkts: Grundlagen, Erweiterungen und Anwendungsbereiche des „Capital Asset Pricing Model (CAPM)", in: ZfB, 1979, S. 1034 - 1067

Rußig, V., [Bauvolumen, 1997]: Bauvolumen in Westdeutschland: Wachstumsbremse trotz moderatem Trendanstieg, in: ifo Schnelldienst, 5 - 6 / 1997, S. 3 - 15

Rüter, M., [Belastungswirkung, 1994]: Die Belastungswirkung des Solidaritätszuschlages 1995, in: DStR 1994, S. 1023 - 1026

Sach, A., [Kapitalkosten, 1993]: Kapitalkosten der Unternehmung und ihre Einflußfaktoren, St. Gallen, 1993, (zugl. Diss. Univ. St. Gallen, 1993)

Saelzle, R., [Investitionsentscheidungen, 1976]: Investitionsentscheidungen und Kapitalmarkttheorie, Wiesbaden, 1976

Saliger, E., [Entscheidungstheorie, 1993]: Betriebswirtschaftliche Entscheidungstheorie, 3. Auflage, München, Wien, 1993

Sautter, M.T., [Analyse, 1989]: Strategische Analyse von Unternehmensaquisitionen, Frankfurt am Main, u.a., 1989, (zugl. Diss. Univ. Augsburg, 1988)

Schierek, D. / Weber, M., [Kapitalkosten, 1993]: Marktbezogene Bestimmung der Kapitalkosten, in: Gebhardt, G. / Gerke, W. / Steiner, M. (Hrsg.), Handbuch des Finanzmangements Instrumente und Märkte der Unternehmensfinanzierung, München, 1993, S. 131 - 150

Schildbach, T., [Funktionenlehre, 1993]: Kölner versus phasenorientierter Funktionenlehre der Unternehmensbewertung, in: BFuP, 1993, S. 25 - 38

Schildbach, T., [Unternehmensbewertung, 1998]: Ist die Kölner Funktionenlehre der Unternehmensbewertung durch die Discounted Cash-flow-Verfahren überholt, in: Matschke, M.J. / Schildbach, T., Unternehmensberatung und Wirtschaftsprüfung, Festschrift für Prof. Dr. Günter Sieben zum 65. Geburtstag, Stuttgart, 1998, S. 301 - 322

Schlag, A., [Immobilien, 1994]: Innovative Formen der Kapitalanlage in Immobilien, Kiel, 1995, (zugl. Diss. Univ. Kiel, 1993)

Schmidt, H., [Transaktionskosten, 1983]: Marktorganisationsbestimmte Kosten und Transaktionskosten als börsenpolitische Kategorie, in: KuK, 16. Jg., 1983, S. 184 - 204

Schmidt, J.G., [Ertragswertmethode, 1995]: Die Discounted Cash-flow-Methode - nur eine kleine Abwandlung der Ertragswertmethode?, in: ZfbF 1995, S. 1088 - 1118

Schmidt, R.H. / Terberger, E., [Finanzierungstheorie, 1996]: Grundzüge der Investitions- und Finanzierungstheorie, 3. Auflage, Wiesbaden, 1996, S. 216

Schmidt, U., [Besteuerung, 1998]: Entwicklung von Strukturgrundsätzen der Besteuerung, dargestellt am Beispiel der steuerlichen Abschreibung von Immobilien, Leipzig, 1998, (zugl. Diss. Univ. Leipzig, 1998)

Schmitz-Morkramer, G., [Beurteilung, 1992]: Beurteilung von Gewerbeimmobilien und Bewertung an ausgewählten Beispielen aus Sicht eines Kreditinstitutes, in: Falk, B. (Hrsg.), Gewerbeimmobilien, 5. Auflage, Landsberg/Lech, 1992

Schneider, D., [Investition, 1992]: Investition, Finanzierung und Besteuerung, 7. Auflage, Wiesbaden, 1992

Schönborn, N., [Risiken, 1999]: Umsatzsteuerliche Risiken aus der Veräußerung von Immobilien, in: DStR, 1999, S. 437 - 441

Schulte, K.W. / Ropeter, S.-E., [Investitionsanalyse, 1998]: Quantitative Analyse von Immobilieninvestitionen - moderne Methoden der Investitionsanalyse, in: Schulte, K.-W. / Bone-Winkel, S. / Thomas, M. (Hrsg.), Handbuch Immobilieninvestition, Köln, 1998, S. 125 - 170

Schwetzler, B. / Darijtschuk, N., [Unternehmensbewertung, 1999]: Unternehmensbewertung mit Hilfe der DCF-Methode - eine Anmerkung zum „Zirkularitätsproblem", in: ZfB, 1999, S. 295 - 317

Schwetzler, B., [Unternehmensbewertung, 1999]: Unternehmensbewertung und Unsicherheit - Sicherheitsäquivalent oder Risikozuschlagsmethode?, Handelshochschule Leipzig, HHL - Arbeitspapier Nr. 21, Leipzig, 1999

Schwetzler, B., [Ausschüttungssperrvorschriften, 1998]: Gespaltene Besteuerung, Ausschüttungssperrvorschriften und bewertungsrelevante

Überschüsse bei der Unternehmensbewertung, in: WPg, 1998, S. 695 - 705

Schwetzler, B., [Basiszinsfuß, 1996]: Zinsänderungsrisiko und Unternehmensbewertung: Das Basiszinsfuß-Problem bei der Ertragswertermittlung, in: ZfB, 1996, S. 1081 - 1101

Schwetzler, B., [Zinsänderungsrisiko, 1994]: Zinsänderungsrisiko und Portefeuilleentscheidung, Habilitationsschrift, Regensburg, 1994

Schwinn, R., [Betriebswirtschaftslehre, 1993]: Betriebswirtschaftslehre, München, 1993

Serfling, K. / Pape, U., [Ertragswertverfahren, 1995]: Das Ertragswertverfahren als entscheidungsorientiertes Verfahren der Unternehmensbewertung, in: WISU, 1995, S. 940 - 946

Serfling, K. / Pape, U., [Unternehmensbewertung, 1995]: Theoretische Grundlagen und traditionelle Verfahren der Unternehmensbewertung, in: WISU, 1995, S. 808 - 820

Sharpe, W.F., [Model]: A Simplified Model for Portfolio Analysis, in: Management Science, Vol. 9, 1963, S. 277 - 293

Shiller, R.J., [Market Volatility, 1990]: Market Volatility and Investor Behavior, in: American and Economic Riview Papers and Proceedings 80, 1990, S. 58 - 62

Sieben, G. / Schildbach, T., [Bewertung, 1979]: Zum Stand der Entwicklung der Lehre von der Bewertung ganzer Unternehmungen, in: DStR, 1979, S. 455 - 461

Sieben, G., [Unternehmensbewertung, 1993]: Unternehmensbewertung, in: Wittmann, W., u.a., Handwörterbuch der Betriebswirtschaft, Stuttgart, 1993, Sp. 4315 - 4331

Sieben, G., [Unternehmensbewertung, 1998]: Schmalenbachs Auffassung von der Unternehmensbewertung, in: BFuP, 1998, S. 189 - 203

Siegel, T., [Steuerplanung, 1980]: Auseinanderfallen von Steuerentstehung und Steuerzahlung bei der Steuerbilanzplanung, in: WPg 1980, S. 266 - 271

Siegel, T., [Unternehmensbewertung, 1992]: Methoden der Unsicherheitsberücksichtigung in der Unternehmensbewertung, in: WiST, 1992, S. 21 - 26

Siegel, T., [Unternehmensbewertung, 1994]: Unternehmensbewertung Unsicherheit und Komplexitätsreduktion, in: BFuP, 1994, S. 457 - 476

Siepe, G., [Die Unternehmensbewertung, 1998]: Die Unternehmensbewertung, in: Institut der Wirtschaftsprüfer in Deutschland e. V. (Hrsg.), WP Handbuch 1998, Band II, 11. Auflage, 1998, 1 - 142

Siepe, G., [Ertragsteuern, 1997]: Die Berücksichtigung von Ertragsteuern bei der Unternehmensbewertung, in: WPg, 1997, S. 1 - 10

Siepe, G., [Unternehmensbewertung, 1998]: Kapitalisierungszinssatz und Unternehmensbewertung, in: WPg, 1998, S. 325 - 338

Simon, J. / Cors, K.G. / Troll, M., [Grundstückswertermittlung, 1993]: Handbuch der Grundstückswertermittlung, 3. Auflage, München, 1993

Simon, J., [Ertragswertverfahren, 1995]: Probleme mit dem Ertragswertverfahren, in: GuG, 4/95, S. 229 - 231

Simon, J., u.a., [Handbuch, 1993]: Handbuch der Grundstückswertermittlung, 3. Auflage, München, 1993

Söffner, F., [Bau, 1998]: Erholung am Bau erst 1999, in: ifo Wirtschaftskonjunktur, 50. Jahrgang, August, 1998, S. A1 - A13

Spangemacher, G. / Spangemacher, K., [Gewerbesteuer, 1995]: Gewerbesteuer, 1995, 12. Auflage, Achim, 1995

Spremann, K., [Finanzierung, 1985]: Finanzierung, München, 1985

Spremann, K., [Investition, 1996]: Wirtschaft, Investition und Finanzierung, 5. Auflage, München, Wien, 1996

Stadt Regensburg (Hrsg.), [Jahrbuch, 1997]: Statistisches Jahrbuch 1997, Information zur Stadtentwicklung, 1998

Stahl, K., [Wohnungsmarktmodelle, 1980]: Quantitative Wohnungsmarktmodelle, Eine konzeptionelle Einführung, in: Bundesminister für Raumordnung, Bauwesen und Städtebau (Ed.): Wohnungsmarkt und Wohnungspolitik, Wohnungssimulationsmodelle, Schriftenreihe „Wohnungsmarkt und Wohnungspolitik“ des Bundesministers für Raumordnung, Bauwesen und Städtebau, Heft 07.011, Troisdorf, 1980, S. 9 - 24

Stark, G., [Kapitallebensversicherungen, 1997]: Zur Bewertung von Kapitallebensversicherungen, in ZfbF, 1997, S. 685 - 711

Statistisches Bundesamt, [Preise, 1994]: Preise 1994, Fachserie 17, Reihe 7, Wiesbaden, 1995

Statistisches Bundesamt, [Preise, 1996]: Preise, Fachserie 17, Reihe 7, Preise und Preisindizes 1996, Wiesbaden, 1997

Statistisches Bundesamt, [Wohnungen, 1997]: Bautätigkeit und Wohnungen, Fachserie 5, Reihe 3, Bestand an Wohnungen 31.Dezember 1997, Wiesbaden, 1997

Statistisches Bundesamt, [Wirtschaftsrechnungen, 1997]: Wirtschaftsrechnungen, Fachserie 15, Reihe 1, Wiesbaden, 1998

Stehle, R. / Hartmond, A., [Durschschnittsrenditen, 1991]: Durchschnittsrenditen deutscher Aktien 1954 - 1988, in: KuK, 1991, S. 371 - 344

Stein, A., u.a., [Wertermittlung, 1998]: Verfahren zur Wertermittlung von bebauten und unbebauten Grundstücken, in: Nann, W. (Hrsg.), Immobilien - Beiträge aus Wissenschaft und Praxis, Aktuelle Fragen aus Steuern, Recht und Betriebswirtschaft, Bad Dürrheim, 1998

Steiner, M. / Bauer, C., [Analyse, 1992]: Die fundamentale Analyse und Prognose des Marktrisikos deutscher Aktien, in: ZfbF, 1992, S. 347 - 368

Steiner, M. / Kleeberg, J., [Indexauswahl, 1991]: Zum Problem der Indexauswahl im Rahmen der wissenschaftlich empirischen Anwendung des Capital Asset Pricing Model, in: DBW, 1991, S. 171 - 182

Steiner, M. / Nowak, T., [Mehrfaktorenmodelle, 1995]: Mehrfaktorenmodelle, in: Gerke, W. / Steiner, M. (Hrsg.), Handwörterbuch des Bank- und Finanzwesens, 2. Auflage, Stuttgart, 1995

Steiner, M. / Nowak, T., [Risikofaktoren, 1994]: Zur Bestimmung von Risikofaktoren am deutschen Aktienmarkt auf Basis der Arbitrage Pricing Theory, in: DBW, 1994, S. 347 - 362

Studer, T., [Schwachstellen, 1998]: Schwachstellen aller Führungsinstrumente der wertorientierten Unternehmensführung, in: Bruhn, M., u.a. (Hrsg.), Wertorientierte Unternehmensführung, Wiesbaden, 1998, S. 365 - 390

Suckut, S., [Unternehmensbewertung, 1992]: Unternehmensbewertung für internationale Akquisitionen, Wiesbaden, 1992, (zugl. Diss. Univ. Köln, 1992)

Teichmann, H., [Planungshorizont, 1975]: Der optimale Planungshorizont, in: ZfB, 1975, S. 295 - 312

Teichmann, U., [Szenariotechnik, 1990]: Szenariotechnik, in: Controlling, Heft 1, 1990, S. 43

Terhürne, M., [Bewertung, 1998]: Die Bewertung von Unternehmen mit umfassenden Immobilienbesitz, dargestellt am Beispiel von Einzelhandelsunternehmen, Köln, 1998, (zugl. Diss. Univ. Köln 1998)

Thode, S.F., [Hurdle Rates, 1986]: The Trouble with Divisional Hurdle Rates, in: Business Horizons, Vol. 29 Nr. 1, 1986, S. 62 - 66

Thomas, M., [Performanceindex, 1997]: Die Entwicklung eines Performanceindex für den deutschen Immobilienmarkt, Köln, 1997, (zugl. Diss. Univ. Köln, 1997)

Titman, S. / Warga, A., [Risk, 1986]: Risk and the Performance of Real Estate Investment Trusts: A Multiple Index Approach, in: AREUEA, Vol. 14, No. 3, 1986, S. 414 - 431

Tobin, J., [Preference, 1958]: Liquidity Preference and Behavior towards Risk, in: Review of Economic Studies, 1958, S. 65 - 86

Uhlir, H. / Steiner, P., [Wertpapieranalyse, 1994]: Wertpapieranalyse, Heidelberg, 3. Auflage, 1994

Ulschmid, C., [Validierung, 1994]: Empirische Validierung von Kapitalmarktmodellen: Untersuchungen zum CAPM und zur APT für den deutschen Aktienmarkt, Frankfurt am Main, u.a., 1994, (zugl. Diss. Univ. Regensburg, 1994)

v. Reibnitz , U., [Optionen, 1987]: Szenarien, Optionen für die Zukunft, Hamburg, New York, 1987

v. Reibnitz, U., [Szenario, 1991]: Szenario-Technik: Instrumente für unternehmerische und persönliche Erfolgsplanung, Wiesbaden, 1991

van Aubel, P. / Riddermann, F., [Bundesanleihen, 1998]: Steuerarbitrage bei stripbaren Bundesanleihen, in: Zeitschrift für das gesamte Kreditwesen, 11/98, 1998, S. 611 - 616

Van Horne, J.C., [Management, 1980]: Financial management and policy, Englewood Cliffs, 1980

Vasicek, O., [Information, 1973]: A Note of Using Cross-Sectional Information in Bayesian Estimation of Security Betas, in: JoF, 1973, S. 1233 - 1239

Väth, A. / Hoberg, W., [Immobilieninvestition, 1998]: Qualitative Analyse von Immobilieninvestitionen, in: Schulte, K.-W. / Bone-Winkel, S. / Thomas, M. (Hrsg.), Handbuch Immobilieninvestition, Köln, 1998, S. 77 - 123

Vielberth, J., [Handbuch, 1999]: Das große Handbuch Gewerbeparks, Landsberg/Lech, 1999

Vogel, J., [Beteiligungscontrolling, 1998]: Marktwertorientiertes Beteiligungscontrolling, Wiesbaden, 1998, (zugl. Diss. Univ. Wien, 1997)

Vogels, M., [Gebäudebewertung, 1991]: Grundstücks- und Gebäudebewertung - marktgerecht, 4. Auflage, Wiesbaden, 1991

Vogt, J., [Kupon-Stripping, 1998]: Gestaltungsvarianten des Kupon-Stripping, in: Die Bank, 7/98, 1998, S. 424 - 427

Volkart, R. / Nadig, L., [Investitionsrechnung, 1995]: Marktzinsmethode und betriebliche Investitionsrechnung, in: Die Unternehmung, 2/95, 1995, S. 125 - 141

Volkart, R., [Shareholder, 1998]: Shareholder Value & Corporate Valuation, Zürich, 1998

Volpert, V., [Kapitalwert, 1989]: Kapitalwert und Ertragsteuern: Die Bedeutung der Finanzierungsprämisse für die Investitionsrechnung, Wiesbaden, 1989, (zugl. Diss. Univ. Siegen, 1988)

Wagner, F.W. / Rümmele, P., [Unternehmensbewertung, 1995]: Ertragsteuern in der Unternehmensbewertung. Zum Einfluß von Steuerrechtsänderungen, in: WPg, 1995, S. 433 - 441

Wagner, F.W., [Besteuerungswirkung, 1997]: Theoretische und praktische Probleme von Besteuerungswirkungen auf den Unternehmenswert im

Lichte der Shareholder-Value-Konzeption, in: Wagner, F.W. (Hrsg.), Steuerberatung im Spannungsfeld von Betriebswirtschaft und Recht, Festschrift zum 75. Geburtstag von Professor Dr. Heinz Stehle, S. 201 - 216

Waldmann, K., [Bewertung, 1994]: Gestaltung und Bewertung von Mietverträgen für gewerbliche Objekte - Erfahrungen und Tendenzen, in: DLK, 1994, S. 111 - 115

Wardenbach, H., [Performance]: Die gute Performance ist hausgemacht, in: Die Welt vom 28.7.95, 1995, S. 17

Webb, J.R., [exclusion, 1990]: On the exclusion of real estate from the market Portfolio, in: The Journal of Portfolio Management, Vol. 17, Heft 1, S. 78 - 84

Webb, J.R. / Curcio, R.J. / Rubens, J.H., [Diversification, 1988]: Diversification Gains From Including Real Estate In Mixed Asset Portfolios, in: Decision Sciences, 1988, Vol. 19, S. 434 - 452

Weber, B., [Grundlage, 1990]: Akquisitionen auf der Grundlage des Shareholder Value, in: BFuP 41. Jg., 1990, S. 221 - 232

Weber, M. / Schiereck, D., [Kapitalkosten, 1993]: Marktbezogene Bestimmung der Kapitalkosten, in: Gebhardt, G. / Gerke, W. / Steiner, M. (Hrsg.), Handbuch des Finanzmangements Instrumente und Märkte der Unternehmensfinanzierung, München, 1993, S. 131 - 150

Weil, P., [assets, 1994]: Nontraded assets and the CAPM, in: European Economic Review, 1994, S. 913 - 922

Weiland, H., [Unternehmensbewertung, 1996]: Überlegungen zur Unternehmensbewertung nach dem Ertragswertverfahren, in: INF, 1996, S. 247 - 251

Weiss, T., [Bondstripping, 1997,]: Bondstripping - Novität am deutschen Rentenmarkt, in: Die Bank, 6/97, 1997, S. 338 - 341

Wildgruber, J., [Prognoseproblem, 1998]: Das Prognoseproblem bei der Ermittlung des Entscheidungswerts von Kreditinstituten, Frankfurt am Main, 1998, (zugl. Diss. Univ. Göttingen, 1997)

Wilhelm, J., [Marktwertmaximierung, 1983]: Marktwertmaximierung - Ein didaktisch einfacher Zugang zu einem Grundproblem der Investitions- und Finanzierungstheorie, in: ZfB, 1983, S. 518 - 534

Zens, N.H. / Rehnen, A., [Bewertung, 1994]: Die Bewertung von Unternehmen und strategischen Geschäftseinheiten mit Hilfe des Shareholder-Value-Konzepts, in: Höfner, K. / Pohl, A. (Hrsg), Wertsteigerungs-Management, 1994, S. 85 - 115

Zerbst, R.H. / Cambon, B.R., [Real estate, 1983/84]: Real estate: Historical returns and risk, in: The Journal of Portfolio Management, No.3, 1983/84, S. 5 - 20

Zimmermann, H., [Performance-Messung, 1992]: Performance-Messung im Asset Management, in: Spremann, K. / Zur, E. (Hrsg.), Controlling - Grundlagen - Informationssysteme - Anwendungen, Wiesbaden, 1992, S. 49 - 109

Zimmermann, P. / Heller, R.E. / Kronthaler, L., [Bewertung, 1997]: Bewertung und Besteuerung des Grundbesitzes, München, Berlin, 1997

Kolibri 360 GmbH
Ferdinand-Jühlke-Straße 7
99095 Erfurt, Deutschland
produktsicherheit@kolibri360.de

Druck:
CPI Druckdienstleistungen GmbH
im Auftrag der
Kolibri 360 GmbH
Ferdinand-Jühlke-Str. 7
99095 Erfurt